21世纪高等职业教育信息技术类规划教材

21 Shiji Gaodeng Zhiye Jiaoyu Xinxi Jishulei Guihua Jiaocai

电子商务实用教程

（第2版）

DIANZI SHANGWU SHIYONG JIAOCHENG

彭欣 吴肖云 主编

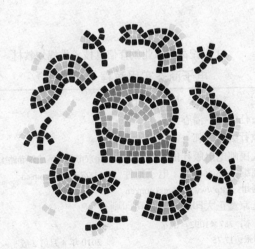

人民邮电出版社

北京

图书在版编目（CIP）数据

电子商务实用教程 / 彭欣，吴肖云主编. —— 2版
. —— 北京：人民邮电出版社，2010.4(2017.8 重印)
21世纪高等职业教育信息技术类规划教材
ISBN 978-7-115-21355-6

Ⅰ. ①电… Ⅱ. ①彭… ②吴… Ⅲ. ①电子商务—高
等学校：技术学校—教材 Ⅳ. ①F713.36

中国版本图书馆CIP数据核字(2009)第233007号

内 容 提 要

本书根据高职高专教育的特点介绍了电子商务基础知识，并将大量案例融入各章。全书共9章，前8章分别介绍了电子商务的基本概念，电子商务框架与运行机制，电子商务应用技术，系统规划与建设，在线销售技术，移动电子商务，电子商务在现代企业管理中的运用，电子政务等。第9章安排了与前面各章内容相对应的实验内容。

本书可作为高职高专电子商务、物流管理、经济管理、国际贸易、市场营销、信息管理、计算机应用等专业的教材，也可作为"电子商务师"职业资格认证考试的参考用书。

21 世纪高等职业教育信息技术类规划教材

电子商务实用教程（第 2 版）

♦ 主　编　彭 欣　吴肖云
　　责任编辑　潘春燕
　　执行编辑　郭　晶

♦ 人民邮电出版社出版发行　　北京市丰台区成寿寺路 11 号
　　邮编　100164　　电子邮件　315@ptpress.com.cn
　　网址　http://www.ptpress.com.cn
　　北京鑫正大印刷有限公司印刷

♦ 开本：787×1092　1/16
　　印张：17.75
　　字数：443 千字
　　　　　　　　　　　　　　　2010 年 4 月第 2 版
　　　　　　　　　　　　　　　2017 年 8 月北京第 3 次印刷

ISBN 978-7-115-21355-6

定价：29.00 元

读者服务热线：(010)81055256　印装质量热线：(010)81055316
反盗版热线：(010)81055315

前　言
（第2版）

在人类社会跨入 21 世纪之际，以信息技术为先导的新技术革命在世界范围内席卷而来。日新月异的计算机技术、电子技术、通信技术和网络技术正在以前所未有的速度发展。基于计算机网络实现商务活动的电子商务，作为网络经济的重要内容和手段，已向世人显示出其强大的活力和生命力。这种全新的现代经济贸易形式不仅从组织架构、商品管理、市场信息、产品营销等诸多微观领域向传统企业的运作模式发起了严峻挑战，而且带来了宏观经济运行与管理的革命性变革。人们正在逐步适应网上贸易、网上购物、网上支付、网上消费、网上服务、网上娱乐等活动。以电子商务为标志的新经济时代的来临，必将广泛地影响着人类的生存和发展。

中国加入 WTO 7 年以来，电子商务已经成为改变交易环境、构造交易机会的重要平台。在关税的最终减让、市场领域的完全开放、市场环境持续改善的背景下，电子商务可以成为国外企业进入中国，同时也是中国企业进入国际市场的重要平台，也可以成为内贸和外贸融合的现实平台，由此必将为国内外企业提供更加广阔的市场机会。电子商务的发展机会是中国加入 WTO 后过渡期市场机会的一个领域。电子商务在改善市场环境的同时，自身也将获得长足的发展。

入世后，随着国际贸易的发展，更多的厂商会融入到世界贸易体系中。随着中国信息化带动工业化战略的逐步展开，会有大量的企业或公司介入到电子商务领域。同时，随着中国兑现承诺和社会信息化的深化，很多发展电子商务的障碍和不利条件被不断地消除，中国电子商务将发生真正的飞跃。

电子商务的发展使得现代信息技术融合到商务管理中，同时也使得具有实际操作能力的高素质、复合型人才的市场需求日益加大。而电子商务的人才培养问题就成了制约电子商务发展的关键因素。可喜的是，培养管理型、应用型、操作型等不同层次的电子商务人才已受到我国政府和各高校的普遍重视。

为满足各高等职业院校在教学过程中对教学实践环节的需求，增强高职学生的实际动手能力，经过市场调查及作者自己的教学实践、体会，于 2005 年组织编写了本书的第 1 版。该教材有别于当时市面上绝大多数"电子商务教材"重理论和设计的编写体系，将案例教学和仿真模拟实训贯穿于全书，自成体系，受到了全国许多高职院校师生的欢迎。作者结合了近几年的课程教学改革实践和广大读者的反馈意见，在保留原书特色的基础上，对教材进行了全面的修订：完善并校正了部分章节的内容，补充了大量的新理念、新知识和新案例；同时改写了实验部分的全部内容，将第 1 版实验环境——模拟的网络平台，替换成了真实的互联网平台；实验内容除了电子商务流程及模式外，更注重学生在实际网络环境中的体验和互动。

本书由彭欣、吴肖云任主编。全书共 9 章，其中第 1 章、第 5 章由刘丽君编写，第 2 章、第 3 章由罗应机编写，第 4 章、第 7 章由彭欣、刘琳编写，第 6 章由乐国友编写，第 8

章由黄毅、吴肖云编写，第 9 章由喻光继、吴肖云编写。全书由吴肖云统稿，最后由彭欣定稿。

由于编者水平有限，书中难免存在缺点和错误，恳请广大读者批评指正。

编者

2010 年 1 月

目　　录

1

第1章　电子商务导论

本章概要： 本章从电子商务的简单概念入手，分别介绍了电子商务的特点、功能，电子商务产生的背景及全球电子商务发展的现状与趋势，并通过对 3 个典型案例的分析，加深对电子商务的认知和了解。

学习目标： 了解什么是电子商务？为什么学习电子商务？掌握电子商务在现代商务活动中的特殊地位、功能和先进性，明确电子商务的发展现状。

学习指导： 本章的重点是把握电子商务的概念，树立起以商务为本、以技术为标的基本理念；难点是案例分析，通过案例分析培养学生对电子商务进一步的理解和认识，并逐步养成学生对案例解析和从中受到启迪的良好学习习惯，进而提高学生对问题的判断分析能力。

1.1　电子商务的基本概念

1.1.1　电子商务产生的时代背景

电子商务是在计算机技术、网络通信技术的互动发展中逐渐产生和不断完善的，是以 Internet 的广泛应用而迅速发展起来的。电子商务之所以能够在一段时间内得以迅速地发展，并且成为一种不可抗拒的趋势，是经济贸易发展的内在压力和科技信息技术发展的外在可能性共同作用的产物，而国际市场激烈的竞争则是加快电子商务发展的催化剂。

1. 新技术和信息产业的发展为电子商务提供了重要的物质基础

电子商务是在电子信息技术和信息经济成为人类社会技术、经济的标志后才产生和发展起来的。社会在从工业化时代进入信息化时代后，信息成为第一生产要素；而现代科学技术的迅速发展，特别是计算机的普及、Internet 网络的出现使其产生了质的飞跃，突破了时空的界限；为各国生产者和消费者迅速走向全球化提供了技术条件，为进行商务活动提供了更优质、更便捷的电子工具，为世界经济活动走向电子商务奠定了重要的物质基础。

2. 运用电子信息技术实现无纸化贸易成为经贸活动的迫切需要

频繁的经贸活动使各种贸易单证、文件等数量激增，虽然计算机及其他自动化设备的使用减轻了人工处理纸面单证的劳动强度，但仍然存在成本高、传递速度慢、重复处理等问题。因此，运用电子信息技术实现无纸化贸易成为经贸活动的迫切需要。

3. 国际市场的竞争日益激烈加快了电子商务的发展

价格因素在竞争中的主导地位逐渐下降，服务因素的地位逐渐上升，以价格为主的竞争逐渐转移到服务的竞争上。这迫使企业不得不改善自身的服务，不断地创新以提高自身的竞争力，这使得电子商务得到了长足的发展。因为企业利用先进的信息技术开展电子商务不仅可以节约联络客户的时间，而且能更好地了解客户的需求，为客户提供更优质、更高效的服务，这有利于提高自身在国际市场上的竞争力。

1.1.2　电子商务的产生

1．20 世纪 60～90 年代：基于 EDI 的电子商务雏形

早在 20 世纪 60 年代，EDI 作为企业间电子商务的应用技术，就是现代电子商务的雏形。电子数据交换（Electronic Data Interchange，EDI）是将业务文件按一个公认的标准从一台计算机传输到另一台计算机上的电子方法。由于 EDI 大大减少了纸张票据，因此人们也形象地称之为"无纸贸易"或"无纸交易"。20 世纪 60 年代末期的美国贸易商们在使用计算机处理各类商务文件的时候，发现由人工输入到一台计算机中的数据 70% 是来源于另一台计算机输出的文件。由于过多的人为因素影响了工作的效率和数据的准确性，人们开始尝试在贸易伙伴之间的计算机上使数据能够自动交换，于是 EDI 应运而生。

20 世纪 70 年代银行间电子资金转账开始在安全的专用网络上进行，它改变了金融业的业务流程。电子资金转账（Electronic Funds Transferring，EFT）是指企业间通过网络进行的账户交易信息的电子传输，由于它以电子方式提供汇款信息，从而使电子结算实现了最优化。今天的 EFT 已开发出多种形式，如在零售店的收款处使用的借记卡，企业给员工的薪水直接存入工资卡等。每天在连接银行、自动清算所（Automated Clearing House，ACH）和企业的计算机网络上发生的 EFT 金额有数万亿美元。

从 20 世纪 70 年代后期～80 年代早期，电子商务以电子报文传送技术的形式，如电子数据交换（EDI），在企业内部得到推广。电子报文传送技术减少了文字工作，并提高了自动化水平，从而简化了业务流程。电子数据交换使企业能够用标准化的电子格式与供应商之间交换商业单证（如订单），如果将电子数据交换与即时服务（Just In Time，JIT）生产相结合，供应商就能将零件直接送到生产现场，以节约企业的生产成本、仓储成本和处理成本。对于组织内部和组织之间非结构化沟通来说，电子邮件发挥了重要的作用。

20 世纪 80 年代中期联机服务开始盛行，它提供了新的社交交互形式，如聊天室，还提供了知识共享的方法，如新闻组和文件传输协议（File Transfer Protocol，FTP）。这就为用户创造了一种虚拟社区的感觉，逐渐形成了地球村的概念。同时信息访问和交换的成本已降得很低，而且范围也在空前扩大，这使得人们可以在全球范围内进行交流和沟通。

从技术上讲，EDI 包括硬件和软件两大部分，硬件主要是计算机网络，软件包括计算机软件和 EDI 标准。在硬件方面，20 世纪 90 年代之前的大多数 EDI 都不通过互联网，而是通过租用的计算机线在专用的网络上实现，这类专用的网络被称为增值网（Value Added Network，VAN），这样做的目的主要是考虑到安全问题。但是随着互联网安全性的提高，作为一个费用更低、覆盖面更广、服务更好的系统，已经表现出替代 VAN 而成为 EDI 硬件载体的趋势。在软件方面，EDI 所需要的软件主要是将用户数据库系统中的信息翻译成 EDI 的标准格式以供传输交换。由于不同行业的企业是根据自己的业务特点来规定数据库的信息格式的，因此，当需要发送 EDI 文件时，从企业专有数据库中提取的信息，必须被翻译成 EDI 的标准格式才能进行传输，这就需要相关的 EDI 软件来帮助了。

EDI 软件主要有以下几种。

（1）转换软件

可以帮助用户将原有计算机系统的文件转换成翻译软件能够理解的平面文件（flatfile），或者将从翻译软件接收来的平面文件转换成原计算机系统中的文件。

（2）翻译软件

将平面文件翻译成 EDI 标准格式或将接收到的 EDI 标准格式翻译成平面文件。

（3）通信软件

将 EDI 标准格式文件外层加上通信信封（Envelope）再送到 EDI 系统交换中心的邮箱，或由 EDI 系统交换中心将接收到的文件取回。

EDI 软件中除计算机软件外还包括 EDI 标准。美国国家标准局曾经制定了一个称为 X.12 的标准，用于美国国内。1987 年联合国支持制定了有关行政、商业及交通运输电子数据交换标准。1997 年 X.12 被吸收到 EDIFACT，使国际间用统一的标准进行电子数据交换成为现实。

据美国商务部的有关统计，1998 年财富 100 强大商家中的 98%使用了某种形式的 EDI，有 25 万家公司已经拥有了 EDI 系统。

2．20 世纪 90 年代以来：基于 Internet 的电子商务

虽然 EDI 涉及银行、运输、税务、海关等各个方面的数据、表格和单证的电子交换，为企业实现商务活动现代化起到了积极的推动作用。但是，由于使用 VAN 的费用很高，技术条件复杂，仅大型企业才会使用，因此限制了电子商务应用范围的扩大。20 世纪 90 年代中期后，Internet 迅速走向普及化，逐渐从大学、科研机构走入寻常百姓家，其功能已经从信息共享演变为一种大众化的传播工具。

1989 年欧洲粒子物理研究中心成功开发了万维网（World Wide Web，WWW），这种以超文本结构和多媒体为特征的网络信息交换系统能够使文件版面通过超级链接逐渐展开深入，并且突破了资料集中在一台计算机上的限制。利用互联网及传输协议，超文本文件就可以被网络上的任何一台计算机所调用。它还将文字、图片、声音和影像有机地结合在一起，大大丰富了信息输出的范围和功能，为互联网实现广域超媒体信息检索、截取奠定了基础。

1993 年 2 月，美国伊利诺大学国家超级计算机中心开发了新的 WWW 超文本浏览器软件 Mosaic，提出了全球浏览编辑标准的统一化。利用超文本传输协议（Hyper Text Transport Protocol，HTTP）与 WWW 一起工作，为网络传输提供了"分布式客户机／服务器"的工作环境，使个人主机与全球网络能够自由地传递信息。互联网上出现了 WWW 应用，这是电子商务的转折点。WWW 为信息出版和传播方面的问题提供了简单易用的解决方案。WWW 带来的规模效应降低了业务成本，丰富了企业的业务活动，也为小企业创造了机会，使它们能够与资源雄厚的跨国公司在平等的技术集成上竞争。这些小企业基础设施投资都很少，仅仅有一个 PC 机、调制解调器和一个互联网账户，就可以进入一个更大的新市场，这迫使传统企业重新考虑其成本结构以保持竞争优势。

根据艾瑞咨询 2007 年的统计数据，2006 年中国中小企业 BtoB 交易规模就已达到 11.6 万亿元，预计这个数字将在 2012 年达到 32.6 万亿元。而在大洋彼岸，美国 2005 年的 BtoB 交易总额就已经达到 6 万亿美元。为什么基于互联网的电子商务对企业具有如此巨大的吸引力？这是因为它比基于 EDI 的电子商务具有明显的优势。

（1）费用低廉

由于互联网是国际的开放网络，使用的费用很便宜，一般来说其费用不到 VAN 的 1／4，

这一优势对许多企业尤其是中小企业来说尤为合适。

（2）覆盖面广

互联网几乎遍及全球的各个角落，用户通过普通电话线就可以方便地与贸易伙伴传递商业信息和文件。

（3）功能全面

互联网可以全面支持不同类型的用户实现不同层次的商务目标，如发布电子商情、在线洽谈，建立虚拟商场或网上银行等。

（4）使用方便

基于互联网的电子商务可以不受特殊数据交换协议的限制，任何商业文件或单证都可以直接通过填写与现行的纸面格式一致的屏幕单证来完成，不需要再进行翻译，任何人都能够看懂和直接使用。

当今的 Internet 已经成为全球最大的互联网，覆盖 150 个国家和地区。中国的互联网用户在 7 年的时间内翻了 5 番，仅在 2003 年一年就发展了 2 100 万，但是普及率尚不到 6%，只有全球普及率平均数的一半，因此还有相当大的发展空间。据《第 21 次中国互联网络发展状况统计报告》数据显示，截至 2007 年 12 月，网民数已增至 2.1 亿人。比 2007 年 6 月增加了 4 800 万人，2007 年一年则增加了 7 300 万人，年增长率达到 53.3%。

1.1.3　电子商务的影响

电子商务正在世界范围内影响着人们的工作和生活，随着虚拟企业、虚拟银行、网络营销、网上购物、网上支付、网络广告等的出现，产生了新的理念和方式。电子商务的发展将形成新的交换体制，产生新的市场规则，对社会和经济产生着巨大的影响。

1．电子商务改变着人们传统的商务活动

电子商务是一种新兴的、处于发展过程中的现代商务方式，企业可通过国际互联网实现全球在线订货，完成世界性商务活动。电子货币（信用卡、数字现金等）在线付款方式在电子交易中的使用，使人们不再受限于物理现金的携带和使用。公司、商店、银行将不再以人员数量和分支机构数量、规模来区别大小，而以营业额、信息交流多少来排列经济位次。

电子商务的范围十分广泛，包括网上管理、网上银行、网上订货、网上交易、网上营销、市场、广告、直至末端家庭银行、购物及远程办公。人们通过互联网只要动动手就可以进入网上商场浏览、采购各类产品，而且还能得到在线服务；商家们可以在网上与客户联系，利用网络进行货款结算服务；政府可以方便地进行电子招标、政府采购等。

2．电子商务带来了新的营销方式

电子商务产生了一种新型的市场，它表现为：提供网络上的在线浏览、产品选择与电子货币支付的新方式；创造公共网络上的新产品与新服务；提供公共网络上安全传输信息；创造数字经济环境和生活环境；形成网上数字消费市场。

3．电子商务影响着世界的经济金融状态

由于电子商务活动超越了时间和空间的限制，国家的界限也将在某种程度上消失。各国经济金融业将自然地与世界经济融合，形成世界经济金融服务体系，这为经济金融企业、特别是为中小型银行、商业单位和新兴的经济金融服务机构带来了新的机遇。电子商务将促进新的金融服务的产生，以满足家庭、企业经济金融活动要求不受时间、地点的限制，交互式地进行经济贸易活动趋势的需要。在线银行为企业或个人工商户提供了信息查询、货币支付、储蓄业务、结算、在线投资等服务。

4. 电子商务改变了人们的消费方式

网上购物的最大特征是消费者的主导性，购物意愿掌握在消费者手中；同时消费者还能以一种轻松自由的自我服务方式完成交易，以人为本的服务可以在网络购物中充分体现出来。从时间上看：电子商务没有时间的间断，在线商店24小时营业；从空间上看：消费者的消费完全没有地域界限。另外，网上可以全方位地介绍商品的外观、性能、品质，有助于消费者更全面地认识商品，这些优势在更大程度上满足了用户的消费需求。实现了将商场、厂家、政府管理部门（税务、工商、海关等）、银行以及认证机构连成网络，形成信息流、物流和资金流的畅通。

5. 电子商务改变了企业的生产方式

消费者的个性化、特殊化需要可以完全通过网络展示在生产厂商面前，为了取悦顾客，突出产品的设计风格，制造业中的许多企业纷纷发展和普及电子商务。企业根据用户的需要生产商品，为了满足消费者个性化的需求，企业将过去大批量流水线的生产方式改变为小批量、多品种的生产方式，一些较小但能迅速获得信息、及时改变生产的企业将更具有竞争力。利用电子商务能将全世界的经销商纳入内部网，最终目的是实现能够按照用户的不同要求供应商品。

6. 电子商务迅速改变着国际流通业

电子商务冲击着原有的流通理论，引发了一系列流通资源的重组与流通结构的变化，不断创新交易与服务的方式。电子商务加快了贸易全球化的进程，极大地提高了流通领域的科技含量，观念创新、技术创新、组织创新成为流通发展的基本动力，信息与知识成为现代化流通资源的要素之一。

7. 电子商务为传统行业带来一场革命

电子商务是在商务活动的全过程中，通过人与电子通信方式的结合，极大地提高商务活动的效率，减少不必要的中间环节。传统的制造业借此进入小批量、多品种时代，"零库存"成为可能；传统的零售业和批发业开创了"无店铺"、"网络营销"的新模式；各种线上服务为传统服务业提供了全新的服务方式。

电子商务对企业的直接影响可以概括为：降低采购成本、减少存货、缩短生产周期、提高用户服务效率、降低营销费用、创造销售机会、增强企业的竞争优势、提高企业知名度、提高经营效益等。

8. 电子商务转变了政府的行为

政府承担着大量的社会、经济、文化的管理和服务功能，在调节市场经济运行、防止市场失灵方面有着很大的作用。在电子商务时代，当企业应用电子商务进行生产经营，银行实现金融电子化，以及消费者实现网上消费的同时，将同样对政府管理行为提出新的要求，电子政府将随着电子商务的发展而成为一个新的重要的社会角色。政府的工商、税务等部门通过网络可以更及时准确地获得企业的信息，更严密地监督企业活动，并通过相应的技术手段加大执法力度、提高政府威信。

9．电子商务对国民经济信息化的影响

电子商务对国民经济信息化的影响主要体现在 4 个方面：促进信息设备硬件、软件和相关信息服务的发展；促进信息基础设施的建设与完善；促进电信网、计算机网、广播电视网的一体化；促进信息产业与金融、证券、教育、医疗等相关产业的融合。电子商务的核心是信息的互相沟通和交流，交互双方通过 Internet 进行交流、洽谈、确认。要实现这一点必须对交流的单据、材料进行信息化，而国民经济的信息化又必须推动电子商务更广泛的应用。

10．电子商务导致了社会新问题的产生和对策研究

在政策和法规方面，由于电子商务对传统贸易体制的强烈冲击，加之这种新的贸易形式所带来的身份识别、电子签名、安全支付、产权保护、合同认证、商业欺诈等方面的问题，需要加强相关法律、法规的建设。此外，税收问题、电子支付中的法律问题、知识产权问题、商标权问题、域名问题、安全和隐私权问题等都是发展电子商务所必须解决的软环境。

11．电子商务派生出新的行业和服务机构

电子商务的广泛开展还将加快社会信息化的进程，并使一些新业务应运而生，例如，在线超市和商品目录、电子报纸、家庭银行等。对于就业来讲，电子商务的出现将增加从业者转变技能的需求，同时还将促进劳动力市场的全球化。

电子商务作为一种新型的商务活动过程，将带来一场史无前例的革命。其对社会经济的影响会远远超过商务本身，除了上述这些影响外，它还将对就业、法律制度以及文化教育等带来巨大的影响。

1.1.4 电子商务的定义

谈起电子商务，人们经常会和网上购物混为一谈，消费者认为电子商务就是在网上买东西，厂商认为电子商务就是在网上开虚拟商店并且销售商品赚钱。其实，这样定义电子商务是非常狭义的，不准确的。网上购物只能算是电子商务中企业对消费者电子商务模式（Business to Consumer，BtoC）中的一项功能。真正的电子商务至少包括两部分：后端的企业对企业电子商务（Business to Business，BtoB）与前端的 BtoC。电子商务的功能在于配合前端的一对一行销，后端的生产也必须有相应的企业流程改造。流程必须上网，包括企业之间资料交换、供应链、策略结盟及销售链都要网络化，才能针对前端的特殊要求迅速做出回应。所以，电子商务不能简单地认为就是网上销售，赚消费者的钱，而应该认识到电子商务的目标更重在提升企业形象，提高整体效率及降低成本。到底什么才是真正的电子商务呢？各种组织、政府、公司、学术团体等都对电子商务有各种不同的认识。

1．世界电子商务会议关于电子商务的定义

1997 年 11 月 6～7 日，国际商会在法国首都巴黎举行了世界电子商务会议，在会上全世

界商业、信息技术、法律等领域的专家和政府部门代表，共同探讨电子商务的概念，给出了迄今为止最有权威性的概念阐述：在业务上电子商务（Electronic Commerce/Electronic Business，EC/EB）是指实现整个贸易活动的电子化，交易各方以电子交易方式进行各种形式的商业贸易；在技术上电子商务采用电子数据交换（EDI）、电子邮件（E-mail）、共享数据库（Database）、电子公告牌（Bulletin Board System，BBS）以及条形码等多种技术。

2．IT 业界对电子商务的定义

IBM 公司的电子业务（EB，E-business）概念包括 3 个部分：企业内部网（Intranet）、企业外部网（Extranet）、电子商务（E-commerce），它所强调的是网络计算机环境下的商业应用，不仅仅是硬件和软件的结合，也不仅仅是通常意义上强调交易的狭义的电子商务，而是把买方、卖方、厂商及其合作伙伴由因特网、企业内部网和企业外部网结合起来应用。它同时强调这 3 部分是有层次的：只有先建立良好的 Intranet，建立好比较完善的标准和各种信息基础设施，才能顺利扩展到 Extranet，最后扩展到 E-commerce。

HP 公司提出电子商务（E-commerce）、电子业务（E-business）、电子消费（E-consumer）和电子化世界（E-world）的概念。它对电子商务的定义：通过电子化手段来完成商业贸易活动的一种方式，电子商务能够以电子交易为手段完成物品和服务等的交换，是商家和客户之间的联系纽带。它包括两种基本形式：商家之间的电子商务及商界与最终消费者之间的电子商务。对电子业务（E-business）的定义：一种新型的业务开展手段，通过基于 Internet 的信息结构，使公司、供应商、合作伙伴和客户之间，利用 E-business 共享信息，E-business 不仅能够有效地增强现有业务进程的实施，而且能够对市场等动态因素做出快速响应并及时调整当前的业务进程。更重要的是 E-business 本身也为企业创造出了更多、更新的业务动作模式。HP 强调电子商务是电子化世界的重要组成部分。在有些书中，也将这里所指的电子业务（E-business）称为广义的电子商务；而将该定义中的电子商务（E-commerce）称为狭义的电子商务。

3．全球信息基础设施委员会对电子商务的定义

电子商务是运用电子通信作为手段的经济活动，通过这种方式人们可以对带有经济价值的产品和服务进行宣传、购买和结算。这种交易方式不受地理位置、资金多少或零售渠道的所有权影响，公有企业、私有企业、公司、政府组织、各种社会团体、一般公民、企业家都能自由地参加广泛的经济活动，其中包括农业、林业、渔业、私营和政府的服务业。电子商务能使产品在世界范围内交易并为消费者提供多种多样的选择。

4．概括

分析上述不同的定义，其中，全球信息基础设施委员会（GIIC）和 HP 给出的定义概念最广，它们强调电子商务包括一切使用电子手段进行的商业活动，如现在流行的电视购物，超市 POS 机等都可纳入电子商务的范围。而其他关于电子商务的定义则限制在使用计算机网络进行的商业活动。总之，从计算机与商业相结合的角度，可以得出一个较为科学的阐述。所谓电子商务就是通过电子信息技术、网络互联技术和现代通信技术使得交易涉及的各方当事人借助电子方式联系，而无需依靠纸面文件完成单据的传输，实现整个交易过程的电子化。对于电子商务概念的理解必须强调：电子商务的组成要素必须包括两方面，即电子方式和商

务活动，也就是必须利用网络或电子信息技术进行商务活动，其目的是充分提高商务活动的效率。需要加以说明的是"电子商务"并不等同于"商务电子化"。"商务电子化"是指在商务活动中应用电子工具来实现各个环节。电子工具包括从初级的电报、电话、条码（Barcode）、图像处理、智能卡、传真以及声像技术到目前最新的电子邮件（E-mail）、Internet 等技术。而"电子商务"是指在电子技术、信息技术高度发达的现代社会里，人们通过掌握信息技术和商务规则，系统化地运用电子方式或电子信息技术，特别是 Internet 进行高效率、低成本的以商品交换为中心的各种活动的全过程。它将公司内部职员、顾客、供货商、销售商和股东利用网络联系起来，既解决交易问题，又解决协作（Collaboration）、服务（Customer Service）问题。

由于电子商务是在 Internet 等网络上进行的，因此，网络是电子商务最基本的构架。电子商务还强调要使系统的软件、硬件、参加交易的买方和卖方、银行、厂商和所有合作伙伴等，都在 Intranet、Extranet、Internet 中密切结合起来，共同从事网络计算机环境下的商业电子化应用。电子商务通过增加服务传递速度有助于改善服务质量、降低交易费用、提高企业竞争力。

案例 1

海尔集团（www.haier.com）

1．基本情况

海尔集团（其主页如图 1-1 所示）是在 1984 年引进德国利勃海尔电冰箱生产技术成立的青岛电冰箱总厂的基础上发展起来的国家特大型企业。

图 1-1　海尔集团的主页

海尔集团在首席执行官张瑞敏确立的名牌战略指导下，先后实施名牌战略、多元化战略和国际化战略，2005 年底，海尔进入第 4 个战略阶段——全球化品牌战略阶段。创业 24 年的拼搏努力，使海尔品牌在世界范围的美誉度大幅提升。2007 年，海尔品牌价值高达 786 亿元，自 2002 年以来，海尔品牌价值连续 6 年蝉联中国最有价值品牌榜首。海尔品牌旗下的冰箱、空调、洗衣机、电视机、热水器、计算机、手机、家居集成等 19 个产品被评为中国名牌，其中海尔冰箱、洗衣机还被国家质检总局评为首批中国世界名牌。2005 年 8 月，海尔被英国《金融时报》评为"中国十大世界级品牌"之首。2006 年，在《亚洲华尔街日报》组织评选的"亚洲企业 200 强"中，海尔集团连续第 4 年荣登"中国内地企业综合领导力"排行榜榜首。海尔已跻身世界级品牌行列，其影响力正随着全球市场的扩张而快速上升。

据中国最权威市场咨询机构中怡康统计数据显示，2007 年，海尔在中国家电市场的整体份额达到 25%以上，依然保持份额第一；尤其在高端产品领域，海尔市场份额高达 30%以上，其中，海尔在白色家电市场上仍然遥遥领先。在智能家居集成、网络家电、数字化、大规模集成电路、新材料等技术领域也处于世界领先水平。"创新驱动"型的海尔集团致力于向全球消费者提供满足需求的解决方案，实现企业与用户之间的双赢。作为最早实施电子商务的中国企业之一，海尔的电子商务发展同样令世人瞩目。

2. 构建电子商务基础

1996 年，海尔针对 Internet 日趋成熟的现实，经过深入调查研究和精心规划于同年 10 月建立了海尔网站（www.haier.com），这是国内企业建设最早的网站之一。该网站成功地宣传了海尔集团和产品，大大方便了公司与国外客商的交流，为他们更好地了解海尔产品信息、洽谈贸易、产品订购提供了便利的通道；对国内客户而言，网站咨询和售后服务为他们提供了很大的帮助；与此同时，网站对促进海尔集团总部与全国的销售、维修中心交互式的通信联络发挥了重要作用。

3. 海尔的网络营销

在建设海尔网站的基础上，为了使业务流程全面信息化，降低管理成本，提高企业对市场的快速反应能力，更有效地获取整个企业的信息资源，海尔建立起了跨地域的企业内部网，形成了高效的内部管理机制。海尔公司通过企业内部网进行业务管理，每天动态掌握各地销售中心的销售和售后服务的工作情况，实现 OEC（日事日毕，日清日高）管理；进出口公司通过该网络与国外供应商进行充分联系，建立交流，各分支机构实现了对内对外信息的透明度和全面共享，提高了集团的整体效率。

在企业外部，海尔 CRM（客户关系管理）和 BBP（原材料网上采购系统）电子商务平台的应用架起了与全球用户资源网、全球供应链资源网沟通的桥梁，实现了与用户的零距离。2001 年，海尔 100%的采购订单由网上下达，使采购周期由原来的平均 10 天降低到 3 天；网上支付已达到总支付额的 20%。

4. 构筑基于协同电子商务的物流体系

在原材料和零部件的供应方面，海尔的供应商约为 1 000 家，其中不乏世界 500 强企业，如 GE、爱默生和巴斯夫等。2001 年，海尔平均每个月接到 6 000 多个订单，定制 7 000 多个产品，需要采购的物料品种达 15 万余种。如此大规模的供应系统固然令人称羡，但也给采购工作带来了巨大的困难。假设在一个仓库里完成上述工作，就需要数十万平方米普通平面仓库、上百个保管员和叉车司机等多工种工作人员，从收到生产计划到把采购订单下到供应商手中最快也得需要 5～7 天。如何有效地利用外部资源提高物流效率，已经是海尔物流管理面临的最大课题。善于学习借鉴国外先进管理方法的海尔集团首席执行官张瑞敏认识到，在网络经济时代，一个现代企业如果没有现代物流，就意味着无物可流。他认为，现代企业运作的驱动力只有一个，即订单。没有订单，现代企业就不可能运作，只有先得到订单，才能靠订单去采购，依订单去销售，而支持这一切的最重要的一个流程就是物流。从外部环境看，全球企业都在搞现代物流，没有现代物流就没法同国际化的大企业对话，最后也只有死亡。所以，网络经济时代的企业必须搞现代物流。

为了与国际接轨，海尔请来了国际上一流的企业"管家"，德国的 SAP 公司帮助其打造现代物流管理软件系统。海尔选中 SAP 主要有两个原因，一是 SAP 公司是国际上最成功的管理软件提供商；二是 SAP 的"协同电子商务解决方案"非常适合海尔的需求。协同电子商务的创始者 SAP 公司凭借独一无二的、近 30 年的关键业务流程管理经验，提供客户关系管理、供应链管理、财务及人力资源管理等实际运用，帮助企业提高效率和生产力。协同电子商务利用 Internet 为企业解开最后的束缚，让不同的企业以及他们的客户、供应商协同工作，促使分散的个体组织融合在一起，跨越企业的界限，而形成一个完整的协作市场。

为了保证整体项目的成功和顺畅运行，SAP 在充分听取了海尔的运行意见并考察了海尔的实际情况后，于 2000 年 3 月开始为海尔设计实施基于"协同电子商务解决方案"的 BBP 项目。

5. 实现"三零"运作

2001 年 3 月 31 日，坐落在海尔开发区工业园的海尔国际物流中心正式启用。该物流中心高 22m，拥有 18 056 个标准托盘位，拥有原材料和产成品两个自动化物流系统，采用了世界上最先进的激光导引技术开发的激光导引无人运输车系统、巷道堆垛机、机器人、穿梭车等，全部实现现代物流的自动化和智能化。至此，海尔资源管理项目第一阶段的工程已经完成。

海尔的物流管理可用"一流三网"来概括其特征："一流"是以订单信息流为中心；"三网"是指全球供应链资源网络、全球用户资源网络和计算机信息网络。"三网"同步运行，为订单信息流的增值提供支持。张瑞敏在"海尔现代物流同步模式研讨会"上评价该项目时指出，对海尔来讲海尔物流系统帮助海尔实现了"三零"的目标和能够在市场竞争中取胜的核心竞争力。这里提出的"三零"就是零库存、零距离、零运营资本。

（1）零库存

零库存即 3 个 JIT，JIT 采购、JIT 配送和 JIT 分拨物流。现在海尔的仓库已经不是传统意义上的仓库了，它成为一个配送中心，是为了下道工序配送而暂存的一个地方。由于物流技术和计算机信息管理的支持，海尔物流通过 3 个 JIT 实现同步流程。通过海尔的原材料网上采购系统（BtoB Procurement，BBP）采购平台，所有的供应商均在网上接受订单，并通过网上查询计划与库存，及时补货，实现 JIT 采购；货物入库后物流部门可以根据次日的生产计划利用企业资源计划（Enterprise Resource Planning，ERP）信息系统进行配料，同时根据看板管理 4 小时送料到工位，实现 JIT 配送；生产部门按照 BtoB、BtoC 订单的需求完成订单以后满足用户个性化需求的定制，产品通过海尔全球配送网络送达用户手中。海尔在中心城市实现 8 小时配送到位，区内 24 小时配送到位，全国平均 4～5 天到位。

（2）零距离

零距离即根据用户的需求拿到用户的订单，再以最快的速度满足用户的需求。现在海尔的生产过程和生产线都是根据订单来进行的。海尔在全国有 42 个配送中心，这些配送中心可以将货物及时地配送到用户手中。零距离对企业来讲不仅仅意味着产品不需要积压，快速送达用户手中，它还赋予了海尔不断获取新市场的机会和创造新市场的能力。

（3）零运营资本

零运营资本就是零流动资金占用。简单地说，在给付供应方付款期到来之前海尔就可以先把用户的应付货款收回来。其原因在于海尔根据用户的订单来制造，可以做到现款现货。物流可以使海尔了解需求和获得核心竞争力。一只手抓住了用户的需求，另一只手抓住了可以满足用户需求的全球的供应链，这两种能力的结合，提升了企业的核心竞争力，为海尔进入世界 500 强奠定了基础。

6. 运用状况

通过 SAP 成功实施的 ERP 和 BBP 项目，海尔集团的业务流程得到明显改善，具体表现在以下几点。

（1）物流本部

① 订单周期缩短，及时性、准确性得到较大提高。以前从收到计划到把采购订单下到供应商手中需要 5～7 天，现在供应商第 2 天就可以到 BBP 网站上查看从 ERP 系统自动传到 BBP 系统中的采购订单并打印送货单，准确率比以前大大提高。

② 采购配额的比例管理更加科学。配额比例由原来的人工统计数字到现在的由系统根据质量考评、供货考评和价格排名 3 个综合因素来决定。价格排名根据 BBP 平台网上招标的结果来确定。

③ 通过 BBP 平台的网上招标，不仅提高了竞价效率和价格信息管理的准确率，而且免去了供应商的差旅费用，降低了成本。

④ 实现了内部供应商的计划一体化，大大缩短了内部供应商的供货周期。

⑤ 通过提高采购订单、网上查询采购计划、原材料外检、网上打印送货单的可执行性，优化了供应商的送货流程，实现了减员增效。

⑥ 通过缺料自动报警、拉料配送到工位、计算机记账等功能优化了原材料的配送流程。

⑦ 为实现原材料采购的寄售模式提供了条件，通过寄售模式将备货转化为供应商的库存，减少了库存积压资金。

⑧ 通过在立体库使用红外扫描系统与 R／3WM 模块实时连接，收发货操作实现无纸化，不仅使仓库管理准确，而且提高了劳动效率。

（2）产品本部

① 增强了生产计划的可行性。

② 可以更加准确地控制生产线上工位的物耗和库存。

（3）资金流本部

通过财务和采购业务的集成，使财务的监控和管理智能得到充分体现。

（4）基础工作管理

系统的上线使海尔集团原本薄弱的基础数据管理工作，如原材料和产品的物料编码得到大大增强，在统一平台上完成了对集团物料编码等数据的记账管理。

据海尔相关业务部门的统计，海尔集团通过实施新的系统，整合了原有的流程，获得了非常可观的经济效益；采购成本大幅度降低；仓库面积减少一半，库存资金周转日期从 30 天降低到 12 天，成为中国最大的电子商务公司。

7. 经验和体会

（1）需要高层领导的重视与支持

信息系统的建设离不开企业领导的重视和支持，甚至亲自带头应用。手工流程转向自动化流程所需要付出的代价是企业信息化建设过程中的难关，需要得到领导者的全力支持，而只有通过信息系统建设逐步优化业务流程，把企业的业务流程真正通过网络运行才可能为企业带来效益。

（2）借助集团资源优势，以实力展现魅力

海尔集团实施电子商务有自身的优势，再加上电子商务的新手段，正是"鼠标+水泥"的模式，能提供一个"E+T>T"的惊喜，即传统业务（T）加上电子技术手段（E）大于或强于传统业务。

（3）总体规划、分步实施的原则是取得成功的关键

海尔十几年来发展速度非常快，信息系统建设也出现了亟待整合的局面。海尔制定了"整体规划、分步实施"的原则，研究、论证、制定了信息化建设的总体规划，在此基础上，细化出分步实施的步骤，避免了重复投资和时间的浪费。

（4）从实际出发、前台拉动、后台推进

从信息应用发展的角度讲，企业应该先练内功。业界也提出了先 ERP 再电子商务的说法，国际许多大企业正是遵循了这一发展模式。但是中国的企业在 ERP 的应用上普遍不理想，甚至有的还没有建设，那么在信息时代应该如何跟上先进的步伐?海尔采取了"从实际出发、前台拉动、后台推进"的模式，充分考虑企业的需求，通过前台网站、网上采购、销售等系统的建设，把围绕订单的需求先满足，保证了企业高速增值的需求。与此同时，也以业务部门为基础，实施"核心 ERP"工程，作为前台的支撑，达到"前拉后推"的效果。

例如，海尔在前台实施了电子商务网上采购系统，拉动了后台对物料管理的需求，于是开始实施以物料管理为核心的"核心 ERP"工程，在较短的时间内达到了前、后台统一的效果，也避免了"没有 ERP 就不做电子商务"和"ERP 实施 1～2 年才可能出效果"的"雷区"。

（5）信息系统建设是企业持续快速发展的基础

新经济条件下，拥有的信息资源越多，信息的有效交换越快，企业能占用的优势也越多，尤其是在以速度制胜的时代里。信息系统的有效应用能够使企业在效率提高、成本降低上有质的飞跃，也是企业持续发展的基础。不可想象在网络时代的企业仍沿用手工方式处理业务。

8. 发展与展望

海尔将在 ERP、客户关系管理（Customer Relationship Management，CRM）、供应链管理 Ⅲ（Supply Chain Management Ⅲ ，SCM3）3 个信息平台基础上搭建海尔电子商务系统环境，

形成以企业 ERP、供应链管理、客户关系管理、电子商务为一体的信息化大厦。海尔的电子商务平台发展成为公用的平台，不仅可以销售海尔产品，也可以销售其他各类产品；不仅可以为海尔的自身采购需求服务，也可以为第三方采购和配送服务。

海尔实施电子商务拥有独特的"一名两网"的优势："名"是名牌，品牌的知名度和顾客的忠诚度是海尔的显著优势；"两网"是指海尔的销售网和支付网。海尔有遍布全球的销售、配送、服务网络以及银行之间的支付网络。但海尔认为电子商务的成功光有这些是不够的，还必须有企业经营管理的基础。因为没有业务流程的重组，没有企业内部网和外部网的应用，没有企业各种信息应用系统作为基础，电子商务平台无异于空中楼阁。因此，海尔做了一系列调整：在产业方向转移方面，海尔已经实现了网络化管理、网络化营销、网络化服务和网络化采购，并且依靠海尔品牌影响力和已有的市场配送、服务网络，为向电子商务过渡奠定了坚实的基础；在管理转移方面，海尔认识到传统企业的"金字塔"式管理体制已不适应市场发展的需要，所以在管理机制上必须推翻"金字塔"组织，建立以市场为目标的新流程，企业的主要目标从过去的"利润最大化"转向"以顾客为中心、以市场为导向"；在企业内部，每个人要由过去的"对上级负责"转变为"对市场负责"。协同式电子商务使海尔利用电子商务的新手段，把企业上下游的分供方和分销商联系起来，形成供应链的关系。供应链将逐步取代海尔整体制造的模式，促使其向哑铃型（销售与服务）发展的高科技企业转变。

1.2 电子商务的内容、特点及分类

1.2.1 电子商务的内容

1. 电子商务的概念模型

电子商务的概念模型是对现实世界中电子商务活动的一般抽象描述，它由电子商务实体、电子市场、交易事务和信息流、资金流、物流等基本要素构成。在电子商务概念模型中，电子商务实体（简称为 EC 实体）是指能够从事电子商务活动的客观对象，它可以是企业、银行、商店、政府机构、科研教育机构和个人等；电子市场是指 EC 实体从事商品和服务交换的场所，它由各种各样的商务活动参与者，利用各种通信装置，通过网络连接成一个统一的经济整体；交易事务是指 EC 实体之间所从事的具体商务活动的内容，例如，询价、报价、转账支付、广告宣传、商品运输等。

电子商务的任何一笔交易，都包含着物流、资金流和信息流。其中物流主要是指商品和服务的配送和传输渠道，对于大多数商品和服务来说，物流可能仍然经由传统的经销渠道。然而对有些商品和服务来说，可以直接以网络传输的方式进行配送，如各种电子出版物、信息咨询服务、有价信息等。资金流主要是指资金的转移过程，包括付款、转账、兑换等过程。信息流既包括商品信息的提供、促销行销、技术支持、售后服务等内容，也包括诸如询价单、报价单、付款通知单、转账通知单等商业贸易单证，还包括交易方的支付能力，支付信誉、中介信誉等。

对于每个 EC 实体来说，它所面对的是一个电子市场，必须通过电子市场来选择交易的内容和对象。因此，电子商务的概念模型可以抽象地描述为每个 EC 实体和电子市场之间的交易事务关系。

2．电子商务的交换模型

所有的商业交易都需要语义确切的信息处理和交流，以减少买方和卖方之间的不确定性因素，这些不确定性因素包括交易产品的质量问题、是否有第三方对委托进行担保及如何解决纠纷等。电子商务改变了以往的贸易方式和中介角色的作用，降低了商品交换过程中的成本。商品交换成本通常包括调研、谈判、合同的起草与执行、支付与结算、强制履行合同和解决贸易纠纷。

在电子商务的交换模型中，通信和计算机技术成为整个交易过程的基础。同传统的贸易活动相比，电子商务所依赖的贸易基本处理过程并没有变，而用以完成这些过程的方式和媒介发生了变化。下面首先介绍基本的贸易处理过程，然后介绍贸易处理过程所依赖的贸易背景的处理，贸易背景的处理将减少未来贸易过程中的不确定性因素。电子商务对这些处理过程带来的影响将作为主线贯穿其中。

（1）贸易基本处理过程

贸易基本处理过程包括以下方面。

① 调研。电子商务通常减少了买方的调研成本，而相对增加了卖方的调研成本。

② 估价。网络交易环境下良好的交互性、低廉的通信费用以及智能软件代理技术等，为用户提供了各种不同的动态价格搜索机制，甚至可以为用户提供实时的价格搜索。

③ 产品的组织、配送。电子商务在这方面为企业提供了一些新的商机，如销售商根据库存信息及时方便地同供应商取得联系、调整库存，以减少不必要的库存开支。

④ 支付和结算。电子商务的支付和结算采用电子化的工具和手段进行，从而替代了以往贸易模型中的纸张单证。

⑤ 鉴定。主要包括检验产品的质量、规格、确认贸易伙伴的仲裁机构、监督贸易伙伴是否严格遵守贸易条款等内容。

（2）贸易背景处理

贸易背景处理包括以下方面。

① 表现形式。表现形式决定了企业如何向买方表达产品的信息和贸易协议。实施了多年的 EDI 已经形成了一些企业与企业之间或者不同的行业和部门之间传递报文的文字化模板，但是对于范围更广的电子商务，尤其是对基于 Internet 的电子商务来说，需要更为严格的、更为专业化的、统一的标准。

② 合法化。合法化决定了在电子商务世界里，如何声明一项贸易协议才算是有效的，它关系到在电子世界里如何立法才能保证贸易活动的顺利开展。

③ 影响机制。影响机制能够刺激交易双方履行义务，以减少交易双方的风险。声誉影响是一种常用的影响机制，大多数企业总是希望保持自己的声誉。

④ 解决纠纷。在电子商务环境下，尤其是 Internet 环境下，纠纷的解决将是世界范围的，其影响范围也很广泛。从上面的分析，可以看出电子商务在商品交易链中所起的作用，概括起来，就是实现了交易链的扁平化。一方面它成功地减少了交易中间商的存在，拉近了商品流通领域卖方和最终消费者的距离，使得以前可能要经过好几道分销过程才能到达最终用户手中的商品，现在只需很少的中间环节或者根本无须中间环节就能到达。另一方面，这种交易链的缩短并不意味着为完成一笔交易所需的参与者会减少，事实上在方便、快捷地完成一笔交易的背后，是一些庞大的机构和复杂的机器在服务。

3．电子商务的 4 个主要参与者

① 企业是电子商务最主要的推动者和受益者。

② 消费者作为经济活动不可缺少的一环也必然要介入到电子商务环境中。

③ 政府作为现代经济生活的调控者，在电子商务环境中起着重要的作用。

④ 中介机构。

美国政府在其《全球电子商务政策框架》一文中，阐述了美国政府在处理电子商务方面的 5 个一般原则。

① 私营企业应起主导作用。

② 政府应当避免对电子商务不恰当的限制。

③ 在政府需要参与时，其目的应当支持和加强一个可预测的、最简单的和前后一致的商业法制环境。

④ 政府应当认识 Internet 的独特之处。

⑤ 应当是在国际范围内 Internet 网上的电子商务。

下面重点介绍中介机构。中介机构在一定程度上决定了电子商务的成败，理解中介机构对加深对电子商务的理解是十分有益的。电子商务环境中的中介机构是指为完成一笔交易，在买方和卖方之间起桥梁作用的各种经济代理实体。大部分的金融性服务行业，如银行、保险公司、信用卡公司等都是中介机构；其他的像经理人、代理人、仲裁机构也都是中介机构。大致来说，中介机构可以分为 3 类：一是为商品所有权的转移过程（即支付机制）服务的机构；另一类是提供电子商务软硬件服务、通信服务的机构；还有一类是提供信息搜索服务的信息服务机构。

4．电子商务的 3 种基本形式

不管电子商务被冠以何种名称，从其实质内容来看，可将其分为 3 个层次：企业与企业之间的电子商务（BtoB）、企业与消费者之间的电子商务（BtoC）、企业与政府之间的电子商务（BtoG）。这 3 者都是建立在电子商务的基础设施上，运用电子手段和电子工具进行的商务活动。但是，这 3 者是存在着很大差别的。

（1）企业与企业之间的电子商务

可以预见，企业与企业之间的电子商务将是电子商务中的重头戏。就一个处于生产领域的商品生产企业来说，它的商务过程大致可以描述为：需求调查→材料采购→生产→商品销售→收款→货币结算→商品交割。当引入电子商务时这个过程可以描述为：以电子查询的形式进行需求调查→以电子单证的形式调查原材料信息，确定采购方案→生产→通过电子广告促进商品销售→以电子货币的形式进行资金接收→同电子银行进行货币结算→商品交割。

具体地说，电子商务在以下几个方面提高了生产企业的商业效率。

① 供货体系管理。电子商务使企业能够通过减少订单处理费用、缩短交易时间、减少人力占用来加强同供货商的合作关系，从而使其可以集中精力只同较少的供货商进行业务联系，概括地说就是"加速收缩供应链"。

② 库存管理。电子商务缩短了从发出订单到货物发送的时间，从而使企业可以保持一个较为合理的库存数量，甚至实现零库存 JIT。

③ 运输管理。电子商务使得运输过程所需的各种单证能够快速准确地到达交易各方，从而加快了运输过程。由于单证是标准的，也保证了所含信息的精确性。

④ 信息流通。在电子商务的环境中，信息能够以更快、更大量、更精确、更便宜的方式流动，并且能够被监控和跟踪。

（2）企业与消费者之间的电子商务

从长远来看，企业对消费者的电子商务将取得长足的发展，并将最终在电子商务领域占据重要地位。但是由于各种因素的制约，目前以及比较长的一段时间内，这个层次的业务还只能占比较小的比重。如果用一句话来描述这种电子商务，可以这样说：它是以 Internet 为主要服务提供手段，实现公众消费和提供服务，并保证与其相关的付款方式的电子化。它是随着 WWW 的出现而迅速发展的，可以将其看作是一种电子化的零售。

（3）企业与政府之间的电子商务

政府与企业之间的各项事务都可以涵盖在其中。它包括政府采购、税收、商检、管理条例发布等。例如，政府的采购清单可以通过 Internet 发布，公司可以以电子的方式回应。随着政府身体力行地推进，电子商务会迅速发展。

1.2.2　电子商务的特点

电子商务作为一种现代商业方式，以满足企业、商人和顾客的需要为目的，以互联网为基本支撑，把参与商务交易的厂家、商家、中间商及金融部门、税务部门之间的相关活动以数据信息电子流的传送代替传统商务的纸面单证和实物流的传送，具有传统商务所不具备的特征。

1．信息的共享特征

互联网技术及应用使世界各个地方产生的信息都可以放置在网络上，并且这些信息能够通过网络进行传播和被人们所利用。电子商务是基于互联网基础上的商务应用，能够在世界范围内共享信息就成为电子商务的重要特征之一。由于这一特征使电子商务的应用充满了拓展和发展的内容和空间，这也正是人们对电子商务表现出极大兴趣的原因所在。

信息的共享可以提高整个社会的效率，加强人们对信息的捕获、处理和利用的水平，使人们能够寻找出新的发展机遇和经济增长点，并派生出许多新的信息服务机构和行业，因而进一步推动信息共享化程度和信息共享的效率。

2．全球一体化特征

互联网使世界上的人们联系更紧密，它打破了国家、地区和地域的限制，给人们提供了进行沟通的机会，提高了沟通的效率。商务活动也摆脱了距离和范围的限制，得以在全球范围的大市场中进行。并且它可能在相同技术应用的条件下，共同遵守相同的商务规则，为全球的商务活动达到统一化奠定基础。

3．商务的广泛特征

电子商务开创了商务活动的新方式和更广泛的业务及应用范围。商务活动是在社会中进行商品交易和为完成交易所进行的各种活动的总称，它是社会活动的主要内容之一，涉及消费者、企业、金融和政府等各个方面。电子商务在实现传统商务活动内容的同时，由于它的特点使一些原来无法实现的内容能够实现，并成为新的经济活动中的增长点，在一定时期内成为促进知识经济发展、推动社会进步的催化剂。

商品交易是商务活动的主要内容，商品的范畴也从原来的有形商品逐步发展到无形商品和服务。传统的交易过程离不开买卖双方的直接接触，电子商务使交易的洽谈、选择、订货、付款等都通过网上非直接买卖双方的接触来完成，甚至无形商品也可以通过网上进行交货，如软件、音像制品和信息服务等。电子商务对消费者的服务也更加完善，与传统商务活动相比，客户的需求和消费情况更易于被商家掌握，极大程度地满足消费者的需求，提供个性化的服务不再是商家取悦于消费者的口号，会很自然地纳入到正常的商务活动中。

4．信息传输效率特征

传统的商务活动是通过面对面的方式进行的，协议和契约是通过书面的形式经过双方签字确认后才能生效，反复的见面和书面内容的修改大大影响了商务活动的效率。电子商务借助于电子技术，特别是当前环境下的互联网技术，洽谈双方可以不必见面，而且信息的传递效率大大提高。信息在网络中的数字化，也使商务内容可以得到方便的修改，与电话、传真等信息传输手段相比有了本质的不同。

信息的网络化传输提高了商务活动的效率，但必须保证信息传输过程中的安全性和电子文件的法律效率，这也是目前电子商务要大力发展必须解决的问题。

5．顾客无边界特征

在传统的商务活动中，商务对象是有限的。而电子商务的范围是全球性的，在任何地方的人们都有可能成为服务提供方，顾客的范围也因互联网的覆盖面而变得无边界。消费者不再受时间，空间的限制，可以在世界范围内挑选自己喜爱的商品。如何给用户提供周到快捷的服务，生产出满足用户特殊需求的产品，以吸引用户成为企业取得成功的关键。

6．服务的自动化特征

电子商务的应用使许多服务能够通过计算机系统和网络的连接自动地完成，使有些服务能够无限度地满足人们的需求，甚至一个点子、一个创意的实现都能够带来巨大的经济效益。

为用户建立一个多对多的交易平台是目前众多电子商务服务的热点。建立相关的网络硬件环境和相应的软件支持，用户就可以在这个平台上进行交易的操作。提供服务的人员不必很多，却能够为众多的用户提供服务。

7．应用便利性特征

电子商务的应用技术是基于计算机和网络系统的，当今技术的发展使上网和获得信息变得越来越方便。世界范围内都采用开放的、统一的技术标准，人们可以利用计算机和无线电话上网，信息交换和浏览操作也很简单。今后更加方便快捷的上网方式和接受服务的方式会不断出现，它将给电子商务的发展提供更加便利的条件。

8．安全特征

电子商务网站被"黑客"袭击的消息不断见诸报端，人们普遍关心的是在网络环境中的安全问题，包括信息的完整性、不被篡改和保密性等，尤其是完成整个交易过程中的支付安全，人们的担心已成为阻碍电子商务发展的重要因素。

网络能够提供一种端到端的安全机制，包括加密、签名、分布式安全管理、存取控制、防火墙、安全服务器和防病毒保护等。国际上许多家公司联合开展了安全电子交易的技术标准和方案研究，从技术和法律等环节采取更积极有效的方式和措施，努力为人们建立一个安全的电子商务发展环境，保障网络系统的安全和个人隐私及财产的安全。

9．效益最大化特征

由于电子商务的应用可能使较少的投入产生较大的价值，特别是电子商务所存在的顾客无边界特征和服务自动化特征，使从事服务的机构只要抓住人们的需求就可能在短时间内得到最大的效益。电子商务使用网络传递信息，克服了传统商务方式费用高、易出错、速度慢等缺点。在网上交易无须中介，减少了中间环节，这使得交易成本大大降低，也使得整个交易更方便快捷。

由于电子商务的发展随市场经济的波动而产生过泡沫和炒作成分，但这一新的理念和新的商务方式毕竟使过去的一些想象成为现实。在一些机构得到效益最大化的同时，电子商务发展的目标也会使社会的效益达到最大化。

10．商务内容的挖掘特征

电子商务给了人们一个百年不遇的机会，在电子技术高度发展的今天，它更像是一个概念，用一个新的概念将人们的商务活动纳入到电子技术的领域，通过电子技术又促进了商务活动的发展。各个领域在这个概念下都有应用的内容并不断找到新的突破和增长点，因此对商务内容的挖掘成为电子商务应用和发展的重要标志。

电子商务内容的挖掘也是发挥电子商务能力的重要工作，它直接影响了电子商务的发展并决定了能否为社会服务。

1.2.3 电子商务的分类

根据研究的目的不同，电子商务的分类也不尽相同，可以根据电子商务交易涉及的对象、范围、商品内容、企业所使用的网络类型等对电子商务进行不同的分类。

1．按参与交易的对象分类

电子商务的主要参与者有企业、消费者和政府。

按参与交易的对象分类，电子商务可以分为以下几种类型。

① 企业与消费者之间的电子商务（Business to Customer，BtoC 或 B2C）。这是消费者利用因特网直接参与经济活动的形式，类似于传统的零售商业。随着网络的应用，网上销售迅速地发展起来。与传统商业相比，BtoC 能有效地缩短销售渠道，降低销售成本，形成明显的价格优势。在因特网上有许许多多各种类型的虚拟商店和虚拟企业，它们提供各种商品或与商品销售有关的服务。通过网上商店买卖的商品既可以是实体化的产品，如书籍、鲜花、服装、食品、汽车、电视等；也可以是数字化的商品；如新闻、音乐、电影、数据、

软件及各类基于知识的商品；还可以是提供的各类服务，如旅游安排、在线医疗诊断和远程教育等。

② 企业与企业之间的电子商务（Business to Business，BtoB 或 B2B）。BtoB 方式是电子商务应用最重要和最受企业重视的形式。企业可以使用网络寻找每笔交易的最佳合作伙伴，完成从订购到结算的全部交易行为，包括向供应商订货、签约、接受发票和使用电子资金、信用证、银行托收等方式进行付款，以及在商贸过程中发生的其他问题如索赔、商品发送管理和运输跟踪等。企业对企业的电子商务经营额大，所需的各种软硬件环境较复杂，安全性要求高，但借助 EDI 商务成功的经验，它发展得最快。

③ 企业与政府之间的电子商务（Business to Government，BtoG 或 B2G）。这种商务活动覆盖企业与政府组织之间的各项事务。例如，企业与政府之间进行的各种手续的报批；政府通过因特网发布采购清单，企业以电子化方式响应；政府在网上以电子交换方式完成对企业和电子交易的征税等；这已成为政府机关政务公开的手段和方法。

④ 消费者对政府机构的电子商务（Customer to Government，CtoG 或 C2G）。通过消费者对政府机构的电子商务，政府可以把电子商务扩展到福利费用发放和自我估税及个人税收的征收方面。通过网络实现个人身份的核实、报税、收税等政府与个人之间的行为。

⑤ 消费者对消费者的电子商务（Customer to Customer，CtoC 或 C2C）。这种电子商务主要指消费者和消费者之间借助网络进行货物的拍卖。

⑥ 企业内部的电子商务（Business IN Business，BINB）这种电子商务强调通过企业或集团内部的网络进行内部产成品、半成品或者是原材料的转移或内部核算，有效地组织生产，降低产品生产成本。

2．按交易涉及的商品内容分类

如果按照电子商务交易所涉及的商品内容分类，电子商务主要包括两类商业活动。

① 间接电子商务。这种电子商务涉及的商品是有形的货物和服务，如鲜花、书籍、食品、汽车等，交易的商品需要通过传统的渠道来完成送货，如邮政业的服务和商业快递服务。因此，间接电子商务要依靠送货的运输系统等外部要素。

② 直接电子商务。这种电子商务涉及的商品是无形的货物和服务，如计算机软件，娱乐内容的联机订购、付款和交付，或者是全球规模的信息服务。直接电子商务能使双方越过地理障碍直接进行交易，充分挖掘全球市场的潜力。

3．按电子商务使用的网络类型分类

根据开展电子商务业务的企业所使用的网络类型框架的不同，电子商务可以分为如下 3 种形式。

① EDI 网络电子商务。EDI 是按照一个公认的标准和协议，将商务活动中涉及的文件标准化和格式化，通过计算机网络，在贸易伙伴的计算机网络系统之间进行数据交换和自动处理。EDI 主要应用于企业与企业、企业与批发商、批发商与零售商之间的批发业务。EDI 电子商务在 20 世纪 90 年代已得到较大的发展，技术上也较为成熟，但是因为开展 EDI 对企业有较高的管理、资金和技术的要求，因此至今普及性仍不高。

② 因特网电子商务（Internet 网络）。因特网电子商务是指利用连通全球的 Internet 网络开展的电子商务活动，在因特网上可以进行各种形式的电子商务业务，所涉及的领域广泛，

全世界各个企业和个人都可以参与。目前正以飞快的速度发展，前景十分诱人，它是目前电子商务的主要形式。

③ 内联网电子商务（Intranet 网络）。内联网电子商务是指在一个大型企业的内部或一个行业内开展的电子商务活动，形成一个商务活动链，可以大大提高工作效率，降低业务的成本。例如，客户在中华人民共和国专利局的网站上可以查询到有关中国专利的所有信息和业务流程，这是电子商务在政府机关办公事务中的应用；已经开通的上海"网上南京路一条街"网站（www.nanjingroad.sh.cn）包括了南京路上的主要商店，客户可以在网上游览著名的上海南京路商业街，并在网上南京路上的商店中以电子商务的形式购物。

4．按开展电子交易的信息网络范围分类

按开展电子交易的信息网络范围，可分为以下 3 类。

① 本地电子商务。它是指利用本城市内或本地区内的信息网络实现的电子商务活动，电子交易的地域范围较小。本地电子商务系统是利用 Internet、Intranet 或专用网将下列系统连接在一起的网络系统：参加交易各方的电子商务信息系统（包括买方、卖方及其他各方的电子商务信息系统）、银行金融机构电子信息系统、保险公司信息系统、商品检验信息系统、税务管理信息系统、货物运输信息系统和本地区 EDI 中心系统（实际上，本地 EDI 中心系统连接各个信息系统的中心）等。本地电子商务系统是开展远程国内电子商务和全球电子商务的基础系统。

② 远程国内电子商务。它是指在本国范围内进行的网上电子交易活动，其交易的地域范围较大，对软硬件和技术要求较高。要求在全国范围内实现商业电子化、自动化，实现金融电子化，交易各方需具备一定的电子商务知识、经济能力和技术能力，并具有一定的管理水平和能力等。

③ 全球电子商务。它是指在全世界范围内进行的电子交易活动，参加电子交易的各方通过网络进行贸易。涉及有关交易各方的相关系统，如买方国家进出口公司系统、海关系统、银行金融系统、税务系统、运输系统、保险系统等。全球电子商务业务内容繁杂，数据来往频繁，要求电子商务系统严格、准确、安全、可靠，应制定出世界统一的电子商务标准和电子商务（贸易）协议，以使全球电子商务得到顺利发展。

案例 2

上海联华电子商务公司（www.lhok.com）

1．基本情况

上海联华电子商务公司是由联华超市有限公司等国内著名的企业共同投资 5 000 万元创立的，专门从事网络零售、批发、网上广告、信息中介和计算机软硬件经营等业务。它旨在依托股东方庞大的实体网点、采购系统、配送网络、高新技术和先进的经营理念，开展对消费者个人和企业的网上 BtoC、BtoB 业务及相关的网络广告等业务，为广大客户提供安全、方便、快捷、优惠的网络服务。上海联华电子商务有限公司的主要股东——上海联华超市有限公司，是现在国内规模最大、经营业绩最好的超大型连锁超市公司。联华超市拥有庞大的门店网络、采购、配送中心和先进成功的商品营销模式，具有与国际著名"航空母舰"型商

业跨国集团抗衡的实力。上海联华电子商务有限公司的另一股东——上海友谊股份有限公司，是现在国内最大的零售连锁类上市公司，以超市、百货、装潢连锁经营和大规模的物流配送为主要经营业态。不仅拥有庞大的连锁超市，而且拥有国内多家效益良好的大型商场和国内最大、发展态势迅猛的"好美家"装潢建材连锁企业及大型的储运物流公司，实体网络资源优势明显。公司的其他股东还有：上实集团（上海市政府窗口企业）在国内的控股公司——上海实业联合集团股份有限公司，这是一家有着雄厚的资本实力、产业经营和资本运作经验的上市公司；在物流系统设计开发和网络构建上处于领先水平的 IT 企业——上海同振信息技术有限公司；在网络信息集成管理、网络安全系统研制方面具有丰富经验的上海建坤信息技术有限责任公司以及在配送和物流方面全国知名的速递公司——上海捷时达邮政速递公司。

　　6 家具有不同背景的企业共同联手组成的新型电子商务企业创造了令人刮目相看的业绩。公司拥有的"联华 OK"网（www.lhok.com）自 2000 年 9 月 25 日开通以来，贯彻"客户至上、精诚合作、科技领先、竞争发展"的企业宗旨和"创业、创新、高效、务实"的企业精神以及"顾客第一，唯一的第一"的经营理念，充分利用各股东方的优势，将实体网络与 IT 虚拟网络有效地结合起来，实现了当年投资、当年盈利。截至 2007 年底，公司拥有 OK 会员资源已经突破 1 350 万。"联华 OK"网主页如图 1-2 所示。

图 1-2　"联华 OK"网主页

上海联华电子商务公司计划在 3 年内进一步增资到 5 亿元，迅速扩大企业的资产规模、经营规模和市场影响力，使之发展成中国超市行业规模最大、技术最优的电子商务零售企业。

2．公司主要业务

上海联华电子商务公司的主要业务如下。

（1）网上销售

公司以"联华 OK"网和电话网（沪订购电话 96801）为基础，联合供应商共同组织商品，广泛开展 BtoC 和 BtoB 的电子商务业务。

（2）商品采购

各地生产商或供应商通过网站的业务联系模板或电子邮件方式将商品信息传递给公司，公司根据实际情况予以采购，同时向联华超市有限公司进行推荐。

（3）信息发布

"联华 OK"网作为 BtoC 及 BtoB 的购物网站，在服务用户的同时也会给产品的宣传推广提供一个很好的时机。

（4）广告业务

公司除了专门从事网上销售以外，还从事相关的广告发布业务，包括网上广告，以及其他相关的超市广告业务，如橱窗广告、超市广告、超市条幅广告等。此外公司还拥有一支专业的广告设计队伍，可以为厂商提供多方面的设计服务。

3．竞争优势

与其他电子商务公司不同的是上海联华电子商务公司拥有自身独特的竞争优势，表现在以下方面。

（1）依托完备的实体超市网络

联华超市有 1 000 家遍布华东地区的门店网络、全国一流的智能化物流中心、生鲜加工中心、遍布全国的采购体系、信息中心和门店之间完备的计算机网络系统，以及每天超过 30 万人次的庞大顾客群体，能很好地解决制约电子商务发展的市场需求和实体网络不足的瓶颈，为"联华 OK"网的发展提供坚实的基础。

（2）品种和价格优势

依托联华超市多年形成的良好的商品集中采购体系，"联华 OK"网经营的商品，无论在品种数量上，还是在价格上都具有明显的优势。联华超市有大规模的采购体系和物流配送系统，商品基本上都是从生产商直接采购，既有数量上、品种上的规模优势，又有极大的价格优势，多数商品都比同类电子商务公司便宜，使消费者最终获益。

（3）良好的信誉优势

公司的货物和配送主要通过遍布全市的联华门店提供和完成，对许多顾客来说，联华超市已是身边的老朋友。"联华 OK"网提供的优质商品和热情服务是其自身的信誉保障。

（4）先进的技术优势

"联华 OK"网在技术上有许多特色与创新，尤其是在系统流程、后台业务管理和与超市业务结合的实用性等方面，具有突出的专业优势，实现了业务流程的全自动化。系统采用先进的 3 层式结构配置，选用适宜网络业的 Sun 系列高档服务器；通过 Web、

Mail 和数据服务器托管方式,经 DDN 专线和同步复制服务器与公司主机数据同步;系统采用 Solaris 操作系统和大型数据库系统,以及先进的防火墙系统,确保系统高效安全运行;为了向客户提供快捷的送货服务,公司还专门开发了门店配送优化调度系统。联华超市强大的信息系统为"联华 OK"网提供了资源和技术上的支持。联华电子商务公司拥有一支技术支持和开发队伍,同时和上海多家信息技术公司有广泛的技术协作关系。为保证技术上、管理上的领先性,公司又从上海几所著名高校聘请了计算机网络、电子商务和管理方面的著名专家、学者,由他们组成公司的顾问班子,为公司提供强大的智力支持。

"联华 OK"网以强大的门店系统为支持,利用资源优势网络、信息技术和现代化的科学管理,通过全新的"联华 OK"网实现网上生活新空间,为用户创造了一个方便、快捷、体贴、周到的一体化电子商务服务体系。

4. 特色服务

"联华 OK"网推出了与众不同的特色服务。

(1)在线服务

"联华 OK"网在探索与银行紧密合作,发挥银行卡或信用卡"一卡多用"功能的同时,利用自行研究开发的 CtoC 应用程序,对网上结算支付的模式进行探索。

(2)在线储值支付服务

为方便顾客结算和"团体购买、分散配送",公司采用先储值后消费、在线支付等无现金交易的方式,充分利用电子商务和计算机网络信息的优势,服务用户、方便消费。

(3)异地服务

"联华 OK"网采取甲地付款、乙地送货或顾客选店送货等服务方式,方便更多的、不同层次用户的需要。

开通一年有余的"联华 OK"网又有了一些新的大动作,在全面改版的同时,推出了生鲜、食品等 500 多种新增商品和网站联袂、高校巡展等一系列新的营销活动,以吸引更多的消费者。

1.3 电子商务的功能

1.3.1 电子商务的基本作用

在现代信息社会中,电子商务可以使掌握信息技术和商务规则的企业和个人,系统地利用各种电子工具和网络,高效率、低成本地从事各种以电子方式实现的商业贸易活动。从应用和功能方面来看,可以把电子商务分为 3 个层次或"3S",即 Show(展示)、Sale(交易)、Serve(服务)。

1. Show

就是提供电子商情,企业以网页方式在网上发布商品及其他信息,以及在网上做广告等。通过 Show,可以树立自己的企业形象,扩大企业的知名度,宣传自己的产品和服务,寻找新的贸易合作伙伴。

2. Sale

即将传统形式的交易活动的全过程在网络上以电子方式实现，如网上购物等。企业通过 Sale 可以完成交易的全过程、扩大交易的范围、提高工作的效率、降低交易的成本，从而获取经济和社会效益。

3. Serve

即企业通过网络开展的与商务活动有关的各种售前和售后服务，通过这种网上的 Serve，企业可以完善自己的电子商务系统，巩固原有的客户，吸引新的客户，从而扩大企业的经营业务，获得更大的经济效益和社会效益。企业是开展电子商务的主角。

1.3.2 电子商务"3C"功能

电子商务具有强大的功能，在商务活动的各个方面都能够发挥作用。从电子商务的角度，对商务活动进行分析和分解，人们可以将纷繁复杂的商务活动大致分为 3 个方面或 3 个层次：信息、管理和交易。所有商务活动都可以归入其中一类，或者同时归入 2 类、3 类。比如，广告或商品宣传，显然可归入信息类，商品进销存问题可以归入管理类，而商品订货则可以归入交易类。可见，商务信息、商务管理和交易构成了商务活动的 3 个方面或 3 个层次。电子商务的功能正是从这 3 个方面或 3 个层次得以体现的。因此，与其相对应的电子商务系统功能可划分为内容管理、协同处理与交易服务 3 大类。由于内容管理（Content Management）、协同处理（Collaboration）与交易服务（Commerce）这 3 个词的英文均以字母"C"开头，因此理论界将这 3 大功能简称为"3C"。

图 1-3 电子商务"3C"功能图

电子商务的系统功能分类是既有区别又相互联系的 3 个方面，它们的组合构成了电子商务的基本功能。图 1-3 表示了 3 者间的关系。

1. 内容管理

内容管理即管理网上需要发布的各种信息，通过充分利用信息来增加品牌价值，扩大公司的影响和服务。其内容主要包括 3 个方面：信息的安全渠道和分布、客户信息服务和安全可靠高效的服务。具体指：

（1）公司范围内的信息传播

例如，在企业内部网上发布公司政策、招聘信息及通知。对于一个公司而言，一旦建立了网上信息，便立即会想创建一种在 Internet 上的信息沟通渠道，以便连接雇员、客户、供货方和商业伙伴。企业流程上网可以提高工作效率，提高顾客的满意度。

（2）提供 Web 上的信息发布

Web 站点上的主页（包括静态信息和动态信息）将定期地发布和刷新。

（3）提供有关品牌宣传及相关的信息

例如，有关产品供应服务和策略等情况的信息。

（4）提供保护及管理关键数据的能力

包括公司财经数据、客户数据、产品信息等。

（5）提供存储和利用复杂的多媒体信息的能力

包括照片、录像、录音、工程计划及 X 光拍片等。

2．协同处理

协同处理是指能支持群体人员的协同工作，它提供自动处理业务流程，这样可以减少成本和开发周期。协同处理总共包括 4 个方面：邮件与信息共享、写作与发行、人事和内部工作管理与流程、销售自动化。具体指：

（1）通信系统

包括电子邮件和信息系统，这常常是一个公司网络应用中的首要内容。

（2）人力资源管理

包括雇员的自我服务，如查找公司的聘任政策，了解员工情况及项目组织计划等。例如，雇员可在网上完成诸如领导审批，财务报账等环节。

（3）企业内部网和企业外部网

将企业内部各组织紧密地联系在一起，并与制造商、供货方及企业伙伴共享信息和进行流水作业。例如，当沃尔玛百货发现帮宝适纸尿片的库存实在太大时，它索性开放一定的内部信息系统权限，让 R&G 公司主动上网观察沃尔玛百货的库存。只要库存低于安全量，便自动补货，这样节省了库存空间和积压库存的资金。

（4）销售自动化

包括合同管理、合同审定及签署等。

3．交易服务

交易服务（Commerce）即电子方式下的买卖活动，具体包括 4 个方面的应用。

（1）市场与售前服务

主要通过建立主页、Web 站点等手段树立产品的品牌形象。

（2）销售活动

如智能目录、POS 机管理、安全付款等，并能在真正意义上实现每周 7 天，每天 24 小时营业。

（3）客户服务

即完成电子订单及售后服务、电子购物。客户自助服务站点可提供网上问题解决方案、企业的服务支持和产品信息等，在降低开支的同时强化了与客户联系的能力。

（4）电子货币支付

电子货币支付是以金融电子化网络为基础，以商用电子化机具和各种交易卡为媒介，以计算机技术和通信技术为手段，以电子数据形式存储在银行的计算机系统中，并通过计算机网络系统以电子信息传递形式实现流通和服务功能的货币。

电子商务的交易服务过程同普通贸易过程一样，也分为 3 个阶段：交易前、交易中和交易后。在交易过程中，涉及 3 个方面的内容：信息交换、电子数据交换和电子资金转账。

① 交易前：主要指交易各方在交易合同签订前的活动，包括在各种商务网络和 Internet 上发布和寻找交易机会，寻求合适的贸易伙伴，通过网络交换信息，比较价格和条件，了解

对方国家的贸易政策，以及最后确定交易对象等。

② 交易中：主要指合同签订后的交易过程，涉及银行、运输、税务、海关等方面的电子单证交换，这种交换通常是通过 EDI 电子数据交换系统来实现的。

③ 交易后：在交易双方办完各种手续后，商品交付运输公司起运，贸易方式可以通过电子商务网络跟踪货物的行程。银行则按照合同，依据贸易方提供的单证向另一方支付交易资金，出具相应的银行单证，实现整个交易过程。

1.3.3　电子商务服务功能

电子商务可以实现全过程的商务活动，具有信息发布、咨询洽谈、业务组织、网上购物、网上支付、服务传递、交易管理和金融服务等各项服务功能。

1．信息发布

在电子商务中，信息发布的实时性和方便性是传统媒体无可匹敌的。新型的在线发布手段使得信息查询非常方便和实用，各种多媒体信息全方位展现了以往各种媒体所不具备的功能并获得了奇效。网络宣传广告、用户在线查询和浏览、网络会议等具体发布形式更是令人眼花缭乱、目不暇接。

电子商务可凭借企业的 Web 服务器和客户浏览器，在 Internet 上发布各类商业信息。客户可借助网上的检索工具迅速地找到所需商品信息，而商家可利用网上主页（HomePage）和电子邮件（E-mail）在全球范围内做广告宣传。与以往的各类广告相比，网上广告成本最为低廉，而给顾客的信息量却最为丰富。

2．咨询洽谈

电子商务允许用户借助非实时的电子邮件（E-mail）、新闻组（News Group）和实时的讨论组（Chat）来了解市场和商品信息、洽谈交易事务。网上的咨询和洽谈能超越人们面对面洽谈的限制，提供方便的异地交谈。

3．业务组织

电子商务是一种基于信息的商业进程，在这一过程中，企业内外的大量业务被重组而得以有效运作。企业对外通过 Internet 加强了和合作伙伴之间的联系，对内则通过 Intranet（企业内联网）提高了业务管理的集成化和自动化水平，在业务活动的运作上真正做到了快速、高效和方便。而客户直接同企业发生联系，从根本上改变了企业传统的封闭式生产经营模式，使产品的开发和生产可根据客户需求而动态变化。

4．网上购物

对个人而言，也许电子商务最为直观和方便的功能就是网上购物。网上购物无须挤在成千上万熙熙攘攘的人群中而能够买到所需要的商品，可以让人们坐在家中悠然自得地尽情挑选远在世界各地的商家所提供的商品。

5．网上支付

网络作为一种新的贸易方式正在逐渐成为商务的一大发展趋势，这势必带动着新型付款方式的形成。数字货币、数字支票、信用卡系统等综合的网上支付手段，比传统的货币方式更具方便性，在网上直接采用电子支付手段也可节省交易中很多人员的开销。

但是，由于网上支付在交易过程中所占有的重要地位，如果解决不好电子支付过程中存在的一系列问题，不仅会给个人、企业和国家带来无法弥补的损失，更有可能带来相当严重的经济金融问题。网上支付需要可靠的信息传输安全性控制，以防止欺骗、窃听、冒用等非法行为，这必须有电子金融的支持，即银行、信用卡公司及保险公司等金融单位要提供网上操作的服务，并配以必要的技术措施来保证数字凭证、数字签名加密等手段的应用，提供电子支付过程的安全性。

6. 服务传递

电子商务通过服务传递系统将客户所订购的商品尽快地传递到已订货并付款的客户手中。对于有形的商品，服务传递系统可以对在对本地和异地的仓库中，通过网络进行物流的调配，并通过快递业务完成商品的传送；而无形的信息产品，如软件、电子读物、信息服务等，则可以立即从电子仓库中通过网络直接传递到用户端。

7. 交易管理

电子商务的交易管理系统可以完成对网上交易活动全过程中的人、财、物、客户及本企业内部的各方面进行协调和管理。电子商务的上述功能，对网上交易提供了一个良好的交易服务和进行管理的环境，使电子商务的交易过程得以顺利和安全地完成，并可以使电子商务获得更广泛的应用。

8. 金融服务

电子商务的发展为金融业提供了新的服务领域和服务方式，而金融服务的内容也将迎合电子商务的要求并提供相应的业务支持。当前影响电子商务发展的最大障碍也正是资金流问题。电子商务的兴起将金融服务业推向了信息化的最前沿，金融业务不仅在内容上迅速扩大范围，而且在手段上也正面临新的变革。网上金融服务包括了人们需要的各种内容，如网上消费、家庭银行、个人理财、网上投资交易、网上保险等。这些金融服务的特点是通过数字货币进行及时的电子支付与结算。

具体地讲，电子商务带动的金融服务有：

① 金融。即网上贸易和网上银行，包括网上货币、外汇交易与管理等。
② 保险。包括网上报价、代理服务和理赔管理等。
③ 投资理财。即会计财务管理、财产管理、委托投资和网上证券交易等。
④ 金融信息服务。包括信息发布与统计、评估与论证、咨询服务等。
⑤ 金融安全服务。

案例3

网上书店——亚马逊（www.amazon.com）

1. 基本情况

众所周知，亚马逊公司是在线图书零售的先驱企业，也是电子商务发展的成功典范。它最初是个网上书店，但现在产品种类已经扩大至音像带、化妆用品、宠物用品及杂货等，并提供拍卖及问候卡片等服务。

在 1995 年 7 月，亚马逊还只是个普通网站，但到了 1999 年底，其顾客却覆盖了 160 多个国家和地区，公司的市值达到 90 亿美元，远远超过了对手邦诺（Barnes&Noble）与疆界（Boarders）两家公司的市值总和。

2．亚马逊书店的物流与配送

从网站来看，网站公司的主要业务是负责网站的建立与管理、网页设计与更新、网上销售和售后服务设计、组织与管理等。在这种方式下，网站成为电子商务的主体，对于已经存在有形店铺销售的企业来讲，已有的物流系统和销售渠道可以为电子商务所用。但对于一个新投入到电子商务行业的.com 公司而言，必须新建物流系统，这是当今实施电子商务过程中最具挑战性的工作。下面分析一下著名的亚马逊书店（Amazon）物流与配送的一些情况。

Amazon 网上销售的方式有网上直销和网上拍卖，其网上销售的流程如图 1-4 所示。

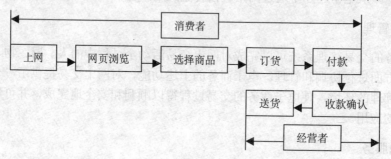

图 1-4　Amazon 网上销售流程

Amazon 网上销售的配送中心在实现其经营业绩的过程中功不可没，主要有以下特点。

（1）拥有完整的物流、配送网络

到 1999 年，Amazon 在美国、欧洲和亚洲共建立了 15 个配送中心，面积超过 350 万平方英尺，其中在美国佐治亚州的配送中心占地 80 万平方英尺，机械化程度很高，同时它也是 Amazon 最大的配送中心，这是 1999 年建立的第 5 个配送中心。1999 年配送中心的面积是 1998 年的十多倍，这一规模足以与一个大型的传统零售公司的配送系统相媲美。完善的配送中心网络，使订货和配送中心作业处理及送货过程更加快速，从而使得市场上的用户送货的标准时间更短，缺货更少。

（2）以全资子公司的形式经营和管理配送中心

Amazon 认为，配送中心是能接触到客户订单的最后一环，同时也无疑是实现销售的关键环节，他们不想因为配送环节的失误而损失任何销售的机会。这一做法未必可以推广，但说明了物流配送对整个电子商务系统具有决定性的意义。

（3）高层管理人员经验丰富

为了加强 Amazon 物流、配送系统的规划与管理，Amazon 在 1998 年 7 月任命世界上最大零售商 WM-Mart（http://www.walmart.com）的前任物流总裁怀特（Wright）为亚马逊的副总裁，而怀特在 Wal-Mart 时管理的配送中心有 30 个，总面积大约 3 800 万平方英尺，雇员 32 000 人。这说明亚马逊配送中心的高层管理人员具有极高的素质和丰富的经验。

（4）亚马逊提供了多种送货方式和送货期限供消费者选择，对应的送货费用也不相同送货方式有两种，一是以陆运和海运为基本运输工具的标准送货；二是空运。根据目的地是国内还是国外的不同，以及所订的商品是否有现货（决定集货时间），送货期限可以具有很大的区别。如选择基本送货方式，并且商品有库存，在美国国内需要 3～7 个工作日才能送货上门；而在国外，加上通关的时间，需要 2 个～3 个星期才能送货上门。如果选择空运，美国国内用户等待 1～2 个工作日就可以得到货物，而国外用户则需要等待 1～4 个工作日。交货时间的长短反映了配送系统的竞争力，亚马逊设计了比较灵活的送货方案，使用户有更大的选择性，受到了用户的欢迎。亚马逊主页如图 1-5 所示。

图 1-5　亚马逊主页

1.4　电子商务的应用、发展及关注点

1.4.1　电子商务的应用

由于对电子商务的理解有广义与狭义之分，因此，电子商务的应用也分为广义的应用和狭义的应用。

电子商务广义的应用是指电子商务在各行业或各领域中的应用，也包括某领域局部或全部环节（过程）的应用，人们一般更加倾向于从这一角度理解和研究电子商务的应用。电子商务的应用非常广泛，像网上银行、网上证券、网上购物、网上订票、网上租赁、电子政务、在线教育等。

电子商务狭义的应用主要是指企业网上的产品或劳务（服务）的在线销售过程。具体包括 3 个环节：首先是售前服务。一方面企业要通过因特网这一新媒体来发布自己的产品信息，通过策划选择合适的形式、方式、方法进行推广，充分利用网络的"即时互动、跨越时空和多媒体展示"等特性将信息"推"到用户唾手可得的"地方"。另一方面，客户可借助网上检索工具迅速地找到所需要的商品信息，并进行比较、咨询，直到最终做出购买决策。其次是售中服务。网上售中服务主要是帮助企业完成与客户之间的咨询洽谈、网上订购、合同的签订、网上支付等商务过程，对于销售无形产品的公司来说，因特网上的售中服务为网上的客户提供了直接试用产品的机会，例如，音像制品的试听、试看以及软件的试用等。最后是售后服务。网上售后服务的内容主要包括帮助客户解决产品使用中的问题，排除技术故障，提供技术支持，传递产品改进或升级的信息，收集客户对产品与服务的反馈信息。电子商务能十分方便地通过设置网页上的"选择"、"填空"等格式文件来收集用户对销售服务的反馈意见，这样使企业的市场营销能形成一个封闭的回路。网上售后服务不仅响应快、质量高、费用低，而且可以大大降低服务人员的工作强度。

从目前电子商务应用的类型来看电子商务可分为如下几种业务。

（1）EDI业务

EDI是电子商务发展早期的主要形式，它旨在票据传送的电子化。主要应用在如下领域：运输业——能最大程度地利用设备、仓位，获得更大效益；零售业、制造业和仓储业——提高货物提取及周转效率，加快资金流动；通关与报关——实现货物通关自动化和国际贸易无纸化；金融保险和商检——快速可靠的支付，减少时间和费用，加快资金流动；贸易业——无纸贸易提高了国内外贸易的竞争能力。

（2）虚拟银行

随着虚拟现实技术的不断进步，银行金融业正在积极利用虚拟现实技术创建虚拟金融世界，这也是为了适应网络商业日益发展的需要。在虚拟电子银行空间中，可以允许数以百万计的银行客户和金融客户，面向银行所提供的几十种服务，根据需要随时到虚拟银行里漫游，这些服务包括信用卡网上购物、电子货币结算、金融服务及投资业务的咨询等。虚拟银行一方面使银行能够争取到更多的顾客，并且服务成本迅速下降；另一方面也使客户能够从虚拟银行获得方便、及时、高质量的服务，同时又节省很多服务费。当前，建立网络银行最重要的是完善硬件、软件设施和有关技术标准，并统一操作规范。数年前，美国率先在网上建立了第一家"安全第一网络银行"，而后许多发达国家的金融机构也在筹划或已经初步建立网络银行服务。虚拟银行是现代银行金融业的发展方向，它指引着未来银行的发展。利用Internet这个开放式网络来开展银行业务有着广阔的前景，它将引发一场深刻的银行业革命。

（3）网上购物

随着电子商务技术的发展和应用，网络购物将越来越普及，并日渐成为一种新的生活时尚。网络购物利用先进的通信和计算机网络的三维图形技术，把现实的商业街搬到网上。用户无须担心出门时的天气变化，足不出户便能像真的上街那样"逛商场"，方便、省时、省力地选购商品，而且订货不受时间限制，商家会送货上门。当然，也无须担心独自"逛街"的孤独，因为用户可以在网络的"大街"上约定或找到同行者结伴"逛街"，乐趣无穷。目前在网上已开通了书店、花市、电脑城、超级市场以及订票、订报、网上直销等服务。

（4）电子政务

电子政务是指政府机构利用信息化手段，实现各类政府职能。其核心是应用信息技术，提高政府事务处理的信息流效率，改善政府组织和公共管理。信息技术的飞速发展引发了一场深刻的生产和生活方式变革，极大地推动着经济和社会的发展。作为信息高速公路5个应用领域中的首要应用，电子政务在全球范围内受到广泛的重视，可以说政府信息化是经济信息化和社会信息化的前提，电子政务是未来国家核心竞争力的重点要素之一。

1.4.2　电子商务发展概况

1. 国外电子商务的发展概况

随着 Internet 的出现与大规模应用，电子商务热潮正席卷全球，成为各行各业热门的话题和竞争的焦点。为积极应对经济全球化趋势，利用计算机技术、网络通信技术和 Internet 实现商务活动的国际化、网络化、信息化和无纸化，已成为各国商务发展的一大趋势。电子商务因此获得了非常迅速的发展。1994 年全球电子商务销售额仅为 12 亿美元，1997 年达到 26 亿美元，2000 年达到 3 000 亿美元，2003 年便超过 1 万亿美元。虽然受到美国"9·11"恐怖袭击事件和由此产生的经济下滑的影响，世界电子商务却依然迅猛发展。IDC 在 2001 年 11 月 5 日指出，2001 年全球 BtoB 贸易额达到 5 160 亿美元，比 2000 年猛增 83%，到 2006 年，世界各国通过 Internet 购买商品和服务的贸易额已达到 12.8 万亿美元。

从世界各国电子商务的发展来看，北美地区的电子商务起步较早，发展水平也最高，应用最为普及。美国早在 1993 年左右便有大量公司开始涉足电子商务。美国 Carnegie Mellon 大学于 1998 年底设立了全球第一个电子商务硕士学位。进入 21 世纪，美国的电子商务发展更加迅猛，仅在 2004 年，美国家庭的 1/3 都在使用网络银行服务。

欧洲的电子商务比美国起步晚了 18 个月，但发展也很快。欧盟于 1997 年 4 月提出了《欧盟电子商务行动方案》，并于 1998 年起草了各种与电子商务有关的法律，规范了电子商务的市场环境。根据 Forrester Research 的报告，在 2000~2004 年，欧洲国家的电子商务贸易总额将以每年 100% 的速度增长，到 2008 年达到网上贸易总额 16 000 亿欧元的水平，约占欧洲贸易总额的 6%。

亚太地区信息产业发达的日本、新加坡和韩国，电子商务的发展也很迅猛。日本、韩国、马来西亚、菲律宾等国都颁布了有关电子商务的基本法规。根据日本 1999 年 3 月公布的"日美电子商务市场规模调查"，日本 BtoB 商务规模约为美国的一半。

联合国早在 2003 年发表的一份报告表明，未来 10 年，1/3 的全球国际贸易将以电子商务贸易的形式来完成。这一切足可证明，电子商务代表世界贸易发展的方向，具有强大的生命力。

2. 国内电子商务的发展概况

中国是发展中国家，电子商务发展虽然较发达国家晚了一两年，但由于经济的快速发展以及国内形势的持久稳定，电子商务的发展速度仍不容小视，体现出巨大的发展潜力。中国互联网络信息中心（CNNIC）发布的第 21 次中国互联网络发展状况统计报告显示，中国网民总数已达到 2.1 亿人，略低于美国的 2.15 亿，位于世界第二位。中国网民网络购物人数规模达到 4 640 万，而美国 2006 年 8 月网上购物的比例则已经达到了 71%，仍有差距。另外，有关资料显示，近 1/3 的网民有过网上交易的经历，一些大的网站非广告收入已经占到总收入的 50% 以上。卓越、当当、新浪商城等电子商务网站日均销售额均突破百万，发展形势十分惊人。到 2005 年底，中国电子商务的网上贸易总额就已经超过 6 800 亿元人民币，2006 年达 10 200 亿元。

"十一五"期间，国家信息化发展战略确立了电子商务的战略地位，中国电子商务发展环境进一步得到改善。电子签名法为电子商务发展提供了法律保障。国务院在 2005 年 4 月 1

日正式实施《电子签名法》，从法律上确认 CA 认证中心以及数字签名的法律地位，明确各方的责任，同时以中国人民银行与国家工商总局牵头建设全社会的信用体系，将大大促进中国电子商务的规范化发展。

2006 年 4 月 16 日，中国商务部中国国际电子商务中心在广交会上正式启动中国国际贸易企业应用电子商务平台（http://www.ec.com.cn）。中国商务部中国国际电子商务中心刘俊生主任在发布会上表示，自从国务院《关于加快电子商务发展的若干意见》于 2005 年颁布以来，商务部一直致力于推动中国国际贸易信息化建设进程。此次企业应用电子商务平台的启动，就是商务部切实推进电子商务发展的重要举措，标志着中国国际贸易信息化进程迈出了坚实的步伐，同时对于提升中国外贸企业国际竞争力有着重大的历史意义。同日，由商务部中国国际电子商务中心和华美泛亚科技联手推出的大型国际贸易电子商务执行平台"贸自通"（Trade Matics）正式亮相。刘俊生表示，这将有利于简化外贸业务操作流程、提高中外贸易伙伴的沟通效率，降低外贸企业的运营成本，实现外贸企业内部无纸化操作和对外电子数据的高效交换。据刘俊生主任介绍，长期以来，国际贸易流程自动化程度低、各涉贸部门间信息化系统无法有效对接、企业信息化水平低等问题严重制约了中国国际贸易的健康发展。而中国国际贸易企业应用电子商务平台的启动无疑将使得这些问题得到彻底的解决，中国外贸企业的信息化和电子商务水平将得到质的提升。

2007 年 6 月，国家发展和改革委员会、国务院信息化工作办公室联合发布中国首部《电子商务发展"十一五"规划》。《规划》明确提出了"十一五"时期中国电子商务发展的总体目标：到 2010 年，电子商务发展环境、支撑体系、技术服务和推广应用协调发展的格局基本形成，电子商务服务业成为重要的新兴产业，国民经济和社会发展各领域电子商务应用水平大幅提高，并取得明显成效。同时，规划还从提高电子商务应用水平、培育电子商务服务体系、提升企业创新能力和完善支撑环境 4 个方面提出了中国电子商务发展的具体目标。

1.4.3 电子商务存在的主要问题

电子商务的兴起，对中国来说是挑战大于机遇。中国在电子商务中遇到的问题，远比一般发达国家多得多，不仅需要解决 EDI 商务由封闭到开放的转变问题、因特网商务中大宗交易的保密和安全问题，以及电子商务纳税及其管理问题等，而且还急需要解决一系列特有的主要问题。

1．网络基础设施建设问题

要想实现真正实时的网上交易，就要求网络有非常快的响应速度和较高的带宽，这必须由硬件提供对高速网络的支持。而中国一方面由于经济实力和技术等诸多原因，网络的基础设施建设还比较缓慢和滞后，已建成的网络质量与电子商务的要求相距甚远；另一方面，上网购物用户少，网络利用率低，致使网络资源被大量闲置和浪费，投资效益低，严重制约着网络的进一步发展。同时，与银行、税务等诸多管理和服务部门的联网尚未实现。因此，如何加大基础设施建设的力度，提高投资效益，改变网络通信方面的落后面貌，是促进电子商务应用普及的首要问题。

2．政府的角色定位问题

在我国，现在的电子商务应用普及面临的社会环境是：政企不分、信用制度不完整、流通秩序比较混乱、形形色色的保护主义。面对如此境况，应考虑如何管理，才能化消极因素为积极因素，营造出适合电子商务发展的环境。

3．人员素质和观念问题

电子商务是新生事物，它的知识极需要普及。虽然全世界 Internet 上的商业用户和家庭急剧增加，Internet 的使用者仍集中在年龄为 15～50 岁、中上收入水平、受过中等以上教育的人群，并以男性为主。对中国来说，特别需要提高商务人员的业务素质和网络技能。由于保守的思想观念的原因，一些人认为商品交易中安全可靠是非常重要的因素，他们对电子商务持怀疑的态度，不太愿意深入了解电子商务的实际情况。因此，一方面要通过软件技术和硬件技术改进各种商务网络设备的可操作性，另一方面，要加大宣传力度改变人们陈旧的观念，通过知识的培训，提高人们的应用能力，从而推动电子商务的发展。

4．商家信誉问题

电子商务的应用领域主要分两类：企业之间的交易和个人消费者与企业之间的交易。就其发展过程来看，它又必然经历一个从简单的商情查询到网上购物和实现交易的阶段。当传统的购物方式引发的各种纠纷还在"3·15"消费者权益日频频曝光的环境下，消费者如何信任互不照面的网上交易？在这方面中国与国外的差距，技术手段上的原因是次要的，而人的基本素质、制度的完善程度却是根本的。

5．安全问题

安全问题是企业应用电子商务最担心的问题，而如何保障电子商务活动的安全，将一直是电子商务的核心研究领域。作为一个安全的电子商务系统，首先必须具有一个安全、可靠的通信网络，以保证交易信息安全、迅速地传递；其次必须保证数据库服务器绝对安全，防止黑客闯入网络盗取信息。对于中国网民来说，网络产品几乎都是"舶来品"，本身就隐藏着安全隐患，加之受技术、人为等因素的影响，不安全因素更显突出。目前，电子签名和认证是网上比较成熟的安全手段，而在中国大多尚处在对安全套接层协议（Secure Socket Layer，SSL）的应用上，在安全电子交易（Secure Electronic Transaction，SET）协议上的应用试验刚刚成功，而要完全实现 SET 协议安全支付，就必须有一个 CA 认证中心，而目前在中国 CA 认证权的归属问题尚未确定，在信息安全保密体制上究竟谁来管理？怎么管理？采取哪些有序的管理办法？这些问题亟待解决。

6．电子商务法律问题

电子商务的产生与发展，给国际贸易带来了极大的冲击，一些新的问题由此产生，如电子商务如何征税、知识产权如何保护、电子合同如何发生效力等。做生意就避免不了发生纠纷，而网上纠纷又有其独特性。Internet 是一个缺乏"警察"的信息公路，它缺少协作和管理，信息跨地区和跨国界的传输又难以公证和仲裁。那么，这个法律系统究竟应该如何制定？由谁来制定？应遵循什么样的原则？其效力如何保证？这些都是目前制定法律时应该考虑的问题。

7．物流配送问题

直到目前为止，国内依然缺乏系统化、专业化的全国性货物配送企业，现有的物流企业体现出分散的多元化格局，导致社会化大生产、专业化流通的集约经营优势难以发挥，规模效益难以实现，设施利用率低等问题。商品的长途运输或者邮递的巨大成本以及时间上的延迟足以使消费群体望而却步。但在实际运行中，这个问题却是致命性的。因此如何组建系统化和专业化的全国或全球的物流配送企业，既是解决中国电子商务发展的瓶颈问题，也是提高中国电子商务企业竞争力的关键因素。

尽管电子商务存在问题的解决进度直接影响电子商务发展的进程，但中国不可能等到把上述问题都解决了，再来发展电子商务。在中国，网络建设正处于起步阶段，网络应用还不够普遍，金融电子化程序还不理想，电子商务的推行还需要时间。

1.4.4 电子商务发展趋势及关注点

1.全球电子商务发展趋势

纵观电子商务的发展过程，从20世纪90年代初、中期开始发展，到20世纪90年代末期形成第一个高潮。但好景不长，由于炒作过度，到1999年下半年和2000年，电子商务热急剧降温，许多IT（信息技术）企业的股票价格急剧下跌，许多从事电子商务的企业严重亏损，有的甚至被淘汰出局。此后，又逐步回升。人们在2000年网络泡沫破灭后深刻体会到：企业，尤其是传统企业，才是电子商务的主体。从电子商务发展的实践来看，电子商务发展的趋势主要表现为以下几点。

（1）传统企业将成为电子商务的主体

电子商务发展到今天，必须要有大量传统企业的加盟，才能推动电子商务走向下一个高潮。

（2）BtoB 成为全球电子商务发展的主流

在电子商务的几种交易模式中，BtoC 和 BtoB 两种所占分量最重，而 BtoB 又是重中之重。从国际电子商务发展的实践和潮流看，BtoB 业务在全球电子商务销售额中所占比例高达80%～90%。表1-1是2000～2004年全球各地区BtoB的发展及预测情况的比较。

表 1-1　　　　　　　　2000～2004 年全球各地 BtoB 业务比较　　　　　　单位：亿美元

地区	2000 年	2001 年	2002 年	2003 年	2004 年	2004 年所占比例
北美	1592	3168	5639	9643	16 008	57.7%
亚太地区	362	686	1212	1993	3006	10.8%
欧洲	262	524	1327	3341	7973	28.8%
拉丁美洲	29	79	174	336	584	2.1%
非洲/中东	17	32	59	106	177	0.6%
总交易额	2262	4489	8411	15419	27 748	100.0%

（3）进入电子商务市场的企业日趋多元化

从国际电子商务的发展来看，进入 BtoB 市场的企业越来越多，主要有4种类型：

① 传统的 IT 巨头，像 Microsoft 公司，始终在准备积极参与电子商务领域，其他较早进入 BtoB 领域的 IBM、Sun、Intel 等公司也纷纷加大投资。

② 新兴互联网巨头，如 Yahoo、AOL、eBay、Beyond 等，与传统的 IT 巨头不同，这些新兴互联网巨头凝聚了网上大部分人气，并且有足够的互联网经营经验。

③ 传统行业的跨国公司，通用汽车、杜邦公司等传统领域的巨头纷纷出巨资进入这一领域，希望通过 BtoB 平台优化、改造其原有的价值链，以创造互联网时代新的竞争优势。

④ 现有的 BtoB 电子商务公司，面对各种各样的公司纷纷涌向 BtoB 市场，Alibaba 和 Commerce One 等这一领域的先行者也不甘示弱，纷纷表示将凭借他们已经建立起来的技术优势和经验与后来的竞争者抗衡。

2. 我国电子商务发展趋势

《电子商务发展"十一五"规划》指出，我国电子商务进入快速发展机遇期。我国电子商务的发展趋势除了总体上保持全球电子商务发展的趋势特征之外，具体在未来 5～10 年内将呈现出如下发展趋势。

（1）电子商务的深度将进一步拓展

电子商务企业将从网上商店和门户的初级形态，过渡到将企业的核心业务流程、客户关系管理等都延伸到互联网上，使产品和服务更贴近用户需求。企业将创建、形成新的价值链，把新老上下游利益相关者联合起来，形成更高效的战略联盟，共同谋求更大的利益。

（2）中国电子商务将面临国际化的严峻挑战

电子商务是国际贸易发展的必然趋势，随着国际电子商务环境的规范和完善，中国电子商务企业必然走向世界，这也是进一步扩大对外经贸合作和适应经济全球化、提升中国企业国际竞争力的需要。而随着中国加入 WTO，国外的电子商务企业也将渗透到国内，对中国电子商务构成严峻挑战。

（3）电子商务与产业发展深度融合，加速形成经济竞争新态势

电子商务广泛深入地渗透到生产、流通、消费等各个领域，改变着传统经营管理模式和生产组织形态，正在突破国家和地区局限，影响着世界范围内的产业结构调整和资源配置，加速经济全球化进程。随着中国对外开放水平的提高和市场化进程的加快，大力发展电子商务已成为中国参与全球经济合作的必然选择。

（4）行业电子商务将成为下一代电子商务发展的主流

中国电子商务进入迅猛发展时期的典型特征是风险资金、网站定位等将从以往的"大而全"模式转向专业细分的行业商务门户。第一代电子商务专注于内容，第二代专注于综合性电子商务，而下一代的行业电子商务将增值内容和商务平台紧密集成，充分发挥 Internet 在信息服务方面的优势，使电子商务真正进入实用阶段。

（5）电子商务服务业蓬勃发展，逐步成为国民经济新的增长点

技术创新加速社会专业化分工，为电子商务服务业提供了广阔的发展空间。基于网络的交易服务、业务外包服务、信息技术外包服务规模逐渐扩大，模式不断创新。网络消费文化逐步形成，面向消费者的电子商务服务范围不断拓宽，网上消费服务模式日渐丰富。电子商务服务业正成为新的经济增长点，推动着经济社会活动向集约化、高效率、高效益、可持续方向发展。

（6）电子商务网站将会出现兼并热潮

首先是同类兼并，目前中国为数不少的网站属于重复建设之列，定位相同或相近，业务内容趋同。由于资源有限，并且在互联网"赢家通吃"原则下，最终胜出的只是名列前茅的网站。其次是互补性兼并，那些处于领先地位的电子商务企业在资源、品牌、客户规模等诸方面具有很大的优势，但与国外著名电子商务企业相比还有很大差距。这些具备良好基础和发展前景的网站要发展，必然采取互补性收购策略，结成战略联盟。由于个性化、专业化是

电子商务发展的两大趋势，而且每个网站在资源方面总是有限的，客户的需求又是全方位的，所以不同类型的网站以战略联盟的形式进行相互协作将成为必然趋势。

3．全球电子商务发展的关注点

电子商务已经是一种国际化的大趋势，它对人类社会将产生全方位的深远影响。不过，电子商务毕竟是企业商务模式的一项根本性变革，其发展也是一个循序渐进的过程。就目前而言，电子商务还远没有达到它应有的高度，而且存在着相当多的问题有待人们在未来予以解决。要构建一个良好的电子商务发展环境，主要涉及以下 7 个方面的关注点。

（1）技术平台

电子商务的发展是以 Internet 的发展作为前提的。在全国以及全球范围内构建一个快捷的、简单易用的、方便连接的、稳定的 Internet，将成为电子商务运作的技术支撑，这是电子商务运作的基本需求。"十一五"规划中 NGI（下一代互联网）战略计划的制订与逐步实施，将为中国电子商务的发展提供良好的平台。

（2）安全性

安全性是电子商务的灵魂，没有安全就没有商务。由于这一代 Internet 在技术上使用 IPv4 协议，存在固有缺陷以及松散的架构，给运作在其上的商务活动带来了安全隐患。这要求必须对 Internet 的网络通信协议进行优化或重新研发，并配合其他一些安全技术工具的应用，使网上商务的安全性问题得到可靠的解决。目前 IPv6 协议的研发应用、各种先进的防火墙系统及密码技术、数字签名等技术的应用正不断提升电子商务的安全性。

（3）法制与市场准入和信用体系建设

电子商务相关业务的开展除了给人们带来方便之外，也不可避免地带来交易实体之间的纠纷和诈骗事件，因此制定相关的电子商务法律体系并构建完善的信用体系，势在必行。这涉及电子商务的准入机制、电子商务合同、单证、数字签名的认证以及争端解决规则等一系列制度的改革。各国的法律也必须随之修改，这就需要一个漫长的过程。

（4）财政与税务处理

Internet 是一种全球性媒体，没有明显的国家界线，而交易在网上进行，看不见，摸不着，海关难以监管。电子商务既包括有形的货物贸易，也包括无形的服务贸易，或两者同时兼有。这样，对于无形的服务贸易，按传统的方式，海关将难以根据交易的全部真实价格进行收税，关税税收会受到一定影响。而现在产品的价格构成中，无形的贸易比重日渐提高，因此必须找到一个既解决财政收入又不妨碍电子商务发展的办法。另外，电子与网络支付系统已经普及应用，信用卡、智能卡、网络银行服务迅速发展，其他形式的电子货币不断产生，会逐渐改变传统的银行支付制度，对货币调控和货币供应量的统计也会产生重大影响。

（5）观念更新

"眼看、手摸、耳听"的购物习惯在中国消费者心目中已经根深蒂固，相对而言比较抽象的网上交易让顾客接受起来还需要一个过程。同样，中国的多数企业以及企业管理层也习惯于面对面地与客户打交道，这是电子商务发展的主要障碍之一。有必要在全社会范围内，通过宣传、培训、实际体验等手段，尽快培育网上市场，并让它尽快成熟起来，以利于在电子商务中发现契机，壮大电子商务的规模。可喜的是，中国网民的消费习惯正在发生改变，越来越多的政府部门、企业不管是被迫的还是主动的，也正在关注与发展网上业务。

（6）人才培养

21 世纪对国家与企业来讲最重要的财富就是人才。由于电子商务是新生事物，技术性强，安全性能要求高，营销方式与工具均与传统商务有了很大不同，因此培养出大量高素质的电子商务专业人才，无疑是保证电子商务业务正常开展的决定性因素，而这也是当前中国很多开展电子商务的企业最为欠缺的地方。

（7）其他配套支持

实现快捷安全的网络支付与结算，构建跨区域的高效率并且低成本的社会专业物流，可以为开展电子商务的企业提供强有力的配套支持。在这些方面特别是现代物流方面，中国与发达国家相比有很大差距，距离支持高水平电子商务的要求还有很大距离，有待发展与加强。

思考与练习

1. 简述电子商务产生的背景及过程。
2. 从广义和狭义两个方面分别回答什么是电子商务？
3. 与传统商务相比，电子商务有什么特点？
4. 简述电子商务的"3C"功能。
5. 电子商务的 3 种基本形式分别是什么？
6. 加入 WTO 给中国电子商务的发展带来了哪些机遇与挑战？

第2章　电子商务的框架与运行机理

本章概要： 本章从电子商务的体系结构和组成出发，阐述了电子商务运作的基本原理；同时从电子商务经营的角度出发，分析了其整个交易过程的3个重要环节：支付、物流、信用的机理。

学习目标： 掌握电子商务系统的体系结构和组成方式，重点理解电子商务的交易流程，明确在交易过程中支付、物流、信用的机理和重要性，为电子商务应用打下基础，初步建立较完整的电子商务实现理念。

学习指导： 本章的重点是掌握电子商务运作所需的技术支持、体系结构；难点是电子商务的交易流程。通过案例分析，从不同实例的分析中找出电子商务交易过程的一般规律，从而领会电子商务的基本原理。

2.1　电子商务的框架

电子商务是商务运作、商务需求与信息技术、计算机网络技术相结合的产物，是商务领域里的一个创新。电子商务是一个系统工程，是一个需要信息流、资金流、物流和商流的有机融合，需要多角色、多层次、多方面的协同配合，需要与之适应的运作环境的庞大体系。图 2-1 展示了电子商务系统的框架结构。

电子商务应用 网络银行、网上采购、网上拍卖、远程教育、 电子市场和信息发布、供应链管理、信息服务		
法律环境 和 公共政策	一般商业服务 （安全/认证、电子支付、指南/目录） 信息交换基础 （数据交换、电子邮件、超文本文件、交换协议） 多媒体内容和网络宣传基础 （HTML、JAVA、World Wide Web） 网络基础 （电信、有线电视、无线电话、Internet）	安全、 网络协议 和 技术标准

图 2-1　电子商务系统的框架结构

2.1.1　网络基础层

信息高速公路实际上是网络基础设施的一个较为形象的说法。它是实现电子商务的最低层的基础设施。正像公路系统由国道、城市干道、辅道共同组成一样，信息高速公路也是由骨干网、城域网、局域网这样层层搭建才使得任何一台联网的计算机能够随时同这个世界连为一体。信息可能是通过电话线传播的，也可能是通过无线电波的方式传递的。但是不管用什么方式进行传播，首先要接入因特网，此外还要了解由什么机构提供这种接入服务。

1. 接入 Internet 的方式

（1）使用 ISDN 专线入网

使用综合业务数字网（Integrated Service Digital Network, ISDN）专线入网，即人们常说的"一线通"，又称窄带综合业务数字网（N-ISDN）。它是在现有电话网上开发的一种集语音、数据和图像通信于一体的综合业务形式。

对"一线通"用户来说，最大的好处就是利用一对普通电话线即可得到综合电信服务，边上网边打电话、边上网边发传真、两部计算机同时上网、两部电话同时通话等，用户的一部电话实际上成为两部电话。如果做桌面电视系统，通信双方可以像面对面通话一样，同时传话音、图像和数据，也可以利用电子白板通过计算机屏幕互相讨论问题。

如果要上因特网或公众多媒体网，使用"一线通"则更加方便，因为计算机得到的服务速率比用 Modem 方式要快得多。

利用现有电话网的普通用户线作为"一线通"用户而规定的接口，即 2B + D 接口，B 信道为 64kbit/s，D 信道为 16kbit/s。由此可看出，ISDN 专线方式上网速度最高可达 128kbit/s。

（2）使用 ADSL 宽带入网

非对称数字用户线路（Asymmetric Digital Subscriber Line，ADSL）技术是一种应用"不对称数字用户线"实现宽带接入互联网的技术。ADSL 作为一种传输层的技术，充分利用现有的铜线资源，在一对双绞线上提供上行 640kbit/s、下行 8Mbit/s 的带宽，从而克服了传统用户在"最后一公里"的"瓶颈"，实现了真正意义上的宽带接入。

传统的电话系统使用的是铜线的低频部分（4kHz 以下频段）。而 ADSL 采用离散多音频（Discrete Multi-Tone，DMT）技术，将原先电话线路 0Hz～1.1MHz 频段划分成 256 个频宽为 4.3kHz 的子频带。其中，4kHz 以下频段仍用于传送传统电话业务（Plain Old Telephone Service，POTS），20kHz～138kHz 的频段用来传送上行信号，138kHz～1.1MHz 的频段用来传送下行信号。DMT 技术可根据线路的情况调整在每个信道上所调制的比特数，以便更充分地利用线路。一般来说，子信道的信噪比越大，在该信道上调制的比特数越多。如果某个子信道的信噪比很差，则弃之不用。ADSL 通常可达到上行 640kbit/s、下行 8Mbit/s 的数据传输率。

由此可知，对于原先的电话信号而言，仍使用原先的频带，而基于 ADSL 的业务，使用的是话音以外的频带。所以，原先的电话业务不受任何影响。同时，与普通拨号 Modem 或 ISDN 相比，ADSL 更为吸引人的地方是在同一铜线上分别传送数据和语音信号，数据信号并不通过电话交换机设备，减轻了电话交换机的负载，并且不需要拨号，一直在线，属于专线上网方式。这意味着使用 ADSL 上网并不需要缴付另外的电话费。第 21 次《中国互联网调查报告》显示，2007 年 12 月的宽带网民数已经达到 1.63 亿，占网民总体的 77.6%，比 2007 年 6 月增加了 4 094 万人，比 2006 年 12 月的 1.04 亿增加了 5 938 万人。由此可见，ADSL 宽带已经成为国内主流网络接入方式。

（3）使用 DDN 专线入网

数字数据网（Digital Data Network, DDN）是利用数字传输通道（光纤、数字微波、卫星）和数字交叉复用节点组成的数字数据传输网，可以为用户提供各种速率的高质量数字专用电路和其他新业务，以满足用户多媒体通信和组建中高速计算机通信网的需要。

DDN 区别于传统的模拟电话专线，其显著特点是采用数字电路，传输质量高、时延小，通信速率可根据需要选择，电路可以自动迂回、可靠性高，一线可以多用。一线多用体现在既可以通话、传真、传送数据，又可以组建会议电视系统，开放帧中继业务，做多媒体服务，或组建自己的虚拟专网，设网管中心，由用户管理自己的网络。

通过 DDN 方式入网，实际上用户首先接入 ChinaDDN——中国公用数字数据网（由邮电部门经营管理），然后通过其接入 Internet。目前，ChinaDDN 网络已覆盖到全国所有省会城市、绝大部分和部分县城，可以方便地提供市内、国内和国际 DDN 的各种服务。

使用 DDN 方式接入，用户入网方式灵活。用户可以通过模拟专线（用户环路）和调制解调器入网，这种方式适用于大部分用户（尤其是光纤未到户的用户），但通信速率受用户入网距离的限制，最高可达 2.048Mbit/s。另外，用户还可以通过光纤电路入网，这适用于光纤到户的用户，通信速率可灵活选择。

（4）使用帧中继方式入网

帧中继（Frame Relay，FR）技术是在开放式系统互联（OSI）模型第一层上用简化的方法传送和交换数据单元的一种技术。帧中继技术是在分组技术充分发展，数字与光纤传输线路逐渐替代已有的模拟线路，用户终端日益智能化的条件下诞生并发展起来的。帧中继仅完成物理层和数据链路层等核心层的功能，将流量控制、纠错等留给智能终端去完成，大大简化了节点机之间的协议。同时，帧中继采用虚电路技术，能充分利用网络资源，因而帧中继具有吞吐量高、时延低、适合突发性业务等特点。

通过帧中继入网需要申请帧中继电路，配备支持 TCP/IP 协议的路由器，用户必须有局域网（LAN）或 IP 主机，同时需申请 IP 地址和城名。入网后用户网上的工作站均享受 Internet 的所有服务。帧中继的特点是通信效率高，且租费比 DDN 专线等形式低，费用仅为专线的 20%，适用于 LAN 之间的远程互联，其传输速率可在 9 600bit/s～2 048kbit/s 之间选择。

使用帧中继方式入网，主要有如下优点。

① 用户需要数据通信，其带宽要求为 64kbit/s～2Mbit/s，而参与通信的各方多于两个的时候，使用帧中继是一种较好的解决方案。

② 通信距离较长时，应优选择帧中继。因为帧中继的高效性使用户可以享有较好的经济性。

③ 由于帧中继具有动态分配带宽的功能，因此当数据业务量为突发性时，帧中继可以有效地处理突发性数据。

（5）局域网接入 Internet

局域网连接就是把用户的计算机连接到一个与 Internet 直接相连的局域网（LAN）上，并且获得一个永久属于用户计算机的 IP 地址。使用网络连接时，就不再需要 Modem 和电话线了，但是需要计算机上配有网卡，用于与 LAN 的通信。一般网卡的数据传输速度要比 Modem 高得多，因此用这种方法连接 Internet 是性能最好的。用此方法连接时，对用户计算机软件的配置要求比较高，比较复杂一点，可能需要专业人员为用户的计算机进行配置。要与网络相连，首先要配有网卡的驱动程序，以便使网卡能正常工作，同时还要有按 TCP/IP 协议通信的能力，因此要配有 TCP/IP 的软件。除此以外，还需要做一定的配置，例如，要为一台计算机设定一个专属的 IP 地址，只有具有了 IP 地址后，Internet 才能识别到这台计算机。这样，计算机才能真正作为一台主机连接在 Internet 上。

用此方法使计算机与 Internet 连接后，就能享受到 Internet 上的所有资源。有了固定的 IP 地址后，用户就真正进入了网络世界。但用这种方式接入 Internet 的费用较高，需要租用数据专线等，不是一般单位可以承受的。

（6）无线接入 Internet

无线接入技术是指在终端用户和交换端之间的接入网，全部或部分采用无线传输方式，为用户提供固定或移动接入服务的技术。无线接入技术是计算机网络与无线通信技术相结合的产物，它以无线多址信道作为传输媒介，通过接收和发送无线信号的方式接入网络，提供传统有线网的功能。作为有线接入网的有效补充，它有系统容量大，话音质量与有线一样，覆盖范围广，系统规划简单，扩容方便，可加密或用 CDMA 增强保密性等技术特点。能够使用户真正实现随时、随地、随意的宽带网络接入，可解决边远地区、难于架线地区的信息传输问题，是当前发展最快的接入网技术之一。

2．Internet 服务供应商和接入服务

随着 Internet 的逐步商业化，Internet 服务业将成为越来越大的一门生意。由于租用数据专线与 Internet 主干线连接需要很高的费用，一般用户负担不起，于是，就出现了一些商业机构，他们先出钱架设（或租用）某一地区到 Internet 主干线路的数据专线，把位于本地区的某台称为接驳服务器的计算机主机与 Internet 骨干线连通。这样，本地区的用户就可以通过便宜的拨号电话线路进入 Internet 接入服务器，然后通过该服务器间接进入 Internet。这种服务就叫 Internet 接入服务。

对这些商业机构来说，虽然每个用户交的钱不多，但当达到一定的用户数之后，不但可以挣回数据专线以及服务器的昂贵费用，还能获取利润。提供这样服务的商业机构就叫做 Internet 服务供应商（Internet Service Provider，ISP）。

（1）ISP 的选择

随着 Internet 的迅速发展，越来越多的单位和个人开始想得到 Internet 所提供的各项服务。于是，提供 Internet 接入服务的 ISP 越来越多。面对这些服务项目各不相同，收费也千差万别的供应商，用户应慎重选择。

① 入网方式。ISP 一般给个人提供的是拨号入网，因此首先应注意拨号入网的方式、中继线数量和提供给用户的通信线路速率。

● 拨号入网方式。如果 ISP 提供给用户的是仿真终端方式，那么用户的计算机仅仅是终端服务器的一个远程终端而已。在这种方式下，用户虽然还能得到大部分 Internet 服务，但因仿真终端使用字符界面，因此有些网页的图像服务就只能看到字符而无法看到图像。在做电子邮件、文件传输时，收到的邮件或复制过来的文件都是先存在主机里，不能直接送到用户终端上。如果 ISP 提供的是采用 SLIP/PPP 协议的拨号方式，则用户拥有动态 IP 地址，便可以使用安装在用户计算机上的任何 Internet 软件工具，上述问题也不复存在。当然也能在图形方式下使用图像界面的功能。

● 中继线数量。ISP 的中继线数量多少决定了用户入网的容易程度和拨通率的高低。若其数量太少而用户又多，那么同一时间将会造成大量用户拨号出现忙音无法上网。另外，IP 的服务电话是否具有连接功能也很重要，该功能可以避免用户试打多个服务电话，只需拨打同一个电话号码即可。

● 接入的速率。用户除了要承担 ISP 的入网费用外，还得支付与 ISP 的通信费用。如

果 IP 能提供高的通信速率，就可以节省用户的通信时间和通信费用。一般的 IP 只提供 56kbit/s 的通信速率，使用 ADSL 则可以有 512kbit/s、1Mbit/s 等多种宽带接入方法。

● 出口速率。ISP 的出口速率即是直接接入 Internet 骨干网的专线速率，出口速率越快，用户访问互联网资源的效率就越高。

② 网络的可靠性。包括 ISP 的硬件、软件设备及专线的稳定性和可靠性，是否出现过服务器长时间连不上的现象，是否可靠，是否提供 24 小时服务，存放在 ISP 服务器上的用户私人信息是否安全保密等。

③ 收费标准。收费问题是用户最为关心的，目前各供应商的收费标准各不相同，一般包括入网费（初装费）、月租费和使用费等。收费差别主要在使用费，有的采用登录服务器的时间计费，有的采用通信的信息量计费，有的采用占用 ISP 的存储空间计费等。从目前的使用情况看，采用包月计费的形式比较合理。

必须了解的是 ISP 是否收取额外费用。如超过每月规定的小时数以后，如何收取附加费用，下载软件是否需要费用，发送大的邮件是否另外收费，连接到一些特殊的网点、浏览特殊的信息资源是否额外收费等。

④ 服务及培训。服务态度也是用户关心的，是否为用户安装 Internet 上网软件？是否为用户开办 Internet 基本操作培训？能否及时为用户排除上网故障？能否及时向用户讲解服务项目？能否向用户通报费用细目等？

（2）ISP 应该提供给用户的信息

如果已经选定 ISP，并向 IP 申请入网，办理了相关手续后，那么 ISP 应该提供以下信息。

① ISP 入网服务电话号码（Modem 在连接时呼叫的电话号码）。

② 用户账号（用户名，ID）。

③ 密码。

④ ISP 服务器的域名。

⑤ 所使用的域名服务器的 IP 地址。

⑥ ISP 的新闻服务器地址（Network News Transfer Protocol，NNTP）。

⑦ ISP 的邮件服务器地址（Simple Mail Transfer Protocol，SMTP）。

这些信息是连接 Internet 所必需的信息，在以后安装配置使用 Internet 软件工具时将需要这些信息。

（3）中国国内典型 ISP 介绍

中国国内提供接入服务的 ISP 有很多，但只有少数具有独立的国际出口带宽，其余均为租用这些 ISP 通信线路。目前国内自己具备国际出口带宽的有：

① 中国电信。建设了中国公用计算机网络系统 ChinaNET，覆盖全国除台湾之外的所有地区，积极提供多种接入业务，包括拨号上网、ADSL 宽带上网、X.25 接入等多种方式，是国内最大的 Internet 接入商。

② 中国网通。拥有覆盖全国的骨干网络，接入形式较为丰富，接入速度也比较快。

③ 中国教育科研网网络管理中心 Cernet。在我国政府的资助下，教育部建设了用于全国范围内教育与学术、科研的计算机网络，主要针对全国高校及科研机构提供各种服务。

2.1.2 信息交换传输层

信息交换传输层包括以下两个部分。

1．对多媒体内容和网络宣传

有了信息高速公路只是使得通过网络传递信息成为可能，究竟如何传递信息和传递何种信息要看用户的具体做法。目前网上最流行的发布信息的方式是以超文本标记语言（Hyper Text Markup Language，HTML）的形式将信息发布在网上。网络上传播的内容包括文本、图片、声音、图像等，HTML 将这些多媒体内容组织得易于检索和富有表现力。网络本身并不知道传递的是声音还是文字，把它们一视同仁地看作 0、1 串。对于这些串的解释、格式编码及还原是由一些网络基础设施的硬件和软件共同实现的。应用 Java 语言更方便地使这些传播适用于各种网络（有线、无线、光纤、卫星通信……）、各种设备（PC 机、工作站）、各种大中型界面（字符界面、图形界面、虚拟现实）等。此外，CORBA、COM 等也为异种平台连接提供方便。关于 HTML、WWW 以及 Java 的知识也是有必要掌握的，本书在后面章节里将会给大家介绍。

2．消息和信息传播的基础设施

消息传播工具提供了两种交流方式：一种是非格式化的数据交流，比如用 Fax 和 E-mail 传递的消息，它主要是面向人的；另一种是格式化的数据交流，像前面提到的 EDI 就是典型代表，它的传递和处理过程可以是自动化的，无须人的干涉，也就是面向机器的。如订单、发票、装运单都比较适合格式化的数据交流。超文本传输协议是 Internet 上通用的消息传播工具，它以统一的显示方式，在多种环境下显示非格式化的多媒体信息。目前大量网民在各种终端和操作系统下通过 HTTP 用统一资源定位器（Uniform Resource Locator，URL）找到需要的信息。进而这些用超文本语言展示的信息还能够容易地链接到其他所需要的信息上去。

2.1.3　商务活动层

网络基础层和信息交换传输层都是为了商务活动层服务的，在这个基础上，可以一步一步地建设实际的电子商务应用。如供货链管理、视频点播、网上银行、电子市场及电子广告、网上娱乐、有偿信息服务、家庭购物等。具体的形式有以下几种。

1．网上广告宣传

电子商务可以使企业凭借 Web 服务器和客户的浏览器，在因特网上发布各类商业广告和产品及服务信息。客户可以借助网上检索工具迅速地找到所需的商品信息，商家可利用网上主页和电子邮件（E-mail）在全球范围内做广告宣传。与以往传统媒体如广播、报纸、电视上的各类广告相比，网上的广告成本最为低廉，而提供给顾客的信息量却最为丰富。

2．网上咨询和交易洽谈

目前的因特网已经为用户提供了多种便捷的信息交流方式，如电子邮件、新闻组（News Group）、讨论组（Chat）、白板会议（Whiteboard Conference）和网络会议（Net Meeting）等。电子商务可使企业借助非实时的电子邮件、新闻组和实时的讨论组来了解市场和商品信息，洽谈交易事务，还可用网上的白板会议来交流即时的图形信息。

3．网上产品订购

借助网络中的邮件系统，电子商务可以实现实时的网上订购。订购信息还可以采用加密的方式，以便使客户和商家的商业信息不会被泄漏出去。

4．网上货币支付

电子商务要成为一个完整的过程，实现网上实时的货币支付是一个重要的环节。客户和商家之间可以采用信用卡、电子货币、智能卡等多种方式实现网上支付。当然，在电子商务系统中要实行网上支付服务，需要更为可靠的信息传输的安全控制机制，以防止交易信息被篡改、泄漏、冒用等非法行为。

5．电子账户管理

网上货币支付的实行必须要有电子化的金融系统来支持，即银行、信用卡公司及保险公司等金融单位要提供网上支付的服务，而电子账户管理是其基本的组成部分。信用卡号或银行账号都是电子账户的一种标志，而其可信度需要有必要的技术措施来保证，数字凭证、数字签名、数据加密等手段的应用保障了电子账户操作的安全性。

6．网上商品传递及查询

在客户支付了交易货款之后，商家应该将客户所订购的货物尽快地传递到客户手中。对于一些以实物形式提供的商品，商家可以通过其在本地或异地的分销系统将商品送货上门，也可以委托有关货运公司或邮政部门将货物运送或邮寄到客户手中。客户则可以通过信息网络及时了解自己所购商品的运送情况及到达时间。一些信息产品，如软件、电子读物、信息服务、数据库检索等，能通过网络提供从商家一端到用户一端的直接、实时的全过程服务，最为适合网上直接传送。

7．用户意见征询

电子商务过程中，企业可以十分方便地运用网页的"选择"、"填空"等格式文件来收集用户对企业及其产品、服务的反馈意见。这样，可以使企业及时了解到用户的反馈信息，使企业的市场运营能形成一个良性的循环。

8．交易活动管理服务

整个交易的管理涉及人、财、物以及企业和企业、企业和客户及企业内部等各方面的管理。因此，交易管理可以说是涉及电子商务活动全过程的管理，包括有关市场法规、税务征管及交易纠纷仲裁等。

可见，电子商务有一个良好的贸易管理和网络环境及多种多样的应用服务系统，保证了电子商务获得更广泛的应用。

2.1.4　公共政策与法律环境

由电子商务系统的层次结构（图2-1）可知整个电子商务框架有两个支柱：社会人文性的政策法规和自然科技性的技术标准。

1．公共政策

公共政策主要是指税收制度、信息高速公路建设、信息访问的收费、信息传输成本、隐私问题等。

以上所列的公共政策一般由政府作为主体来实施，除了这些涉及电子商务的工作需要政府来做之外，政府在电子商务中应怎样发挥作用呢？Internet 是一个跨国界的网络，建立在其上的电子商务活动必然也具有跨国界的特点。如果各个国家按照自己的交易方式运作电子商务，势必会阻碍电子商务在本国乃至世界的发展，所以必须建立一个全球性的标准和规则，以保证电子商务的顺利实施。各国政府在遵循电子商务国际准则的基础上，对电子商务活动不应过多地干涉，而应尽量放权于企业。政府在其中起的作用应是扶持和服务，而不是控制和干预。当然，当交易中出现侵犯知识产权和偷税、漏税等现象时，政府应及时、准确地处置。

2．法律环境

法律维系着商务活动的正常运作，违规活动必须受到法律的制裁。

（1）法律的重要性

随着电子商务的迅速发展和网上信息交换方式（如电子邮件）在商务活动中的广泛应用，各种有关电子商务的法律纠纷也不断出现，并且由于网络空间的特殊性而难以解决。Internet 缺少传统商务中已经形成的协调和管理体系，如果没有一个成熟的、统一的法律体系进行仲裁，纠纷就不可能解决。

电子商务呼唤法律。为了电子商务的健康发展，必须制定相应的电子商务法律，提供一个透明的、和谐的商务法律环境，及时解决电子商务上发生的各种纠纷，防止和制裁电子商务活动中的不法行为。为保障电子商务活动正常进行，必须将世界各国的电子商务法律统一起来，制定共同遵守的网上规范，以解决跨国界的网上纠纷。

（2）完备现有法律

大多数现行法律规定使用"书面的"、"经签字的"或"原始的"文件才具有法律效力，这便对现代通信手段的使用施加了某些限制或包含有限制的含义。已颁布的有关电子信息方面的法规并未涉及电子商务的全部，使人们无法准确地把握以非传统的书面形式提供信息的法律性质和有效性，也无法完全相信电子支付的安全性。电子商务法律应该补救现有法律的缺陷。立法的不完备也会对商务活动造成障碍，在国际贸易中这一现象更为突出。如果我国有关使用现代信息技术的法规与国际规范有较大差异和不明确性，则会限制企业的国际贸易竞争。

2.1.5 安全和技术标准

自然科技性的技术标准也是电子商务的支柱之一，包括安全和技术标准两部分。

1．安全

电子商务中，电子交易的安全性是人们关注的焦点问题。对于客户来讲，无论网上的物品如何具有吸引力，如果他们对交易安全性缺乏信任，就不敢在网上进行买卖。企业和企业之间的交易更是如此。因此，电子商务发展的根本问题就是电子交易过程中信息的安全性问题。

电子商务的安全性，主要是依据对电子交易整个运作过程的考察，分析交易流程中的各种安全风险，从而进行有效的控制管理。

（1）威胁电子商务安全的主要因素

电子商务安全的因素有多种，既有人为的，也有非人为的。不同类型的安全问题表现形式不同，按照引发原因来分，威胁电子商务安全的主要因素可以简单分为以下两类。

① 通信网络的可靠性。通信网络的可靠性主要指计算机网络系统安全问题，可归结为两个方面。

● 计算机网络系统中，基本物理硬件的安全、可靠性。主要包括计算机主机、节点、通信线路及自然环境条件因素（如自然灾害、搭线窃听等）。

● 计算机网络系统的基本软件环境的可靠性。包括网络操作系统的可靠性、网络安全性的设计（如访问者权限的设置）和病毒、黑客等的防范手段。

② 数据的安全性。电子商务的主要形式就是通过网络进行数据信息的传输、资金的划拨等。由于 Internet 本身的开放性，电子交易数据在这样的公用数据传输通道上传送，数据的安全性自然成了交易各方最关注的核心问题。这里包括电子商务的整个交易过程中，信息传输的保密性、数据交换的完整性、发送信息的不可否认性、不可修改性、交易者身份的确定性等方面的问题。归结起来，威胁数据信息安全的主要因素表现在以下几个方面。

● 来自交易双方自身的不可靠性。以合法身份登录进入系统的交易双方，都有可能在网上发布虚假的供求信息，或者以过期的数据信息冒充最新的信息，以欺骗的方式骗取对方的钱财或物品。

● 数据信息传递过程中的安全问题。由于计算机病毒的侵袭、黑客的非法入侵、线路窃听等，电子交易的重要数据信息在传递过程中很容易被泄露，从而威胁电子商务交易的安全。外界的物理原因也可能影响到交易信息的真实性和可靠性，如网络质量，地理环境等原因。

● 交易双方的信用问题。个人消费者可能在网上使用信用卡支付时恶意透支，或利用伪造的信用卡骗取商家的货物；集团购买者可能会拖延支付货款，这些都会造成对卖方的威胁。卖方也可能不按时、按质、按量地供货，或不能完全信守与客户签订的合同等，造成对买方交易安全的威胁。

（2）电子商务的安全控制要求

电子商务发展的核心和关键问题是交易的安全性。由于 Internet 本身的开放性，使网上交易面临了种种危险，也由此提出了相应的安全控制要求。

一个完整的电子商务安全控制体系至少应包括技术、管理和法律政策等几个方面的措施。

① 技术措施。如计算机网络防毒、防火墙技术、数据信息加密存储通信、身份认证、授权等。

② 管理措施。政府有关部门、相关企业领导以及交易信息服务商，要建立电子商务的安全制度，对电子交易安全实行实时监控，提供实时改变安全策略的能力，对现有的电子商务安全系统漏洞进行检查以及安全教育等。

③ 社会的法律政策与法律保障。电子商务需要法律的规范和约束，但是由于电子商务技术的超前性，在我国目前的法律条文中还没有专门针对电子商务的法律法规。这样就应当充分利用已经公布的有关交易安全和计算机安全的法律法规，保护电子商务的正常进行，并在不断的探索中逐步建立适合我国国情的电子商务的法律制度。以上几点得到基本保证，电子商务的安全运作才可能得到真正实现。

2．技术标准

技术规范是信息发布、传递的基础，是网络上信息一致性的保证，是电子商务应用的支柱之一。EDI 规范的建立就是电子商务技术规范的一个例子。电子商务规范很多，如图 2-2 所示。

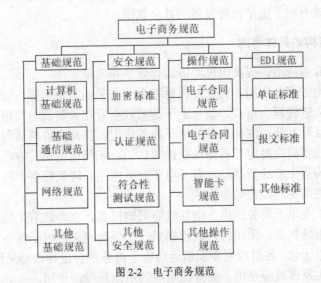

图 2-2　电子商务规范

案例 4

"十一五"电子商务发展的主体框架

1．电子商务规划的框架结构

基于对"十一五"电子商务发展出发点的认识，结合当前我国电子商务发展实际，"十一五"时期电子商务发展的战略框架可以概括为一个"124"的结构，即 1 条主线、2 个战略重点和 4 个基础性任务。

1 条主线就是电子商务发展要紧紧围绕以信息化带动工业化、以工业化促进信息化，走新型工业化道路这条主线。

2 个战略重点：一是普及深化电子商务应用，提高国民经济运行效率和质量；二是大力发展电子商务服务业，形成国民经济发展新动力。第一个重点任务是从存量角度，通过信息技术与现有产业的融合，加强企业电子商务应用和政府采购电子商务应用，切实提高企业生产经营活动中材料、能源、资金、人力等方面的利用水平，促进传统产业升级改造，实现经济增长方式转变。第二个重点任务是从增量角度，通过大力发展交易服务、业务外包服务和信息技术外包服务等电子商务服务业，创造国民经济新的增长领域，带动产业结构调整优化。这两个发展重点的确定是整个规划的核心所在，是在电子商务领域实践新型工业化道路和贯彻科学发展观的关键举措。

为保障两个发展战略重点得以实现，还要强化 4 个具有共性、基础性的任务。一是着力完善支撑环境，促进电子商务协调发展。要在"十五"时期取得成果的基础上，在电子认证体系、在线支付体系、现代物流体系、信用服务体系和标准体系建设方面有所突破。二是鼓励电子商务技术创新，提高自主发展能力。要通过创新体系建设提高创新能力，在关键、核心技术方面取得突破。三是加强市场监管，规范电子商务秩序。既要解决好已经出现的问题，又要面对新问题、新挑战，高度关注以虚拟货币、电子合同等为代表的网络经济发展，加强市场监管，为电子商务发展创造安全、可信的市场环境。四是加大宣传教育力度，促进电子商务普及应用，形成有利于电子商务发展的社会氛围。

2．关于框架结构的具体考虑

（1）深化电子商务应用，提高国民经济运行效率和质量

大力推进企业电子商务应用。充分发挥骨干企业在采购、销售等方面的带动作用，以产业链为基础，以供应链管理为重点，整合上下游关联企业相关资源，实现企业间业务流程的融合和信息系统的互联互通，深化企业间电子商务应用，提高企业群体的市场反应能力和综合竞争力。中小企业要提高对电子商务重要性的认识，积极运用第三方电子商务服务平台，开展在线销售、采购等生产经营活动，普及电子商务应用，降低投资、技术、人才等方面的风险和交易成本，提高生产经营效率。

积极推进政府采购电子商务应用。创新政府采购模式，完善政府采购法规。开放政府采购信息资源，引入市场机制，采用特许经营模式，加强政府采购电子商务平台建设，逐步实现政府采购全流程电子化。各级政府要积极运用电子商务平台进行政府采购，提高采购效率，降低采购成本，切实发挥政府在电子商务应用中的示范和带动作用。

（2）大力发展电子商务服务业，形成国民经济发展新动力

积极推进交易服务。紧密结合行业、区域特点，创新交易模式，深度开发和充分利用信息资源，发展面向行业、区域、企业及消费者的第三方交易及相关信息增值服务。积极推广电子商务在国际贸易与经济合作中的应用，加强国际贸易电子商务服务体系建设，更好地利用国内国外两个市场、两种资源，强化国际竞争优势。

加快发展业务外包服务。扶持基于网络的研发设计、生产制造、现代物流、供应销售、财务管理等生产经营性业务外包服务，培育在线人力资源、管理咨询、技能培训等辅助性业务外包服务。鼓励通过第三方电子商务平台整合旅游、教育、培训、保险、医疗保健等传统服务业资源，提高服务水平，带动传统服务业快速发展。

稳步推动信息技术外包服务。发展第三方信息技术外包服务，为政府和企事业单位提供信息处理、数据托管、应用系统等信息技术外包服务，降低信息化建设和电子商务应用成本，促进专业化信息技术外包服务业发展。

（3）着力完善支撑环境，促进电子商务协调发展

建立健全电子认证体系。贯彻实施《中华人民共和国电子签名法》，进一步规范密钥、证书、电子认证机构的管理，发展和采用具有自主知识产权的加密和认证技术。整合现有资源，完善电子认证基础设施，规范电子认证服务，建立布局合理的电子认证体系，实现交叉认证，为社会提供可靠的电子商务安全认证服务。

推进在线支付体系建设。加紧制订在线支付业务规范和技术标准，研究风险防范措施，加强业务监督和风险控制。积极研究第三方支付服务的相关法规，引导商业银行、中国银联等机构建设安全、快捷、方便的在线支付平台，大力推广使用银行卡、网上银行等非接触式支付工具。进一步完善在线资金清算体系，推动在线支付业务规范化、标准化并与国际接轨。

发展现代物流体系。充分利用铁道、交通、民航、邮政、仓储、商业网点等现有物流资源，完善物流基础设施建设。广泛采用先进的物流技术与装备，优化业务流程，提升物流业信息化水平，提高现代物流基础设施与装备的使用效率和经济效益。发挥电子商务与现代物流的整合优势，大力发展第三方物流，有效支撑电子商务的广泛应用。

加快信用服务体系建设。加强政府监管、行业自律及部门间协调与联合，鼓励企业积极参与，按照完善法规、特许经营、商业运作、专业服务的方向，建立科学、合理、权威、公正的信用服务机构。建立健全相关部门间信用信息资源的共享机制，建设在线信用信息服务平台，实现信用数据的动态采集、处理、交换。严格信用监督和失信惩戒机制，逐步形成既符合我国国情又与国际接轨的信用服务体系。

建立电子商务国家标准体系。提高标准化意识，充分调动各方面的积极性，抓紧完善电子商务的国家标准体系。鼓励以企业为主体，联合高校和科研机构研究制定电子商务关键技术标准和规范，参与国际标准的制定和修正，积极推进电子商务标准化进程。

（4）鼓励电子商务技术和服务创新，提高自主发展能力

积极推进电子商务技术研发和产业化。紧密结合应用需求，着力解决制约电子商务应用的重大科技问题，积极发展有重大带动作用的核心、关键技术，重点突破电子商务交易技术、加密与电子认证、在线支付、信用管理、供应链管理、系统集成等技术。加大无线移动、无线射频识别、智能终端等技术与装备的研发力度，发展自主知识产权的技术装备与软件。推进相关技术装备和软件在各类电子商务中的综合集成应用，加快产业化进程。

加快推进电子商务技术创新与服务体系建设。集成现有资源与技术力量，建立以市场为导向、产学研相结合的技术创新体系，组织电子商务共性关键技术装备和软件开发，大力提高原始创新、集成创新和引进消化吸收再创新能力，促进电子商务技术成果应用转化，提高自主发展能力。

（5）加强市场监管，规范电子商务秩序

依据电子商务相关法律法规，进一步规范企业行为，维护市场秩序，促进企业间电子商务的相互协作和发展。明确政府相关部门、行业协会、企业及公众的职责与义务，加强对电子商务从业人员、企业及相关机构的管理，维护电子商务活动的正常秩序。打击电子商务领域中虚假交易、网上诈骗等非法经营以及危害国家安全、损害人民群众切身利益的违法犯罪活动。

（6）加大宣传教育力度，促进电子商务普及应用

充分利用各种媒体，采用多种形式，加强电子商务的宣传、知识普及和安全教育工作，强化守法、诚信、自律观念的引导和宣传教育，提高社会各界对发展电子商务重要性的认识，增强企业和公民对电子商务的应用意识、信息安全意识。高等院校要进一步完善电子商务相关学科建设，培养适应电子商务发展需要的各类专业技术人才和复合型人才。改造和完善现有教育培训机构，多渠道强化电子商务继续教育和在职培训，提高各行业不同层次人员的电子商务应用能力。

2.2　电子商务运行模式

电子商务运行模式可以按电子商务参与交易涉及的对象、交易所涉及的商品内容和进行

交易的企业所使用的网络类型等对其进行不同的分类。目前，研究电子商务模式主要以参与交易的对象分类来进行。

2.2.1 企业对企业

企业与企业之间的电子商务才是电子商务业务中的主要形式。在电子商务业务中，企业和企业之间的商务活动和交易是量大而频繁的，通过引入电子商务才能产生明显效益。

网络经济的特点是数字化，它使企业的信息流能够比传统的邮政、传真，甚至电话更快捷、更精确并且成本更低。这对企业，特别是高科技企业传统的生产、销售模式提出了严峻挑战，企业必须要满足适应经济全球化、缩短生产周期、降低销售成本和客户维系成本、提高服务质量、增加供需联系、吸引新的客户以及实现零库存等要求。利用 Internet 从事生产、销售和合作的联系彻底改变了传统的买卖双方面对面的交流方式，也打破了旧有工作经营模式的坐店经营、按点上下班所带来的地理区域和时间的限制。通过 Internet 使企业面对整个世界，直接接触成千上万的新用户，为用户提供每周 7 天、每天 24 小时的服务，从而接触更多的潜在用户，抓住新的商业机会。这已经成为企业跻身国际市场的一种重要手段。

开展电子商务将使企业拥有一个商机无限的网上发展空间，这也是企业谋生存、求发展的必由之路，它可以使企业在竞争中处于更加有利的地位。可以预言在不久的将来，几乎所有传统行业中的企业必然要经历从传统经营向电子商务经营模式的巨大变革，网络的互动性、几乎无所不在的中介作用和多向信息流的有机结合，将在未来的 5 年中成为社会发展的最大价值来源。许多原来必须由企业专设机构和人员从事的工作，如采购、营销、市场调查、原料和成品的储运及调配等，也许都会逐步由网络承担。网络将成为一种将制造业、销售业、服务业和消费者紧紧相连的"组织黏合剂"，网络和软件业即将成为社会资源配置过程中最为重要和有效的一个环节，发挥越来越重要的作用。

过去，产品质量曾经是企业的第一竞争力要素。但是，随着更多的企业采用统计过程控制和其他质量控制技术，同等水平企业间的质量差距会变得很小。这时，产品的成本就成为企业的第一竞争因素。不过，越来越多的证据表明，产品成本的差异正在缩小，因为通过 Internet，产品的成本信息正变得越来越透明。虽然质量和成本仍然是企业考虑的重要因素，但是准确、及时的数据交换将很快上升为决定企业关键竞争力的因素。对跨国公司来说，跨地域和时区的各个业务部门和分支机构业务数据的及时汇总和分析，以及公司领导策略的分发和贯彻是最重要的。只有建立一个完善的全球性的网络机制和架构，才能使分散在各个角落的分支机构健康迅速地开展业务。

1．BtoB 给企业带来的好处

希望获得巨大的回报是企业投资 BtoB 电子商务的真正驱动力。总体来说，BtoB 电子商务将会为企业带来更高的生产率、更低的价格、更低的劳动成本和更多的商业机会。具体来说，BtoB 电子商务将对企业带来以下明显的好处。

（1）改善供应链管理

供应链是企业赖以生存的商业循环系统，是企业电子商务管理最重要的课题。统计数据表明，企业供应链可以耗费高达 25%的运营成本。由此可见，降低供应链耗费对企业提高利润率有重要影响。依靠电子商务技术可以保证通过 Internet 动态地维系企业的供货、合同、制造、分销、运输和其他贸易合作伙伴，真正建立高效的全球供应链系统。

（2）增加商业机会和开拓新的市场

越来越多的企业将接受网络化的业务，电子商务将是未来商业活动的标准模式。Internet 无国界和无时限的特点为企业提供了理想和低成本的信息发布渠道，商业机会因此大大增加。

（3）改善过程质量

BtoB 电子商务可以实现更好的记录跟踪、更少的错误，减少处理时间，降低对人力资源的占用，减少非生产用时。

（4）缩短订货周期

BtoB 电子商务可以实现更快、更准确的订单处理，降低安全库存量，提高库存补充自动化程度和增加客户满意度。

（5）降低交易的成本

减少通信、邮政和纸介质文档的维护工作量，减少业务报表成本，减少传统广告投入。

（6）改善信息管理和决策水平

准确的信息和交易审计跟踪可以创造更好的决策支持环境，从而协助发现潜在的大市场，发现不断改进和降低成本的规律。

（7）改善工作方式，最终提高利润率

据统计资料表明，与传统的书面、电话、传真和 EDI 方式相比，BtoB 电子商务使各类企业平均降低 12%～15% 的成本。如果考虑到资金周转加快和市场机会增加等因素，那么企业从电子商务中所获得的利益更是相当可观的。

2．BtoB 的主要功能

BtoB 电子商务意味着公司业务系统与合作伙伴（如分销商）、供应商和服务提供商（如储运公司）业务系统的完全自动化的、端到端的集成。因此，尽管建网站和信息发布是 BtoB 电子商务的第一步，但远远不是其全部。以生产制造型企业为例，一般把企业的财务系统、企业资源计划（Enterprise Resource Planning，ERP）系统、供应链（Supply Chain Management，SCM）系统、客户关系管理系统（Customer Relationship Management，CRM）等支撑生产运营的系统叫做企业的 BackOffice 系统，这些系统也是 BtoB 电子商务的支撑系统。换句话说，如果企业的网站不能够把供应商和销售商与 BackOffice 系统连接起来，来自生产的信息就不能进入采购系统，来自销售的信息就不能进入生产计划，那么电子商务的优越性就无从谈起。因此，BtoB 电子商务主要解决的问题可以概括为：通过 Internet 连接供应商、买方以及企业 BackOffice 系统本身，从而能够实现自动采购、自动订单履行和自动物流、资金流的自动信息交换。

基于这样的定义，BtoB 电子商务系统由 3 个层次组成：第 1 层是基于 Internet 的采购、订单管理和交易系统，即一个商家连接其他商家的 Internet 通道；第 2 层是企业应用系统集成，即 Internet 采购和订单履行的内部通路，通过它实现企业的 ERP、财务系统、SCM 等后台应用软件的集成，使它们在电子商务的驱动下协调工作；第 3 层是电子商务的基础设施，包括网络安全、在线支付、电子邮件系统等。

（1）第 1 层的主要功能

① 产品目录及搜索功能。便于买方了解企业的产品信息，找到合适的产品。

② 在线订单请求功能。允许买方通过 Internet 直接下订单。

③ 在线产品配置功能。允许买方根据自己的要求对产品提出特殊的规格说明，并获得满意的建议。

④ 在线订单履行状态功能。允许买方及时了解所下订单的履行情况。

⑤ 企业采购目录信息功能。允许卖方了解企业的采购需求。

⑥ 自动采购机制功能。允许企业根据生产情况向供应商自动提出采购要求。

⑦ 采购流程匹配功能。允许在不同企业的不同业务流程间实现匹配，这通常是通过定义企业业务规则来实现。

⑧ 在线支付系统功能。出于安全方面的考虑，目前 BtoB 的在线支付技术尚不流行。

⑨ 多对多的交易功能。对于交易型电子商务，买方和卖方相汇于一个电子化大市场之中，这样的电子商务还包括买方与卖方的自动匹配、自动通知、竞买和竞卖等多对多的交易功能。

（2）第 2 层的主要功能

① 企业工作流系统功能。在 BtoB 电子商务中，工作流是无处不在的。最典型的如采购审批流程就包括填单、核算、审批、下采购订单等基本步骤。另外，由于生产进度的变化而引起库存的变化，从而引起采购需求的变化，也需要靠工作流系统在企业的各个应用系统之间进行功能切换。

② 企业应用系统集成。如将 ERP 系统、财务系统、CAD/CAM 系统、供应链管理系统、人力资源系统、后勤系统和办公自动化系统等进行符合工业标准的集成，使这些系统之间能够互相交换信息和协调工作。例如，把 Internet 订单转换成生产计划和采购计划就需要若干系统的协同工作，而协同的自动化是电子商务的关键优势之一。

③ 数据交换能力。统一信息交换，提供不同企业应用系统之间和企业内部应用系统之间的数据交换能力。

（3）第 3 层的功能

主要涉及企业的网络系统安全和在线支付系统，像防火墙、数字签名、信息加密、身份认证等，是电子商务系统建设必须考虑的基本问题。在线支付在 BtoC 电子商务中最为迫切，而在 BtoB 电子商务中的应用尚有实际困难。主要原因有几个：一是 BtoB 交易中涉及的资金数额巨大，通过网络支付风险难以控制，特别是存在国际贸易间的欺诈风险；二是企业贸易中已经形成了一些付款的规矩，使得网络支付手段一时难以被接受；三是国际贸易间的关税问题。因此，BtoB 电子商务的资金流目前还是以传统的流动方式为主。但是，尽管存在上述限制条件，BtoB 电子商务一定会发展到在线支付的方式。

2.2.2　企业对消费者

从长远来看，企业对消费者的电子商务将取得长足的进展，并最终在电子商务领域占据重要地位。但是由于各种因素的制约，目前以及比较长的一段时间内，这个层次的业务还只占比较小的比重。

如果用一句话描述这种电子商务，可以这样说："它是以 Internet 为主要手段来提供服务，实现公众消费，并保证与其相关的付款方式的电子化。它是随着因特网的出现而迅速发展的，可以将其看作是一种电子化的零售"。目前，在 Internet 上遍布了各种类型的商业中心，提供从鲜花、书籍，到计算机、汽车等各种消费商品和服务。

目前在因特网上有很多这一类型电子商务成功应用的例子，如全球最大的虚拟书店亚马逊（http://www.amazon.com）网站等。

为了获得消费者的认同，网上销售商在"网络商店"的布置上往往煞费苦心。网上商品不是摆在货架上，而是做成了电子目录，里面有商品的图片、说明书、尺寸和价格信息等。所谓"第三方"的购买指南还偶尔帮助消费者在众多的商品品牌之间做出选择。消费者对选中的商品只要用鼠标轻轻一点，再把它加入到网络的"购物手推车"里就可以了。在付款时消费者需要输入自己的姓名、家庭住址以及信用卡号码，按回车键，一次网上购物就算完成。为了消除消费者的不信任感，大多数网上销售商还提供了免费电话咨询服务。

就上述电子购物而言，在实际进行过程中，即从顾客输入订货单开始到拿到销售商出具的电子收据为止的全过程仅用 5～20 秒。购物过程中虽经过信用公司和商业银行等多次进行身份确认、银行授权、各种财务数据交换和账务往来等，但所有业务活动都是在极短的时间内通过网络传递完成的。

这种购物过程彻底改变了传统的当面交易、面谈等购物方式，是一种崭新而有效的、保密性好和安全可靠的电子购物过程。利用各种电子商务保密服务系统，就可以在 Internet 上使用自己的信用卡放心大胆地购买物品。从整个购物过程可以看出，购物的顾客也仅仅就是输入电子订货单说明自己购买的物品，调出自己的电子钱包和电子信用卡，只要电子信用卡合法，即可完成购物操作，并得到电子收据。这是一种与传统购物方式不同的现代高新技术购物方式。

从以上电子商务的类别可以看出，企业与企业以及企业与消费者之间的电子商务是整个电子商务的重要内容和主要的模式。

2.2.3 企业对政府

企业与政府之间的电子商务是指企业与政府之间通过网络进行的交易活动。如电子通关、电子纳税、管理条例的发布等。这种类型电子商务的典型例子是政府采购，即政府机构通过 Internet 发布产品、服务的招标和采购清单，通过网上竞价方式进行招标，企业通过电子方式进行投标报价。此外，政府还可以利用这类电子商务活动实施对企业的行政事务管理，如政府用电子商务方式发放进出口许可证、开展统计工作；通过计算机网络核实企业的营业额和利润，通知企业应纳税额和纳税期限，并用电子资金转账的方式完成税款的收缴等。我国的"金关"工程就是企业与政府之间的电子商务。

企业与政府电子商务的利润来源于投标费用的降低。企业可以直接从网上下载招标书，并以电子数据交换的形式发回投标书，还可以得到更多的，甚至是世界范围内的投标机会。

2.2.4 消费者对消费者

CtoC 的商务活动发生在消费者之间，是消费者自助式服务（Self-Service）的结果，这种模式实际上构成了所谓的电子社区。CtoC 电子商务有时是不完整的，也就是说消费者个人之间的交换以易物交换形式发生，或者支付以协商方式解决，其支付过程不一定直接通过网络实现，这也是这种方式的一个很重要特征。

对于这种模式通常也称为网上拍卖，将现场拍卖过程放到网上进行，可以降低费用，也便于更多人参加。虽然人气的氛围不同，但利用网络的特点设计一些新的竞拍规则，也有网上活动的紧张气氛可以利用。

案例 5

阿里巴巴（www.alibaba.com.cn）

阿里巴巴是全球 BtoB 电子商务的著名品牌，是目前全球最大的商务交流社区和网上交易市场。曾两次被哈佛大学商学院选为 MBA 案例，在美国学术界掀起研究热潮，两次被美国权威财经杂志《福布斯》选为全球最佳 BtoB 站点之一，多次被相关机构评为全球最受欢迎的 BtoB 网站、中国商务类优秀网站、中国百家优秀网站、中国最佳贸易网，被国内外媒体、硅谷和国外风险投资家誉为与 Yahoo、Amazon、eBay、AOL 比肩的 5 大互联网商务流派代表之一。其创始人、首席执行官马云也被著名的世界经济论坛选为未来领袖、被美国亚洲商业协会选为商业领袖，并曾多次应邀为全球著名高等学府麻省理工学院、沃顿商学院、哈佛大学讲学，是 50 年来第一位成为《福布斯》封面人物的中国企业家。

也许是取决于"良好的定位、稳固的结构、优秀的服务"，阿里巴巴的中英文网上交易市场已拥有近 3 000 万名注册用户，遍及 240 多个国家及地区，成为全球商人网络推广的首选网站，被商人们评为最受欢迎的 BtoB 网站，杰出的成绩使阿里巴巴受到各界人士的关注。WTO 首任总干事萨瑟兰出任阿里巴巴顾问，美国商务部、日本经济产业省、欧洲中小企业联合会等政府和民间机构均向本地企业推荐阿里巴巴。

倾听客户的声音、满足客户的需求也许是阿里巴巴生存与发展的根基，根据相关的调查显示，阿里巴巴的网上会员近 5 成是通过口碑相传得知并使用阿里巴巴；各行业会员通过阿里巴巴商务平台双方达成合作者占总会员比率近 5 成。

在产品与服务方面，阿里巴巴公司为中国优秀的出口型生产企业提供在全球市场的中国供应商专业推广服务。中国供应商是依托世界级的网上贸易社区，顺应国际采购商网上商务运作的趋势，推荐中国优秀的出口商品供应商，获取更多更有价值的国际订单。截至 2007 年底，阿里巴巴的国际交易市场及中国交易市场分别拥有 697 563 和 2 259 283 个企业商铺。目前已经有 85% 的被推荐企业已在网上成交，众多类别市场名额已满。阿里巴巴集团自 1999 年成立以来便迅速苗壮成长，成为主要的网上交易市场，让全球的中小企业透过互联网寻求潜在贸易伙伴，并且彼此沟通和达成交易。2002 年 3 月开始为全球注册会员提供进入诚信商务社区的通行证——诚信通服务。阿里巴巴积极倡导诚信电子商务，与邓白氏、ACP、华夏、新华信等国际国内著名的企业资信调查机构合作推出电子商务信用服务，帮助企业建立网上诚信档案，通过认证、评价、记录、检索、反馈等信用体系，提高网上交易的效率和成功的机会。每月营收以双位数增长，阿里巴巴以 50 万人民币创业资本起步，吸纳了国际资本 2 500 万美元，经过 3 年的发展，于 2001 年底实现当月盈利，2002 年实现每月收入双位数的增长，实现全年盈利，从而保证对客户的持久服务能力。2003 年 5 月，阿里巴巴投资 1 亿人民币推出个人网上交易平台淘宝网（www.taobao.com），致力打造全球最大的个人交易网站，2004 年 7 月，追加投资 3.5 亿人民币。2005 年 10 月再次追加投资 10 亿人民币。淘宝网在线商品数量、网页日浏览量、注册会员数、网上成交额均在中国个人电子商务市场排名前列。2003 年 10 月，阿里巴巴创建独立的第三方支付平台——支付宝，正式进军电子支付领域。目前，支付宝已经和国内的工商银行、建设银行、农业银行和招商银行，国际的 VISA 国际组织等各大金融机构建立战略合作，成为全国最大的独立第三方电子支付平台之一。2005 年 8 月，阿里巴巴和全球最大门户网站之一的雅虎达成战略合作，阿里巴巴兼并雅虎中国所有资产，由此成为中国最大的互联网公司之一，销售网络遍及全世界，同时雅虎全球在 24 个国家的销售渠道也成为阿里巴巴的辅助渠道。截至 2007 年底阿里巴巴已拥有 305 545 名付费会员，较 2006 年底上升了 39.5%，总营业收入则上升了 58.6%。总营业收入的增长主要由国际交易市场及中国交易市场的付费会员数目和付费会员平均消费金额两者的增加所带动。阿里巴巴网站主页如图 2-3 所示。

图 2-3　阿里巴巴网站主页

下面内容是阿里巴巴公司的商业模式分析。

阿里巴巴的营运模式遵循一个循序渐进的过程。首先抓住基础的，然后在实施过程中不断捕捉新出现的收入机会。从最基础的替企业架设站点，到随之而来的网站推广，以及对在线贸易资信的辅助服务，交易本身的订单管理，不断延伸。出色的盈利模式具有的盈利的强有力，可持续、可拓展等特点。

1. 架设企业站点

很少有企业把架设企业站点理解为是一项重要的业务，理由在于这是一个高度离散的行业。你可以很从容地获得一个或者几个制作企业站点的机会，但不等于能够获得很多。这里存在收入收集上的困难。有一些公司主营这项业务，它们往往将业务定格在高端客户。阿里巴巴是一个很大的商业社区站点，这就是说它有与许多潜在顾客频繁接触的机会。更重要的是它能顺利地把潜在机会转化为现实收入。阿里巴巴的目标受众每年都要参加许多类似广交会之类的展销会议，这时候阿里巴巴的工作人员就出现了，他们参与一些低成本的推广活动。将线上与线下的营业推广相结合，实践证明能有效地收集商业机会。中小企业存在很大的伸缩性，也就是说业务流程和业务规模都在迅速地发生变化。有时候它或许会找邻居帮助设计一个主页，这在当时可能已经足够了，但是很快它就有了更高的需求，这就超过了邻居的能力。阿里巴巴则有能力提供从低端到高端所有的站点解决方案，能在企业的成长过程中获得全部收益，它更大的优势在于制作商品交易市场型的站点。阿里巴巴只是替商品交易市场做一个外观主页，然后将其链接在自己的分类目录下。交易市场有了一个站点，实际上这和阿里巴巴的站点是同一个站点，这就提高了被检索的机会。网页设计毕竟是一项倾向于劳动密集型的业务。网站设计其实和开发应用程序没有什么不同，也就是说存在国际转包的内在需求，这和印度班加罗尔的故事相同。这也解释了阿里巴巴为什么把它的人手更多地集中在劳动力成本相对低廉的杭州。国际转包的实现除了需要品牌，还要有对应的机构设置。无疑，阿里巴巴一直在往这一方向走。

2. 网站推广

对于网站的媒体定位一直十分模糊，它应当是广播式的，还是特定用户检索式的？其他从事企业站点设计的公司存在一个很大的问题，即没有对应的推广能力。而网站设计一旦完成，推广是自然需求。网站实际上是另一种媒体，广告收入对大多数网站都很重要，无论一些针对企业的服务是否被称为广告。广播式的模式容易让人理解，但是逻辑上我们更倾向于检索式的。原因很简单，网站首页的空间是有限的，换句话说注意力本身是一种稀缺资源。一些站点的合适位置已经充满了形式各异的广告，我们忍不住困惑，增长的潜力在哪里？如果定义为检索式的，同时就表明了有几乎无限可供销售的广告位置，这好像就是最初网站在股市受到追捧的原因。跟大多数人的认识相反，中小企业存在很强烈的营销愿望。这一愿望没有更多地转化为现实的理由是：首先通常营销的费用超过了中小企业可承受的范围，其次以前并不存在相应很好的方式。在阿里巴巴今天的收入中，站点推广的收入占了一半还多。"中国供应商"面对的是出口型的企业，"网上有名"则针对内销或工厂的出口主要以买断形式进行的那一种。其中的价格依据是如果某家企业愿意以3万人民币的价格租赁两周的广交会展销摊位，那么它似乎也会愿意以同样的价格购置一年的在线展销时段。今年这一价格已经上升到4万。对于一个新生事物，某种意义上阿里巴巴要证明服务的有效性。阿里巴巴有一个系统服务的思维，除了在网站上的页面设置，还可以通过"商情快递"邮件杂志，检索上的优先排序，至少它能证明付费的顾客要比免费的客户有更多的机会。有人愿意以6万人民币的价格，以便获得更多的服务内容。

3. 诚信通

网络可能是虚拟的，但贸易本身必须是真实的。信用分析是企业的日常工作。这很好解释，网友们在网站上拍卖的交易并不是每一次都那么如意。易趣的统计表明在通过身份认证但只有少数交易经历的所谓一星级顾客交易中，有6%最终受到了投诉。企业间的交易存在相似的压力，所不同的是企业对此有更高的敏感性。在线贸易一方面体现了采购行为更充分的竞争性，另一方面企业对网络信息本身充满了质疑。"诚信通"作为一项服务不难理解。可以在"诚信通"上出示第三方对其的评估，企业在阿里巴巴的交易记录也有据可循。问题是这项服务本身是否会非常成功。阿里巴巴显然是希望所有的注册会员都使用这项付费的服务，最起码新注册的用户是如此。这个问题的确非常有趣，如果这一预想符合现实，大多数的企业都购买了"诚信通"，那么意味着剩下少数也会购买，即便不购买也不再重要。每个"诚信通"的价格都很便宜，对网站而言几乎不存在成本，这就是说阿里巴巴的运营业绩将会非常成功。另一种可能是只有少数企业购买了，这就存在用户流失的问题。类似于阿里巴巴模式的网站今天多如牛毛，阿里巴巴的认识是：首先他们在前期的努力已经吸纳了国际贸易中最活跃的顾客群，另一方面在线交易本身必须实现其严肃性。"如果某一商人在支付最基本的费用上都存在问题，那么他根本就没有资格从事生意本身。"这一逻辑应该被认为是正确的。

4．贸易通

"贸易通"是阿里巴巴网站新推出的一项服务，它的功能主要有以下几项：和百万商人安全、可靠地进行即时在线沟通、互动；结识、管理自己的商业伙伴，开展一对一的在线营销；强大的商务搜索引擎，搜尽天下商机；服务热线为诚信通会员即时解答网络贸易疑问，方便享受高质量的在线客户服务。其界面有点类似于常用的聊天工具 QQ，非常友好且使用简单。不过，有关"贸易通"的收费一直没有行动起来，这却是最初也是最重要的愿望。阿里巴巴的定义是从企业的每一次日常交易中抽取佣金，这在前期被舆论认为是不可能的，原因在于BtoB 贸易存在重复交易，企业通常不会一次就更换一家供应商，这样企业很容易绕开任何中介。这又是一个没有思维，就迅速下判断的例子。"贸易通"可以理解为一种订单管理软件。很多 IT 评论人都忽略了阿里巴巴这一项服务，实际上它对阿里巴巴未来的潜在影响最大，绝对不能看成电子邮件的豪华版。这里有一个观念上的不同，产品重要的是需求，而不是技术表述。"贸易通"则解决了这所有的问题，而且操作中存在很强的可行性，可以通过短消息捆绑按次计费。这一服务所面临的价格敏感性很小，而且存在一个很大的数量。"贸易通"则延伸了企业软件托管的思路。

2.3　电子商务交易流程

2.3.1　电子商务交易流程的特征

1．电子商务中的"四流"

完整的电子商务包括信息流、资金流、物流和商流 4 种基本的"流"（如图 2-4 所示）。在电子商务活动中，要强调信息流、资金流、物流和商流的整合。

① 信息流：包括商品信息、技术支持信息、售后服务信息、企业资讯信息等的传递过程，也包括询价单、报价单、付款通知单、转账通知单等商业贸易单证信息的传递过程。

② 资金流：是指资金的转移过程，包括付款、转账等。

③ 物流：是"四流"中较为特殊的一

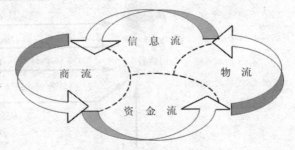

图 2-4　电子商务中的"四流"

种，是指物质实体（商品或服务）的流动过程，具体指运输、储存、配送、装卸、保管、物流信息管理等各种活动。对于少数商品和服务来说，可以直接通过网络传输的方式进行配送，如各种电子出版物、信息咨询服务、有价信息软件等。而对于大多数商品和服务来说，物流仍要经由物理方式传输，但由于一系列机械化、自动化工具的应用，准确及时的物流信息对物流过程的监控，将使物流的流动速度加快、准确率提高，能有效地减少库存，缩短生产周期。

④ 商流：是指商品在进行交易过程中发生的有关商品所有权的转移。在电子商务下，信息流、资金流和商流都可以通过计算机和网络实现。

2．流程变化要点

电子商务交易流程的变化主要体现在以下两个方面。

① 变革以往以贸易单据（文件）流转为主体的企业交易流程和交易方式，实现企业交易流程和交易方式创新。

传统的企业交易方式是一种建立在纸面贸易单据（文件）流转基础上的贸易方式。在传统企业交易方式下平均每做成一笔生意需要 30 份纸面单证，全世界每年因贸易活动而产生的纸面文件数额庞大。在这些大量贸易单据的流通过程中，买方和卖方之间的贸易数据和纸面文件的处理工作（包括文件编制、邮寄、管理等）往往产生大量的时间延误，并且每次重复输入数据都可能产生错、漏等方面的问题。快速发展的企业迫切要求实现全球贸易运作环境的信息化，电子商务的发展正好满足了这种需要。

电子商务是一种以信息网络为载体的新的商务运作模式。在电子商务中，交易各方以电子方式而不是通过直接面谈方式或当面交换方式来达成或进行商品或服务的交易。电子商务采用数字化电子方式进行商务数据交换和开展商务活动，实现了对以纸面贸易单据（文件）流转为主体的传统企业交易流程和交易方式的改革。

② 实现交易流程管理的电子化、信息化、自动化、即时化和规模化。

电子商务的核心内容是信息的互相沟通和交流。企业商品交易的前期是交易双方通过因特网进行交流和洽谈确认，后期是电子付款和货物运输及跟踪。这些交易过程都可以依托电子商务实现业务全过程管理的电子化。

2.3.2　电子商务交易的一般业务流程

电子商务交易的一般业务流程如图 2-5 所示。

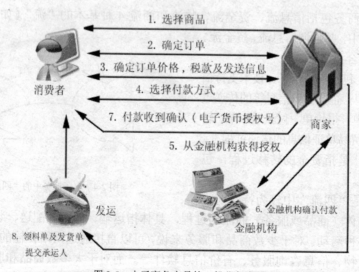

图 2-5　电子商务交易的一般业务流程

1. 交易前的准备

这一阶段主要是指买卖双方和参加交易各方在签约前的准备活动。

① 买方根据自己要买的商品、准备购货款、制定购货计划、进行货源市场调查和市场分析，反复进行市场查询，了解各个卖方国家的贸易政策，反复修改购货计划和进货计划，确定和审批购货计划。再按计划确定购买商品的种类、数量、规格、价格、购货地点和交易方式等，尤其要利用 Internet 和各种电子商务网络寻找自己满意的商品和商家。

② 卖方根据自己所销售的商品，召开商品新闻发布会，制作广告进行宣传，全面进行市场调查和市场分析，制定各种销售策略和销售方式；了解各个买方国家的贸易政策，利用 Internet 和各种电子商务网络发布商品广告，寻找贸易伙伴和交易机会，扩大贸易范围和商品所占市场的份额。其他参加交易各方如中介方、银行金融机构、信用卡公司、海关系统、商检系统、保险公司、税务系统、运输公司也都为进行电子商务交易做好准备。

2. 交易谈判和签订合同

这一阶段主要是指买卖双方对所有交易细节进行谈判，将双方磋商的结果以文件的形式确定下来，即以书面文件形式和电子文件形式签订贸易合同。电子商务的特点是可以签订电子商务贸易合同，交易双方可以利用现代电子通信设备和通信方法，经过认真谈判和磋商后，将双方在交易中的权利，所承担的义务，对所购买商品的种类、数量、价格、交货地点、交货期、交易方式和运输方式、违约和索赔等合同条款，全部以电子交易合同做出全面详细的规定。合同双方可以利用电子数据交换（EDI）进行签约，通过数字签名等方式签名。

3. 办理交易进行前的手续

这一阶段主要是指买卖双方签订合同后到合同开始履行之前办理各种手续的过程，也是双方贸易前的交易准备过程。交易中要涉及有关各方，即可能要涉及中介方、银行金融机构、信用卡公司、海关系统、商检系统、保险公司、税务系统、运输公司等，买卖双方要利用 EDI 与有关各方进行各种电子票据和电子单证的交换，直到办理完可以将所购商品从卖方按合同规定开始向买方发货的一切手续为止。

4. 交易合同的履行和索赔

这一阶段是指买卖双方办完所有各种手续之后，卖方要备货、组货，同时进行报关、保险、取证等；买方将所购商品交付给运输公司包装、起运、发货；买卖双方可以通过电子商务服务器跟踪发出的货物；银行和金融机构也按照合同，处理双方收付款、进行结算，出具相应的银行单据等；直到买方收到自己所购商品，完成了整个交易过程。索赔是指买卖双方在交易过程中出现违约时进行违约处理的工作，受损方要向违约方索赔。

2.3.3 网络商品直销流程

网络商品直销是指消费者和生产者或者需求方和供应方，直接利用网络形式所开展的买卖活动。这种买卖交易的最大特点是供需直接见面，环节少、速度快、费用低。

1．网络商品直销流程可分为6个步骤

① 消费者进入 Internet，查看在线商店或企业的主页。

② 消费者通过购物对话框填写姓名、地址以及商品品种、规格、数量、价格等。

③ 消费者选择支付方式，如信用卡，也可选用借记卡、电子货币或电子支票等。

④ 在线商店或企业的客户服务器检查支付方服务器，确认汇款额是否认可。

⑤ 在线商店或企业的客户服务器确认消费者付款后，通知销售部门送货上门。

⑥ 消费者的开户银行将支付款项传递到消费者的信用卡公司，信用卡公司负责发给消费者收费清单。

为保证交易过程中的安全，需要有一个认证机构对在 Internet 上交易的买卖双方进行认证，以确认他们的真实身份。

2．网络商品直销的优点

① 它能够有效地减少交易环节，大幅度地降低交易成本，从而降低消费者所得到的商品的最终价格。

在传统的商业模式中，企业和商家不得不拿出很大一部分资金用于开拓分销渠道。分销渠道的扩展，虽然扩大了企业的分销范围，提高了商品的销售量，但同时也意味着更多分销商的参与。无疑，企业不得不出让很大一部分的利润给分销商，用户也不得不承担高昂的最终价格，这是生产者和消费者都不愿看到的。电子商务的网络直销可以很好地解决这个问题：消费者只需输入厂家的域名，访问厂家的主页，即可清楚地了解到所需商品的品种、规格、价格等情况，而且主页上的价格既是出厂价，同时也是消费者所接受的最终价。这样就达到了完全竞争市场条件下出厂价格和最终价格的统一，使厂家的销售利润大幅度提高，竞争能力不断增强。

② 网络商品直销能够有效地减少售后服务的技术支持费用。许多使用中经常出现的问题，消费者都可以通过查阅厂家的主页找到答案，或者通过电子邮件与厂家技术人员直接交流。这样，厂家可以大大减少技术服务人员的数量，减少技术服务人员出差的频率，从而降低了企业的经营成本。

3．网络商品直销的不足之处

① 购买者只能从网络广告上判断商品的型号、性能、样式和质量，对实物没有直接的感知，在很多情况下可能产生错误的判断，而某些生产者也可能利用网络广告对自己的产品进行不实的宣传，甚至可能打出虚假广告欺骗顾客。

② 购买者网上支付的安全性降低。购买者利用信用卡进行网络交易，不可避免地要将自己的密码等输入计算机，由于新技术的不断涌现，犯罪分子可能利用各种高新科技的作案手段窃取密码，进而盗窃用户的钱款。这种情况不论是在国外还是在国内，均有发生。

2.3.4 网络商品中介交易流程

网络商品中介交易是通过网络商品交易中心即虚拟网络市场进行的商品交易。在这种交易过程中，网络商品交易中心以 Internet 为基础，利用先进的通信技术和计算机软件技术，将商品供应商、采购商和银行紧密地联系起来，为客户提供市场信息、商品交易、仓储配送、货款结算等全方位的服务。

1．网络商品中介交易的流程可分为 6 个步骤

① 买卖双方将各自的供应和需求信息通过网络告诉给网络商品交易中心，网络商品交易中心通过信息发布服务向参与者提供大量、详细准确的交易数据和市场信息。

② 买卖双方根据网络商品交易中心提供的信息，选择自己的贸易伙伴。网络商品交易中心从中撮合，促使买卖双方签订合同。

③ 买方在网络商品交易中心指定的银行办理转账付款手续。

④ 网络商品交易中心通知卖方将货物送到设在各地的配送部门。

⑤ 买方验证货物后提货。

⑥ 网络商品交易中心将买方货款转交给卖方。

2．网络商品中介交易的优点

① 网络商品中介为买卖双方展现了一个巨大的世界市场。以中国商品交易中心为例，这个中心控制着从中心到各省分中心、各市交易分部及各县交易所的所有计算机系统，构成了覆盖全国范围的无形市场。这个计算机网络能够储存中国乃至全世界的几千万个品种的商品信息资料，可联系千万家企业和商贸单位。每一个参加者都能够充分地宣传自己的产品，及时地沟通交易信息，最大限度地完成产品交易。这样的网络商品中介机构通过网络彼此连接起来，进而形成全球性的大市场。这个市场是由全球拥有计算机、电话和调制解调器的将近 5 亿个 Internet 用户即国际消费者组成的，而且其数目以每年 70%的速度递增。

② 网络商品交易中心可以有效地解决传统交易中"拿钱不给货"和"拿货不给钱"的两大难题。在买卖双方签订合同前，网络商品交易中心可以协助买方对商品进行检验，只有符合质量标准的产品才可入网。这就杜绝了商品"假、冒、伪、劣"的问题，使买卖双方不会因质量问题产生纠纷。合同签订后便被输入网络系统，网络商品交易中心的工作人员开始对合同进行监控，注视合同的履行情况。如果出现一方违约现象，系统将自动报警，合同的执行就会被终止，从而使买方或卖方免受经济损失。如果合同履行顺利，货物到达后，网络商品交易中心的交割员将协助买方共同验收。买方验货合格后，在 24 小时内将货款转到卖方账户，方可提货，卖方也不用再担心货款拖欠现象了。

③ 采用统一集中的结算模式。在结算方式上，网络商品交易中心一般采用统一集中的结算模式，即在指定的商业银行开设统一的结算账户，对结算资金实行统一管理，有效地避免了多形式、多层次的资金截留、占用和挪用，提高了资金的风险防范能力。这种指定委托代理清算业务的承办银行大都以招标形式选择，有信誉的大商业银行常常成为中标者。

3．网络商品中介交易的不足之处

① 目前的合同文本还在使用买卖双方签字交换的方式，如何过渡到电子合同，并在法律上得以认证，尚需解决有关技术和法律问题。

② 信息资料的充实也有待于更多的企业、商家和消费者参与。

③ 整个交易系统的技术水平如何与飞速发展的计算机网络技术保持同步，则是在网络商品交易中心起步时就必须考虑的。

案例 6

戴尔的网络直销（www.dell.com.cn）

1．概况

戴尔计算机公司是世界上最成功的网络直销的计算机公司（其主页如图 2-6 所示）。总部设在得克萨斯州奥斯汀（Austin）的戴尔公司是全球领先的 IT 产品及服务提供商，其业务包括帮助客户建立自己的信息技术及互联网基础架构。戴尔公司成为市场领导者的根本原因是：通过直接向客户提供符合行业标准技术的产品和服务，不断地致力于提供最佳的客户体验。戴尔公司目前在全球共有 75 100 个雇员，在 2007 年的 4 个财季中，戴尔公司的总营业额达到 574 亿美元。

图 2-6　戴尔公司网站的主页

戴尔公司于 1984 年由迈克尔·戴尔创立，他是目前计算机行业内任期最长的首席执行官。他的理念非常简单：按照客户要求制造计算机，并向客户直接发货，使戴尔公司能够最有效和明确地了解客户需求，继而迅速做出回应。这个直接的商业模式消除了中间商，这样就减少了不必要的成本和时间，让戴尔公司更好地理解客户的需要。这种直接模式允许戴尔公司能以富有竞争性的价位，为每一位消费者定制并提供具有丰富配置的强大系统。通过平均 3天一次的库存更新，戴尔公司能够把最新相关技术带给消费者，而且远远快于那些运转缓慢、采取分销模式的公司。

正是这种大胆的直接与客户接触的网络营销观念，使得戴尔公司成为 20 世纪 90 年代最成功的公司之一。这种革命性的举措和独到的先见之明已经使戴尔公司成为全球领先的计算机系统直销商，跻身业内主要制造商之列。戴尔公司的网址每周被顾客访问的次数超过

250 万次，戴尔公司因此平均每天获得的收入超过 1.5 亿美元。而 1997 年，这一数字只有 100 万美元。今天，在美国，戴尔公司是商业用户、政府部门、教育机构和消费者市场名列第一的主要个人计算机供应商。在亚太地区，该公司的业务覆盖了中国、澳大利亚、印度、印度尼西亚、韩国、马来西亚、新西兰、新加坡、菲律宾、泰国及亚太地区的其他国家和地区。

戴尔公司透过首创的革命性"直线订购模式"，与大型跨国企业、政府部门、教育机构、中小型企业以及个人消费者建立直接联系。公司的管理者认为，戴尔公司的网站带来了巨大的商机，并且将会继续在整个业务中占据越来越大的比重。为了应付这样一个巨大的商业网站面临的技术上和商业上的挑战，戴尔公司一直在进行广泛的市场调研，以便使因特网这一销售渠道更加完善。

2000 年 4 月 3 日，戴尔计算机公司董事长兼首席执行官迈克尔·戴尔先生来到清华大学举行题为"戴尔与网络时代"的演讲。迈克尔·戴尔在演讲中，简要阐述了戴尔公司在电子商务领域的成功经验、网络时代的特征和中国所具有的巨大潜力和优势。他认为，戴尔公司当年的全球市场增长率是 44%，而在中国的业务增长速度却达到了 250%，速度非常惊人。谈到戴尔公司制胜的法宝，迈克尔·戴尔认为，直接和用户打交道，提供更好的服务和产品，提高效率，最终建立更低的成本架构是至关重要的。互联网是戴尔公司实现以上目标的理想方式。利用这种新型的方式，戴尔公司很好地消除了不必要的中间环节和传统经济体制中的内耗，并能够始终保持与客户的密切联系。戴尔先生说："我个人对网络和信息技术充满了热情，这是我取得成功的基础。我们不仅要掌握基本的技能，同时还要敢于思考如何改进现有的网络，如何促进信息时代的发展，如何发展电子商务并从这种经济模式上获益。信息技术的应用可以极大地提高我们的工作效率，使大家能够畅通地交流，并迅速发挥出各自的能力。"

2．发挥互联网的优势

戴尔公司应用互联网进一步推广其直线订购模式，不断地增强和扩大其竞争优势。戴尔公司在 1994 年推出了 www.dell.com 网站，并在 1996 年加入了电子商务功能，推动商业向互联网方向发展。接下来的一年，戴尔公司成为第一个在线销售额达到一百万美元的公司。今天，基于微软视窗操作系统，戴尔公司经营着全球规模最大的互联网商务网站。戴尔 PowerEdge 服务器运作的 www.dell.com 网址覆盖 84 个国家的站点，提供 28 种语言或方言、29 种不同的货币报价。

戴尔公司日益认识到互联网的重要作用贯穿于整个业务之中，包括获取信息、客户支持和客户关系的管理。在 www.dell.com 网站上，用户可以对戴尔公司的全系列产品进行评比、配置、并获知相应的报价。用户也可以在线订购，并且随时监测产品制造及送货过程。在 valuechain.dell.com 网站上，戴尔公司和供应商共享包括产品质量和库存清单在内的一整套信息。戴尔公司利用互联网将其业内领先的服务带给广大客户。例如，全球数十万个商业和机构客户通过戴尔公司先进的网站 dell.com 与戴尔公司进行商务往来。

3．资本流动性、利润率、增长性

经过不断艰苦的努力，戴尔公司保持了增长性、利润率、资本流动性的平衡，为股东带来了高额的回报。戴尔公司在这些领域一直领先于其最大的竞争对手。

2.4 电子商务运行机理

2.4.1 支付机理

1．支付环境的重要性

支付就是付款的意思。网上支付是指交易者（包括消费者、企业和银行等）使用安全电子支付手段通过网上进行的货币支付或资金转移。

随着越来越多的商家计划对其企业进行扩展，并进入到电子商务新时代，支付问题就显得越来越突出：如何处理世界范围内电子商务活动的支付问题？如何处理每日通过信息技术网络产生的成千上万个交易流的支付问题？答案只有一个——利用网上支付。

网上支付是电子商务活动的关键环节和重要组成部分，是使电子商务能够顺利发展的基础条件。如果没有良好的网上支付环境，网上客户只能采用网上订货、网下支付的方式，只能实现较低层次的电子商务应用，这就使得电子商务高效率、低成本的优越性难以发挥，使得电子商务的应用与发展受到阻碍。

由于网上支付采用了先进的安全防护与认证措施，使客户不必出门、不必开支票、也不必到银行或邮局，就能够通过网络非常方便、迅速地进行款项支付、资金调拨事宜。因此与传统的支付方式相比，更加适应电子商务的运行体系，更能发挥电子商务的优越性，更易受到电子商务交易者（包括企业和消费者）的青睐。

总之，发展网上支付体系，建立和健全良好的支付环境，是保障和促进电子商务发展的一个关键因素。

2．网上银行

网上银行（E-Bank，直译电子银行）即设立在因特网上的银行。客户可以不受时间、空间的限制，只要用计算机上网，就可以享受全天候的网上金融服务。这里的网上金融服务是指实质性的金融服务，除了传统的商业银行业务之外，还可以进行网上支付结算。那些拥有自己网站，但仅仅进行形象宣传和业务介绍的银行，充其量只能算"上网银行"，而非"网上银行"。

能够提供网上支付服务，是网上银行的主要特点。有了网上银行，网上支付才能成为现实，因此网上银行堪称电子商务应用与发展的一个支撑点。电子商务强调支付过程和支付手段的网络化。银行作为电子化支付和结算的最终执行者，起着连接买卖双方的纽带作用，网络银行所提供的网上支付服务是电子商务中的关键因素，直接关系到电子商务的发展前景。

网上银行目前有两种发展模式。

（1）完全建立在 Internet 上的全新的网上银行

这种银行的所有业务都通过 Internet 完成。如世界第一家全交易型网上银行——美国安全第一银行（Security First Networ Bank，SFNB）。

（2）在现有商业银行传统业务的外挂网上银行系统

将现有的银行业务扩展到 Internet 上，开设新的服务窗口。中国目前开办的网上银行业务都属于后一种，如国内最早开办网上银行业务的招商银行的"一网通"。

3．网上银行业务

网上银行既可以进行部分传统的商业银行业务，也具备网上支付功能，还可开辟一系列新的服务领域。

（1）商业银行业务

网上银行可以在网上为客户提供 24 小时的实时服务。包括以下两个方面。

① 商业银行传统服务：如转账结算、汇兑、代理公共收费（水费、电费、电话费等）、发放工资、查询个人账户等。到了电子商务高度发达，货币基本甚至完全电子化的时候，客户连存、取款都可以足不出户，既轻松又快捷。

② 商业银行新增业务：如证券清算（即完成证券公司与交易所之间，证券公司各营业部之间，及保证金账户与储蓄账户之间的资金清算业务）、外币业务、信息咨询、消费信贷（如住房按揭）等。

（2）网上金融服务

网上金融服务包括网上消费、家庭银行、个人理财、网上投资交易、网上保险等。网上金融服务是电子商务条件下创新的产物。电子商务对网上金融服务提出了巨大的需求，推动了网上金融服务的迅速发展。在网上金融服务的支持下，金融国际化和全球化发展趋势将更加势不可挡。网上金融服务功能的日益多样化，也带动了金融创新的进一步发展。

网上支付业务是网上银行的网上金融服务最重要的一部分。在网上进行的交易将全部通过网上银行支付，包括企业与消费者之间（BtoC）电子商务模式下的购物、订票、证券买卖等交易，也包括企业间（BtoB）电子商务模式下的网上采购等交易，以及金融机构间的资金融通和清算。

（3）新的增值服务

利用网上信息传递的全面性、迅速性和方便性，网上银行还可以开辟多种新业务。

集团客户通过网上银行查询各子公司的账户余额和交易信息。

① 在签订多边协议的基础上实现集团公司内部的资金调度与划拨（由于这种调动几乎是实时的，因而可以大大提高各分公司及整个集团公司的资金利用率）。

② 财务信息咨询、账户管理等理财服务。

③ 网上国际收支申报。

④ 发放电子信用证。

⑤ 开展数据统计工作等。

4．第三方支付

（1）第三方支付模式概述

第三方支付是具备一定实力和信誉保障的独立机构，采用与各大银行签约的方式，提供与银行支付结算系统接口的交易支持平台的网络支付模式。在第三方支付模式中，买方选购商品后，使用第三方平台提供的账户进行货款支付，并由第三方通知卖家货款到账、要求发货；买方收到货物，并检验商品进行确认后，就可以通知第三方付款给卖家，第三方再将款项转至卖家账户上。

（2）第三方支付交易流程

第三方支付模式使商家看不到客户的信用卡信息，同时又避免了信用卡信息在网络多次公开传输而导致的信用卡信息被窃事件，以 BtoC 交易为例的第三方支付模式的交流流程如下。

① 客户在电子商务网站上选购商品，最后决定购买，买卖双方在网上达成交易意向。

② 客户选择利用第三方作为交易中介，用信用卡将货款划到第三方账户。

③ 第三方支付平台将客户已经付款的消息通知商家，并要求商家在规定时间内发货。

④ 商家收到通知后按照订单发货。

⑤ 客户收到货物并验证后通知第三方。

⑥ 第三方将其账户上的货款划入商家账户中，交易完成。

5. 网上支付的特点

与传统的支付方式相比较，网上支付具有以下特点。

① 网上支付是采用先进的技术通过数字流转来完成信息传输的，其各种支付方式都是采用数字化的方式进行款项支付的；传统的支付方式则是通过现金的流转、票据的转让及银行的汇兑等物理实体的流转来完成款项支付的。

② 网上支付的工作环境是基于一个开放的网络平台，传统支付则是在较为封闭的系统中运作。

③ 网上支付使用的是最先进的通信手段（如 Internet、Extranet），传统支付使用的是传统的通信媒介；网上支付对软、硬件设施的要求很高，一般要求有联网的计算机、相关的软件及其他一些配套设施，传统支付则没有这么高的要求。

④ 网上支付具有方便、快捷、高效、经济的优势，用户只要拥有一台上网的 PC 机便可足不出户，在很短的时间内完成整个支付过程，支付费用仅相当于传统支付的几十分之一，甚至几百分之一。

2.4.2　物流机理

1. 什么是物流

物流是指物质实体的流动过程，具体指运输、储存、配送、装卸、保管以及物流信息管理等各种活动。物流中"物"包括一切有形的物质，如物料、物品、原材料、零部件、半成品等，"流"泛指物质的各种运动形态。

第二次世界大战末期，由于前方战线变动很快，如何组织军需品的供给，各供应基地、中间基地、前线供应点的合理配置，如何确定最佳的运输路线以最大限度地减少浪费、降低军费开支就成为一个重要的问题。军需品供应不足，将影响到战争的成败，若供应过量则会造成浪费。为了合理地解决这些问题，美国军事部门运用运筹学和电子计算机技术进行了科学研究，较好地解决了这一问题，这就是物流科学的萌芽阶段。因此，现在物流的英文——Logistics，直接的词义就是"后勤"。

20 世纪 50 年代以来，随着经济的复苏和生产的发展，产品数量急剧增长，生产成本相对下降，而流通成本有相对上升的趋势。于是，人们开始对各种物流活动的规律进行认真地研究，以找出降低流通费用的途径。为了降低整个流通过程的费用，就必须考查和研究物流的全过程即整个物流系统，研究物流系统内各个环节之间的相互关系，从而使原来处于潜隐状态的物流系统显现出来。物流的重要性日益为人们所关注。

2．物流是电子商务的重要组成部分

（1）完整的电子商务活动

完整的电子商务活动包括信息流、商流、资金流和物流 4 种基本的"流"。

物流是比较特殊的一种"流"。无形商品（如信息服务、电子刊物、网上游戏）可以通过网络传输和交割，而有形商品则必须通过物理方式传输和交割，必须借助一定的物流系统将订货送达客户，否则电子商务交易就难以完成。

物流是电子商务的重要组成部分，没有一个良好的物流环境，就不可能有效地开展和完成电子商务活动，更不可能充分发挥电子商务的优越性。

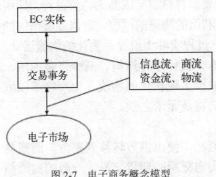

图 2-7　电子商务概念模型

（2）电子商务概念模型

电子商务概念模型如图 2-7 所示，是对现实世界中电子商务活动的一般抽象描述，它由电子商务实体、电子市场、交易事务和信息流、商流、资金流、物流等基本要素构成。

电子商务概念模型包含如下内容。

① 电子商务实体。电子商务实体是指能够从事电子商务的客观对象，它可以是企业、银行、商店、政府机构和个人等。

② 电子市场。电子市场是指电子商务实体从事商品和服务交换的场所，它由各种各样的商务活动参与者，利用各种通信装置，通过网络连接成一个统一的整体。

③ 交易事务。交易事务是指电子商务实体之间所从事的具体的商务活动的内容，例如，询价、报价、转账支付、广告宣传、商品运输等。

④ 电子商务中的任何一笔交易，都包含着几种基本的"流"，即信息流、商流、资金流、物流。

物流，作为"四流"中最为特殊的一种，是物质实体（商品或服务）的流动过程。对于少数商品和服务来说，可以直接通过网络传输的方式进行配送，如各种电子出版物、信息咨询服务、有价信息软件等。而对于大多数商品和服务来说物流仍要经由物理方式传输，由于一系列机械化、自动化工具的应用，准确、及时的物流信息对物流过程的监控，将使物流的流动速度加快、准确率提高，能有效地减少库存，缩短生产周期。

在电子商务概念模型的建立过程中，强调信息流、商流、资金流和物流的整合。其中，信息流最为重要，它在一个更高的位置上实现对流通过程的监控。

3．物流是实现电子商务的保证

电子商务的流程可用另一种方式表示，如图 2-8 所示。图中的"发货、仓储、运输、加工、配送、收货"

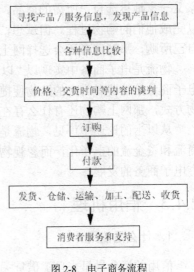

图 2-8　电子商务流程

表明物流是实现电子商务的重要环节和基本保证。

（1）物流保障生产

无论在传统的贸易方式下，还是在电子商务下，生产都是商品流通之本，而生产的顺利进行需要各类物流活动支持。

① 供应物流。

② 生产物流。

③ 回收物流。

④ 废弃物物流。

生产的全过程从原材料的采购开始，便要求有相应的供应物流活动，将所采购的材料到位，否则，生产就难以进行；在生产的各工艺流程之间，也需要原材料、半成品的物流过程，即所谓的生产物流，以实现生产的流动性；部分余料、可重复利用的物资的回收，就需要所谓的回收物流；废弃物的处理则需要废弃物物流。可见，整个生产过程实际上就是系列化的物流活动。

合理化、现代化的物流，通过降低费用从而降低成本、优化库存结构、减少资金占压、缩短生产周期，保障了现代化生产的高效进行。相反，缺少了现代化的物流，生产将难以顺利进行，那么，无论电子商务是怎样便捷的贸易形式，仍将是无米之炊。

（2）物流服务于商流

在商流活动中，商品所有权在购销合同签订的那一刻起，便由供方转移到需方，而商品实体并没有因此而移动。在传统的交易过程中，除了非实物交割的期货交易，一般的商流都必须伴随相应的物流活动，即按照需方（购方）的需求将商品实体由供方（卖方）以适当的方式、途径向需方（购方）转移。而在电子商务下，消费者通过上网点击购物，完成了商品所有权的交割过程，即商流过程。但电子商务的活动并未结束，只有商品和服务真正转移到消费者手中，商务活动才告以终结。

在整个电子商务的交易过程中，物流实际上是以商流的后续者和服务者的姿态出现的。没有现代化的物流，多么轻松的商流活动都仍会退化为一纸空文。

（3）物流是实现"以顾客为中心"理念的根本保证

电子商务的出现，在最大限度上方便了最终消费者。他们不必再跑到拥挤的商业街，一家又一家地挑选自己所需的商品，而只要坐在家里，在 Internet 上搜索、查看、挑选，就可以完成他们的购物过程。但试想，他们所购的商品迟迟不能送到，或者商家所送的商品并非自己所购，那消费者还会选择网上购物吗？

物流是电子商务中实现以"以顾客为中心"理念的最终保证，缺少了现代化的物流技术，电子商务给消费者带来的购物便捷则等于零，消费者必然会转向他们认为更为安全的传统购物方式，那网上购物还有什么存在的必要？

从以上的论述中可见，物流是电子商务重要的组成部分。必须摒弃原有的"重信息流、商流和资金流的电子化，而忽视物流电子化"的观念，大力发展现代化物流，才能进一步推广电子商务的发展。

2.4.3　信用机理

1. 什么是信用

信用的概念最早来自于借贷关系，意思是指不需要提供物资保证而进行的按期偿还的借贷活动。为什么不需要提供物质保证呢？就是因为借入方有信用，借出方相信借入方一定能够按照约定的条件（期限和利率等）归还借款。因此也可以说，信用是指履行约定的能力，或者能够按照约定行事。

依据信用当事人或者信用发生场合的不同，可以将信用分为如下 4 种。

① 商业信用。

② 银行信用。

③ 政府信用。

④ 消费信用。

2．信用的意义

信用是市场经济得以正常运行的基础，也是市场经济发展的必然结果。维持和发展信用关系，是维护市场经济秩序的重要保证。

在市场经济条件下，交易者在经过长时间、无数次的交易实践后，最终一定会认识到，从长远看，讲信用的交易才是有利的交易。不讲信用，也许可以得益于一时，但是付出的代价却是信用丧失，他今后必须为同样的交易提供额外的物质保证或者额外的交易成本。因为其他交易者已经不再相信他的承诺，这些付出在有信用的时候原本可能并不需要。在这种情况下，不讲信用者要么干脆什么生意也做不成，要么赚得比别人少、赔得比别人多，或者别人赚钱他赔钱。可想而知，没有信用的交易者是很难做生意的。

就一个社会而言，如果不讲信用的交易者多了，那么这个社会的信用水平就会很低。显而易见，整个社会信用水平的降低，必然导致整个社会交易成本的增加，从而使整个社会的交易难度增加，使得整个社会的交易都难以顺畅地进行。

具体到一个区域、一个行业，如果这个地区、这个行业里不讲信用的交易者太多，也必然损害这个地区、这个行业本身交易的顺畅进行。

3．信用环境的重要性

在电子商务条件下，商务信息、商务管理和商品交易都是通过计算机网络进行的，交易双方不见面、不签纸质合同、不在纸上签字盖章、不用纸质票据，取而代之以网上沟通、电子合同、电子签名、网上支付。与传统商务活动相比，商业信用在电子商务中更加重要、作用更大。这是因为电子商务发展时间还不长，交易者还没有熟悉和习惯电子商务方式，电子商务信用体系尚未完全建立的情况下，交易的一方对交易的另一方是否能够按照约定交易没有把握，不敢假定交易对方有很高的信用，而是为了稳妥起见先假定交易对方没有信用。这就极大地限制了电子商务交易的实现，或者即使实现交易也不能体现出理论上电子商务应有的优越性。电子商务信用体系的不完善，还可能让一些不法之徒有空子可钻，利用网络和电子商务进行商业欺诈活动。发生这种情况，又会进一步加重正常的交易者对电子商务交易的顾虑，更加严重地妨碍电子商务的发展。

4．营造电子商务信用环境

电子商务信用环境的改善是一个综合性的任务，不是仅仅依靠某一个方面的努力就能够解决的，这当中有意识问题、有技术问题、有法律问题，也有需要时间逐渐习惯和适应的问题。

① 信用问题在一定程度上是一个社会风气问题。社会各个方面要大力引导，树立以讲信用为荣、不讲信用为耻的社会风气，推动全社会良好信用意识的形成。

② 建立和完善电子商务认证中心。认证中心（Certificate Authority，CA）是改善电子商务信用环境最基本的技术手段，是电子商务活动正常进行的必要保障。

③ 制订相关法律，保障正常的电子商务活动的进行。要通过法律规范电子商务交易各方的交易行为，规范和确认什么样的电子合同、电子签名等在法律上是有效的，什么样的是无效的，从而保护讲信用交易者的合法权益，打击不讲信用交易者的不法行为。

④ 建立社会信用评价制度和体系，为电子商务交易提供资信服务。将社会信用评价制度和体系应用到社会生活的各个方面，例如，企业融资信用和个人消费信用，促使企业和个人努力提高信用，自觉避免有损信用的事件发生。

案例 7

中国网络银行的先行者——招商银行

（www.cmbchina.com）

1. 招商银行网络营销业务的构建

招商银行成立于 1987 年 4 月 8 日，是中国第一家完全由企业法人持股的股份制商业银行，总行设在深圳。自成立以来，招商银行先后进行了 4 次增资扩股，并于 2002 年 3 月成功发行了 15 亿普通股，4 月 9 日在上交所挂牌（股票代码：600036），是国内第一家采用国际会计标准上市的公司。2006 年 9 月 22 日，招商银行（3968.HK）在香港联合交易所正式挂牌上市。在英国《银行家》杂志发布的中国银行业 100 强最新排行榜中，按照一级资本排序，招商银行位居第 6。

经过 20 多年的发展，招商银行已从当初偏居深圳蛇口一隅的区域性小银行，发展成为了一家具有一定规模与实力的全国性商业银行，初步形成了辐射全国、面向海外的机构体系和业务网络。截至 2007 年 12 月 31 日，招商银行在中国境内设有 40 家分行及 534 家支行（含分理处），一个代表处，一个信用卡中心，677 家离行式自助银行，离行式单台设备 1 048 台（ATM 和 CDM）；在香港设有一家分行及一家子公司，在纽约设有一个代表处，并与世界 93 个国家及地区逾 1 210 家海外银行保持着业务往来。2007 年 11 月 8 日（美国东部时间），美联储正式批准招商银行在纽约设立分行，这是自 1991 年美国《外资银行强化监管法案》实施以来，中资银行首次获准在美开设分行。

20 多年来，招商银行以敢为天下先的勇气，不断开拓，锐意创新，在革新金融产品与服务方面创造了数十个第一，较好地适应了市场和客户不断变化的需求，被广大客户和社会公众称誉为国内创新能力强、服务好、技术领先的银行，为中国银行业的改革和发展做出了有益的探索，同时也取得了良好的经营业绩。近年来，招商银行呈现出"规模稳步增长、效益不断提升、质量持续向好"的发展态势。截至 2007 年 12 月 31 日，招商银行资产总额达 13 105.52 亿元，较上年同期增长 40.30%；不良贷款余额 103.94 亿元，比上年下降 16.12 亿元；不良贷款率 1.54%，比上年下降 0.58 个百分点。在境内外权威媒体和有关机构组织的各类调查评选中，招商银行获得中国最佳银行、中国最佳零售银行、中国本土最佳现金管理银行、中国最受尊敬企业、中国十佳上市公司、CCTV 年度最佳雇主等多项殊荣，是中国银行业中公认的最具品牌影响力的银行之一。招商银行网站的主页如图 2-9 所示。

图 2-9　招商银行主页

2．招商银行网络业务的主要内容

招商银行坚持"科技兴行"的发展战略，立足于市场和客户需求，充分发挥拥有全行统一的电子化平台的巨大优势，率先开发了一系列高技术含量的金融产品与金融服务，打造了"一卡通"、"一网通"、"金葵花理财"、"点金理财"、"国际标准双币信用卡"、"财富账户"等知名金融品牌，树立了技术领先型银行的社会形象。招商银行于 1995 年 7 月推出的银行卡——"一卡通"，被誉为我国银行业在个人理财方面的一个创举。截至 2007 年 12 月 31 日，"一卡通"累计发卡 4 363 万张，当年新增发卡 478 万张。"一卡通"存款总额为人民币 2 598 亿元，卡均存款为人民币 5 955 元，居全国银行卡前列。1999 年 9 月在国内首家全面启动的网上银行——"一网通"，无论是技术性能还是业务量在国内同业中都始终处于领先地位。2003 年 6 月，"一网通"作为中国电子商务和网上银行的代表，登上了被誉为国际信息技术应用领域奥斯卡的 CHP 大奖的领奖台，这是中国企业首次获此殊荣。2002 年 12 月，招商银行在国内率先推出"一卡双币国际标准信用卡"。截至 2007 年 12 月 31 日，招商银行信用卡累计发卡 2068 万张，当年新增发卡 1 034 万张，累计流通卡数 1 441 万张，累计流通户数 795 万户，占据了市场领先地位。

3．招商银行的经营理念

招商银行秉承"因您而变"的经营理念，在国内业界率先通过各种方式改善客户服务，致力于为客户提供高效、便利、体贴、温馨的服务，带动了国内银行业服务观念和方式的变革，拉近了银行与客户的距离。招商银行在国内率先构筑了网上银行、电话银行、手机银行、自助银行等电子服务网络，为客户提供"3A"式现代金融服务。根据市场细分理论，招商银行在继续做好大众服务的同时，致力于为高端客户提供量身订制的"一对一"的尊贵服务，不断提高金融服务的专业化、个性化水平。2007 年 8 月，招商银行开办私人银行业务，为私人银行客户提供财富管理服务。

在稳健快速的发展中，招商银行坚持"效益、质量、规模协调发展"的战略指导思想，大力营造以风险文化为主要内容的管理文化，规范化的经营管理受到了国内外监管机构的一致公认。2007 年，招商银行继续加强风险管理，从决策程序、业务流程、内部监控到激励机制等方面进行了一系列的改进和完善，不断提高管理风险水平，准确把握市场走势，有效避免了次贷危机的冲击，投资收益稳步提高。

4．招商银行的发展目标

面对未来国际国内复杂多变的经济金融形势，招商银行将采取更加灵活的经营策略，积极应对各种挑战和竞争。在加强风险管理和稳健经营的基础上，继续优化业务和客户结构，大力发展零售和中间业务，加大产品创新力度，不断提高盈利能力，努力建设成为具有国际竞争力的中国最好的商业银行。

思考与练习

1．简述电子商务的层次结构和支撑体系。

2．分析 BtoB 交易的优缺点。

3．分析 BtoC 交易的优缺点。

4．简述电子商务交易的一般业务流程。

5．电子商务的物流机理包括哪几个部分？

6．案例分析：阿里巴巴是全球 BtoB 电子商务的著名品牌，是目前全球最佳 BtoB 站点之一。

要求：① 阿里巴巴的基本情况介绍。

② 分析阿里巴巴电子商务模式的优缺点。

③ 谈谈阿里巴巴开展电子商务的成功经验。

④ 个人点评。

第 3 章　电子商务技术

本章概要: 本章主要介绍电子商务在开展过程以前、开展过程中、开展过程以后所要涉及的技术, 其中包括电子商务所需要的硬件技术、软件技术、安全技术和 EDI 的应用。

学习目标: 电子商务的运作是以"商务为本, 技术为标"的模式, 技术是为电子商务的开展服务的, 通过本章的学习了解开展电子商务所需要的各种技术, 为顺利开展电子商务业务活动打下基础。

学习指导: 本章的重点是掌握电子商务技术的类型、标准以及电子商务开展的平台: Internet 和 Intranet 技术; 另外, 在学习过程中要注意掌握 EDI 在电子商务中的应用; 难点是安全技术在电子商务中的作用。通过案例分析, 加深对电子商务技术的全面理解并了解不同的技术在电子商务运作过程中的作用。

3.1　电子商务应用技术

3.1.1　电子商务技术的类型

在商务电子化的进程中, 只有形成良好的电子商务环境, 才能推动电子商务的发展, 这个环境形成的支撑点就是电子商务技术。电子商务技术的支撑主要包括全球商务网络与通信技术、商务数据库技术、商务软件技术和商务智能技术。

1. 全球商务网络与通信技术

全球商务网络与通信技术是以全球商务信息公共基础设施即商务信息高速公路的建设来提供支持和保证的。全球商务网络技术主要包括组网、网络互联和网络管理技术。电子商务时代的通信网将从传统的电信网向信息网过渡, 向数字化、宽带型方向发展。简化商务网络层次, 增加服务节点的容量, 合理布局, 优化商务网络结构, 实现智能化、集中式的商务网络。在电子商务时代, 利用全球商务网络和高速的通信技术, 利用计算机网络互联技术、虚拟网技术, 实现商务网络互联、互通, 实现全球所有用户共享商务信息资源。

2. 商务数据库技术

电子商务时代, 商务数据库技术解决商务信息的存储、管理和访问问题, 其目的是在操作系统之上向用户提供强有力的商务数据管理工具。商务数据库技术包括商务数据库理论模型、查询语言、处理算法等。电子商务时代的商务信息通过网络广泛而不间断地在线传输, 其信息交换的频率和范围大大增加。数据的形式从间断的字符发展到图形、图像、声音等诸多的多媒体数据, 出现了时态数据、过程数据和主动数据, 解决了对多媒体数据对象的支持、商务信息的分布、对时间敏感的数据处理算法等一系列的技术问题。

3. 商务软件技术

商务软件技术是电子商务系统的重要组成部分，其支持技术有软件设计技术、激光技术、计算机通信技术等高新技术。电子商务软件的开发是电子商务的一项核心工程，它直接支持着电子商务系统的正常运作。

4. 商务智能技术

商务智能技术是电子商务系统中的一个重要系统，也是电子商务发展趋势的支持技术。它在提供不断完善的技术的同时，还提供电子商务整体的应用解决方案，是电子商务完全实现智能化的保证。

3.1.2　电子商务技术标准

目前，国际通行的电子商务技术标准主要包含了 4 个方面：电子数据交换标准、识别卡标准、通信网络标准和其他相关标准，中国也应用了相关的标准。

1. 电子数据交换标准

国际上，20 世纪 60 年代开始研究电子数据交换标准。1987 年，联合国欧洲经济委员会综合了经过 20 多年实践的美国 ANSI X.12 系列标准和欧洲流行的"贸易数据交换（Trade Data Interchange，TDI）"标准，制定了用于行政、商业和运输的电子数据交换标准（EDIFACT）。该标准的特点如下。

① 包含了贸易中所需的各类信息代码，适用范围较广。

② 包括了报文、数据元、复合数据元、数据段、语法等，内容较完整。

③ 可以根据自己的需要进行扩充，应用比较灵活。

④ 适用于各类计算机和通信网络。

因此，该标准应用广泛。目前中国已等同转化为 5 项国家标准。此外，还按照 ISO6422《联合国贸易单证样式》，ISO7372《贸易数据元目录》等同制定了进出口许可证、商业发票、装箱单、装运声明、原产地证明书、单证样式和代码位置等 8 项国家标准。现在 EDIFACT 标准有 170 多项，至今在北美地区广泛应用的美国 ANSI X.12 系列标准有 110 项。由于中国电子数据交换标准研究起步晚，需要制定更多的国家标准。根据中国经济发展，需要积极研究、采用 EDIFACT 标准和 ANSI X.12 系列标准。

2. 识别卡标准

国际标准化组织（ISO）从 20 世纪 80 年代开始制定识别卡及其相关设备的标准，至今已颁布了 37 项。中国于 20 世纪 90 年代从磁条卡开始进行识别卡的国家标准制定工作。现有 6 项磁条卡国家标准，已基本齐全，等同采用 ISO7810《识别卡物理》特性和 ISO7811《识别卡记录技术》系列标准；3 项触点式集成电路卡（Integrated Circuit，IC）国家标准，等同采用 ISO7816《识别卡带接触件的集成卡》系列标准。另外，有 5 项国家标准涉及金融卡及其报文、交易内容，采用了相应的 ISO 标准。目前，中国尚未将无接触件集成电路卡、光存储卡以及使用 IC 卡金融系统的安全框架等国际标准转化制定为中国标准。

3．通信网络标准

通信网络是电子商务活动的基础，目前国际上广泛应用的有 MHS 电子邮政系统和美国 Internet 电子邮政系统。前者遵循国际标准化组织（International Organization for Standardization，ISO）、国际电工委员会（International Electro Technical Commission，IEC）、国际电话与电报顾问委员会（International Telephone and Telegraph Consultative Committee，CCITT）联合制定（个别是单独制定）的开放系统互联（OSI）系列标准，后者执行美国的 ARPA Internet 系列标准。这两套标准虽然可兼容，但还有差异。因此，我国制定通信网络国家标准时，主要采用 OSI 标准，但还要考虑 ARPA Internet 标准。

现在中国有 146 项网络环境国家标准，其中有 99 项分别采用 ISO 和 IEC 标准，占 67.8%。中国现有的网络环境国家标准还不配套，如网络管理，仅有 2 项国家标准，而 ISO/IEC 有 40 多项标准。其中系统管理、管理信息机构、系统间信息交换是中国标准空白。这里需要指出，数据加密、密钥管理、数据签名等安全要素，已有国际标准草案，需要密切关注，及时等同地转化为中国标准。通信、网络设备标准约有 380 项，其中 123 项采用 IEC 和 CCITT 标准，占 32%。微波通信、卫星通信、移动通信等方面的国家标准采用国际标准比例较低，如卫星通信 18 项国家标准有 1 项采用国际标准。信息传输介质国家标准较多。以光纤通信电缆为例，有 53 项国家标准，其中 45 项采用 IEC 和 CCITT 标准，8 项涉及进网要求，视中国情况而定，故没有采用这些标准。

4．其他相关标准

与电子商务活动有关的标准，有术语、信息分类和代码、计算机设备、软件工程、安全保密等，约有 440 项国家标准，其中采用 ISO 标准的有 164 项，占 37%。这些相关标准中许多标准仅描述中国特有的信息，如民族代码、汉字点阵模集等，因此不能也不应该采用外国标准。

综上所述，中国电子商务技术标准，一是起步晚，电子数据交换等领域内的技术标准工作仅在 20 世纪 90 年代才开始；二是标准未成体系，电子数据交换标准，EDIFACT 有 170 项，ANSI X.12 有 110 项，中国仅有 13 项，其中租赁计划询价单、税务情况报告等还是空白；三是积极采用国际标准，20 世纪 90 年代制定的电子商务国家标准约有 600 项，采用国际标准占 30%；20 世纪 90 年代制定的电子商务国家标准约有 650 项，采用国际标准占 50%。目前中国标准约有 1250 多项。中国把采用国际标准和国外先进标准作为一项重要的技术经济政策，积极推行。这表明中国电子商务标准将进一步重视采用国际标准的工作。

3.2　因特网和内联网技术

3.2.1　Internet

1．因特网的基本含义

从事电子商务活动，首先必须了解电子商务的基础环境。

因特网（Internet）是国际互联网，也是信息传递的国际性网络。计算机网络的迅速发展，导致网络之间各种形式的连接，采用统一协议实现不同网络的互联，使互联网很容易得到扩展，因特网就是用这种方式完成各种重要网络之间连接的网络。因特网采用 TCP/IP 协议作为共同的通信协议，将世界范围内许许多多计算机网络连接在一起，成为当今最大和最流行的国际性网络，也被人们称为全球信息资源网。它集现代通信技术和现代计算机技术于一体，是计算机之间进行国际信息交流和实现资源共享的良好手段。因特网将各种各样的物理网络连接起来，构成一个整体，不论这些网络类型的异同、规模的大小和地理位置的差异，因此，比较准确的描述是：因特网是一个采用统一协议连接网络的网络（A Network Of Network），即一个网际网络系统。

2. 因特网的商业化

因特网最初起源于阿帕网（ARPAnet）。阿帕网是 20 世纪 60 年代末～70 年代初，由美国国防部资助，ARPA 公司（Advanced Research Projects Agency）承建的一个网络。目的是通过这个网络把美国的几个军事及研究用计算机主机连接起来，形成一个新的军事指挥系统。由于建网是出于军事目的，参加试验的人又全是熟练的计算机操作人员，因此，没有人考虑过对阿帕网的界面及操作方法加以改进。

20 世纪 80 年代初，美国国家科学基金会（NSF）开发了有 5 个超级计算机中心相互连接的网络。之后，美国许多大学和学术机构把已经建成的一批地区性网络与 5 个超级计算机中心相连，形成了一个新的大的网络——NSFnet，该网络上的成员之间可以互相通信，从而开始了因特网的第一次快速发展。1982 年，在 ARPA 公司的资助下，美国加州大学伯克利分校将 TCP/IP 协议嵌入 UNIXBSD 4.1 版，这极大地推动了 TCP/IP 的应用进程。1983 年 TCP/IP 成为 APRAnet 上标准的通信协议，这标志着真正意义的因特网出现了。1988 年底，NSF 把全国建立的 5 大超级计算机中心用通信干线连接起来，组成全国科学技术网 NSFnet，并以此作为因特网的基础，实现同其他网络的连接。

因特网历史上的第二次飞跃应当归功于因特网的商业化。在 20 世纪 90 年代以前，因特网的使用一直仅限于研究领域和学术领域。商业性机构进入因特网一直受到这样或那样的法规或传统问题的困扰。但是，随着因特网规模的扩大，政府机构逐渐感到无力支付全部投资，出现了一些私人投资的老板。正由于这些私人老板的加入，使得在因特网上进行商业活动有了可能。

1991 年，General Atomics、Performance Systems International、UUnet Technologies 3 家公司组成了"商用因特网协会"（Commercial Internet Exchange Association），宣布用户可以把他们的因特网子网用于任何的商业用途。因为这 3 家公司分别经营着自己的 CERFnet、PSInet 及 Alternet 网络，可以在一定程度上绕开由美国国家科学基金出钱的因特网主干网络 NSFnet 而向客户提供因特网联网服务。其他因特网的商业子网也看到了因特网用于商业用途的巨大潜力，纷纷做出类似的承诺，到 1991 年底，连专门为 NSFnet 建立高速通信线路的 Advanced Network and Service Inc. 公司也宣布推出自己的名为 CO+RE 的商业化因特网骨干通道。因特网商业化服务提供商的接连出现，使工商企业终于可以堂堂正正地从正门进入因特网。

商业机构一踏入因特网这一陌生的世界，很快就发现了它在通信、资料检索、客户服务等方面的巨大潜力。于是，世界各地无数的企业及个人纷纷涌入因特网，带来了因特网发展史上一次质的飞跃。到 1994 年底，因特网已通往全世界 150 个国家和地区，连接着 3 万多个子网，320 多万台计算机主机，直接的用户超过 3500 万，成为世界上最大的计算机网络。1995 年 4 月 30 日，NSFnet 正式宣布停止运作，因特网络成为商业化网络。经过十几年的发展，全世界因特网的普及率达到 17.6%，而且还在增长。随着世界互联网的普及，电子商务的应用也越来越广泛。据 2007 年世界因特网数据显示电子商务在全球范围内增长了 16%。

3.2.2 WWW

1. 万维网的定义

如今到 Internet 海洋去冲浪已成为一种时尚。人们在日常生活中拿起一张报纸、一本杂志或者打开收音机、电视机的时候，都可能听到一个词：Internet。而每当谈到 Internet，必然都是上某某网站、WWW 之类的时髦词儿，人们不禁要问，Internet 等于 WWW 吗?事实上，WWW 是一种建立在 Internet 上的全球性的、交互的、动态的、多平台的、分布式图形信息系统，只是建立在 Internet 上的一种网络服务。它最基本的概念就是 Hypertext（超文本），结构类似于 Windows 上的在线帮助系统。现在，WWW 的应用已远远超出了原设想，成为 Internet 上最受欢迎的应用之一。在互联网发展的早些时候，用户必须记住烦琐的操作命令，所以那时候只有专业的人员才能熟练使用它，WWW 的出现使得 Internet 的易用性大大改善，极大地推动了 Internet 的推广。

WWW 的字面解释意思是"布满世界的蜘蛛网"，一般称为"环球网"、"万维网"。WWW 是一个基于超文本方式的信息浏览服务，它为用户提供了一个可以轻松驾驭的图形化界面，以查阅 Internet 上的文档。这些文档与它们之间的链接一起构成了一个庞大的信息网，这个信息网通常称为 WWW 网。

现在 WWW 服务是 Internet 上最主要的应用，人们通常所说的上网、看网页，一般来说就是使用 WWW 服务。WWW 技术最早是在 1992 年由欧洲粒子物理实验室（CERN）研制的，它可以通过超级链接将位于全世界 Internet 上不同地点的不同数据信息有机地结合在一起。对用户来说，WWW 能带来的是世界范围的超文本服务，这种服务是非常易于使用的。用户只要操纵计算机的鼠标简单地点击，就可以通过 Internet 从全世界任何地方调来所希望得到的文本、图像（包括活动影像）和声音等信息。

Web 允许用户通过跳转或"超级链接"从某一页跳到其他页。可以把 Web 看作是一个巨大的图书馆，Web 节点就像一本本书，而 Web 页好比书中特定的页。Web 页可以包含新闻、图像、动画、声音、3D 世界以及其他任何信息，而且能存放在全球任何地方的计算机上。由于它良好的易用性和通用性，使得非专业的用户也能非常熟练地使用它。另外，它制订了一套标准的、易为人们掌握的超文本标记语言（HTML）、统一资源定位符（URL）和超文本传输协议（HTTP）。

随着技术的发展，传统的 Internet 服务，如 Telnet、EFP、Gopher 和 Usenet News（Internet 的电子公告板服务）现在也可以通过 WWW 的形式实现了。通过使用 WWW，一个不熟悉网络使用的人也可以很快成为 Internet 的行家，自由地使用 Internet 的资源。

2. 超级链接、超文本传输协议及超文本标记语言

超文本链接（Hyperlink），通常也叫超级链接，或简称链接。链接使 Web 页面之间可以相互联系。

超文本传输协议（HTTP），WWW 服务器使用该协议传输 HTML 页面文件。

超文本标记语言（Hyper Text Markup Language，HTML），是一系列用于格式化 WWW

页面的规则。HTML 包括说明文本属性的方法、图的放置、链接等。链接有 3 种不同的类型。

① 内部链接：把同一个 Web 页面中的各个页面连接起来。

② 书签式链接：把 Web 页面与本页面中的一个位置连接起来。

③ 外部链接：把 Web 中的一个页面与其他位置上的页面连接起来，此页面可能位于 WWW 的任意位置，在某些情况下，也可能是 Internet 上的任意位置。

3. 超文本、超级链接、HTML 及它们和 WWW 的关系

"超文本"和"多媒体"是通过链接方式内嵌在 Web 页中的文本或图形。单击 Web 页上的下划线文字或者高亮度图形，可以激活超文本或多媒体链接（又称为超级链接）。单击超级链接可以转到另一文档。这些文档可能是其他页的信息、其他 Web 节点、动画、图片或声音。

HTML 是 WWW 的描述语言，由 TimBemers-lee 提出。设计 HTML 语言的目的是把存放在一台计算机中的文本或图形与另一台计算机中的文本或图形方便地联系在一起，形成有机的整体，而人们不用去考虑具体信息是在当前计算机上还是在网络的其他计算机上。这样，用户只要使用鼠标在某一文档中点取一个图标，Internet 就会马上转到与此图标相关的内容上去，而这些信息可能存放在网络的另一台计算机中。

用户通过使用 HTML 语言设计的 HTML 文件，就可以在 Web 上通过跳转或超级链接从某一页跳到其他页，这些页可包括图像、动画、声音、3D 世界以及其他任何信息。页和文件可以放在 Internet 上的任何一个地方，通过超级链接将它们连在一起，形成巨大的 WWW 网络。

4. HomePage

HomePage 直译为首页（主页）。但如果仅从字面上将其理解为首页是很不全面的。确切地说，HomePage 是一种用超文本标记语言（描述性语言）将信息组织好，再经过相应的解释器或浏览器翻译出来的包括文字、图像、声音、动画等多种信息的组织方式。用户可以把它同报纸、杂志、电视、广播等同等对待。HomePage 的传输方式是将源代码和与 HomePage 有关的图形文件，声音文件放在一台服务器（称为 WWW 或者 Web 服务器）上查询。当用户使用 Internet 上的 WWW 服务时，看到的各种形式的网页，实际上就是信息提供方的 HomePage（主页）。就像域名是"企业的网上商标"一样，HomePage 就是企业在 Internet 上的网上门面。

3.2.3　ASP 及 Java 语言

1. 动态服务器页面

（1）ASP 简介

动态服务器页面（Active Server Pages，ASP）是微软公司推出的一种用以取代公共网关界面（Common Gateway Interface，CGI）的技术。ASP 是位于服务器端的脚本运行环境，通过这种环境，用户可以创建和运行动态的交互式 Web 服务器应用程序，如交互式的动态网页，包括使用 HTML 表单收集和处理信息，上传与下载等。ASP 技术的出现，使动态交互式 Web 主页设计成为一件轻松愉快的工作。只要几行脚本语句，就能将后台的数据库信息发布到 Internet/Intranet 上，在编程和网页脚本的可读性方面大大优于传统的技术方案。

ASP 是一个服务器端的脚本环境，在网站的 Web 服务器上解释运行脚本程序。使用 VBScript、JavaScript 等简单易懂的脚本语言，结合 HTML 代码，即可快速地设计出动态、交互式、高效率的网站应用程序。

ASP 所设计出的是动态主页，可接收用户提交的信息并做出反应，其中的数据可随实际情况而改变，无须人工对网页文件进行更新即可满足应用需要。例如，当在浏览器上填好表单并提交 HTTP 请求时，可以要求在站点服务器上执行一个表单所设定的应用程序，而不只是一个简单的 HTML 文件。该应用程序分析表单的输入数据，根据不同的数据内容将相应的执行结果（通常是数据库查寻的结果集）以 HTML 的格式传送给浏览器。数据库的数据可以随时变化，而服务器上执行的应用程序却不必更改，客户端得到的网页信息会始终保持新鲜的魅力。

（2）ASP 的工作原理

ASP 程序是以扩展名为 .asp 的纯文本形式存在于 Web 服务器上的，ASP 程序中可以包含文本（Text）、HTML 标记、Script 命令。ASP 程序工作过程如下。

① 当用户申请一个 .asp 页面时，Web 服务器响应该 HTTP 请求，调用 ASP 引擎，解释被申请文件。如果是普通的 HTML 语句，则直接送到客户端浏览器显示。

② 当遇到任何与 ActiveX Scripting 兼容的脚本（如 VBScript 和 JavaScript）时，ASP 引擎会调用相应的脚本引擎进行处理，然后将处理的结果送到客户端浏览器进行显示。ASP 所提供的脚本运行环境可支持多种脚本语言。安装 ASP 时，系统提供了两种脚本语言：VBScript 和 JavaScript，而 VBScript 则被作为系统默认的脚本语言。用户也可以根据自己的喜好改变系统默认的脚本语言。

③ 若脚本指令中含有访问数据库的请求，就通过开放数据库连接（Open Database Connection，ODBC）与后台数据库相连，由数据库访问组件（即 ADO）执行访问数据库操作，并依据访问数据库的结果集自动生成符合 HTML 语法的页面，去响应用户的请求。

2．Java

（1）Java 的定义

1995 年，Sun Microsystem 公司推出了一套程序语言兼平台，吸引了全世界的目光，这就是 Java 语言。Java 技术起初被称作 OAK 语言，诞生于 1991 年，是 Sun 公司为嵌入式系统而设计的产品。随着网络技术的日益发展，OAK 所具有的移植性好、编译后程序代码小等优点使其非常适合用在网络方面。因此，从 1994 年起，Sun 公司就将 OAK 技术应用于 Web 上，并编制了 HotJava 的第一个版本，并于 1995 年正式以 Java 这个名字推出。Java 的问世引起了编程世界的一场革命，它既是一种跨平台的通用编程语言，又是一项适用于各种计算机网络的技术。它具有简单、便于网上传输、对硬件环境依赖程度低、移植性强等特点。所谓可移植性就是指同样的 Java 程序无须经过重写或重新编译就可在任何平台上运行。

Java 是一个简单的、面向对象的、分布式的、健壮的、安全的、独立于平台的、可移植的、解释的、高性能的、多线程的动态程序语言。似乎程序设计语言的优点 Java 都具备。实事求是地讲，Sun 还漏掉了一个特点，就是 Java 的运行速度比较慢。这往往是解释性语言难以摆脱的阴影。

（2）Java 的特点

① 简单（Simple）。Java 是一种简单的语言，它首先表现在易于学习，这就要求语言中的概念尽量少，并且这些概念应尽量为广大程序员所熟悉。Java 在形式上和 C/C++ 极为相似，不需要长时间的学习。其次是运行系统小，Java 的基本解释器只有 40KB，加上标准库和线程支持也不过 215KB 而已。

② 面向对象（Object-Oriented）。面向对象可以说是 Java 最重要的特性。Java 语言的设

计完全是面向对象的，它不支持类似 C 语言那样面向过程的程序设计技术。Java 支持静态和动态风格的代码继承及重用。单从面向对象的特性来看，Java 类似于 SmallTalk，但其他特性，尤其是适用于分布式计算环境的特性远远超越了 SmallTalk。

③ 分布式（Distributed）。Java 有一个很周全的程序库，可以很容易地与 HTTP 和 FTP 等 TCP/IP 通信协议相配合。Java 提供了一个 Java.net 包，通过这个包中的类，完成各种层次上的网络连接。例如，URL 类支持 Java 应用程序通过 Internet 打开和访问远程对象，使用 Java 打开远程文件和打开本地文件几乎一样简单。Java 提供一个 Socket 类，这个类可以提供可靠的流式网络连接。这样，用户就可以非常方便地创建分布式的 Client 和 Server 应用程序。

④ 健壮（Robust）。由 Java 所编写出的程序能在多种情况下执行且具有稳定性。Java 与 C/C++的最大不同点是 Java 用一个指针模型（Pointer Model）排除内存被覆盖（Overwriting Memory）和毁损数据（Corrupting Data）的可能性。

⑤ 安全（Secure）。Java 的安全性是大多数程序设计语言所无法比拟的。由于 Java 主要应用于网络应用程序的开发，对安全性有很高的要求。如果没有安全保证，用户从网络上下载程序并执行是非常危险的。Java 通过自己的安全机制，如 Java 拥有数个层次的互锁（Interlocking）保护措施，能够有效地防止病毒的入侵和下载程序对本地文件系统的破坏。下文将详细讨论 Java 的安全性。

⑥ 结构中立（Architecture Neutral）。一般而言，网络是由很多不同机型的机器组合而成的，中央处理器（Central Processing Unit，CPU）和操作系统体系结构均有所不同。因此，如何使一个应用程序在每一种机器上执行是一个难题。所幸，Java 编译程序生成与体系结构无关的字节码，这种字节码适合各种体系结构。这种方法的优点使得 Java 应用能在任何系统上运行，只要该系统实现 Java 虚拟机（JVM）。

下面简单介绍 Java 的编译运行过程，相信读者能够更好地理解 Java 结构中立的特点：Java 源代码经过编译后，产生了一种"半成品"——Java 字节码，这种字节码可以被载入不同的操作系统中，并通过 Java 解释器，解释成为各类机器上都可运行的机器码。

⑦ 可移植（Portable）。结构中立的本身就提供了一种良好的可移植性，Java 还提供了实现无关性（No Implementation Dependent）。例如，Java 中原始数据类型的长度在任何平台上都一样。Java 环境本身对硬件平台和操作系统也是可移植的。Java 的类库中也实现了不同平台的接口，使这些类库可以移植。

⑧ 可解释（Interpreted）。Java 编译器产生的是字节码（Byte-Code），而不是特定的机器码，是一种解释型（Interpreted）语言。Java 程序的字节码必须运行在一个解释器上，因此，Java 是一种解释型语言。Java 的字节码是一种与平台无关的对象文件格式，它可以高效地在不同平台之间传输。Java 程序可在任何平台上运行，只要这个平台上有 Java 解释和运行系统（Runtime System）。

⑨ 高效能（High Performance）。Java 是一个解释型语言。众所周知，解释型语言除了不可能达到编译型语言的速度外，其他性能（例如，可根据运行的上下文和当前值决定执行走向等）并不逊色于编译型语言。实际上 Java 程序平均要比 C 程序慢 20 倍。为了解决高性能（High Performance）问题，Java 的设计者们正在开发 Just In Time 编译器，这种编译器可在运行时把 Java 的字节码翻译成特定 CPU 的机器码。Sun 公司声称转化成机器码的字节在性能上接近于 C 或 C++。

⑩ 多线程（Multithreaded）。Java 是一个多线程语言，它可以同时运行多个线程处理多个任务。多线程技术可以提高图形用户界面的交互性能。Java 提供了语言内置的线程控制，从而大大简化了多线程应用程序的开发。Java 的 Java.lang 包提供了一个 Thread，由它负责启

动一个线程、运行一个线程、终止一个线程和检查线程状态。

⑪ 动态（Dynamic）。Java 语言是一个动态语言。例如，Java 可以动态地从本地网上加载类。Java 的类也有运行时的表示，这样，即便在运行时刻，程序也能辨别类的关系和类型信息。Java 中的运行类（Runtime Class）定义使 Java 可以动态地把一个类链接到运行系统中去。

当前常用的计算机语言如 C、C++、Java、Pascal 等，其中只有 Java 可广泛应用于不同的平台，其他语言都受到操作平台类型的限制，这就是 Java 能够广泛流行的最重要的原因。在 Internet 上，几乎每个网页中都有用 Java 编写的程序或代码。

电子商务是当前的热门话题。电子商务对程序代码的要求很高，必须安全、可靠、能运行于不同平台的机器，以便在世界范围内能够广泛开展业务，这是一般的编程语言难以做到的。Java 以其强安全性、平台无关性、硬件结构无关性、简便、面向对象、结构中立等优势，成为了实现电子商务系统的首选语言。

3.2.4　Intranet

从应用上说，这里引用美国产业工会联合会（CIO）杂志中对 Intranet 的描述：Intranet 是在一个组织内部使用 Internet 技术实现通信和信息访问的方式。它是一个针对企业的人员、处理和信息的集成机制，是一种协作信息网络。事实上 Intranet 的用途是非常广泛的，它完全取决于用户的需求。对某些公司来说，它不过是一种让人们获取信息的方法，是公司简报的一种替代品。对另一些公司来说，它涵盖的范围要广泛得多，包括对信息的访问和处理过程以及其他具体应用。关键在于它是基于 Internet 标准的、在组织内部的、能够提供一定程度的集成和访问的信息系统。

Intranet 是 Internet 技术在企业内部的表现，因此可以将二者在技术上做个比较，在这里有一点需要注意：一个 IntranetWeb（也可以称为 Intranets）只是一个逻辑上的概念。物理上，它们可以分散在全球范围内，但对它的访问要限制在预先定义的团体内。一般，Web 指 WWW，而在私人网络上的 Web 一般称为 Webs。

由上面的分析不难看出，Intranet 及其在企业间的延伸——Extranet，在解决企业管理的集成性与外向性方面有着较大的优势。下面从几个不同角度进一步考察一下 Intranet 的实质。

1．Intranet 的主要特征

企业建立 Intranet 的目的主要是满足其在管理信息获取和发布、资源共享及提高效率等方面的要求，是基于企业内部的需求。因此，虽然 Intranet 是在 Internet 技术上发展起来的，但它和 Internet 有着一定的差别，并且也不同于传统的企业内部局域网。企业网 Intranet 的主要特征表现在以下几个方面。

① Intranet 除了可实现 Internet 的信息查询、信息发布、资源共享等功能外，更主要的是其可作为企业全方位的管理信息系统，实现企业的生产管理、进销存管理和财务管理等功能。这种基于网络的管理信息系统相比传统的管理信息系统能更加方便有效地进行管理、维护，可方便快捷地发布、更新企业的各种信息。

② 在 Internet 上信息主要以静态页面为主，用户对信息的访问以查询为主，其信息由制作公司制作后放在 Web 服务器上。而 Intranet 则不同，其信息主要为企业内部使用，并且大部分业务都和数据库有关，因此要求 Intranet 的页面是动态的，能够实时反应数据库的内容，用户除了查询数据库外，还可以增加、修改和删除数据库的内容。

③ Intranet 的管理侧重于机构内部的管理，其安全防范措施要求非常严格，对网上用户

有严格的权限控制，以确定用户是否可访问某部门的数据，并且通过防火墙等安全机制，控制外部用户对企业内部数据的获取。

④ Intranet 与传统的企业网相比，虽然还是企业内部的局域网络（或多个局域网相连的广域网），但它在技术上则以 Internet 的 TCP/IP 协议和 Web 技术规范为基础，可实现任意的点对点的通信，而且通过 Web 服务器和 Internet 上的其他服务器，完成以往无法实现的功能。

2．Intranet 的功能

（1）Intranet 能够充分发挥集体的智慧

一个 Intranet 是基于 Internet 技术、Web 服务、TCP/IP 和 HTTP 通信协议以及 HTML 的内部信息系统。Intranet 技术使组织成为一个完整的实体、团队或家庭。在这里每个人都知道自己的角色，每个人都在组织健康发展的环境中努力工作。组织中的员工通过一个统一的界面，联机工作以确定他们的目标、过程、关系、互操作、设置、项目、时间表、预算，并通过员工的工作来增值。总而言之，Intranet 代表着一个组织集体的智慧。这种智慧的目标是以最小的成本、最短的时间，将每个人的工作组织起来，以使工作更有效、更及时、更具竞争力。

（2）Intranet 促进组织的一体化发展

Intranet 并不是软、硬件技术的简单集合，这只是其中最简单的部分。事实上，许多企业在没有建设 Intranet 之前，就已经拥有其全部组件了。有效地建设 Intranet 和人的智能形成过程一样，也需要学习，然后将学到的东西应用到实际的决策中，把智能用在真实的任务上，并为将来性能的提高改进学习方法，同时要保证这个学习过程是和其他人沟通的。Intranet 实际上就是 WAN/LAN、Client/Server、PC 机、UNIX、Apple Computer 等所有现在公司里使用着的辅助工作、提高效率和与他人通信的工具。问题在于这些机器、软件和通信系统过去一直是私人使用的，不能方便地进行内部数据和信息的通信。使用了 Intranet，就可以在同一个窗口或同一个浏览器内访问所有的信息、应用、数据、知识、过程等，而不需要转换格式或修改程序。这样，就不会错过时机、不会因与对方的技术不兼容而失去商业机会。Intranet 可以通过 Internet 技术把人们连接在一起，比如，在统一的视图中使用 Web 服务器、Web 浏览器以及数据仓库，这种视图是人人都会使用的并且不需要改变原来的应用软件。

（3）Intranet 是组织的建设与展示

Intranet 是一个建设组织并将其向公众展示的好机会。如果每个公司的员工都知道公司的目标、策略和商业原则，而且了解公司的客户与合作伙伴，大家就能够将焦点明确地集中在为公司做贡献上。一个简明地代表了公司价值的网页就几乎等价于成功，因为它把员工力量都集中在一起。每个组织都应开发自己的站点并经常性地更新其中的信息，将 Web 作为组织的一个信息、通信和项目管理的工具。

案例 8

Intranet 使用实例 Silicon Graphics 公司

（www.silicon.com）

1．公司的背景

Silicon Graphics 公司成立于 1981 年，主要从事图形工作站、多重处理服务器、先进的计算机平台和各种应用软件的开发。该公司的计算机图形工作站和服务器已被广泛应用于各个工作领域，从绘制地下矿产资源图和设计飞机机翼，到电影特技的生成，该公司的产品都在发挥着重要的作用。Silicon Graphics 公司也积极从事 WWW 的产品开发。1996 年 4 月，Silicon Graphics 公司支持开发了 Moving World 标准，这个标准被选为将三维图形纳入 WWW 网站的标准。

　　该公司创造性地为用户提供解决方案，并为整个产业的发展做出了贡献。目前，该公司已发展成为拥有世界各地 100 多个办事处、共 10 000 多名雇员的大型企业。其网站主页如图 3-1 的所示。

图 3-1　Silicon Graphics 公司主页

2．企业面临的挑战

　　公司规模的迅速壮大，加上业界竞争的加剧，使得 Silicon Graphics 公司感到迫切需要开发新的产品，并为遍布世界各地的销售人员提供有关这些产品的最新信息。该公司的许多职员比一般企业的计算机用户有着更加特殊的需求。经营效率的高标准、企业雇员的高水平、工作小组的高度自主，是 Silicon Graphics 公司取得成功的 3 大法宝。虽然该公司仍然依赖分散的小组工作方式，但近年来的迅速发展使得这些工作小组不得不跨越地域和时区的界限开展工作。对于 Silicon Graphics 公司来说，既要做到机构的统一，又要保持其自主性和灵活性，唯一的途径是使用 Intranet。

3. Intranet 战略

Silicon Graphics 公司清楚地认识到，运用 WWW 浏览器能够实现雇员之间的信息共享，因此必须在整个企业范围内建立一个由中央信息系统部门支持的 Intranet 基础结构，然后将 Intranet 向整个公司开放。

这项 Intranet 战略的一个重要特点是允许雇员和各部门创建他们需要的信息。Silicon Graphics 公司在整个公司范围内配置了数百名 Web 设计管理者，他们每天花费不到 5min 时间来维护公司 Intranet 中他们负责的那一部分系统。

4. 使用 Intranet 后产生的效果

采用 Intranet 后，该公司取得了如下明显的效果。
① 产品的采购周期大大缩短。
② 雇员能更好地了解可以采购到的标准产品。
③ 能以在线方式获得采购申请的状态信息，大大减少了雇员给采购部门打电话的次数。
④ 电子采购申请系统不仅使采购申请程序实现了正规化和简单化，而且提高了准确性。
⑤ 从全公司范围来看，信息系统部门不再是开发应用程序的唯一机构。许多较小的项目可以在短时间内由 Web 设计管理者来完成，新应用程序的推广使用效率很高。
⑥ 公司不再采购用于管理采购程序所需的各种表格。

3.3 电子商务交换技术——EDI

3.3.1 EDI 的含义和特点

1. EDI 的定义

EDI 是一种在公司之间传输订单、发票等商业文件的电子化手段，即电子数据交换。EDI 首先将与贸易活动有关的运输、保险、银行和海关等行业的信息，用一种公认的标准格式进行编制，然后通过计算机通信网络，实现各有关部门或公司与企业之间的数据传输与处理，并完成以贸易为中心的全部业务过程。

EDI 的定义是：以统一的报文标准和最少的人工介入，将结构化的数据用电子的手段，从一个计算机用户传输到另一个计算机用户。可以将这一定义分为 3 个层次来理解：一是结构化的数据，它是用于交换的数据或信息，在内容、意义和格式上是可以认识的，并可以用计算机有效和准确地处理；二是统一的报文标准，即报文表达方法的统一；三是电子手段，它是指计算机用户之间直接的电子数据交换。EDI 的落脚点是交换，它的主要目标是以最少的人工介入，实现贸易循环，尤其是重复交换中文件的自动处理，从而削减公司内部昂贵的管理费用。可见 EDI 是一种技术，或者说是一种方法、手段。EDI 的侧重点是自动化，它以节约成本、提高工作效率为主要目的。EDI 可分为批式 EDI、交互式 EDI、开放式 EDI 和 Internet-EDI。

（1）批式 EDI

由于传统的 EDI 系统是由一个发送 EDI 报文的企业在自己的 PC 机上传送一个完整的报文，通过增值网（Value Added Network，VAN）将报文发至接收者的信箱中，接收者定期从信箱中提取报文。采用这种方式，从发出报文到接收报文存在一定的时滞，这种方式被称为批式 EDI。批式 EDI 虽然已经比纸面文件的传送要节省许多时间，但是，它仍不能满足贸易过程中快速、有效传送单证的要求。例如，有些 EDI 应用系统本身要求具备较高水平的实时反应，如机票预订、自动提款等。

（2）交互式 EDI

交互式 EDI 是指在两个计算机系统之间，以连续不断地询问和应答的形式，经过预定义和结构化的数据自动交换，达到对不同信息的自动实时反应。一次询问和应答被称为一个对话。在交互式 EDI 中，对于用户等待应答的时间，可以达到秒级或分秒级水平。从发展趋势看，交互式 EDI 正逐步取代批式 EDI。

（3）开放式 EDI

由于现行 EDI 应用缺乏整体标准体系的支持，使得现行 EDI 系统越来越复杂，自成一体，并逐渐形成专用的、封闭的格局。为了解决这一问题，一些国际组织提出了开放式 EDI 的构想。开放式 EDI 的定义为：使用公共的、非专业的标准，以跨时域、跨商城、跨现行技术系统和跨数据类型的交互操作为目的的电子数据交换。开放式 EDI 试图通过建立一个通用基础传输协议和标准系统来解决 EDI 多应用领域的互操作性，以及创建应用多种信息技术标准的基础。同时，保证 EDI 参与方对实际使用 EDI 的目标和含义有一个共同的理解，以减少乃至消除专用协议限制，使得任何一个参与方不需要事先安排就能与其他参与者进行 EDI 业务。

（4）Internet-EDI

以 Internet 为基础的 EDI 始于 1995 年 8 月，当时劳伦斯·利威莫实验室开始试验用电子邮件的方式在 Internet 上传输 EDI 交易信息。EDI 交易信息经过加密压缩后作为电子邮件的附件在网上传输。许多种格式的文件之所以作为附件随电子邮件传输，是因为它们使用了一种称作多用途网际邮件扩充（Multipurpose Internet Mail Extensions，MIME）格式的传输协议。Internet 的标准（RFCl767）将 MIME 格式定义为传输 EDI 报文的格式，EDIFACT 也制定了相应的标准，这样，使 Internet-EDI 传输数据成为可能。美国宇航局（National Aeronautics and Space Administration，NASA）曾是以国际 Internet 为基础的 EDI 的最早使用者，它们运用开放式 EDI 的形式传输航天飞机零部件的设计规格，并实现与供应商之间的订单传输。美孚石油公司（Mobil）目前就广泛使用以国际 Internet 为基础的 EDI。该公司让其遍布全球的 500 多个分销商使用 Internet-EDI 方式进入公司的内联网，查看库存剩余情况，并开展在线交易。

毫无疑问，从未来的发展看，Internet 将成为 EDI 传输的主要平台。为此，EDI 的软件开发商会将 EDI 软件与 Internet 格式的软件结合起来，由软件本身将相应的交易信息自动转换或翻译成 EDI 格式，用户根本就不会意识到 EDI 格式的翻译过程。以后的网络浏览器可能会带有 EDI 翻译器，到那时，EDI 的应用水平将会提高一大步。

2．EDI 的特点

① EDI 的使用业务对象是固定格式的"经济信息"和具有经常性业务联系的单位，例如，订单、发票、运货单、报关单、进出口许可证等。

② EDI 传输的是企业与企业之间的电子信息，是企业间信息交流的一种方式。

③ EDI 传输的格式是以报文的形式，是一种标准格式，这种标准的格式必须符合国际标准，这是计算机能够自动处理报文的基本前提。

④ 使用 EDI 进行数据交换的网络一般是增值网、专用网或 Internet。

⑤ 使用 EDI 进行数据交换是从一个计算机到另一个计算机的自动传输操作，无须人工介入。

⑥ EDI与传真或电子邮件存在着区别，传真与电子邮件需要人工的阅读判断处理才能进入计算机系统；另外，传真与电子邮件需要人工将资料重复输入计算机系统中，浪费人力资源，也容易发生错误。

3.3.2 EDI 的作用

据有关资料表明，采用EDI后，商业文件的传递速度可提高81%，文件成本降低44%，因工作错误造成的商业损失可减少40%，文件处理成本降低38%，竞争能力提高34%。由于EDI的方便、快速、及时，采用EDI已成为企业、城市、地区乃至国家现代化文明、科技领先和管理高效的一个重要标志。EDI就像商品标识条形码（BarCode）国际标准和国际集装箱运输一样，被视为进入国际市场的通行证。

与传统的商业活动相比，使用EDI最大的好处就是与企业MIS系统的紧密结合。由于EDI使用的是标准的报文结构，计算机可以识别并从中找出有用的数据，直接存入企业MIS数据库中。这样减少了贸易活动的中间环节，不仅减少了纸张的使用，更重要的是减少了手工的工作，使出错的几率变小，提高了响应速度。在商业活动中，对客户的要求做出快速反应是非常重要的。

在使用EDI进行贸易单证处理时，数据库中的数据通过一个翻译器把它转换成字符型的标准贸易单证，然后通过网络传递给贸易伙伴的计算机。该计算机再通过翻译器将标准贸易单证转化成本企业内部的数据格式，存入数据库中。由此，不难看出使用EDI的好处。但是，由于单证是通过数字方式传递的，缺乏验证的过程，因此加强安全性，保证单证的真实可靠成为了一个重要的问题。

在电子商务采用的各种信息传递方式中，图像、自动传真等使用EDI可以保证真实数据的传递。EDI特别适用于大量信息的传递。由于在传递过程中无须再输入，使出错率几乎降为零，这样就大大节省了时间和经费。

概括地讲，EDI的作用主要表现在以下几方面。

1. 节省时间、降低成本、提高工作效率和竞争力

EDI是一个相当节省时间和金钱的系统，因为它在全球范围内发送一份电子单证最快只需几秒钟的时间。由于数据通过网络传输，订单能很快地被接收，发票能在更短的时间内投递，数据能立即被处理。因此，采用EDI之后，订购、制造和货运之间的周期被大大缩短，减少了库存开销。有关数据表明，使用EDI技术之后，事务处理的周期平均可以缩短40%。

EDI意味着具有更准确的数据，实现了数据标准化及计算机自动识别和处理功能，消除了人工干预和错误，减少了人工和纸张费用，使工作效率得到大幅度的提高，从而增强了企业的竞争力。

2. 改善了对客户的服务质量

EDI也是一种改善对客户服务的手段。它巩固了EDI贸易伙伴之间的市场和分销关系，提高了办事效率，加快了对客户需求的反应，从而改善和提高了对客户的服务质量。

3. 消除纸面文件和重复劳动

EDI又被称为无纸贸易，因此消除了传统的纸面文件形式；同时，EDI的工作方式是将贸易伙伴之间的单证、票据等商业文件，用国际公认的标准格式，通过计算机通信网络实现

数据交换与处理。这就决定了其在贸易中不需要进行不必要的重复劳动。

4．扩展了客户群

许多大的制造商和零售商都要求他们的供应商采用 EDI。当他们评估选择一种新的产品或一个新的供应商的时候，其是否具有 EDI 的能力是一个重要因素。由于 EDI 的应用领域很广，一个具有 EDI 实施能力的公司无疑会扩大其客户群，带来更多的生意。

3.3.3　EDI 系统

EDI 是由数据标准、计算机应用、通信网络 3 个要素构成的，这 3 个方面相互联系，相互依存构成了 EDI 的基本框架。

1．数据标准

各行业、各公司的业务格式标准不统一，即数据格式不同，每个公司都有自己的报表格式。要实现通信网络的传输由计算机自动处理，必须保证贸易单证具有严格的标准格式并能够被公司的计算机识别。在 EDI 中，数据标准化必不可少。目前国际上有两种流行的 EDI 标准，一种是联合国的 EDIFACT 标准，另一种是美国的 ANSI X.12 标准。

2．计算机应用

EDI 中的计算机应用不再局限于以往在贸易活动中所起的减轻人工处理纸面文件的劳动强度、帮助制作各种纸面单证的作用。在 EDI 中，借助于通信网络，计算机应用已扩展到贸易活动的各个环节。贸易单证在贸易双方的计算机之间传输和交换，从根本上改变了贸易活动中单证在贸易双方重复输入而导致的大量出错的情况，也为实现无纸面单证交换的贸易活动提供了必要条件。同时计算机的应用，使 EDI 与各种管理信息系统（Management Information System，MIS）、数据库系统和办公自动化系统等应用系统结合在一起，大大提高了整个计算机应用系统的经济效益。

3．通信网络

在 EDI 中，商业信息通过网络传输。以往将贸易双方的计算机直接连接起来，贸易文件在贸易双方的计算机之间往复传输。显然这种方法费用很高，而且计算机之间直接通信受到很多限制。另一种方法是借助于公众通信网络，贸易双方的计算机连接在网络上，通过公众通信网络传输贸易文件。20 世纪 80 年代兴起的公用分组交换网及在此基础上发展起来的增值网（Value Added Network，VAN）为 EDI 提供了较为理想的通信环境。尽管 VAN 方式有许多优点，但各 VAN 的 EDI 服务功能不尽相同，VAN 系统之间并不能互相连通，这样便限制了 EDI 跨地域、跨行业的全球性应用。之后，各国又为 EDI 开始试验如何在 MHS（报文处理系统）中建立 EDI 服务。现在，Internet 技术又为 EDI 提供了广阔的新的发展空间。

3.3.4　EDI 标准

1．EDI 国际标准的形成及作用

为了实现在各公司计算机系统间传递贸易单证，必须保证这种贸易单证具有标准格式并能够为各公司的计算机所识别。正如语言在人类交流中的媒介作用一样，EDI 标准是实施 EDI 必不可少的，它是国际范围内计算机系统之间的通信语言。

从 EDI 发展的历程来看，EDI 的关键是标准化，即数据结构格式的规范化和 EDI 报文的标准化。20 世纪 60 年代末～70 年代，EDI 这个词尚未出现以前，美国一些大型跨国公司之间已开始以专有的数据格式传输数据、完成工作调度等管理工作。随着各个公司对外贸易伙伴以指数速度增长，专用格式的转换费用变得十分昂贵，于是一些公司开始制定 EDI 数据格式标准和报文标准。1975 年，美国运输数据协调委员会（TDCC）制定了 EDI 运输标准。1977～1982 年，美国食品百货业制定了 EDI 统一通信标准（UCS），银行业、保险业和汽车工业也制定了各自的行业标准。多个行业标准的并存，限制了 EDI 的发展。于是美国标准协会（ANSI）于 1978 年开始制定美国国家标准（该标准的编号为 ANSI X.12）。在欧洲，EDI 报文标准化工作开始于 20 世纪 70 年代初。1972 年瑞典制定了 DAKOM 标准；1974 年法国制定了 GENCOD 语言；1977 年德国制定了 SEDAS 发货通知标准；1983 年，当 ANSI X.12 通用标准即将颁布实施时，英国国家贸易促进团体（SITPOR）和英国标准化协会努力促进制定欧洲甚至国际性标准，将贸易数据交换标准（TDT）递交给联合国欧洲经济委员会。联合国欧洲经济委员会对欧洲标准和美国标准进行了合并研究，建立了 UN/EDIFACT 标准体系。

EDI 标准就是国际社会共同制定的一种用于在电子邮件中书写商务报文的规范和国际标准。制定这个标准的主要目的是消除各国语言、商务规定以及表达与理解上的歧义性，为国际贸易事务操作中的各类单证数据交换搭起了一座电子通信的桥梁。由于采用 EDI 方式进行交易可带来较高的商业安全保密性，近 20 年来，EDI 在国际范围内得到了广泛应用。

2．UN/EDIFACF 标准的主要内容

UN/EDIFACT 标准的主要内容如下。

（1）数据元目录

数据元目录（EDED）是联合国贸易数据元目录（United NationsTrade Data Elements Directory，UNTDED）的一个子集。它收录了近 300 个与设计 EDIFACT 报文相关的数据元。这些数据元通过代号与 UNTDED 相联系。EDED 对每个数据元的名称、定义、类型和长度都给予了具体的描述。

（2）复合数据元目录

EDED 收录了在设计 EDIFACT 报文时涉及的 60 多个复合数据元。目录中对每个复合数据元的用途进行了描述，罗列出组成复合数据元的数据，并在数据元后面注明其类型。复合数据元通过号与段目录联系，组成复合数据元的数据通过数据元号与数据目录、代码表相联系。

（3）代码目录

代码目录（EDCL）收录了 103 个数据元代码，这些数据元选自 EDIFACT 数据元目录，并通过数据元目录联系起来。

（4）段目录

段目录（EDSD）定义了 70 多个 EDIFACT 报文中用到的段，注明了组成段的简单数据元和复合数据元，段名、段标识等，以便与标准报文相对应。

（5）标准报文格式

标准报文格式（UNSM）分为 3 级，0 级是草案，1 级是试用推荐草案，2 级是推荐报文标准级。UN/EDE/WP4（WP4 是国际贸易促进会第 4 工作小组）组织每年都对标准报文进行增订，并通过各大洲的报告人向世界各国散发。该标准含总体描述、使用范围、各国定义及功能等。

（6）应用语法规则

应用语法规则（ISO9735）分为 10 章和 3 个附录，描述了用户格式化数据交换的实施语法规则。

（7）语法应用指南

旨在帮助用户了解和使用 EDIFACT 语法规则。它分为总体介绍、交换协议、EDI 专用名词术语、交换字符语法规则、报文结构、功能段组的结构、压缩和嵌套的规则、支持与维护的手段等。

（8）报文设计指南

使用对象是 UNSM 草案的设计者和区域性国际标准报文的设计者。

（9）贸易数据交换格式构成总览

贸易数据交换格式构成总览（UNCID）介绍 EDIFACT 国际标准产生的背景，欲达到的目的和对用户的要求。

3．ANSI X.12 标准简介

ANSI X.12 为美国 EDI 国家标准，广泛应用于北美地区，主要规定电子传送数据的格式，为在贸易伙伴间传送结构化数据建立了规则。ANSI X.12 标准的主要优点是有比较完整的软件支持，因此使用起来比较方便。

（1）ANSI X.12 标准的组成

在日常贸易往来中，信息的交换是以特定的文件形式来表示的，如订单、发票等，在 ANSI X.12 中，像订单这样的特定文件被称为交易集，用一个数字来标识。每个交易集又有自己的特定标准，并用一个 X.12 文件号表示，如订单在 ANSI X.12 中被称为 850 交易集，其相应的标准为 X12.1，所有这些交易集标准连同数据元字典、数据段字典、交换控制结构一起组成了 ANSI X.12 标准，具体列示如下。

X12.1-订单交易集（850）

X12.2-发票交易集（810）

X12.3-数据元字典（交易集号待定）

X12.4-汇款/支付通知交易集（820）

X12.5-交换控制结构（交易集号待定）

X12.6-应用控制结构（交易集号待定）

X12.7-索取报价交易集（840）

X12.8-回复索取报价交易集（843）

X12.9-订单确认交易集（855）

X12.10-装船通知/货单交易集（856）

X12.12-接收通知交易集（861）

X12.13-销售价格目录交易集（832）

X12.14-有豁免权计划书交易集（830）

X12.15-订单更改请求交易集（860）

X12.16-订单更改请求确认交易集（865）

X12.20-功能确认交易集（997）

X12.22-数据段字典

（2）ANSI X.12 标准的内容

① 交易集标准相当于电子文件的规范表，它规定每个交易集的内容需求，即给出每个电子文件应映射的数据段或信息行，它们出现的顺序、需求状态及最大重复使用的次数。

● 需求状态。需求状态指交易集中规定的数据段或信息行在电子文件中是否必须出现，包括以下两种状态：强制的（M），这种段必须在交易集中使用；选择的（O），这种段将有条件地在交易集中使用。

● 最大重复作用次数。最大重复作用次数指交易集中规定的数据段或信息行在它们的具体位置上最大重复使用次数。

② 数据段字典规定了交易集标准中定义的每个数据段由哪些数据元组成，这些数据元在数据段中的顺序以及数据元的需求状态、数据元类型、长度等信息，并通过段标识符与事物集相联系。

③ 数据元字典给出了每个数据元的确切内容与含义，并通过数据元字典参考号与数据段相联系。

④ 交换控制结构。交换控制以 ISA 开始、IEA 结束，每次交换可包含多个功能组，功能组以 GS 开始、GE 结束。功能组由一个或多个功能上相关的交易集组成。

4. UN/EDIFACT 和 ANSI X.12 的区别与联系

UN/EDIFACT 和 ANSI X.12 的区别与联系如表 3-1 所示。

表 3-1 UN/EDIFACT 和 ANSI X.12 的比较

	UN/EDIFACT	ANSI X.12
单证名	报文，A6，例如 ORDERS	交易套，N3，例如 850
数据段标识符	可标明层次和重复	不能标明层次和重复
默认控制符	有	无
指定控制符	UNA	ISA
数据段终止符	单引号	<LF>或<NL>
数据元素分隔符	+	
成分数据元素分隔符	:	无
小数点	，或&	&
转义符	7	无
交换信封	UNB，可变长	ISA，固定长度
功能组信封	可选择	必须
数据段要求指示	M，C	M，O，F
数据段重复	固定最多次数	可无限
环重复	固定最多次数	可无限
复合数据元素	有	无
限定符	可以放在被限定数据元素后面	总是放在被限定数据元素后面
数据类型	N：数字字符 A：字母字符 AN：字母或数字字符	B：二进制数据 AN：字符；R：实数 ID：代码；DT：日期

3.3.5 EDI 发展的 3 种类型

EDI 的通信环境（EDI Messaging Environment，EDIME）由一个 EDI 通信系统（EDI Messaging System，EDIMS）和多个 EDI 用户组成，EDI 的开发、应用就是通过计算机通信网络实现的，它主要有下面 3 种方式。

1．点对点方式

点对点（Point To Point，PTP）方式即 EDI 按照约定的格式，通过通信网络进行信息的传递和终端处理，完成相互的业务交往。早期的 EDI 通信一般都采用此方式，但它有许多缺点，如当 EDI 用户的贸易伙伴不再是几个而是几十个甚至几百个时，这种方式很费时间，需要重复发送。同时这种通信方式是同步的，不适于跨国家、跨行业之间的应用。

近年来，随着技术的进步，这种点对点的方式在某些领域中仍然有用，但有所改进。新方法采用的是远程非集中化控制的对等结构，利用基于终端开放型网络系统的远程信息业务终端。

2．增值网方式

增值网（Value-Added Network，VAN）方式是那些增值数据业务（Value-Added Data Services，VADS）公司，利用已有的计算机与通信网络设备，除完成一般的通信任务之外，增加 EDI 的服务功能。VADS 公司提供给 EDI 用户的服务主要是租用信箱及协议转换，后者对用户是透明的。信箱的引入实现了 EDI 通信的异步性，提高了效率，降低了通信费用。另外，EDI 报文在 VADS 公司自己的系统（即 VAN）中传递也是异步的，即存储转发的。

VAN 方式尽管有许多优点，但因为各增值网的 EDI 服务功能不尽相同，VAN 系统并不能互通，从而限制了跨地区、跨行业的全球性应用。同时，此方法还有一个致命的缺点，即 VAN 只实现了计算机网络的下层，相当于开放系统互联参考模型 OSI/RM 的下 3 层。而 EDI 通信往往发生在各种计算机的应用进程之间，这就决定了 EDI 应用进程与 VAN 的联系相当松散，效率很低。

3．信息处理系统方式

信息处理系统（Message Handling System，MHS）是 ISO 和国际电信联盟远程通信（International Tele communication Union-Telecommunication，ITU-T）联合提出的有关国际间电子邮件服务系统的功能模型。它是建立在 OSI 开放系统的网络平台上，适应多样化的信息类型，并通过网络连接，具有快速、准确、安全、可靠等特点。它是以存储转发为基础的非实时的电子通信系统，非常适合作为 EDI 的传输系统。

MHS 为 EDI 创造了一个完善的应用软件平台，减少了 EDI 设计开发上的技术难度和工作量。ITU-TX435/F.435 规定了 EDI 信息处理系统和通信服务，把 EDI 和 MHS 作为 OSI 应用层的正式业务。EDI 与 MHS 互联，可将 EDI 报文直接放入 MHS 的电子信箱中，利用 MHS 的地址功能和文件传输服务功能，实现 EDI 报文的完善传送。

EDI 信息处理系统由信息传送代理（Message Transfer Agent，MTA）、EDI 用户代理（EDI User Agent，EDI-UA）、EDI 信息系统（EDI Messaging Storage，EDI-MS）和访问单元（Access Unit,AU）组成，MTA 完成建立连接、存储/转发功能，由多个 MTA 组成 MTS 系统。

EDI-MS 存储器位于 EDI-UA 和 MTA 之间，它如同一个资源共享器或邮箱，帮 EDI-UA

发送、投递、存储和取出 EDI 信息。同时 EDI-MS 把 EDI-UA 接收到的报文变成 EDI 报文数据库，并提供对该数据库的查询、检索等功能。为有利于检索，EDI-MS 将报文的信封、信首、信体映射到 MS 信息实体的不同特征域，并提供自动转发及自动回送等服务。

EDI-UA 是电子单证系统与传输系统之间的接口，它的任务是利用 MTS 的功能来传输电子单证。EDI-UA 将它处理的信息对象分为两种：一种称为 EDI 报文（EDIM），另一种称为 EDI 回执（EDIN）。前者是传输电子单证的，后一种是报告接收结果的。EDI-UA 和 MTS 共同构成了 EDI 信息系统（EDI-MS），EDI-MS 和 EDI 用户又一起构成了 EDI 通信环境（EDI-ME）。

EDI 与 MHS 结合，大大促进了国际 EDI 业务的发展。为实现 EDI 的全球通信，EDI 通信系统还使用了 X.500 系列的目录系统（Directory System ,DS）。

DS 可为全球 EDI 通信网的补充、用户的增长等目录提供增、删、改功能，以获得地址网络服务、通信能力列表、号码查询等一系列属性的综合信息。EDI、MHS 和 DS 的结合，使信息通信有了一个新飞跃，为 EDI 的发展提供了广阔的前景。

3.3.6　EDI 与电子商务

企业与企业之间的电子商务：以 EDI 为核心技术，以广域网（WAN）和互联网（Internet）为主要的互联手段，实现企业之间业务流程的电子化，配合企业内部的电子化生产管理系统，提高企业从生产、库存到流通（包括物资和资金）各个环节的生产率。

电子商务数据交换是电子商务的组成部分，是企业对企业电子商务的基础。EC 包含电子商务数据交换，电子商务数据交换是实现电子商务的一种技术手段。

电子商务数据交换是 20 世纪 70～90 年代初的电子商务，EDIVAN 服务安全可靠，贸易伙伴管理交易与确认仲裁技术成熟，在国际贸易、通关、交通运输、政府招标、公用事业中有广泛应用。20 世纪 90 年代 Internet-EDI 出现并发展迅速，电子商务数据交换作为企业之间商业单证信息交换标准格式将继续存在，且随着 Internet 技术的发展而进一步发展，它又为电子商务数据交换推广应用特别是在中小企业的应用创造了更好的条件。因此，Internet-EDI 极大地促进了基于电子商务数据交换的电子商务的发展。

电子商务的内容比电子商务数据交换更为广泛，不仅包括企业之间，还包含企业与消费者之间的各种商务。

电子商务数据交换与 EC 的异同比较如表 3-2 所示。

表 3-2　　　　　　　　　　　　　**电子商务数据交换与 EC 的异同比较**

比 较 项 目	传统电子商务数据交换	EC
用户	商业机构、政府部门	商业机构、政府部门、社会团体、个人
服务内容	传送订单发票等商业事务处理数据	除电子商务数据交换外提供多种不同内容的综合信息服务
数据交换格式	UN/EDIFACT、ANSI X.l2 两种格式	支持行业或机构自定标准、自定格式
数据表现形式	文字	文字、图像、图形、声音、视频等方式
系统使用方式	电子邮件，报文	基于 HTTP 和 TCP/IP 的一种交互式商务沟通
通信协议	X.400，500，X.25 等	X.400，500，X.25，TCP/IP 协议，PPP 连接
网络	专用网，增值网	公用网，因特网

案例 9

基于 Internet 的 EDI 应用——新沃科技
（www.newwallsz.com）

电子数据交换（EDI）作为一种新技术和新手段以及一类新的应用，已经开始为一些行业和国家地区所接受，但是还很不普遍。近年来，由于贸易和商业竞争的加剧，一些行业集团（如海运）或地区国家（如新加坡）都借助于 EDI 应用取得了成功。有的国家海关规定优先处理 EDI 的电子单证，有的企业集团规定外贸交易必须采用 EDI，出现 "No EDI, No Order（订单）" 的惊叹声。在世界外贸领域，出现了 EDI 势在必行的局面。

但是 EDI 的应用进展，并不如一些经济专家和信息技术专家的预料的那么迅速。EDI 的普遍应用是要具备许多支持条件的，要有高新技术支持、要有法律法规支持、要有人才和培训的支持、要有信息应用环境的支持等。其中高新技术支持包括：网络平台、安全保密和身份认证、审计跟踪、标准格式转换、开放式系统等的支持。

从国内外经验教训的事例来看，上述支持条件中，特别重要的是恐怕要数网络平台和信息应用环境、安全认证和法律法规的支持了。这是因为 EDI 没有网络平台便寸步难行，只围于某个信息孤岛是不能成事的。若要替代（或者等效于）传统标准格式的加有签章的纸面单证，就必须有相当过硬的可靠性技术和法律的支持才行。而因特网正好在打开信息孤岛的局面方面提供了最有力的支持。

EDI 是一种利用电信网络、计算机系统以及公认的报文标准，实现从一方的计算机应用系统到另一方的计算机应用系统的电子传输方法。用以实现跨地域、跨行业、跨系统的信息（报文）交换。在此以前，EDI 采用的网络平台基本上是数字数据通信网（DDN）或分组数据交换网（PSDN），条件好的还可利用报文处理系统（MHS）的增值业务服务，条件差的则只能利用公用电话交换网及调制解调器。有些公共数据通信网还不具备目录服务功能，实际上只起到点对点的通信。

显然，EDI 用户希望有一对多的服务，有目录自动查询的服务。更为重要的是，EDI 用户希望大家都已经在一个大网络中，无须弄清楚对方是否连通到相同的通信网，便可随时直接与对方（包括未知名的待查询的接受方）建立通信联系。而且在这个大网络中拥有相当多的用户，几乎包括了日常业务可能涉及的任何一方。今天，只有因特网才有可能成为这样的大网络，这是现有的专用网所无法比拟的。因特网对 EDI 实现跨地域、跨行业、跨系统的信息交换提供了非常重要的支持。

EDI 最初的和最有影响的应用是商业和贸易，但是 EDI 作为先进的电子传输方法，并不只限于商业和贸易，它还应用于海关、金融、运输、保险、商检、医疗保健、法律咨询、远程教学、远程会议、信息服务等领域。因特网在支持 EDI 应用的开拓方面提供了很有利的条件。特别是覆盖面相当广，而且基本费用比较合理。

但是，EDI 还有更为复杂和苛刻的要求：如身份确认、安全保密、目录服务、报文格式标准、存储转发、工作流程控制、对多种类型的信息进行格式转换、出错记录、审计跟踪、存档作证及记账收费等。

有些功能因特网已经提供，但是还有一些功能尚未具备。如何分情况提供服务以及由谁负责提供较为合理等都有待确定。

利用因特网进行 EDI 通信主要是以电子邮件的方式实现 EDI 报文的传输。其操作方式也比较简单，因为目前接入因特网的方式多种多样，用户可以根据自己的情况任意选择。对贸易伙伴的要求也不高，只要对方有一个在因特网上的信箱就可以了，用户可以将要发送的报文制成电子邮件，直接发送给接收方。利用因特网进行 EDI 通信的优点是明显的，首先，因特网是国际的开放性网络，使用费用低廉，一般来说其费用不到 VAN 的 1/4，这一明显的优势使得许多用户特别是小型用户对其感兴趣；其次，因特网的覆盖范围极广，几乎遍及全球的各个角落，用户可以方便地与贸易伙伴通信。虽然利用因特网进行 EDI 通信具有明显的优点，但因特网上的 EDI 发展缓慢，VAN 仍然而且会在一段时间内占据主导地位。图 3-2 是新沃科技在因特网应用 EDI 的网站主页。

图 3-2　新沃科技-EDI 主页

3.4　安全认证技术

3.4.1　电子商务安全问题

电子商务的安全性并不是一个孤立的概念，它是由计算机网络安全性发展而来的。因为，电子商务就是利用计算机网络的信息交换来实现电子交易，所以凡是涉及计算机网络的安全问题无疑对于电子商务都有着重要的意义。当然，电子商务的安全也存在着自身的特点。

计算机网络安全的内容包括：计算机网络设备安全、计算机网络系统安全、数据库安全等。其特征是针对计算机网络本身可能存在的安全问题，以保证计算机网络自身的安全性为目标，实施网络安全增强方案。

电子商务安全主要是解决数据保密和认证的问题。数据保密就是采取复杂多样的措施对数据加以保护，以防止数据被有意或无意地泄露给无关人员。认证分为信息认证和用户认证两方面：信息认证是指信息从发送到接收的整个通路中没有被第三者修改和伪造；用户认证是指用户双方都能证实对方是这次通信的合法用户。

在竞争激烈的市场环境下，电子商务的一些信息可能属于商业机密，一旦信息失窃，企业的损失将是不可估量的。因此，安全问题是电子商务的中心问题，也是电子商务得以顺利推行的保障。商务交易安全则紧紧围绕传统商务在互联网上应用时产生的各种安全问题，在计算机网络安全的基础上，如何保障电子商务过程的顺利进行，即实现电子商务的保密性、完整性、可鉴别性、不可伪造性和不可抵赖性。

计算机网络所面临的安全性威胁主要给电子商务带来了如下的安全问题。

1. 信息的保密性

信息的保密性是指信息在传输或存储过程中不被他人窃取。在利用网络进行交易的过程中，必须保证发送者和接收者之间交换的信息的保密性。电子商务作为贸易的一种手段，其信息直接代表着个人、企业或国家的商业机密。传统的纸面贸易都是通过邮寄封装的信件或通过可靠通信渠道发送商业文件达到保守机密的目的。电子商务是建立在一个较为开放的网络环境上，维护商业机密是电子商务全面推广应用的重要保障。因此，要预防信息在大量传输的过程中被非法窃取，必须确保只有合法用户才能看到数据，防止信息被窃看。

2. 信息的完整性

由于数据输入时的意外差错或欺诈行为，可能导致贸易双方信息的差异。此外，数据传输过程中的信息丢失、信息重复或信息传送的次序差错，也会导致贸易双方信息的不同。电子商务系统的信息存储必须保证正确无误。贸易双方信息的完整性将影响到贸易各方的交易和经营策略，保持贸易双方信息的完整性是电子商务的基础。因此，要预防对信息的随意生成、修改和删除，同时要防止数据传送过程中信息的丢失和重复，并保证信息传送次序的统一。

3. 信息的有效性

电子商务以电子形式取代了纸张，那么如何保证这种电子形式贸易信息的有效性则是开展电子商务的前提。电子商务作为贸易的一种形式，其信息的有效性将直接关系到个人、企业和国家的经济利益和声誉。一旦签订交易后，这项交易就应得到保护以防止被篡改或伪造。交易的有效性以其价格、期限和数量作为协议的一部分时尤为重要。接收方可以证实所接收的数据是原发送方发出的；而原发送方也可以证实只有指定的接收方才能接收。因此，必须保证贸易数据在确定价格、期限、数量以及确定时间、地点时是有效的。

4. 信息的不可抵赖性

电子商务可能直接关系到贸易双方的商业交易，如何确定要进行交易的贸易方正是所期望的贸易方，这一问题是保证电子商务进行的关键。在传统的纸面贸易中，贸易双方通过在交易合同、契约或贸易交易所的书面文件上的手写签名或印章来鉴定贸易伙伴，确定合同、契约、交易所的可靠性，并预防抵赖行为的发生。一旦交易开展后，便不可撤销，交易中的任何一方都不得否认其在交易中的作用。在无纸化的电子商务方式下，通过手写签名和印章进行贸易方的鉴别已经不可能了。可能出现这样的情况，买方向卖方订购某种建筑材料，订货时世界市场的价格较低，收到订单时价格上涨了，如果卖方否认收到订单，那么买方就会受到损失。再比如，买方在网上买了钢材，不能说没有买，谎称寄出的订单不是自己的而是信用卡被盗用，卖方同样也会受到损失。因此，要求在交易信息的传输过程中为参与交易的个人、企业或国家提供可靠的标识，使原发送方在发送数据后不能抵赖，接收方在接到数据后也不能抵赖。

5．交易身份的真实性

交易身份的真实性是指交易双方确实是存在的，不是假冒的。网上交易的双方相距可能很远，互不了解，要使交易成功，必须互相信任，确认对方是真实的。商家要考虑客户是不是骗子，客户要考虑商店是不是黑店，是否有信誉。

6．系统的可靠性

这也涉及两方面内容。

（1）网络传输的可靠性

电子商务系统是计算机系统，其可靠性是指防止由于计算机失效、程序错误、传输错误、硬件故障、系统软件错误、自然灾害等对信息产生的潜在威胁，并加以控制和预防，确保系统安全可靠。保证计算机系统的安全是保障电子商务系统数据传输、数据存储及电子商务完整性检查的正确和可靠的根基。

（2）数据信息的可靠性

计算机网络本身容易遭到一些恶意程序的破坏，而使电子商务信息遭到破坏。计算机病毒是一种通过修改其他程序而把自身或其变种不断复制的程序，即会"传染"的程序。

① 计算机蠕虫：一种通过网络将自身从一个节点发送到另一个节点并启动的程序，而这种程序通常都带有破坏性的指令。

② 特洛伊木马：一种执行超出程序定义之外的程序。例如，一个编译程序除了完成编译功能外，还把用户的源程序偷偷复制下来。

③ 逻辑炸弹：一种当运行环境满足某种特定条件时执行破坏功能的程序。

从这里的讨论可以看出，上面所说的计算机病毒的概念是狭义的。事实上，人们平时把具有以上特征的程序统称为计算机病毒，它是计算机界的一大公害。对于利用计算机进行交易的电子商务参与者而言，计算机病毒也是他们不得不防的，因为病毒的爆发势必会造成巨大的经济损失。

3.4.2　数据加密技术

加密算法通过扰频来保护信息，这样，只有信息所有者才能够阅读。将信息编成密码曾经是间谍的惯用手法，但随着越来越多的交易通过电子手段进行，加密算法技术也愈来愈普遍。

1．电子数据加密技术的类型

（1）对称密钥加密法

对称密钥体制是指在对信息的加密和解密过程中使用相同的密钥。也就是说，一把钥匙开一把锁。专用密钥就是将加密密钥和解密密钥作为一把密钥，采用了对称密码编码技术。使用对称加密方法将简化加密的处理，每个贸易方都不必彼此研究和交换专用设备的加密算法，而是采用相同的加密算法并只交换共享的专用密钥。如果进行通信的贸易方能够确保专用密钥在密钥交换阶段未曾泄露，那么机密性和报文完整性就可以通过使用对称加密方法对机密信息进行加密以及通过随报文一起发送报文摘要或报文散列值来实现。

（2）非对称密钥加密法

在非对称加密体系中，密钥被分解为一对（即一把公用密钥和一把专用密钥）。这对密钥中的任何一把都可作为公用密钥通过非保密方式向他人公开，而另一把则作为私人密钥加以保存。公用密钥体制的关键在于人们不能从公用密钥来推导得出私人密钥，也不能从私人密钥推导得出公用密钥。因而其保密性比较好，它消除了最终用户交换密钥的需要，但加密和解密花费时间长。

2．电子商务加密技术的应用

（1）消息摘要

消息摘要（Message Digest）方法也称安全 Hash 编码法或 MD5，它是由 Ron Rivest 发明的。消息摘要是一种唯一对应一个消息的值，它由单向 Hash 加密算法对一个消息作用而生成，有固定的长度。所谓单向是指不能被解密。不同的消息其摘要不同，相同消息其摘要相同，因此摘要成为消息的"指纹"，以验证消息是否是"真身"。发送端将消息和摘要一同发送，接收端收到后，用函数对收到的消息产生一个摘要，与收到的摘要对比，若相同，则说明收到的消息是完整的，在传输过程中没有被修改，否则，就是被修改过，不是原消息。消息摘要方法解决了信息的完整性问题。

（2）数字签名

数字签名（Digital Signature）技术是将摘要用发送者的私钥加密，与原文一起传送给接收者，接收者只有用发送者的公钥才能解密被加密的摘要。在电子商务安全保密系统中，数字签名技术有着特别重要的地位，在电子商务安全服务中的源鉴别、完整性服务、不可否认服务中都要用到数字签名技术。

在电子商务中，完善的数字签名应具备签字方不能抵赖、他人不能伪造、在公证人面前能够验证真伪的能力。

（3）数字时间戳

在电子商务交易文件中，时间和签名一样是十分重要的证明文件有效性的内容。数字时间戳（Digital Time-stamp Service）就是用来证明消息的收发时间的。用户首先将需要加时间戳的文件经加密后形成文档，然后将摘要发送到专门提供数字时间戳服务的权威机构，该机构对原摘要加上时间后，进行数字签名，用私钥加密，并发送给原用户。在书面合同中，文件签署的日期和签名一样均是十分重要的，防止文件被伪造和篡改的关键性内容。在电子交易中，同样需要对交易文件的日期和时间信息采取安全措施，而数字时间戳服务有效地为文件发表时间提供了佐证。

3.4.3　防火墙技术

所谓"防火墙"，是指一种将内部网和公众访问网（如 Internet）分开的方法，它实际上是一种隔离技术。防火墙是在两个网络通信时执行的一种访问控制尺度，它能允许用户"同意"的人和数据进入网络，同时将用户"不同意"的人和数据拒之门外，阻止网络中的黑客来访，防止他们更改、复制、毁坏用户计算机内的重要信息。

作为近年来主流的保护计算机网络安全的技术性措施之一，防火墙是一种隔离控制技术，在某个机构的网络和不安全的网络（如 Internet）之间设置屏障，阻止对信息资源的非法访问，也可以使用防火墙阻止专利信息从企业的网络上被非法输出。防火墙是一种被动防卫技术，由于它假设了网络的边界和服务，而对内部的非法访问却难以有效地控制。因此，防火墙最适合于相对独立、与外部网络互联途径有限、网络服务种类相对集中的单一网络，例如常见的企业专用网。

　　能够完成防火墙工作的可以是简单的隐蔽路由器，这种防火墙如果是一台普通的路由器则仅能起到一种隔离作用。隐蔽路由器也可以在互联网协议端口级上阻止网间或主机间通信，这便起到了一定的过滤作用。由于隐蔽路由器仅仅是对路由器的参数做一些修改，因而也有人不把它归入防火墙一级的措施。

　　作为 Internet 的安全性保护软件，防火墙已经得到了广泛的应用。通常企业为了维护内部的信息系统安全，在企业网和 Internet 间设立防火墙软件。企业信息系统对于来自 Internet 的访问，采取有选择的接收方式。它可以允许或禁止某一类具体的 IP 地址访问，也可以接收或拒绝 TCP/IP 上的某一类具体信息的应用。如果在某一台主机上有需要禁止的信息或危险的用户，则可以通过设置使用防火墙过滤掉从该主机发出的包。如果一个企业只是使用 Internet 的电子邮件和 WWW 服务器向外部提供信息，那么就可以在防火墙上设置障碍使得只有这两类应用的数据包可以通过。这对于路由器来说，不仅要分析层的信息，而且还要进一步了解 TCP 传输层甚至应用层的信息以进行取舍。防火墙一般安装在路由器上以保护一个子网，也可以安装在一台主机上，保护这台主机不受侵犯。图3-3 是防火墙的一般结构。

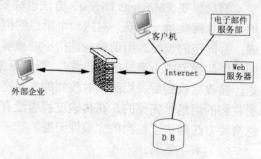

图 3-3　防火墙的一般结构

1．防火墙的功能

① 过滤掉不安全服务和非法用户。
② 控制对特殊站点的访问。
③ 提供监视 Internet 安全和预警的方便端点。

2．防火墙的特点

一般防火墙具备以下特点。

① 广泛的服务支持：通过将动态的、应用层的过滤能力和认证相结合，可实现 WWW 浏览器、HTTP 服务器、FTP 等。

② 对私有数据的加密支持：保证通过 Internet 进行的虚拟私人网络和商务活动不受损坏。

③ 客户端认证只允许指定的用户访问内部网络或选择服务：企业本地网与分支机构、商业伙伴和移动用户间安全通信的附加部分。

④ 反欺骗：欺骗是从外部获取网络访问权的常用手段，它使数据包好像来自网络内部。防火墙能监视这样的数据包并能扔掉它们。

⑤ C/S 模式和跨平台支持：能使运行在一个平台上的管理模块控制运行在另一个平台上的监视模块。

3．防火墙的技术实现

防火墙的实现从层次上大体可以分两种：报文过滤和应用层网关，采用这两种技术的防火墙分别称为网络级防火墙和应用级防火墙。

（1）报文过滤——网络级防火墙

报文过滤是针对 IP 地址的，可以只用路由器完成。所谓报文，就是服务器接收到的信息。报文过滤根据报文的源 IP 地址、目的 IP 地址、源端口、目的端口及报文传递方向等报头信息来判断是否允许报文通过。现在也出现了一种可以分析报文数据区内容的智能型报文过滤器。

比如，用户可以告诉自己的路由器，不让从"202.122.145.221"（可能是某个不怀好意的竞争对手）发来的报文进入，这样对方的任何数据、指令都无法进入系统。同样，用户可以设置路由器，只让发往"202.121.144.212"（客户）的数据流出。这样，内部员工将只能访问该客户的站点，而不能在上班时间去别的网站聊天。

报文过滤器的应用非常广泛，因为 CPU 用来处理报文过滤的时间可以忽略不计。而且这种防护措施对用户透明，合法用户在进出网络时，根本感觉不到它的存在，使用起来很方便。

但是报文过滤有一个很关键的弱点，就是不能在用户级别上进行过滤，即不能识别不同的用户和防止 IP 地址的盗用。如果攻击者把自己主机的 IP 地址设成一个合法主机的 IP 地址（比如采用某种技术谎称自己的 IP 地址是"202.121.144.212"），就可以很轻易地通过报文过滤器。报文过滤的弱点可以用应用层网关解决。

（2）应用层网关——应用层防火墙

用户可以在内部网络与互联网之间设立一台代理服务器，内部网络的数据只能传送给代理服务器。代理服务器接收到数据后将对它进行识别、判断，并详细记录。如果是合理的请求，代理服务器将以自己的名义向请求的目标发送该数据，并接收结果。同样它还要对接收到的结果进行判断、记录，如果是无害的，再传送到内部网络。整个过程由软件实现，可以灵活地对所有出入信息加以控制和记录，比网络层防火墙更加安全。

3.4.4 安全协议

1. SSL 协议

电子支付安全协议（Secure Socket Layer，SSL）是国际上最早的一种电子商务安全协议，至今仍然有许多网上商店在使用，这个协议是根据邮购的原理设计的。在传统的邮购活动中，客户首先寻找商品信息，然后汇款给商家，商家再把商品寄给客户。这里，商家是可以信赖的，所以，客户必须先付款给商家。

SSL 是建构在 TCP 协议上面的。当商家（Server）与客户（Client）之间要传递资料时，首先以双方对称的保密算法（Symmetric Cryptography）的私人密钥（Private Key，如 DES，RC4 等）来定义密钥，并使用非对称的保密算法（Asymmetric Cryptography）的公共密钥（Public Key，如 DES）来做验证，完成交流的动作。

按照 SSL 协议，客户购买的信息首先发往商家，商家再将信息转发银行，银行验证客户信息的合法性后，通知商家付款成功，商家再通知客户购买成功，将商品寄送客户。

SSL 协议运行的基点是商家对客户信息保密的承诺。如美国著名的亚马逊（www.amazon.com）网上书店在它的购买说明中明确表示："当你在亚马逊公司购书时，受到'亚马逊公司安全购买保证'保护，所以，你永远不用为你的信用卡安全担心。"但在上述流程中我们也可以注意到，SSL 协议有利于商家而不利于客户。客户的信息首先传到商家，商家阅读后再传到银行。这样，客户资料的安全性便受到威胁。商家认证客户是必要的，但整个过程中缺少了客户对商家的认证。

2．SET 安全协议

国际上的两大信用卡组织，VISA 和 Master Card，联合开发了电子商务交易（Secure Electronic Transaction，SET）安全协议。这是为了在因特网上进行在线交易而设立的一个开放的、以电子货币为基础的电子付款系统规范。SET 在保留对客户信用卡认证的前提下，又增加了对商家身份的认证；这对于需要支付货币的交易来讲是至关重要的。由于设计合理，SET 协议得到了 IBM、HP、Microsoft、Netscape、VeriFone、GTE、VeriSign 等许多大公司的支持。

SET 协议规范所涉及的对象有以下 5 个。

① 消费者：包括个人消费者和团体消费者，按照在线商店的要求填写订货单，通过由发卡银行发行的信用卡进行付款。

② 在线商店：提供商品或服务，具备相应电子货币使用的条件。

③ 收单银行：通过支付网关处理消费者和在线商店之间的交易付款问题。

④ 电子货币：如智能卡、电子现金、电子钱包发行公司，以及某些兼有电子货币发行银行智能卡的审核和支付工作。

⑤ 认证中心（CA）：负责对交易对方的身份确认，对厂商的信誉度和消费者的支付手段进行认证。

SET 协议规范的技术范围包括下面 6 个方面。

① 加密算法的应用（例如，RSA 和 DES）。

② 证书信息和对象格式。

③ 购买信息和对象格式。

④ 认可信息和对象格式。

⑤ 划账信息和对象格式。

⑥ 对话实体之间消息的传输协议。

3.4.5　认证中心

1．认证中心和数字证书

认证中心是一个专门验证交易双方身份的权威机构，它向个人、商家、银行等涉及交易的实体颁发数字证书。在交易支付过程中，参与各方必须利用认证中心签发的数字证书来证明各自的身份。

所谓数字证书，就是在网络上以电子手段存在的数字标识，用来证实一个用户的身份及用户对网络资源的访问权限。在网上电子交易过程中，如果双方出示了各自的数字证书，并用它进行交易操作，那么双方都可不必为对方身份的真伪担心。数字证书的内部格式是由 CCITT X.509 国际标准所规定的。它的主要内容有：证书的版本号、证书的序列号、证书签发者使用的签名算法、证书签发者、有效期、证书在该日期前无效、证书在该日期后无效、持证者的公钥信息、使用何种公钥算法、公钥（一般为 1024 位以上的比特串）、可选域、签发者的数字签名、可任意设置若干个扩展域。

数字证书可分为客户端数字证书、服务器端数字证书和开发者数字证书。客户端数字证书用于证明电子商务活动中客户端的身份，一般安装在客户浏览器上。服务器端数字证书一般签发给向客户提供服务的 WWW 服务器，用于向客户证明服务器的合法身份。开发者数字证书用于证明开发者发布的软件的合法性。

2．数字证书的申请和签发的步骤

① 申请者确定向某 CA 申请数字证书后，下载并安装该 CA 的"自签名证书"（Self-signed Certificate）或更高级 CA 向该 CA 签发的数字证书，验证 CA 身份的真实性。一个 CA 除了要具有权威机构授权外，还要能够让证书申请者验证自己。让证书申请者验证自己的方法有两种：一种是该 CA 向更具权威性的 CA 申请数字证书，让证书申请者逐级向上验证，一直验证到他相信的 CA 为止；另一种是该 CA 创建"自签名证书"（也称根证书）让用户验证自己。用户如果安装了某 CA 的根证书，就能识别所有由该 CA 签发的数字证书。

② 申请者的计算机随机产生一对公私密钥。主流的 WWW 浏览器如 IE、NetScape 都具有此功能。

③ 私钥留下，公钥和申请明文用 CA 的公钥加密，发送给 CA。申请明文包括 CA 所要求申请的各种信息。

④ CA 受理证书申请并核实申请者提交的信息。

⑤ CA 用自己的私钥对颁发的数字证书进行数字签名，并发送给申请者。

⑥ 经 CA 签名过的数字证书被安装在申请方的计算机上。

3．数字证书的验证过程

数字证书的验证一般都是由浏览器自动完成的，验证过程与数字签名的验证过程基本相同。下面以通信双方 A、B 进行安全通信时 B 验证 A 的数字证书为例，简述数字证书的验证过程。操作过程如下。

① 交易中 B 要求 A 出示自己的数字证书。

② A 将自己的数字证书发送至 B，B 首先验证签发该证书的 CA 是否合法。如果 B 已经安装了此 CA 的根证书，说明 B 已经验证并信任该 CA。如果 B 没有安装，计算机会提示 B 去下载并验证此 CA 的根证书。B 先用 CA 根证书所带的该 CA 的公钥验证解密根证书的数字签名，得到根证书的数字摘要，再用相同的数字摘要算法对根证书制作数字摘要并将两个数字摘要进行比较，如相等则该 CA 的根证书的自签名合法。如 B 信任该 CA，则 CA 验证完毕；如 B 不信任该 CA，则可进一步验证向该 CA 签发数字证书的更高一级 CA，验证方法相同，直至 B 信任的 CA 为止。

③ B 用 CA 的公钥解密 A 证书的数字签名，得到 A 证书的数字摘要。

④ B 用摘要算法对 A 的证书明文制作数字摘要。

⑤ B 将两个数字摘要进行对比。

⑥ 如相同，则说明 A 的数字证书是合法的，且没有被篡改，是可靠的。B 就可使用 A 的公钥与 A 进行安全通信，同时证明 A 的公钥是真实的。

案例 10

中国商务港（www.cnbab.com）

中国商务港是一个为企业、个人的网上商务活动提供服务的平台。基于现代服务经济的理念，为建立诚信、安全的电子商务环境，平台创造了 BAB 电子商务的全新模式：即企业（B）与企业（B）之间的商务活动通过诚信的、高素质的代理服务机构（Agent）的介入，以实现低成本、安全、快捷、高效的目的。其中"A"是包括本平台在内的，由北京数字认证中心、招商银行、广东发展银行、大田物流企业、中国检验认证集团、北京长城企业信誉评级公司等单位组成的集合体。这个集合体以其各自承担的责任及技术上的可靠性，建立了BAB平台的信用体系，为用户提供新型电子商务全过程、全方位的服务，它是一个网上商务安全保障系统。

中国商务港平台上的资源信息分为 3 类 6 种：有形的（实物现货和实物期货）、无形的（无形资产和财产权利）和能力（生产、研发能力和服务能力）。为帮助企业的各种资源更好地流动起来，实现资源向资本的转化，取得最大的经济效益，平台可提供 6 种资源交易的方式，即买卖、置换、远期交割、租赁、拍卖和合作。为了解决中小企业交易资金短缺的问题，在中国商务港平台上可以使用"易通"作为支付工具。"易通"是在中国商务港平台内使用的资源交易的记账和冲账凭证。其网站的主页如图 3-4 所示。

图 3-4　中国商务港主页

1. 安全证书及账号的申请

数字证书认证是电子商务安全交易的基础。为构建安全、诚信、可靠的电子商务环境，中国商务港用户的网上交易要求实名制，也就是说，要求用户在网上进行谈判、签约、支付等商务活动时，其网上身份必须与现实社会中的真实身份一致。作为权威、公正的第三方电子认证服务机构，北京数字证书认证中心（BJCA）是中国商务港的合作伙伴，将为用户提供基于数字证书、电子签名技术的网络应用安全服务，为用户交易创造安全、健康、可信的网络空间和信任环境。

　　用户申请为交易用户身份时，必须与中国信息港签署《用户入会协议书》，并办理 BJCA 数字证书。办理 BJCA 数字证书需提交的材料是：单位数字证书申请表、企业法人营业执照、组织机构代码证、经办人身份证。交易中心审核无误后即为用户办理数字证书。交易用户申请人若选择招商银行进行现金结算，需到招商银行的网点办理开户并申请网上银行的商务支付和查询功能，按招商银行的要求提交有关材料，在办理完开户和网上银行相关手续并领取银行密钥后，申请人就可成为交易用户了。

2．"易通"的申请

（1）"易通"的作用

① 支付手段。交易用户在 BAB 平台范围内可使用"易通"进行即时采购。

② 延期支付的借据。用户在 BAB 平台采购时，合同约定买方在交易成功后先以"易通"支付货款，并承诺按合同约定的时间（不得短于支付"易通"后一个月）以现金兑现。买方到期兑现并收回"易通"。若买方届时不能兑现，则 BAB 平台代为兑现。若平台代买方向卖方兑现，卖方应将"易通"退还 BAB 平台。

③ 远期交割中的信用凭证。买卖双方签订远期交割合同，约定在未来的一个确切的日期交货。合同签订后买方先以"易通"向卖方预付货款。卖方按合同约定发货，买方验收合格后，以现金兑现并收回"易通"。若买方届时不能兑现，则 BAB 平台代买方兑现，卖方将"易通"退还 BAB 平台。

（2）"易通"的取得

① 售出商品或服务等有形和无形资源。交易用户通过各种商务活动售出商品或劳务等资源后，由结算中心提供记账服务，将等值于销售额的"易通"记载于该用户的"易通"账户上，可用于网内采购。

② 以抵押或质押方式借用"易通"。用户由于短期资金不足，或想以目前的价格购买未来一定时间后的某种商品，但又不愿占压资金，可向 BAB 平台申请借用"易通"。

③ 以现金购买"易通"。用户借用的"易通"到期，手中没有"易通"用于偿还，可以现金偿还，此时结算中心在账务处理时分两步：先以现金购买"易通"，而后偿还"易通"。

3．信息发布、浏览、订购

① 交易信息发布和查询：企业将需要出售或购进的商品、服务、其他资源的信息录入 BAB 平台，或在 BAB 平台查询所需购买的商品或服务等的信息。

② 谈判、签约：选择在线交易和人工服务的会员将通过交易平台的风险控制系统进行交易。交易双方通过 BAB 平台在线或采取其他方式谈判，达成一致后，交易双方签订《买卖合同》。

4．物流

　　BAB 平台依托天津大学物流研究所的最新科研成果，整合了多家物流企业资源，建立了一个虚拟的物流调度中心，为交易双方提供最优化的物流解决方案，并加以实施。通过这个虚拟的物流调度中心，参与交易的用户将能享受到针对性强的个性化的物流服务，从选择最优的物流解决方案到配送全部在网上解决。参与 BAB 平台交易的物流企业必须制定保险计划，以应对储运过程中的风险，从而最大限度地降低企业的营运成本和经营风险。

5．银行结算

（1）招商银行支付模式

客户需要在当地的招商银行开立账户，申请网上银行的查询和电子支付功能，并使用招商银行发放的密钥进行电子支付。当一项购销协议达成后，买方将货款打入自己在招行的账户，卖方将该项交易总额 5%的履约保证金打入自己在招行的账户，这两笔钱即被招商银行冻结（客户可在招商银行的网站上查询自己的账户资料），交易过程即可启动。当交易完成并经双方确认后，平台的结算中心会通知招商银行，按合同的约定划拨货款和解冻履约保证金。

（2）广东发展银行支付模式

中国商务港的运营商在广东发展银行开立一个保证金账户，该账户在广东发展银行直接监管之下，客户无须单独开设账户。根据协议，广东发展银行将为在本平台进行交易的资金进行监管，为供应商提供货款付款保证。当一项购销协议达成后，买方向该账户划转货款，卖方向该账户划转履约保证金，款项到位后，交易过程即可启动。为方便买卖双方进行咨询，广东发展银行将提供统一的咨询电话，如需要银行的监管和保障证明，银行可以为其提供传真件及复印件（客户可在中国商务港的网站上查询自己名下的账户资料）。当交易完成，经双方确认后，广东发展银行会划转货款和解冻履约保证金。

除了为中国商务港提供现金交易的资金监管外，广东发展银行还为"易通"的发放和结算提供监管和支持。

思考与练习

1．电子商务所涉及的技术类型和标准有哪些？

2．什么是 Internet 和 Intranet？

3．EDI 的发展过程中有哪些类型？

4．电子商务的加密技术有哪些？是如何进行加密和解密的？

5．简述认证中心的作用。

6．案例分析：Internet 的 EDI。

要求：① EDI 的作用。

② EDI 的优缺点。

③ EDI 的标准。

④ 对发展 EDI 个人看法。

第 4 章　电子商务系统规划与建设

本章概要：本章从企业内部电子商务网站建设的规划以及建立的过程出发，介绍了电子商务系统的框架、电子商务实现的过程和步骤、网站设计与制作、电子商务信息的收集与处理；分析了电子商务实现的关键问题，并通过对一个典型案例的分析，初步掌握电子商务系统建设的要领。

学习目标：掌握电子商务系统的框架、电子商务实现的过程和步骤、网站设计与制作的基本技术；明确电子商务信息的收集与处理；了解电子商务实现的关键问题，并就这些问题提出解决的办法。

学习指导：本章重点是全面掌握电子商务实现的过程和步骤、网站设计与制作的基本技术，难点是企业内部电子商务网站的设计。通过案例分析，找到解决电子商务实现过程存在的关键问题的办法。

开展电子商务，除了建立企业自己的内部网络信息系统外，还必须建立一个独立的运行商务网站，把自己的产品或提供的服务通过网站对外发布出去，使网站成为与客户联系的纽带。本章将介绍企业内部电子商务网站建设的规划以及建立的过程。

4.1　电子商务系统的框架

从广义上讲，电子商务是指通过电子数据的交换完成某种与商务或服务相关的工作。电子商务有许多不同的内容，如货物贸易和相关服务，提供数字化的商务资料，实现电子转账，完成电子化的股票交易处理，提供电子提货单证进行商业拍卖活动，不同的工程设计人员协同完成工程设计，联机信息查询服务，联机科技情报查询服务，直接消费者市场和售后服务等。所以，电子商务包括各种各样的产品（如消费品、医疗设备等）和各种各样的服务（如信息服务、财经服务、法律服务、医疗服务、协同工程设计等，也包括传统概念的 EDI 服务等）和全新概念的服务内容（如虚拟商店、电子出版物的发行等）。

电子商务并非一个全新的概念或现象。在计算机技术发展的历史上，计算机应用在不同领域为社会提供信息加工和交换的服务。许多用户已经实现在各种通信服务网络上进行商务数据加工和交换，如 EDI 和企业专用销售管理、采购管理等系统。但是，随着 IT 技术的飞速发展，电子商务的内容得到了极大的扩充，形式上也发生了很大的变化。遍布全球的 Internet 改变了过去在封闭的专用通信网络平台上进行电子商务活动的做法，提供了一个在全球范围内进行商业活动的开放网络平台。参与电子商务活动的用户也扩大到包括政府部门、企业、有关社会团体、个人等在内的一个广泛的范围。

从电子商务服务的形式来看，它主要支持两种类型的活动：一种是间接电子商务；另一种是直接电子商务。在间接电子商务服务中用户可以联机订购有形货品，但交货仍然需要采用传统的邮递或快递方式来完成。用户可以参加网上商品交易会，购销双方在网上签订意向购销合同，然后再采用传统的购销方式签订正式的合同，最后完成商品的交易。在直接电子商务服务中，用户可以在全球范围内联机订购无形货品，如购买计算机软件、享受娱乐服务、使用电子信息服务、在网上参与股票交易等，而付款和交货都可以通过网络来完成。

虽然电子商务服务并不是绝对局限于 Internet，但是这种网络技术正在快速影响电子商务的不同实现形式。Internet 的优点使越来越多的电子商务应用走上以 Internet 技术为平台的道路（不一定要求绝对在 Internet 上）。例如，许多银行正在考虑，或已经开始将它原来的银行内部专用网络向内联网和外联网的平台转变，这种转变在经济发达国家和地区已经变得越来越快并且越来越普及。所以，人们在谈论电子商务应用的时候，通常都是以 Internet 技术作为电子商务的网络平台。

4.1.1 电子商务系统的一般框架

电子商务影响的不仅仅是交易各方的交易过程，它在一定程度上改变了市场的组成结构。传统上，市场交易链是在商品、服务和货币的交换过程中形成的，现在，电子商务在其中强化了一个因素——信息，于是就有了信息商品、信息服务和电子货币。人们做贸易的实质并没有变，但是贸易过程中的一些环节因为所依附的载体发生了变化，也相应地改变了形式。这样，从单个企业来看，它做贸易的方式发生了一些变化；从整个贸易环境来看，有的商业机会消失了，同时又有新的商业机会产生，有的行业衰退了，同时又有别的行业兴起了，从而使得整个贸易过程呈现出一些崭新的面貌。

为了更好地理解电子商务环境下的市场结构，可以参考下面的一个简单的电子商务的一般框架，如表 4-1 所示，它基本上简洁地描绘出了这个环境中的主要因素。

表 4-1　　　　　　　　　　　　电子商务环境因素的一般框架

社会人文环境	运用设施环境		自然科技环境
政策 法律 隐私	电子商务应用	供应链管理、视频点播、网上银行、电子市场及电子广告、网上娱乐、有偿信息服务、家庭购物	各种技术标准、安全网络协议
	贸易服务的基础设施	安全、认证、电子支付、目录服务	
	报文和信息传播的基础设施	EDI、E-mail、HTTP	
	多媒体内容和网络宣传	HTML、Java、WWW	
	网络基础设施	电信、有线电视、无线设备、Internet	

同 Internet 的许多应用一样，电子商务的兴起也伴随着如潮涌般的大量技术名词，这在很大程度上使得原本就有些不清楚的用户更加迷惑，而各种媒体对于同一事物的不同叫法更加重了这种情况。信息高速公路、Internet、虚拟空间，它们有什么区别呢？对于用户来说，所有的技术细节都是透明的，不过，了解电子商务的整个运作基础对于企业发展电子商务是十分必要的，下面将逐一介绍如表 4-1 所示的电子商务基础设施的各个部件。

1. 网络基础设施

信息高速公路是网络基础设施的一个较为形象的说法，它是实现电子商务的底层基础设施。正如公路系统由国道、城市干道、辅道共同组成一样，信息高速公路也是由骨干网、城域网、局域网这样层层搭建而成，使得任何一台连网的计算机都能够随时同这个世界连为一体。信息可能是通过电话线传播的，也可能是通过无线电波的方式传递的。

2．多媒体内容和网络宣传

有了信息高速公路只是使得通过网络传递信息成为可能，究竟如何传递信息和传递何种信息要看用户的具体做法。目前，网上最流行的发布信息的方式是以 HTML（超文本标记语言）的形式将信息发布在 WWW 上。网络上传播的内容包括文本、图片、声音、图像等。HTML 将这些多媒体内容组织得易于检索和富有表现力。网络本身并不知道传递的是声音还是文字，一视同仁地看作 0、1 串。对于这些串的解释、格式编码及还原是由一些网络基础设施的硬件和软件共同实现的。应用 Java 更方便地使这些传播适用于各种网络（有线、无线、光纤、卫星通信……）、各种设备（PC、工作站、各种大中型计算机、无线接收设备……）、各种操作系统（Windows NT、UNIX……）以及各种界面（字符界面、图形界面、虚拟现实等）。此外，CORBA、COM 等也为异种平台连接提供了方便。

传统环境中，厂商需要花很大的力气做各种广告和促销活动来宣传自己的产品，在电子商务的环境下，厂商仍然要宣传自己的产品，不过方式就大大不同了。这种不同有两个前提条件：一是网络基础设施的畅通和方便便宜地接收；二是要有数目可观的潜在的网络用户群，因为厂商宣传的目的是要让用户知晓自己的产品，就如同在报纸上做广告就得找读者群大的报纸，效果才会好。有了这两个条件 Internet 的优势就是无可争议的了。Internet 使得地域变得不再那么重要，用户只要学会如何使用 Web 浏览器，就能很好地访问和使用 Web 上的电子商务工具。WWW 带来了相对公平的商业竞争机会，小公司像 Amazon 这样的联机书店，也完全有能力在 Web 上发布产品目录和存货清单，从而吸引了 Web 上数目极为可观的顾客。在非 Web 的环境下，这几乎是不可能的，因为这时只有大书店才有能力向这么多的潜在用户提供信息。同样，Web 也使得企业能够为其合作伙伴、供应商和消费者提供更好更丰富的信息。HTML 使得消费者和采购人员能够得到最适当、最精炼的信息。比如，一个复杂的 Web 服务器可以向一个特定的查询者提供符合其个人习惯的目录，一个 Web 站点所能完成的功能比任何用户登记卡所能做到的更好、更持久，它能够捕捉和分析用户行为，用来完成未来规划、掌握动态的个人市场营销情况。

3．信息传播的基础设施

信息传播工具提供了两种交流方式：一种是非格式化的数据交流，如用 Fax 和 E-mail 传递的消息，它主要是面向人的；另一种是格式化的数据交流，前面曾经提到的 EDI 就是典型代表。它的传递和处理过程可以是自动化的，无须人的干涉，也就是面向机器的，订单、发票、装运单都比较适合格式化的数据交流。

HTTP 是 Internet 上通用的消息传播工具，它以统一的显示方式，在多种环境下显示非格式化的多媒体信息。目前，大量网民在各种终端和操作系统下通过 HTTP 用统一资源定位符（URL）找到需要的信息。进而这些用超文本标记语言展示的信息还能够容易地链接到其他所需要的信息上去。

4．贸易服务的基础设施

贸易服务是为了方便贸易所提供的通用的业务服务，是所有的企业、个人做贸易时都会用到的服务，因此也称为基础设施。它主要包括安全、认证、电子支付、目录服务等。

对于电子商务来说，目前的消息传播要想适合电子商务的业务，需要确保安全和提供认证，使得传递的消息是可靠的、不可篡改的，在有争议的时候能够提供适当的证据。商务服务的关键是安全的电子支付。在进行一笔网上交易时，购买者发出一笔电子付款（以电子信用卡、电子支票或电子现金的形式）并随之发出一个付款通知给卖方，当卖方通过中介机构对这笔付款进行认证并最终接收，同时发出货物时，这笔交易才算完成。为了保证网上支付是安全的，就必须保证交易是保密的、真实的、完整的和守信的，目前的做法是用交易各方的电子证书（即电子身份证明）来提供端到端的安全保障。

任何一个贸易服务都包括 3 个基本部分，即电子销售偿付、供货体系服务、客户关系解决方案。目录服务将信息妥善组织使之得以方便地增、删、改，并且提供这些贸易服务的基础。例如，目录服务支持市场调研、咨询服务、商品购买指南等，是客户关系解决方案的一部分，目录服务加速收缩供货链，正是供货体系服务的目标。

5. 电子商务应用

在上述基础上，可以建设实际的电子商务应用，如供货链管理、视频点播、网上银行、电子市场及电子广告、网上娱乐、有偿信息服务、家庭购物等。

如表 4-1 所示，整个电子商务框架有两个支柱：社会人文性的政策法规和自然科技性的技术标准。

第一个支柱是政策法规，国际上，人们对于信息领域的立法工作十分重视，美国政府在他的全球电子商务的政策框架中，在法律方面做了专门的论述，俄罗斯、德国、英国等也先后颁布了多项有关法规，1996 年联合国贸易组织通过了"电子商务示范法"。目前，中国政府在信息化方面的注意力还主要集中在信息化基础建设方面，信息立法还处于建设初期，针对电子商务的法律法规还有待健全。其他的，如个人隐私权、信息定价等问题也需要进一步界定，如是否允许商家跟踪用户信息，对儿童能够发布哪些信息，这些问题随着越来越多的人介入到电子商务中，必将变得更加重要和迫切。

另外，提到政策法规就得考虑各国的不同体制和国情，而这同 Internet 和电子商务的跨国界性是有一定冲突的，这就要求加强国际间的合作研究。如在美国，它的社会体制决定了私有企业在美国经济运行中的主导地位，在制定政策法规时，美国政府必将向私有企业倾斜，同时尽量减少政府限制。而中国与美国社会体制不同，必然会像新加坡政府那样采用以政府为主导的经营管理政策。此外，由于各国的道德规范不同，也必然会存在需要协调的方面，在通常情况下由于很少接触跨国贸易，不会感觉到它们的冲突，而在电子商务要求全球贸易一体化的号召下，用户可能很容易通过网络购买外国产品，这时就会出现矛盾。比如，酒类在有些国家是管制商品但商人对此未必知晓，即使知道，也未必不会在利益驱使下去违反法律规定。对于跨国交易，海关该如何应付？异地的贸易该如何付税？税付给谁？当然，中国目前的情况暂时还不会遇到这样的问题，但通常法律应具有一定的前瞻性，在制定法律时应该充分考虑到这些因素。法律的不完善势必会影响中国企业参与国际竞争。

第二个支柱是技术标准。技术标准定义了用户接口、传输协议、信息发布标准、安全协议等技术细节。就整个网络环境来说，标准对于保证兼容性和通用性是十分重要的。正如在交通方面，有的国家是左行制，有的国家是右行制，这会给交通运输带来一些不便。不同国家 110V 和 220V 的电器标准会给电器使用带来麻烦，在电子商务中也存在类似的问题。目前许多的厂商、机构都意识到标准的重要性，正致力于联合起来开发统一标准。比如，EDI 标准，一些像 VISA、MasterCard 这样的国际组织已经同业界合作制定出用于电子商务安全支付的 SET 协议。

4.1.2　电子商务的概念模型

电子商务的概念模型是对现实世界中电子商务活动的一般抽象描述，它由交易主体、电子市场（Electronic Market，EM）、交易事务和信息流、资金流、物资流等基本要素构成。

在电子商务概念模型中，交易主体是指能够从事电子商务活动的客观对象，它可以是企业、银行、商店、政府机构、科研教育机构、个人等；电子市场是指电子商务实体从事商品和服务交换的场所，它由各种各样的商务活动参与者利用各种通信装置，通过网络连接成一个统一的经济整体；交易事务是指电子商务实体之间所从事的具体商务活动的内容，如询价、报价、转账支付、广告宣传、商品运输等。

电子商务的任何一笔交易，包含以下 4 种基本的"流"，即信息流、资金流、物流和商流。其中信息流既包括商品信息的提供、促销营销、技术支持、售后服务等内容，也包括诸如询价单、报价单、付款通知单、转账通知单等商业贸易单证，还包括交易方的支付能力、支付信誉、中介信誉等。资金流主要是指资金的转移过程，包括付款、转账、兑换等过程。对于每个交易主体来说，所面对的是一个电子市场，他必须通过电子市场选择交易的内容和对象。物流主要是指商品和服务的配送和传输渠道，对于大多数商品和服务来说，物流可能仍然经由传统的经销渠道，然而对有些商品和服务来说，可以直接以网络传输的方式进行配送，如各种电子出版物、信息咨询服务、有价信息等。商流是指商品在进行交易过程中发生的有关商品所有权的转移。在电子商务下，信息流、资金流和商流都可以通过计算机和网络实现。因此，电子商务的概念模型可以抽象地描述为每个电子商务实体和电子市场之间的交易事务关系，如图 2-8 所示。

4.1.3　电子商务的交换模型

电子商务由于受贸易背景、手段等多种因素的影响，带有很大的不确定性，在信息流、物流和资金流的处理中应关注各种因素的情况，利用一定的方式、方法进行正常的交易。

1. 交换模型

所有的商业交易都需要语义确切的信息交流和处理，以减少买方和卖方之间的不确定性因素，这些不确定性因素包括交易产品的质量问题、是否有第三方对委托进行担保、如何解决纠纷等。

电子商务改变了以往的贸易方式和中介角色的作用，降低了商品交换过程中的成本。商品交换成本通常包括调研、合同的起草、谈判、捍卫贸易条款、支付和结算、强制履行合同和解决贸易纠纷。

从商品交换的基本过程和这个过程中的一些不确定性因素出发，可以概括出一个电子商务的基本交换模型，如图 4-1 所示。

在电子商务的交换模型中，通信和计算技术成为整个交易过程的基础。同传统的贸易活动相比，电子商务所依赖的贸易基本处理过程并没有变，而用以完成这些过程的方式和媒介发生了变化。下面首先介绍基本的贸易处理过程，然后介绍贸易处理过程所依赖的贸易背景的处理，及贸易过程中的不确定性因素。电子商务对这些处理过程带来的影响将作为主线贯穿其中。

图 4-1　电子商务的交换模型

（1）贸易基本处理过程

① 调研。电子商务通常减少了买方的调研成本而相对增加了卖方的调研成本。电子商务活动中常用的调研方式有 3 种：其一，卖方在电子市场上发放顾客偏好的描述文件，向顾客提供产品的信息同时收集顾客对产品的偏好；其二，从特定的用户群中收集信息，如根据用户对某类产品的偏好来决定卖方产品的买卖信息；其三，用户在电子市场上传播他们对产品的需求信息，让产品供应商提供报价。

② 估价。任何贸易都离不开估价过程。在简单贸易模型中，通常由卖方提供一个非协商性价格，然后逐渐降价直到有人来买。然而，在电子商务模型下商品和服务的定价过程对顾客来说变得更为透明。网络交易环境下良好的用户交互性、价格低廉的通信基础设施以及智能软件代理技术为用户提供了各种不同的动态价格搜索机制，甚至可以为用户提供实时性要求很高的价格搜索，如拍卖活动中的拍卖报价。

③ 产品的组织与配送。在任何商业模型中，实际产品的组织和配送都是一个值得考虑的重要问题，电子商务在这方面为企业提供了一些新的商机。例如，销售商根据库存信息及时方便地同供应商取得联系调整库存，以减少不必要的库存开支；供应商必须建立更灵活、更方便的生产系统和产品交付系统，以便能够为更多的零售商服务；信息和软件经营商利用 Internet 交付产品或者进行软件升级。

④ 支付和结算。电子商务的支付和结算采用电子化的工具和手段进行，从而替代了以往贸易模型中的纸张单证。

⑤ 鉴定。这主要包括检验产品的质量、规格，确认贸易伙伴的仲裁机构、监督贸易伙伴是否严格遵守贸易条款等内容。电子商务给鉴定机制带来了挑战。例如，如何检验一家设立在 Internet 上的电子商店是合法的以及确保自己所购买商品的质量。

（2）贸易背景处理

① 表现形式。表现形式决定了企业如何向买方表达产品的信息和贸易协议。实施了多年的 EDI 已经形成了一些企业与企业之间或者不同的行业和部门之间传递报文的文字化模板，但是对于范围更广的电子商务，尤其是对基于 Internet 的电子商务来说，需要更为严格的、更为专业化的、统一的标准。

② 合法性的确认。它决定了在电子商务世界里，如何表明一项贸易协议才算是有效的，它关系到在电子世界里如何立法才能保证贸易活动的顺利开展。

③ 影响机制。影响机制能够刺激交易双方履行义务，以减少交易双方的风险。声誉影响是一种常见的影响机制；大多数企业总是希望保持自己的声誉。然而，电子商务却向声誉影响的作用提出了挑战，因为在网络环境下，个别用户甚至个人都可以随意地利用这种影响机制来影响一个企业的声誉，而他们所产生的影响并不一定客观公正。

④ 解决纠纷。解决纠纷的手段主要有直接谈判、诉诸法律或者采用武力等。传统的纠纷解决机制和纠纷所带来的影响是局部的，而在电子商务环境下，尤其是在 Internet 环境下，纠纷的解决将是世界范围的，其影响范围也很广泛。

2．交易链的扁平化

从上面对电子商务交换模型的分析中，可以看出电子商务在商品交易链中所起的作用，总的来说就是实现了交易链的扁平化。

① 它成功地减少了交易中间商的存在，拉近了商品流通领域中卖方和最终消费者的距离，使得以前可能要经过好几道分销过程才能到达最终用户手中的商品，现在只需很少的中间环节或者根本无须中间环节就能到达。仔细想一下，这里面有一种很有意思的"现象"。在最早"以物换物"的原始交易年代，商品流通领域的交易链是最短的，买、卖双方直接见面，一对一，没有中介。随着生意越做越大，面对数目巨大的最终消费者，首先当时的技术无法支撑，其次为提高效率，出现分工，于是出现了专门从事商品流通的行业：一级批发商、二级批发商、零售商等。交易链在这个过程中被拉长，同时产生了附加值，从而使得消费者除了要负担商品的生产成本，还要负担多重的流通成本。现在有了网络、有了电子技术、有了贸易过程的自动化处理，厂商就可以以相对较低的成本实现这种一对一的交易模式。像 DELL 公司那样实现网上直销，从而大幅度减少了商品成本，使得买卖双方都获益。消费者也不再只是产品的被动接收者，他可以参加到产品设计、生产中去，也可以在网上直接向生产商提出能够满足自己个性化要求的服务。不过这种"现象"和早期的那种一对一交易有本质上的区别，就像人类社会是以一种螺旋式上升的方式发展，在一个阶段可能会和以前的某个历史阶段形式相似，但境界却相差甚远。

② 这种交易链的缩短并不意味着为完成一笔交易所需的参与者会减少，事实上，在一笔方便、快捷的交易背后，是一些庞大的机构和复杂的机器在提供服务。以支付系统为例，使用信用卡在刷卡机前完成一个简单的刷卡动作只是几秒钟的事，而就在这几秒内，信息已经从商 场—收单行—信用卡授权清算中心—发卡行走了一个来回了。电子商务的支付过程类似于信用卡的支付过程，只不过由于网络的特殊性，使得这种支付需要有特殊的中介机构来保证，于是出现了电子证书、授权认证中心，以及为协调纠纷而设立的仲裁机构。这一切意味着交易链在时间上的缩短，是以一个庞大复杂的中介机构群为后盾的，中介机构能否良好运转，将直接关系到电子商务的成败。

正是基于以上两点，电子商务使得商品交换的交易链实现了扁平化。

4.2　电子商务实现的过程和步骤

随着电子商务的迅猛发展和媒体对电子商务的大力宣传，各行各业对电子商务都表现出强烈的兴趣，并开始加入电子商务这一迅速发展的新兴领域，以赶上时代的发展。本节以企业为例探讨建立电子商务系统的一般步骤，其他行业开展电子商务都可以参照该步骤进行。

4.2.1 明确用户需求

用户需求是电子商务系统使用者或相关人员对想要开发的电子商务系统提出的初步要求。需要开发人员通过与提出者及相关人员交流，形成作为电子商务开发起点的用户需求书。

1．用户需求的来源

用户需求可能由与电子商务相关的各类人员提出。由于所在地位与角度不同，表达的重点和风格各异，要明确和完善的内容就应各有侧重，所以有必要弄清楚用户需求的来源。从这样的角度，可以把用户需求的来源分为以下几个方面。

① 企业的领导。这类需求着眼于全局，但往往不具体。

② 企业中有关部门的人员。这类需求着眼于本部门业务管理，具体实际，但往往缺乏全局观念。

③ 信息部门的系统管理人员。这类需求较多地涉及系统技术与系统本身。

④ 与企业有关的外部机构（用户的主管部门等相关机构）。这类需求主要提出其机构对所需信息的要求而很少考虑系统所在部门的内部情况。

⑤ 网上客户。对于建立一个电子商务网站来说，这类客户的需求是最重要的。

2．用户需求书的内容

用户需求书的内容主要有以下4个方面。

① 系统现状概述。

② 新系统应解决的问题与要实现的目标。

③ 可提供的设备、人力与资金。

④ 对开发进度的要求。

从用户需求书中明确用户的以下需求。

① 明确现状与环境。

② 明确问题：有哪些问题，严重程度、重要程度、解决办法。

③ 明确要达到的目标。

④ 明确可供使用的条件，包括资金、人员、设备、时间等。

值得注意的是，不仅要明确用户需求，而且要识别用户需求的正确性和合理性，与用户充分协商，取得一致意见，修改用户需求书中不太合理的部分。总之，问题识别越准确、越清楚，分析越透彻，可行性论证就会越科学、越合理。

4.2.2 初步调查

1．初步调查的目标

电子商务系统一般都是由用户提出要求开发的。而对于这种开发要求是否具有可行性，需要开发人员在系统开发之前认真调查分析。为了使系统开发工作更加有效地展开，有经验的开发者往往将系统调查分为两步：第一步是初步调查，即先投入少量人力对系统进行大致的了解，分析其有无开发的可行性；第二步是详细系统调查，即在系统开发具有可行性并已正式立项后，再投入大量人力展开大规模、全面的系统业务调查。

初步调查的目的就是收集足够的信息以协助制定新系统的开发方案，决定新系统能否立项，是否值得继续进行系统开发。初步调查不是一个全面的数据收集活动，不必定义所有的问题，也不必过多地考虑所有可能的解决方法。

2．初步调查的任务

初步调查需要完成以下几个任务。

（1）确定关键的规划问题，抓住实质

初步调查的第一步是从用户提出系统开发的原因以及用户对系统的要求入手，考查用户对系统的需求，预期系统要达到的目的。因为电子商务系统将涉及企业管理工作的各个方面，故这里所说的用户指的是各级管理人员。

（2）确定系统的边界和制约条件

初步调查的第二步是要定义系统的边界和制约条件。系统边界就是系统所涉及的领域，对系统边界的描述必须精确。例如，系统项目的范围描述为"为了允许上网顾客查询修改账务系统"与描述为"为顾客查询账户余额提供足够信息"，两者所涉及的范围大不一样。如果没有边界限制，很可能会调查一些毫无关系的问题。

在确定系统边界的同时，还要确认系统的制约条件。制约条件就是一种条件约束或者系统必须满足的要求。制约条件可能涉及硬件、软件、时间、政策、法律和成本等多个方面。例如，如果系统必须在现有硬件下运行，这就是一个影响系统开发的制约条件。新网站必须在3月1日开通运行，也是一个制约的条件。

当确认制约条件时，应该注意以下几个方面。

① 目前情况和将来情况。当开发和修改系统时，制约条件是否必须满足？在将来，制约条件是否还存在？

② 内部因素和外部因素。制约条件是内部因素，还是外部因素引起的，如部门法规或税法的修改。

③ 必须的和暂缓的需要。制约条件必须满足还是暂时可以不满足。如果是暂时可以不满足的需要，制约条件的重要程度如何？

④ 不分轻重，把所有的制约条件都列为必须的，这会大大增加开发的时间和成本。目前的、外部的和必须的制约条件一般是相对固定的，当开发和修改系统时应该满足。未来的、内部的或暂缓的制约条件由于其有许多不定的因素，则可能被推迟或忽略。所有的制约条件都应该尽可能早地确定下来，以便进行下一步的分析和研究。

（3）调查企业经营战略目标与任务

调查企业在今后一段时期内生产经营活动欲达到的战略目标与任务。同时还应调查企业组织机构，包括企业组织机构的设置及职能、规模、人员数量等。

（4）调查企业的当前运行状况

企业当前的基本状况，包括企业的性质、企业内部的组织结构、生产过程、厂区各办公楼或车间（连锁商店总店与分店之间）的布局（为今后处理各种模型之间的关系和网络分布以及分布式数据库所准备），企业提供的产品或服务、企业开发新产品或服务的过程、每个产品或服务当前处于其生命周期的哪个阶段（引入期、发展期、成熟期或衰退期）、企业的产品或服务的定价情况、企业的产品或服务的生产或创建情况、企业的产品或服务的发布情况、企业产品或服务的促销情况、企业的产品或服务的顾客、企业如何处理和顾客的交流情况、顾客使用企业的产品或服务的情况、企业顾客的地理位置、企业近期预计可能的变化（如企业兼并、产品转向、厂址或店址迁移、周围环境的变化等），以及系统的对外信息交流渠道（如上级主管部门、横向协作部门、下设直属部门等）。这些都是与系统开发可行性研究、系统初步开发方案以及下一步详细调查直接相关，所以应该在初步调查中弄清楚。

（5）调查企业管理方式和基础数据管理状况

现有企业的管理方式和基础数据管理状况是整个系统调查工作的重点，它对今后将要开发的电子商务系统影响很大。但是在初步调查阶段，只需要对它们做大致的了解，进一步深入的了解留待今后详细系统调查去解决。

对管理方式的大致了解包括对企业整体管理状况的评估，了解组织职能机构与管理功能和重点职能部门（如计划、生产、财务、销售等）的大致管理方式，以及这些管理方式今后用计算机系统实现的可行性，可以预见到的将要更改的管理方法，以及这些新方法将会对新系统所带来影响和新的要求等。

对基础数据管理状况的大致了解包括：基础数据管理工作是否完善，相应的管理指标体系是否健全，统计手段方法和程序是否合理，用户对于新系统的期望值有无实际的数据支持等。如果基础管理工作不完善，必须了解企业今后增设这些管理数据指标和统计方法是否具有可行性。

（6）调查企业现行系统运行状况

在决定是否开发电子商务系统之前一定要了解一下现行系统（手工系统或计算机系统）的运行状况、特点、所存在的问题、可利用的信息资源、可利用的技术力量、可利用的信息处理设备等。这部分调查是提出新系统实施方案以及论证此方案在技术上是否具有可行性的原始资料。

① 现行系统的业务流程。调查现行系统的主要业务流程等。

② 存在的问题。了解现行系统存在的主要问题，特别需要搞清楚影响现行系统运行的主要瓶颈环节。

③ 电子商务系统开发条件。包括企业领导、部门领导对电子商务系统开发的认识与决心，用户对电子商务系统开发的认识水平与态度，管理基础工作，系统开发人员及技术力量，投资费用等。

④ 计算机应用水平及可供利用的资源。调查现阶段计算机应用的情况，应用规模及发展水平，调查可供利用的计算机资源。

（7）调查网上客户的需求情况

初步调查的方式、方法多种多样，如问卷调查、面谈、座谈会、查阅档案、现场考察等，可以灵活地综合运用。初步调查时，一定要围绕系统规划的资料要求来进行，注意以够用为原则，把握住调查的广度和深度；在技巧方面，要避免先入为主的做法，以免禁锢被调查者的思维，尽量采用启发式的调查方法，以激发用户的思考和想象力，充分获取用户对新系统的建议、功能要求等信息。

3．初步调查的步骤

为了进行有效的初步调查，应该完成以下 4 个步骤。

（1）获得明确的授权

在开始初步调查之前，项目小组应该从企业主管处获得明确的授权，这主要是让各级管理人员知道项目小组在开发中的角色。通常，第一步最好是让主要管理人员与项目小组人员进行一次会见。会上可以解释这个项目，细述项目小组的职责，并征求他们有什么问题、意见和建议。

必须考虑员工的态度和反应，这点很重要。在初步调查时，项目小组会与高级管理人员接触，必须向他们解释或者说明系统潜在的利益，以寻求他们的合作和支持。

（2）列出需要获取的必要信息

在初步调查阶段，项目小组可根据需求清单，准备一份所要获取的具体信息的清单和一个切实可行的活动进度表。在调查过程中，为了集中调查必要的信息，应把注意力集中到初步调查的任务上来，即关键的规划问题、定义项目范围和制约条件、估计成本与收益、估计完成的时间，并向企业项目负责人汇报。

（3）收集所需要的信息

为了能够收集到所需要的信息，可采用以下技术。

① 分析组织结构图。项目小组初到一个企业，可能不知道项目开发中会涉及哪些部门，也不一定清楚各部门之间的结构关系。而组织结构图可帮助项目小组理解各部门是如何运行的，以及清楚各部门之间的关系。

组织结构图通常可以从人力资源部门获得，如果没有，可以直接从人力资源部门获取必要的信息，然后画出组织结构图。

② 会谈。在初步调查过程中，获得信息的另一个主要途径是会谈。会谈的目的是收集信息，发现现行系统中的问题，还可以做一些解释工作，以消除某些误会。

在初步调查中，应该首先与企业最高领导人会谈。他们对系统有一个总体的、目标上的考虑，这能使项目小组工作人员对系统有一个全面的了解。

③ 检查当前文档。检查和阅读当前企业的有关文档资料也是获取信息的重要途径。

④ 观察企业运行以获取信息。观察企业有关部门的运行也是收集信息的重要途径。采用的方法如下。

- 观察员工是如何执行具体任务的。
- 跟踪某项任务的全过程。
- 了解与用户需求相关的主要业务流程并给出其业务流程简图。
- 了解与用户需求相关的业务活动与外部环境的联系。
- 了解与用户需求相关的信息流动情况并绘制系统的数据流程简图。

⑤ 开调查会。有时项目小组需要从许多人处获得信息，在这种情况下，可以开一次简短的调查会，这样被调查者可以集中地、相互补充地把信息提供给项目小组。

（4）分析信息，决定开发方案

进一步分析步骤二所收集的信息，提供几个可供选择的开发方案，并最后根据成本和收益来确定开发方案，并拟定实施计划。如果在几个可选开发方案中确定了一个，将进入系统开发生命周期的下一个阶段——系统分析阶段。但进入下一个阶段之前，需要向管理层提交有关的报告，并得到许可。

4.2.3　确立电子商务模式

1. 电子商务模式

对电子商务系统进行规划，还要确定企业的核心业务所适用的商务模式（Business

Mode），即确定企业的服务对象和服务内容，确定企业采用何种商务运作模式来获取市场利益。不同的商务模式直接关系到企业构造电子商务系统所采取的策略。

企业电子商务模式有多种划分方法，按参与交易的对象分类，电子商务可以分为以下几种类型。

① 企业对消费者（BtoC）：交易的双方分别是企业和普通消费者，这种模式的本质是网络上的电子零售。

② 企业对企业（BtoB）：交易的双方是企业和企业，它是一种商务机构间的商务关系。

③ 企业对政府机构（BtoG）：交易的主体是企业和政府。例如，政府采购业务就是一种典型的 BtoG 商务活动。

④ 消费者对政府机构（CtoG）：这种模式发生在消费者或者普通个人和政府之间，如个人的交税、财产申报、社会福利发放、政府调查等。

⑤ 消费者对消费者（CtoC）：这种商务活动发生在消费者之间。

2．确定电子商务模式

确定电子商务模式，首先需要针对企业未来的市场定位、产品、服务方式、商务对象、核心业务和业务的增值点进行以下分析。

① 企业未来的商务对象是什么？

② 企业未来的核心业务和盈利方式是什么？

③ 企业未来业务的增值点和延伸范围是什么？

确定商务模式主要根据商务对象。例如，如果企业的服务对象以普通消费者为主，那么其未来商务模式基本是 BtoC 的模式；如果企业的商务对象重点是企业，那么，未来的电子商务系统就可能侧重于开展 BtoB。

3．电子商务亚模式

虽然电子商务模式有助于人们概括企业采用什么样的商务运作模式来获取市场利益、企业的服务对象和服务内容。但是这样的概括还是显得有些粗线条，人们希望能够把电子商务类型分得更细致一点，以便能够区别不同的商务模式所代表的盈利方式、服务对象和服务内容。于是，可以将电子商务进一步分类得到的模式称为电子商务亚模式。下面是对 BtoC 和 BtoB 进一步分类得到的亚模式。

（1）BtoC 电子商务亚模式

① 无形产品和服务的亚模式。

● 网上信息订阅模式。

● 付费浏览模式。

● 广告支持模式。

● 网上赠与模式。

● 服务预约模式。

②有形商品的亚模式。

● 在线销售。

● 会员制商店。

● 加盟连锁店。

- 网上商城。

（2）BtoB 电子商务亚模式

① 产品目录式。

② 拍卖式。

③ 交易所式。

④ 社区式。

4.2.4 建立商务网站

企业对 Internet 有了一定的了解后，重要的一步是建立企业自己的商务网站。网站的建设是依据企业电子商务的规划目标，确定网站的商务形式和网站的运行方式。该阶段具体需要做以下工作。

① 确定申请企业域名的解析方式和网站的运行方式（虚拟主机、托管、专线接入等）。

② 建立企业主页。

③ 建立企业的商务系统总框架。

④ 确定企业电子商务的营销方式。

⑤ 确定网站的发布方式。

以上在确定网站的运行和接入方式时，必须注意系统的实用性和以后发展的可扩充性，做到既能满足现阶段的运行需要，不浪费资源，又能为以后发展打下坚实基础，不失企业发展的商务机会。网站建设是电子商务系统的框架和基础，必须做好详细的设计工作。

4.2.5 逐步开展电子商务服务

由于条件和技术因素的限制，开展电子商务不可能一步到位，企业可以根据情况循序渐进地进行电子商务的规划实施工作。企业通常利用电子邮件来传递信息或收集信息，然后利用网络来宣传企业产品，进而开展电子贸易活动，最后发展成 E-business 的商务形式。

在开展电子商务时，资金支付是最难完满解决的问题，特别是在中国，网络银行很不完善。企业在开展电子商务时可以先避开这个问题，而先去做网络的宣传和网络订货的工作，等以后条件成熟再开展直接的网上支付。因为网上支付的过程涉及银行和 CA 认证机构，不是一个企业所能左右的。

4.3 电子商务系统总体结构设计

系统的总体结构设计是指确定整个系统由哪些部分组成，以及各部分在物理上、逻辑上的相互关系。系统总体结构设计一般是一个自上而下的分解过程，目的是将复杂的问题、难以理解的问题分解为简单的子问题，从而建立具有整体性的系统模型。

4.3.1 系统组成结构

从规模上说，电子商务系统是一个笼统的概念。有大型的电子商务系统，也有小型的电子商务系统，因此，电子商务系统的组成包含较多的内容，既有网络、主机设备也有支持平台软件和应用软件。一般来说，电子商务网站是一个小型的电子商务系统。

对于一些大企业、企业集团，其电子商务系统是一个复杂的大系统，这样的系统往往由分系统（中小规模的电子商务系统）组成。这些分系统所在的组织可能同属于一个更大的组织，相互之间有密切的业务往来，有信息方面的沟通需求，各分系统组成一个大的电子商务系统。

4.3.2　应用系统结构

应用系统是电子商务系统的核心，在系统总体结构设计中，应当给出应用系统的主要功能，说明应用系统的体系结构，应用系统由哪些子系统组成，各个子系统的主要功能和相互之间的关系。

4.3.3　内外部环境

1．内部环境

企业的商务活动是以企业内部的信息处理为背景的。企业电子商务系统依据的基础首先是企业内部完整的电子商务环境。在企业开展电子商务时，内部的信息化是必要的前提条件。

在这一步骤中，需要着重从以下几方面分析内部信息系统的作用。

① 内部信息资源（包括内部电子化和非电子化的数据、组织方式及作用）。

② 内部信息系统的功能。

③ 企业内部工作流。

④ 内部信息系统管理企业生产及销售的流程。

在分析以上内容后，需要达到以下目的。

① 电子商务活动依赖的内部信息资源。

② 内部信息系统对电子商务系统的信息需求。

③ 界定企业内部信息系统与电子商务系统之间的界限。

④ 给出内部信息系统与电子商务系统之间的数据交换及接口关系。

⑤ 明确电子商务系统与企业内部信息系统的相互影响。

2．外部环境

电子商务系统是企业借以与外部环境进行信息沟通的系统。某企业的电子商务系统具体与外部环境进行哪些信息交换？向外部环境提供哪些功能？

（1）分析

需要着重从以下方面分析电子商务系统与外部环境的关系。如图4-2所示。

① 电子商务系统的目标。

② 电子商务系统欲从外部环境获得的信息。

③ 电子商务系统欲向外部环境提供的信息。

④ 电子商务系统欲向外部环境提供的功能。

（2）目的

在分析以上内容后，需要达到以下目的。

① 确定电子商务活动依赖的外部环境。

② 外部环境与电子商务系统间的相互信息需求。

③ 界定外部环境与电子商务系统之间的界限。

④ 给出外部环境与电子商务系统之间的数据交换及接口关系。

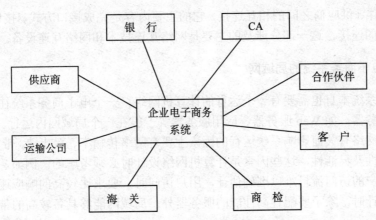

图 4-2　电子商务系统总体结构外部环境示意图

（3）接口

通过以上对电子商务系统内外环境的分析，将电子商务系统与其内部环境、外部环境区分开来，从而确定内部环境、外部环境与电子商务系统之间的数据交换及接口关系，并绘出接口模型。

系统与企业合作伙伴之间的接口中一部分可能是标准化的，如企业之间采用 EDI 方式实现数据交换，或者利用 EbXML（E-business XML）的形式来开展交易；也有相当一部分是不标准的，需要企业与其合作伙伴之间通过协商来确定。

系统与企业内部已有信息系统的接口一般由企业内部 IT 部门统一确定。

系统与交易相关的公共信息基础设施之间的接口指的是企业与在 Internet 提供服务支持的 CA 机构、银行等之间的接口。这类接口的标准化常常由 CA 机构、银行等来提供标准，企业需要满足相关标准的要求，接口的数据交换时序、流程等同时也具有标准的规范要求。

企业与政府或其他机构之间还可能有接口。例如，企业与政府的一些部门之间通过 Internet 实现网络纳税、网络通关等。这一类接口一般遵循政府机构实施电子政务时确定的规范。

4.4　电子商务系统运行平台的设计

4.4.1　网络设计

计算机网络是电子商务的重要组成部分。系统内外数据信息传递和共享必须通过通信和计算机网络来完成。支持电子商务系统的计算机网络包括 Internet、Intranet 和 Extranet 3 个组成部分。

一个能够很好地支持电子商务系统的计算机网络应当满足以下要求。

① 支持电子商务系统通过网络互连和应用互操作的需要。

② 能够隔离和控制外部对系统的访问，保证电子商务系统的安全。

③ 整个网络环境是可以管理的。

计算机网络设计的主要内容和注意事项包括以下几方面。

1．Internet 部分

Internet 部分是企业电子商务系统的用户访问通道。主要目的是实现企业与外部消费者、客户、合作伙伴、供应商之间的相互连接，它的主要内容是完成接口方式、接口规格的设计，实现各个部分的连接。这一部分涉及的主要是网络互连技术和网络互连设备。

2．支持电子商务系统的局域网

电子商务系统本身也需要有一个运行的计算机网络。一个电子商务系统往往包括多台服务器，这些服务器，如 Web 服务器、应用服务器等一般在一个局域网内运行。

与计算机网络有关而影响系统运行的因素主要有网络传输率、吞吐量、带宽、响应时间、安全性、可靠性及灵活性，这些因素是计算机网络设计时必须考虑的。例如，电子商务系统的特点是，用户的访问流量难以准确估计，用户访问时，要求比较高的响应速度。因此在电子商务系统设计时，除了要配置高性能的服务器外，局域网能够具备较高的带宽也是非常必要的。

因此在进行系统总体设计时必须正确地进行计算机网络设计。一个良好的电子商务系统的网络环境应当满足以下要求。

（1）技术先进

网络要求技术先进，而且应符合国际或公认的工业标准，具备开放功能，便于不同网络产品的互连，并考虑到各期投资中所要求的扩充性。因此，网络技术要采用当前流行的，且适应发展的最新网络技术产品，建立适宜的网络体系结构，保证网络系统的容量和安全稳定，以及支持系统的升级。

（2）可扩充性

考虑企业今后的业务发展需要，在网络设计时要充分考虑网络的扩充性。

（3）保护现有资源

尽可能利用现有设备和资源，保护已有的投资。

（4）可靠性

当电缆或其他网络部件发生故障时，网络系统应能保障在其上建立的应用也能正常运行。

（5）配套能力好

网络系统配套能力好，使网络用户能方便、有效地使用系统资源。

（6）可管理性

应采用先进的网络管理平台，对全部网络进行实时监测、记录流量分析，以进行控制和管理。

4.4.2 硬件选择

1．网络设备

网络设备主要用于网站局域网建设、网站与 Internet 的连接。网站访问速度的快慢，很大程度上与网络设备有关。网络设备中的关键设备有 3 种，即路由器、交换机和安全设备。网络设备产品选择首先要满足用户的需求，同时考虑以下原则。

（1）技术上可行

所选的设备应是技术先进的，成熟的产品。在硬件升级后，软件不应作废，必须保证系统的一致性和可扩充性。

（2）服务支持原则

提供产品的公司有良好的服务信誉。售前提供技术指导，售后提供软硬件维护和扩充、升级、员工培训，提供长期可靠的技术服务，这样能减少系统硬件的风险性，服务支持原则是信息系统能够获得成功开发和长期可靠运行的基础。

（3）经济合理原则

为了确定适合厂商的设备产品，在符合技术原则和服务保证的前提下，还需要考虑经济的合理性。经济上合理是指综合初期投资和今后运行费用，不是价格越低越好。产品应稳定性好、可靠性高、后期投入、运行费用低。这样不仅综合费用低，而且对系统长期可靠、稳定的运行都有益处。

2．服务器设备

（1）服务器设备概述

网站的服务器市场主要由 PC 服务器和小型计算机所占领。从目前来看，尽管 PC 服务器得到了飞速发展，但是单从性能上来说，还是和小型计算机有着巨大的差距；小型计算机无论是在 SMP 技术、总线技术，还是 I/O 等方面，都占有绝对的优势，是高端系统的首选。

在具体实施过程中，一方面，由于小型计算机在稳定性、可扩展性、高性能、海量数据管理、联机事务处理等方面所具有的卓越性能，许多电子商务系统，特别是大型电子商务系统核心部分都采用了小型计算机；另一方面，PC 服务器具有可管理性、易用性、模块化和应用软件丰富的突出特点，使 PC 服务器在低端市场和非关键性业务方面仍具有较大的优势。

（2）服务器的选择原则

一般而言，企业选择服务器通常要考虑以下几方面的性能指标。

① 可靠性。服务器的可靠性是由服务器的平均无故障时间（Mean Time Between Failure，MTBF）来度量的。故障时间越少，服务器的可靠性越高。对于电子商务系统，通常要求服务器 24×7 无故障运转。对于银行业、航空公司的电子商务系统，即便是短暂的系统故障，也会造成难以挽回的损失。可以说，可靠性是服务器的灵魂，它直接关系到整个系统的可靠性。所以，用户在选购时必须把服务器的可靠性放在首位。

② 可管理性。可管理性是指服务器的管理是否方便、快捷，界面是否友好，应用软件是否丰富等方面的问题。管理性好有助于降低支持和管理成本，有效监控系统的运行状态，及时发现并解决问题，将问题消灭在萌芽状态。在可管理性方面，PC 服务器要优于 UNIX 服务器。

③ 可用性。一般来说，服务器的可用性是指在一段时间内服务器可供用户正常使用时间的百分比。服务器的故障处理技术越成熟，向用户提供的可用性就越高。提高服务器可用性有两个方式，即减少硬件的平均故障间隔时间和利用专用功能机制，该机制可在出现故障时自动执行系统或部件切换，以免或减少意外停机。然而不管采用哪种方式，都离不开系统或部件冗余，当然这要提高系统成本。

④ 可扩展性。可扩展性是服务器的重要性能之一。服务器在工作中的升级特点表现为工作站或用户的数量增加是随机的。为了保持服务器工作的稳定性和安全性，就必须充分考虑服务器的可扩展性能。首先，在机架上要为硬盘和电源的增加留有充分余地；其次，在主机板上的插槽不但要种类齐全，而且要有一定数量。

⑤ 服务器的高性能。服务器的高性能是指服务器综合性能指标高。服务器基本性能主要表现在运行速度、磁盘空间、容错能力、扩展能力、稳定性、持续性、监测功能，以及电源等方面。需要强调的是一定要关注硬盘和电源的热插拔性能，网卡的自适应能力，以及相关

部件的冗余设计和纠错功能。这些基本性能将为保证服务器作为网络心脏能够安全、稳定、快速工作起到重要作用。

⑥ 服务器的模块化设计。服务器的模块化设计是指以电源、网卡、SCSI 卡、硬盘、风扇等部件为模块结构，且都具有热插拔功能，可以在线维护，使系统停机的可能性大大减少。特别是分布式电源技术，使每个重要部件都有自己的能源系统，不会因一个部件电源损坏而危及整个系统的安全与持续工作。

这 6 个方面是用户在选购服务器时通常要重点考虑的，它们既相互影响，又各自独立，而且在涉及不同的应用和行业时，6 个方面的重要性也有轻重之分，因此，必须综合权衡。

此外，品牌、价格、服务、厂商实力等也是要重点考虑的因素。售后服务和技术支持体系必须完善，不同的厂商有不同的服务机构和技术支持能力，在选择服务器时一定要选择能满足要求的厂商，具体还要考虑到服务机构的远近与方便，服务机构的承诺与实力，服务机构的信誉程度等。

4.4.3 软件选择

1．网络操作系统

在 Internet 环境下，UNIX、微软的 Windows NT/2000、Linux 是用于电子商务网站的 3 大主流网络操作系统。操作系统的选择要考虑硬件平台、应用需求和技术人员的能力。

网络操作系统的选型需要考虑以下几个方面。

（1）符合国际和工业标准

只有符合工业标准和国际标准的网络操作系统才具有发展的潜力。标准化程度越高，与其他网络系统的兼容性越好。

（2）必须独立于硬件

组成网络的硬件设备是多种多样的。网络操作系统应该支持电子商务系统包容的各种硬件。

（3）多服务器支持

支持多个服务器，并能实现服务器之间的透明信息传输。

（4）必须公布应用程序编程接口

它能使开发商和用户高效地开发出需要的网络应用程序。

（5）技术支持

应具有较好的技术支持和售后服务。

（6）支持多种传输协议

为了使不同的系统能够集成，网络操作系统需要对不同的传输协议提供支持。

（7）易于管理

网络操作系统应易于管理，可以使网络管理员方便地管理网络、查询问题和最佳地设置服务器。网络操作系统应提供相应的管理工具。

（8）良好的安全性和可靠性

网络操作系统应能提供有效的用户访问的安全机制，应具有很高的可靠性，保证网络系统的稳定运行。

（9）网络操作系统具有容错能力

网络操作系统至少应该有以下几方面的容错能力。

① 操作系统要能防止执行中的应用程序因不当的指令而造成的死机。

② 当文件存取时被异常中断，对未完成的文件存取动作进行恰当处理。

③ 对软硬件备份的支持。

④ 当发生无法挽救的错误时，系统要能重新开机回到正常工作的状态。

⑤ 当系统发生错误时，能够把事件记录下来，并通过事先设定的方法通知系统管理者。

2. Web 服务器软件

Web 服务器软件是指驻留于 Internet 上某种类型计算机的程序。当 Web 浏览器（客户端）连到服务器上并发出 HTTP 请求时，服务器软件将处理该请求并将响应发回到该浏览器上。服务器软件使用 HTTP（超文本传输协议）进行信息交流。

在选择 Web 服务器软件的过程中，不仅要考虑目前的需求，还要考虑到将来可能需要的功能。这是因为更换 Web 服务器软件通常要比安装标准软件困难得多，会带来一系列的问题，如页面脚本是否需要更改，应用服务器是否需要更改等。某些 Web 服务器软件只能运行在一种操作系统上，所以在进行 Web 服务器软件的选择时，必须和操作系统结合起来考虑。一般说来，需要考虑以下几个方面。

① 与网络操作系统的配合。

② 响应能力。响应能力就是 Web 服务器对多个用户浏览信息的响应速度，响应速度越快，一定时间内可以支持的访问量就越多，对用户要求的响应就越快。

③ 管理的难易程度。Web 服务器的管理包括两种含义：一是管理 Web 服务器是否简单易行；二是利用 Web 界面进行网络管理是否方便。

④ 保护原有的投资。

⑤ 稳定可靠性。Web 服务器的性能和运行都需要非常稳定，如果 Web 服务器经常发生故障，将对整个系统产生非常严重的影响。

⑥ 安全性。Web 服务器要从两方面考虑安全：一是要防止 Web 服务器的机密信息泄露，二是要防止黑客的攻击。

3. 应用服务器

应用服务器是 3 层/多层体系结构的组成部分，位于中间层。应用服务器运行于浏览器和数据资源之间，一个简单的实例是，顾客从浏览器中输入一个订单，Web 服务器将该请求发送给应用服务器，由应用服务器执行业务逻辑，并且获取或更新后端用户数据。

在企业级应用中，应用服务器是位于企业数据（以及其他企业遗留系统）和访问企业数据的客户之间的中间件，提供了业务代码的存放和运行的环境。它从物理上把业务逻辑同客户端和数据资源分离开来。应用服务器可使一个商业系统得以快速简便地开发和部署，也可以适应商业系统的用户增加而无需重构系统，这一切都是因为它处于一个相对独立的结构层。

应用服务器的基本用途包括管理客户会话、管理业务逻辑、管理与后端计算资源（包括数据、事务和内容）的连接。

由于应用服务器预装了部分功能，并提供了一些开发工具，所以在其基础上开发应用软件能够简化用户的接口，减少开发的难度。

应用服务器技术是 1998 年在美国出现的，它的出现主要是为了适应越来越大的电子商务需求，是一项全新的技术，目前没有什么替代技术。如果不采用应用服务器，只能采用传统的技术方法来实现电子商务网站的软件系统。

最近几年，除了微软独家提供与 Windows 操作系统绑定在一起的、基于 DNA/DCOM 技术的应用服务器软件功能外，主流应用服务器产品全部基于 Java 语言开发，并遵从 J2EE/EJB 规范。

应用服务器产品很多，但是流行的应用服务器主要有 BEA 公司的 WebLogic 产品家族和 IBM 的 WebShpere。

选择应用服务器，用户需要仔细评估对应用服务器功能的需要，以选择最适于解决问题的软件。不同的产品有着不同的定位，如 iPlanet 将其 iPlanet 应用服务器 6.0 定位于网络和应用服务提供商以及超大型企业；如果企业面临的问题是大量的消费者在 Web 站点上购物或者预期出现高速的增长，对负载平衡和集群支持要求比较高，那么 BEA 的 WebLogic 或 IBM 的 WebSphere 将是两位竞争者；如果企业的业务依赖于 Oracle 数据库，则 Oracle 的配置内置 ApacheWeb 服务器的 Internet 应用服务器是很好的选择；如果用户要选择易用的产品，则可以考虑选择 SilverStream 应用服务器的集成开发环境和工具。

4．数据库管理系统

在电子商务系统中，数据库是必不可少的核心组成。而且，电子商务系统对数据存取设备的容量、性能、安全性以及灾难恢复能力有更高、更快、更强的要求。

目前，开发电子商务系统，常选择的数据库管理系统主流产品有 Oracle、Sybase、IBM 公司的 DB2、Microsoft SQL Server、MySQL 等。对于数据库管理系统的选择可参考以下几个因素。

（1）数据库管理系统的成熟程度和先进性

成熟程度和先进性是矛盾的，保守稳健的策略是选用成熟的产品，开拓性的策略是选用技术先进，但未必很成熟的产品。目前大部分文件系统和关系数据库管理系统都属于比较成熟的产品，而面向对象的数据库管理系统从总体来看还不够成熟，但比较先进。

（2）价格

由于不同数据库管理系统价格有差异，所以价格是一个重要的参考选择因素。

（3）开发队伍技术背景

应考虑开发队伍对哪一种数据库管理系统的技术掌握得更熟练，这将影响到工期、开发成本和风险。

（4）与其他系统的关系

选用数据库管理系统还应考虑数据库管理系统与其他系统的关系。

4.5 网站设计与制作

4.5.1 总体设计

总体设计主要规划网站的总体效果，包括目标设计、风格设计、栏目设计、导航设计、配色方案设计、目录结构设计等。

1．目标设计

网站目标设计需要解决 4 个问题：一是确定网站主题；二是确定网站名称；三是确定服务对象；四是确定系统功能。

（1）确定网站主题

网站主题就是网站所要表达的主要内容，它就像一篇文章的标题。作为一个网站设计者，在正式开始创建网站之前，必须明确要建设一个什么样的网站，需要达到何种目标。

人们生活的世界是五彩缤纷的，丰富多彩的生活反映到网站建设中，给设计者提供了非常多的题材。从机关政务、企业商务到单位管理，从思想品德、技术创新到家庭生活，大到天体演变、宇宙变迁，小到花鸟鱼虫、微观世界，都可以作为网站主题。客观世界的多样性反映到网站建设中，网站的主题也就有了多样性。

例如，要建一个商务网站，首先应该考虑本网站经营何种业务，与传统商务有何区别，有哪些优越性，如何取得盈利。接着应该对市场进行调研，了解市场的购买力，客户的性别、年龄、文化程度、职业、习惯等；还应了解哪些商品是畅销的，哪些商品是滞销的，哪些商品是紧缺的。一般来讲，应分析同类商品市场的规模和最大需求量，还应查询经营同类商品的商务网站，了解它们的长处和不足，结合自己公司的特长，分析有无能力去竞争市场份额。

（2）确定网站名称

网站名称是与主题紧密相关的，一个响亮的名称能给站点的推广提供便利，也在一定程度上体现了网站设计者的文化品位。网站的名称如果可以和域名配合起来，会更加方便浏览者记忆，有利于访问量的提高。

网站名称的确定一般遵循以下原则。

① 名称要正。网站名称要合法、合理、合情。

② 名称要易记。所选名称要容易记忆，不要太长，一般控制在 6 个汉字（最好 4 个汉字）以内。

③ 名称要有特色。名称能够体现一定的内涵，给浏览者更多的视觉冲击和空间想象力则为上品，如"黄金书屋"的名称让人想起"书中自有黄金屋"的谚语，是文化与内涵的体现。

（3）确定服务对象

主题确定之后，还需要明确网站的服务对象，了解服务对象的浏览习惯和浏览喜好。如学校建设一个远程教育网站，主要对象是在校学生还是已经工作的在职人员，因为不同的人群对网站的需求是不一样的。一个网站可以顾及各个层次的对象，但必须有一个主体对象，当然也应该预测到以后会发展的潜在对象，这对确定建站的规模有一定的帮助。

（4）确定系统功能

确定系统功能是建设网站的核心，网站的主题需要通过具体的功能去实现。设计功能时要顾及服务对象，因为网站最终要服务于社会对象；设计功能时还要适应管理对象，因为网站是一系列管理者的工作平台，不同管理者的职责和权限是不同的。设计功能时还要善于归纳，在进行用户需求调研的基础上，按照一定的逻辑结构、角色权限、部门职能等内在因素进行有效而合理的划分，以有益于后期的程序编码。

2．风格设计

网站风格是网站设计者难以掌握的技术，因为没有规律可循。给出任意一个主题，任何两个不经商量的设计者都不可能设计出完全一样的网站。

网站风格是站点的整体形象给浏览者的综合感受，是站点与众不同的特色，透露出设计者或企业的文化品位。

网站整体形象包括站点的形象识别（Corporate Identity，CI）、版面布局、浏览方式、交互性、文字、语气、内容等诸多因素。例如，人们觉得网易是平易近人的、迪斯尼是生动活泼的、IBM是专业严肃的，这些都是网站给人们留下的不同感受。

风格是独特的，是自己站点与其他网站不同的地方，或者色彩、或者技术、或者交互方式都能让浏览者分辨出这是某个网站所独有的。

风格是有人性的，通过网站外观、内容、文字、交流方式可以概括出一个站点的个性与情绪，有的温文尔雅、有的热情奔放、有的活泼易变，就像人的性格一样。

有风格的网站与普通网站的区别在于：普通网站看到的只是堆砌在一起的信息，只能用理性的感受来描述，如信息量的大小，浏览速度的快慢；但浏览有风格的网站后能有更深层次的感性认识，如条理清晰、和蔼可亲。

风格的形成不是一次定位的，需要在开发过程中不断强化、调整和修饰，也需要不断向优秀网站学习。

具体设计时，对于不同性质的行业，应体现出不同的网站风格，就像穿着打扮，应根据不同的性别和年龄层次而异。一般情况下，政府部门的网站应比较庄重；娱乐行业的网站可以活泼生动一些；文化教育部门的网站应该高雅大方；商务网站可以贴近民俗，使大众喜闻乐见；而个人网站则可以不拘一格，更多地结合内容和设计者的兴趣，充分彰显个性。

3. 栏目设计

确定了站点内容，还需要进一步明确站点栏目与板块。网站内容繁多，如果网站栏目不清晰，内容杂乱，浏览者就会茫然，网站的扩充和维护也会相当困难。

划分栏目和板块的实质是给网站建立一个大纲索引，使网站主题明确显示出来。在制定栏目时要仔细考虑，合理安排。一般网站栏目安排要注意以下几个方面。

（1）紧扣主题

一般的做法是将主题按一定的方法分类，并将它们作为网站的主栏目。如以一个动画网站为例，可以将栏目分为动物动画、标志动画、三维动画、卡通动画等，并在首页上标明最近更新的动画。一定要记住，主题栏目的个数在总栏目中要占绝对优势，这样的网站才显得专业，主题突出，而且容易给人留下深刻的印象。

（2）突出重点

网站栏目的设置要突出重点，方便用户。可按内容划分栏目，也可按功能划分栏目。当栏目内容较多时，再将栏目划分为板块，就像一篇文章包含若干大的段落，段落下面再包含若干小节一样。

如果网站内容庞大，层次较多，可设计站内搜索引擎，或设置网站指南栏目，在其中绘制站点结构图，用来帮助初访者快速找到他们想要的内容。

（3）重视交互

一般情况下，网站栏目中应包含交互项目，如问与答、留言簿、BBS等，这样可以及时与浏览者沟通，获取浏览者的反馈意见，解决用户的各种问题，以增强网站的亲和力。

4. 导航设计

导航是网页设计中的重要部分，也是整个网站设计中的一个独立部分。一般来说，网站导航在各个页面中的位置是相对固定的，风格较为统一。导航的位置对于网站的结构以及各个页面的布局起着举足轻重的作用。

导航的位置一般有 4 种常见形式，即在页面的左侧、右侧、顶部和底部，有的在一个页面中还采用多种导航方式，如顶部设置主导航菜单，左侧设置折叠菜单，以增强网站使用的方便性。导航在页面中出现的次数不是越多越好，要合理运用。如果页面较长，通常在页面底部要设置一个导航栏，这样当浏览者浏览到页面底部时，就可以不必返回页面顶部而直接跳转到其他栏目了。

子页面的导航设计也是很重要的。子页面一定要有上一级页面的链接，直到首页，这样，浏览者访问起来才比较方便，不用单击"后退"按钮就可以回到首页或上一级页面。对于子页面，如果页面比较长，可在页面上部设置一个简单的目录，通过单击目录项，快速跳转到相应的内容区域，方便浏览。

5．配色方案设计

网页中最难处理的就是色彩搭配的问题了。如何运用最简单的色彩表达最丰富的含义和体现企业形象是网页设计人员需要不断学习、探索的课题。在网页设计中，应根据和谐、均衡和重点突出的原则，将不同的色彩进行组合、搭配来构成美丽的页面。按照色彩的记忆性原则，一般暖色较冷色的记忆性强。色彩还能使人产生联想、象征某些事物，如红色的色感温暖，白色的色感光明等。

根据专业研究机构的研究表明，彩色的记忆效果是黑白色的 3.5 倍，也就是说，在一般情况下，彩色页面较黑白页面更加吸引人。

（1）网页色彩搭配原理

① 鲜明性。网页的色彩要鲜艳，容易引人注目。

② 独特性。要有与众不同的色彩，使得用户对企业网站的印象强烈。

③ 合适性。色彩和网站要表达的内容气氛相适应。

④ 联想性。不同色彩会产生不同的联想，如蓝色想到天空，白色想到纯洁等。

（2）网页色彩搭配技巧

① 相同色系色彩。先选定一种色彩，然后调整透明度或饱和度，产生新的色彩。这样的页面看起来色彩统一，有层次感，容易塑造网页和谐的统一氛围，缺点是容易造成网页的单调。

② 运用对比色或互补色。先选定一种色彩，然后选择它的对比色或互补色，这种用色方式容易塑造活泼、生动的网页效果，缺点是容易造成色彩杂乱。

③ 不要将所有颜色都用到，尽量控制在 3 种色彩以内，并且在其中选择一种作为主色调。

④ 背景和文字的对比尽量要大，要有足够的对比度来保证页面易于阅读，绝对不要用花文繁复的图案作为背景，以突出主要的文字内容。

⑤ 由于生活的地理位置、文化修养等差异，不同的人群对色彩的好恶程度有着很大的差异。如生活在闹市中的人喜欢淡雅的颜色；生活在沙漠中的人喜欢绿色等。在设计中要考虑主要用户群的背景和构成。

6．目录结构设计

目录结构设计用于解决如何在硬盘上存放网页、图片、动画、声音、数据库等网站资源文件的问题，在开始建设网站时就应该合理地规划好目录结构。

如同规划栏目一样，规划网站目录结构的分类方法很多，一般可根据网站的主题和内容来进行，不同的栏目对应不同的目录，以下是目录结构设计通常遵循的原则。

（1）尽量避免在根目录下存放所有文件

有些设计者为了方便，常常将所有文件都存放在根目录下，这样做容易造成文件管理混乱，搞不清哪些文件需要编辑和更新，哪些无用的文件可以删除，哪些是相关联的文件，从而影响工作效率，也影响上传速度。服务器一般都会为根目录建立一个文件索引，如果将所有文件都放在根目录下，那么即使只上传更新一个文件，服务器也需要将所有文件再检索一遍，并建立新的索引文件。很明显，文件量越大，等待的时间就越长，所以应尽量减少根目录下的文件存放数量。

（2）按栏目内容建立目录结构

一般情况下，可按栏目内容建立目录结构，这样，目录与相关栏目文件一一对应，管理起来方便有序。用这种方法分类时，有些特殊文件需要另建特殊目录：建立 Common 目录用于存放面向整个网站的文件，建立 Bin 目录用于存放可执行文件，建立 Database 目录用于存放数据库文件，建立 Download 目录专供文件下载，建立 Temp 目录用于存放暂存文件等。

（3）目录层次不要太深

一般来说，网站的目录层次不要超过 3 层，这样便于管理。但如果服务器性能很好，不局限于此。

（4）不要使用中文命名

应该考虑到不同浏览者的浏览器配置不同，使用中文目录或文件名可能对网址和文件的显示造成困难，所以应当尽量使用英文目录和文件名。当然，使用英文表示有困难时，也可以使用汉语拼音缩写或一般字母和数字。

（5）每个目录下都建立 Images 子目录

考虑到网页编辑中需要使用大量的图像和动画文件，一般情况下，在每个目录下都建立独立的 Images 子目录，以存放相应的文件。如果有些图像文件会被多个栏目网页调用，如网站标志图像、友情链接图像、栏目图像等，可在根目录下建立一个 Images 目录，以存放这些文件用于共享。

4.5.2　网页布局设计

版面指的是用户在浏览器中看得到的一个完整的页面。因为每个用户所使用的显示器分辨率不同，所以同一个页面的大小可能出现 640×480 像素，1024×768 像素等不同尺寸。布局就是指以最合适用户浏览的方式将图片和文字排放在页面的不同位置。

1．网页布局步骤

（1）创建初始方案

新建的页面就像一张白纸，网页设计人员可以尽可能地发挥其想象力，将可能想到的蓝图画上去。这属于创造阶段，不讲究细腻工整，不必考虑细节功能，只以粗陋的线条勾画出创意的轮廓即可。尽可能地多画几张，最后选定一个满意的方案作为继续创作的脚本。

（2）初步设计网页布局

在初始方案的基础上，将前面已确定的需要放置的功能模块安排到页面上。注意必须遵循突出重点、平衡谐调的原则，将网站标志、主菜单等最重要的模块放在最显眼、最突出的位置，然后再考虑次要模块的排放。

（3）定案

将初步布局精细化、具体化。

2．常见的版面布局形式

（1）"T"结构

所谓"T"结构，就是指网页上边和左边相结合，页面顶部为横条网站标志和广告条，下方左面为主菜单，右面显示内容的布局，这是网页设计中用得最广泛的一种布局方式。

这样的布局有其固有的优点：首先是人的注意力主要在右下角，所以企业想要发布给用户的信息都能被用户以最大可能性获取；其次是页面结构清晰。缺点是规矩呆板，如果在细节色彩上不注意协调，很容易让人"看之无味"。

（2）"口"结构

这是一个形象的说法，就是指页面上下各有一个广告条，左面是主菜单，右面是友情链接等，中间是主要内容。

这种布局的优点是页面充实、内容丰富、信息量大，是综合性网站常用的版式。特别之处是顶部中央的一排小图标起到了活跃气氛的作用。缺点是页面拥挤，不够灵活。

（3）POP 布局

POP 引自广告术语，就是指页面布局像一张宣传海报，以一张精美图片作为页面的设计中心。常用于时尚类站点，优点显而易见：漂亮吸引人；缺点就是速度慢。

（4）对称对比布局

顾名思义，采取左右或者上下对称的布局，一半深色，一半浅色，一般用于设计型站点。优点是视觉冲击力强，缺点是将两部分有机地结合比较困难。

以上总结了目前网络上常见的几种布局，其实在现实的应用中基本上都是经过一定的变化的，所以才能在网站上呈现出丰富多彩、别具一格的布局形式。

3．页面布局原则与技巧

版式设计通过文字图像的空间组合，表达出和谐与美。只有当内容和形式，即具体网页的排版布局达到一种协调的状态才算是一种真正成功的网页设计。所以，不能单独考虑网页的内容排版，仅仅把具体内容清晰流畅地放到网站上是远远不够的，这样会严重影响用户的浏览心情。同样，也不能只顾页面的形式，页面再漂亮，但是用户能从中获得的信息很少，就不能达到其上网的目的。经过对许多成功网站的分析，可以发现：除了页面上面的标题部分和下面的结尾部分，网页中间的主题部分一般采用"1：2""2：1"或"1：2：1"的结构，这是最常见、最流行的网页结构方式，因为网页设计人员可以方便而有条理地组织网页的信息。只要能够合理地组织信息，便于交流，采用其他更为灵活多变的结构方式也可以。

（1）正常平衡

正常平衡亦称"匀称"。多指左右、上下对照形式，主要强调秩序，能达到安定诚实、信赖的效果。

（2）异常平衡

异常平衡即非对照形式，都是不均衡的，此种布局能达到强调性、不安性、高注目性的效果。

（3）对比

所谓对比，不仅利用色彩、色调等技巧来表现，在内容上也可涉及古与今、新与旧、贫与富等对比。

（4）空白

空白有两种作用：一方面对其他网站表示突出卓越，另一方面也表示网页品位的优越感，这种表现方法对体现网页的格调十分有效。

以上的设计原则虽然比较枯燥，但是在实际网页设计中如果灵活应用，就可以得到非常好的视觉效果。

4.5.3　首页设计和其他页面设计

1．首页设计

首页也叫主页，它是网站的形象页面，是网站的"门面"，也称为 HomePage。网站是否能够吸引浏览者，能否促使浏览者继续点击进入，全凭首页设计的效果。所以，首页设计对于任何网站都是至关重要的。网页设计人员必须对首页的设计和制作足够重视。

首页的设计应该遵循快速、简洁、吸引人、信息概括能力强、易于导航的原则，同时融入企业形象，突出企业特点，争取在第一时间吸引浏览者的眼球。

2．首页的功能模块

首页的功能模块是指在首页上需要实现的主要内容及其功能，最简单的就是在主页上必须清楚地列出 3 项要点，即机构名称、提供的产品或服务以及主页内容（即网站上其他页面还载有什么资料），通常一个电子商务网站首页上应会将以下基本内容列出。

① 页头。用来准确无误地标示企业的网站，它应该能够体现出企业网站的主题，而该主题是与企业的产品和服务紧密相关的。它应集中、概括地反映企业的经营理念和服务定位，可以用企业的名称、标语、徽号或图像来表示。《财富》500 强网站多有明确的主题，在首页之初就将其置于屏幕显著位置。如通用电气以"我们将美好的事物带给生活"为建站之名，宝洁的旗号是"我们尽己所能，使人们生活日胜一日"等。

② 主菜单。主菜单即导航条，它提供了对关键页面的简捷导航，其超级链接或图标应明确地表明企业网站的其他页面上还载有什么样的信息。用户能够根据这样一个简单的功能化界面，迅速地到达他们所需信息的其他页面上。

③ 最新消息的传递。因特网上不断有新事物出现，每天都有新花样。如果企业网站的主页从不改变，用户很快会厌倦。为保持新鲜感，应该时刻确保主页提供的是最新信息。将更新主页信息的工作纳入既定的公关及资料编制计划内，即企业使用传统方法（如新闻稿）传递的新信息会即时出现在企业网站的主页上。要确保链接畅通，以免用户收到"无法查阅所需页面"的信息而感觉没趣。

④ 电子邮件地址。在页面的底部设计简单的电子邮件链接，可使用户与负责 Internet 站点或负责网上反馈信息的有关人员迅速取得联系。这将为用户找人请教或讨论问题节省大量的搜索时间，还能使企业获得因特网站点外的信息反馈。

⑤ 联络信息。列出通信地址、公关或营业部门的电话号码等，以便用户可以通过非 E-mail 的方式与公司相关人员获得联系。

⑥ 版权信息。这是适用于首页内容的版权规定，也可以在首页上标示一句简短的版权声明，用链接方法带出另一个载有详细使用条款的页面，这样可以避免首页显得杂乱。

⑦ 其他信息。除了包括以上的信息以外，一般的营销网站上还需要其他一些信息，如广

告条、搜索、友情链接、邮件列表、计数器等。

（1）首页的可视化设计

确定好首页的内容和功能后，就可以设计首页的版面了。国内许多企业的首页设计平庸，既无特色又显呆板，原因就是缺乏让人"神往其间"的视觉兴趣点。

设计版面的最好方法是一张白纸，一支笔，先描绘出理想中的草图，然后再用网页制作软件来实现。一般大、中型企业网站和门户网站设计首页时常用信息罗列型的设计，即在首页中罗列出网站的主要内容分类、重点信息、公司信息等，也就是上面谈到的各种功能模块。这种风格以展示信息为主，在细微之处体现企业形象，于平淡之中勾画出一个优美的符合企业特点的曲线，给人以深刻的印象，从而将企业形象印在浏览者的脑海中。

（2）首页设计中要注意的几个问题

从本质上来说，首页就是全网站内容的目录，也是一个索引，在首页设计中，以下事项是需要注意的。

① 商业网站要避免封面问题。封面是指没有具体内容，只有一个标徽 Logo 点击进入，或者只有简单的图像菜单的首页。除非是艺术性很强的站点，或者确信内容独特足以吸引浏览者进一步点击进入的站点，否则，封面式的首页不会给企业站点带来什么好处。

② 首页明确，主题突出。使浏览者进入网站就知道该网站的类型、业务，最好有一个突出的主题句。

③ 尽可能缩短下载时间。首页上包括许多图像，如公司标志、有关的产品图像或者重点标出的某些新产品或特殊产品的图像，这些就是导致首页下载时间过长的主要因素。主页上的图像应力求简朴，页头图像最好保持在 10KB 以下。

④ 考虑不同显示器的分辨率，不同浏览软件版本的兼容性。需要注意配合最低档的设备，例如，标准的小型显示器，不要假设所有人都用高清晰度的大屏幕。运用先进浏览软件所提供的尖端功能是可以的，但应确保主页在较低版本的浏览软件上仍可顺畅地显示。

3．其他页面设计

除了首页之外，其他页面要根据网站信息结构规划时制定的内容、功能、服务来确定，不同的内容有不同的表达方式，但要注意与首页、主题风格统一。

案例 11

中国宝洁（www.pg.com.cn）

1．公司简介

始创于 1837 年的宝洁公司是美国的大型生活消费品公司，也是享誉世界的最精于营销的公司之一。宝洁公司拥有 80 多个品牌，在全世界的年收入达 200 亿美元。和来自欧洲的联合利华公司一样，宝洁公司在洗衣粉、洗涤用品和个人护肤品方面是一家在全球居统治地位的公司。宝洁公司从 1988 年进入中国市场至今已经 20 余年，在这 20 余年里，宝洁每年至少推出一个新品牌，尽管推出的产品价格为当地同类产品的 3～5 倍，但这并不阻碍其成为畅销品。可以说，只要有宝洁品牌销售的地方，该产品就是市场的领导者。

宝洁以对高质量产品的不懈追求闻名于世，在管理上更是精明练达，独具风格。在众多的企业网站中，宝洁始终是抢眼夺目的。

2．网站页面分析

宝洁公司来到中国已经20余年，中国市场成长为宝洁全球发展速度最快的市场之一。中国宝洁首页（http://www.pg.com.cn，如图4-3所示）非常抢眼夺目，主要是因为坚持了画面简洁，重点突出的原则。建立网站就是要向全球民众做屏幕广告，这是宝洁建立网站的目的，因为好的屏幕广告是网络营销的主题。宝洁的首页整体布局严谨、层次分明，且只有公司名称，网站目录，没有任何背景、旗标、按钮等花花技法，整幅画面简洁明快。"一幅画面、一个主题、一种产品"是宝洁网站的设计原则，除非万不得已，决不用长篇大论，充分体现了宝洁"一张纸"的企业精神。

图4-3　宝洁公司首页

宝洁产品分为日用品和食品两大类，与人们的生活直接相关，所以在网页上沿用其在传统广告中的营销主题：亲情至上，关爱生活。画面上总洋溢着欢乐与亲情，直沁人心。这种互联网上无声的欢乐颂是能够跨越任何民族、国家、年龄、语种和宗教的，在访问者心中激起爱心和快乐的共鸣，因而是商家营销的利器。

宝洁的产品介绍页面坚持画面简洁、重点突出的原则，每帧页面均按照平面广告的要求设计制作。在页面设计上，每帧页面只有一个兴趣中心，并按照经典平面广告技法使之位于黄金分割处，兴趣中心一般都是与产品相关的人物特写，它们或是表情欢娱，或是亲情四溢，使人一目之瞥，便能神注其间。这种着重从视觉效果出发，将网站做成系统屏幕广告的做法，在众多网站中独具特色。

以宝洁的拳头产品之一玉兰油为例，1989 年玉兰油以"给您青春肌肤"的口号进入中国市场以来，一直受到爱美女性的喜爱。在对玉兰油介绍的网页中，不仅可以了解各款玉兰油护肤品的不同功效，还可以了解到玉兰油进入中国以来的发展过程。除了在产品介绍中罗列了宝洁出品的产品之外，还有专门的品牌网站，具体介绍了宝洁的产品。

3．网站特色

在大中华宝洁网上，设有"美尚生活"，"产品介绍"，"新闻中心"，"宝洁招聘"，"联系宝洁"等栏目，这一设计给人一种清新、自然和舒服的感觉，同时还有关于世界各地宝洁网站的链接。在导航结构中，可以清楚地了解到各栏目下的具体内容，在产品介绍中，设有洗发护发产品、健康用品、织物家居用品、婴儿护理产品、妇女保健产品等栏目，囊括了宝洁公司的全部产品。在网页中，涉及很全面，很到位，每一个品牌产品的 Logo 也清楚可见。宝洁网站中一个最好的地方是为消费者而设立的"消费者之角"，此网页里面说明了消费者如何识别宝洁公司的假冒产品、购买之后如何处置以及关于宝洁公司的一些打假信息。让消费者买得满意、买得放心、用得安心、这些措施加大了公司与消费者之间的联系和互动，便于消费者跟企业反馈情况，有利于企业根据不同消费者的信息及时调整营销策略和根据消费者的需求推出不同的产品。网页中一个让人觉得很贴心的服务栏是"联系宝洁"，里面除提供了地址的联系方式之外，还提供了不同产品的不同联系方式，这不仅方便了消费者，也为企业节省了很多资源，是一个很人性化的设计。

4．网站发展

作为世界最大的日用消费品公司之一，宝洁公司拥有丰富的产品，如何才能在网上保护好自己的品牌系列呢？宝洁很早就建立了包括产品网站与公司网站在内的完善的网站体系，但人们只能通过记住它烦琐冗长的英文域名才能访问宝洁公司或产品网站，尤其对于习惯汉语的中国人来说，这是件让人头疼的事情。于是，宝洁通过使用网络实名，在"飘柔"、"潘婷"、"海飞丝"等众多产品网络实名的基础上，又注册了"中国宝洁"、"宝洁公司"、"宝洁"3 个网络实名，实现了对其 300 多个品牌的统一保护。这样，用户需要时可以通过产品实名，快速到达宝洁的产品网站，而宝洁的网络品牌也由此得到了更全面的保护。

宝洁公司表示，Internet 呈指数级成长，这是消费者寻求信息和娱乐的地方，客户在哪里，宝洁公司就要到哪个地方去。在产品宣传上，宝洁堪称"全球最大的广告主"，如今风靡网络，成效卓然。综其目前站点的结构和价值取向，宝洁网站也许将成为网上最大的个人美容指导和卫生保健品咨询站、日化用品博览会和电子商务中心。

思考与练习

1．电子商务系统的框架包括哪些内容？

2．根据企业贸易的情况，分析电子商务模型的特点、贸易处理的过程。

3．企业实现电子商务的步骤有哪些？

4．开展电子商务需要哪些技术基础？

5．为什么要建立企业自己的网站？有何作用？如何建立？

6．调查 1～2 个传统企业的情况，说明开展电子商务迫切需要解决的问题有哪些。

第5章 在线销售

本章概要：本章从在线销售的概念和在线销售的潜力出发，分析了在线销售企业的战略模型，在线销售成功的关键及管理，并且通过3案例增强学生对在线销售优越性的认识。

学习目标：了解在线销售的概念和发展潜力，在线销售的企业种类、网络商店的类型以及顾客的类型，顾客的购买模型；掌握在线商店的销售模型，理解在线销售成功的关键以及中国加入 WTO 对在线销售所产生的影响。

学习指导：本章的重点是掌握在线销售的概念、网络商店的类型以及顾客的类型；难点是在线商店的销售模型以及在线销售成功的关键问题。通过案例分析，从不同实例的分析中概括出在线销售的模式，真正地理解在线销售的基本原理。并以淘宝网为例，介绍在网上开店的过程。

5.1 在线销售的概念和潜力

5.1.1 在线销售的概念

在线销售是指企业或者个人通过 Internet 购买商品和服务的全过程。购买者可以浏览网上的商品目录，比较、选择满意的商品和优质的服务，通过 Internet 下订单，通过网上支付或者离线付款、卖方处理订单、网上送货或离线送货，完成整个网上购物过程。在网络虚拟环境下构建的商店可以称为网上商店或者虚拟商店。

5.1.2 在线销售的优势

对于几乎所有的大型企业、金融服务公司来说，上网已经是越来越普通的事情了，零售行业也不例外。在美国，90%的大中型零售业公司已经建立了自己的网页，而其中大多数利用网页销售其产品。随着技术的不断进步和企业间竞争的加剧，公司总裁们相信在线销售额将以两位数比率增长。事实的确如此：美国在线零售销售额从 1995 年的 5.2 亿美元猛增到 1998 年的 80 亿美元。

1. 在线销售的优势

（1）交互性

用户可以方便地通过互联网查找产品、价格、品牌等，以满足用户的需求。

（2）产品信息

Internet 可以提供当前产品详尽的规格、技术指标、保修信息、使用方法，甚至对常见的问题进行解答。

（3）产品的选择

在线的零售商不受货架和库存的限制，可以向客户提供几乎无限的选择。

（4）个性化服务

在线零售商可以跟踪每一个客户的销售习惯和爱好，提供个性化的服务，如推荐产品（组合）和相关促销等。

（5）更灵活的市场营销

产品的种类、价格和营销手段等可根据客户的需求，竞争环境或库存情况进行及时的调整。

（6）产品多媒体技术的展示

多媒体技术使得在线零售商很容易地就可以吸引客户对某个产品的兴趣，在线客户亦可以通过计算机动画、声音和三维造型等手段方便地观察所要选购的产品。产品的具体应用也可清晰地用动画展示出来。

（7）方便快捷

容易访问，无论何时何地，只要你愿意、只要可以连接上互联网，打开计算机按几下鼠标，就可以到网上商场逛一逛。

2．传统零售方式的不足

（1）销售额受限制

其销售额受营业面积、场地以及资金实力的限制，对于中小企业的发展不利。

（2）购物速度较慢

消费者不仅经常要排长队，有时为查找一样产品要花费很多的时间。

（3）产品信息展示不够

消费者在商品标签上找不到产品信息及更详尽的说明，而服务人员也不可能记住成百上千种商品的详细说明。

正是基于上述优劣势分析，许多传统零售商纷纷开展在线销售业务。

5.2　在线销售企业的战略模型

5.2.1　在线商店的商品类型

网上商店提供的商品和服务大致可以分为 3 类：实物商品、数字化商品、在线服务。

1．实物商品

在网上商店出售的实物商品与传统普通商店出售的实物商品是没有什么两样的，从理论上来说，凡是在传统商店出售的物品都可以在网上商店出售。所谓在网上商店出售，是指只将商品的有关信息放在网络上。让消费者来选择是否购买，然后通过送货公司将在网上商店售出的货物送到消费者手上。至于贷款支付方式的形式是不同的，有在线支付、款到送货和货到付款等。目前网上商店出售的实物商品主要有计算机硬件、消费性电子产品、各种日用品、书籍、食品等。

2．数字化商品

数字化商品是网上商店独有的商品，它在普通的商店是不可能销售的。所谓数字化商品，就是由"比特"组成的商品。例如，在网络上出版的各种电子书刊，它是直接在网络上流通的。电子书刊是由计算机制作出来，通过计算机网络发行，读者也是通过计算机屏幕来阅读的，它完全可以没有实物形式，是仅存于网络空间上的东西。在国际互联网上有许多网站都出版电子书刊，用户只要在网络上订阅，每月缴纳一定数量的订阅费上就能够在自己的电子邮箱定时收到所订书刊。当然，这些数字化商品在一定程度上也能够转化为实物商品，如把电子书刊制作成光盘、磁盘等。但在网络发达的今天，似乎有点多此一举，画蛇添足的嫌疑。随着计算机网络技术和数字化技术的发展，各种影视产品也将大量数字化，各种数字化电影、数字化电视、数字化新闻都会取代传统的电影、电视、新闻而成为主流。所以未来在网上商店出售的数字化商品将会越来越多，无论是商品的种类还是交易量都将会占越来越大的比例。

3．在线服务

在线服务是指在计算机网络上提供的各种服务，这类服务包括信息服务和中介服务等。例如，在国际互联网的许多网站上都提供股市行情，这是典型的金融证券信息服务，用户可以在自己家中通过计算机获得即时的股市行情。中介服务也是网络提供在线服务的最普遍的一种形式，目前较常见的有代订飞机票、在线预订旅馆房间、医院预约、房地产中介等。

5.2.2　在线商店的种类

按商品种类可将在线零售商店分为综合类和专门类两类。

1．综合类的在线零售商店

综合类的在线零售商店销售多种商品，例如，美国 Sears、Wal-Mart、Macyo，这种综合类在线零售商店多是由经营离线商店的企业和目录零售商建立的。

2．专门类的在线零售商店

专门类的在线零售商店仅仅销售适合网上销售的商品，例如，网上书店、光盘店、鲜花/礼品店、酒店等。这类网上商店多是由一些没有离线商店的虚拟店和商品的制造商建立的。

5.2.3　网络消费者的类型

网络消费者大致可以分为 6 类：简单型、冲浪型、接入型、议价型、定期型、运动型。企业应将注意力集中在其中一两种类型的消费者身上，这样才能做到有的放矢。

1．简单型

简单型的顾客需要的是方便直接的网上购物。他们每月只花 7 小时上网，但他们进行的网上交易却占了交易总数的一半。零售商们必须为这一类型的消费者提供真正的便利，让他们觉得在你的网站上购买商品会节约更多的时间。

2．冲浪型

冲浪型的顾客常占网民总数的 8%，而他们在网上花费的时间却占了 32%，并且他们访问的网页是其他网民的 4 倍。冲浪型的顾客对常更新并且具有创新设计特征的网站很感兴趣。

3．接入型

接入型的顾客是刚触网的新手，占 36%的比例，他们很少购物，而喜欢网上聊天和发送免费问候卡。那些有着著名传统品牌的公司应对这群人保持足够的重视，因为网络新手们更愿意相信生活中他们所熟悉的品牌。

4．议价型

议价型的顾客也占网民总数的 8%，他们有一种趋向购买便宜商品的本能，eBay 网站一半以上的顾客属于这一类型，他们喜欢讨价还价，并有强烈的愿望在交易中获胜。

5．定期型

定期型的顾客通常都是被网站的内容所吸引，常常访问新闻和商务网站。

6．运动型

运动型的顾客也非常地关注网站的内容，喜欢运动和娱乐网站。所以，目前网络商面临的挑战是如何吸引更多的网民，并努力将网站访问者变为消费者。

5.2.4　构建在线商店

一般的，构建在线商店的步骤如下。

1．取个响亮的名字

在网上建立一家虚拟商店，首先要取一个好听一点的名字。一般来说，虚拟商店的名字当然要根据经营商品的特点来取，例如，在网上开一家书店，书店的名字最好就要与书有关，像"南国书城"、"读者之家"、"书迷屋"之类的。如果是开一家百货商场式的虚拟商店，商店的名字也就不能这样专业了，而"廉价商品一条街"、"无限便利店"、"家庭主妇店"、"老百姓"等这一类名字也许更合适一些。取一个什么样的店名好，这也是一件仁者见仁智者见智的事情，就是在开办一家普通商店时，也会遇到同样的问题，这一步虽然不是建网上虚拟商店独特的地方，但必须是首先考虑的问题。

2．办齐各种手续

在网上开办虚拟商店，与开一家普通商店一样需要办理各种手续。目前，对于网上开店尚没有建立相关的管理办法，网上商店的开办还是按普通商店的办法来办理各种手续，包括工商、税务等职能管理部门要做相应的审批。如果办网上商店的公司是在原来经营范围内的拓展经营，就不必重新办理职能部门的审批登记手续了。与普通商店不一样的是网上虚拟商店需要办理域名登记手续。域名对网上公司和个人来说，就相当于企业代码和个人身份证之类的东西，是网上公司和个人的唯一标志，只有通过域名才可能访问到每一家网上商店。申请域名有两个办法。

① 直接向国际互联网络信息中心（Internet Network Information Center，InterNIC）申请，在 InterNIC 申请的域名是国际顶级域名，形式如 abc.com、abc.org 等，详细情况向 InterNIC 查询（http://www.Internet.com）。

② 向中国互联网络中心申请，所申请的域名是在中国的顶级域名（.cn）之下的域名，如 abc.com.cn、abc.org.cn 等，具体申请办法在中国互联网络中心的主页（http://www.cnnic.net.cn）上有详细说明。

成功申请域名以后，再选择合适的国际互联网服务提供商接入国际互联网。目前，在国内有4大国际互联网接入单位，包括中国科技网（CSTNET）、中国教育科研网（CERNET）、中国公用计算机互联网（ChinaNET）和中国金桥信息网（ChinaGBN）。这4大网络在全国各地有许多分支机构和互联单位，所有这些单位都提供国际互联网的接入服务，可以向当地这类服务机构提出申请，办理国际互联网的接入手续。

3．采购设备

像普通商店开业时要准备货架、仓库等设备一样，开办虚拟商店也要添置一些设施，当然不是货架仓库之类的东西了，主要是一些计算机及网络设备，包括服务器、路由器、调制解调器、网络辅助设备等。如果是准备租用某些服务商提供的主机出租服务，则比较简单，只要购买一台计算机、一个调制解调器和一部电话就可以了。

4．布置店面

布置虚拟商店的店面，简单地说就是设计好虚拟商店的主页。例如，在网上建立起名为"老百姓"的虚拟商店，主页的设计要体现自己的风格和特点，给让访问者留下深刻的印象。可以参考现实中常规商店的某些做法，将"老百姓"设计成一个卡通人物，作为该虚拟商店的商标，也是整个虚拟商店的标志性图案。在"老百姓"主页上，至少要有以下几项内容。

（1）"老百姓"服务范围

可以以一张地图的形式来标明其服务区域，如果是跨国经营当然是一张有许多标记的世界地图，如果仅仅是某个区域销售，那只需要该区域的地图就够了。顾客来到"老百姓"时，只要轻轻点一下航标就知道"老百姓"能为他提供何种服务。

（2）"老百姓"顾客申请表

要想在"老百姓"这家虚拟商店能够真正买到东西，顾客必须将自己的姓名和地址登记，然后每一个顾客就会拥有一个自己的密码，以后每次来到"老百姓"时只要输入密码就可以购物了。

（3）"老百姓"待售货物清单

在网页上列举现时"老百姓"销售的货物名称、品种、类别等。如服装类有运动服、牛仔裤等，顾客可以浏览目录，对感兴趣的商品可以看看它的图片展示，甚至是三维虚拟动画展示。

5．设计业务处理系统

一个较完善的虚拟商店总是与一个相对先进的后台处理系统联系在一起。如果没有一个好的业务自动处理系统来处理诸如顾客订货、支付、配货、送货等业务，要开好一个虚拟商店是难以想象的。虚拟商店具有与普通商店完全不同的操作方式，在普通商店尤其是一些小店铺里，许多事情可以亲力亲为，大多数问题总是能够解决的，但虚拟商店则不同，大多数业务必须由计算机自动完成。因此在开办虚拟商店时要选择好有关软件，包括一些现成的市场上流行的商业软件。如果是一些特殊的业务或操作，也可以让专业的计算机软件公司设计。

业务处理系统主要包括商品数据库管理系统、商品自动上柜系统、在线订购及订单管理系统、在线安全支付系统、会员管理系统等。

6．测试开业

这是开办虚拟商店的最后一步。由于虚拟商店涉及的范围较广，有通信方面，也有计算机方面，还有商业方向，比普通商店要复杂一些，并且还有相当多的技术问题。对虚拟商店的测试主要是系统功能测试、离线测试、在线测试、不同时段拨号测试、同时段多人同时拨号测试、不同平台测试、不同浏览器测试等。一切测试都通过以后，就可以正式上网开业了。

5.2.5 顾客的购买过程

顾客在购买过程中要确定与购买活动相关的信息流和文档，如商品的价格、可得性、交货时间、支付方式，以及不断往购物清单（或购物车）中添加商品、付款、接受发票的过程。通常，一个简单的购买流程如下。

① 买方与经销商联系以购买一种产品服务，这种对话可以在网上通过 Web 或 E-mail 进行，也可以通过直接对话和电话，离线完成。

② 经销商报价。

③ 买卖双方协商。

④ 如果成交，买方用加密形式，包括数字签名向经销商支付货款。

⑤ 经销商与其账单服务单位联系，以确定加密支付细节。

⑥ 账单服务单位（在 SET 协议中相当于支付网关）将支付细节解密，查询买方账户或者信用，并将所需款提出来（账单服务单位需要与买方银行联系）。

⑦ 账单服务单位允许经销商发送商品，并向经销商发一条信息，提供交易细节作为商品记录。

⑧ 确认资金到位后经销商向买方发货，或者在信息购买过程中，提供密钥，允许用户对文件解密。

⑨ 收到产品后，买方签署并发送收据，经销商随后通知账单服务单位结束交易。

⑩ 在交易环节的最后，买方收到一个交易清单。买方可以拒绝某些交易或对已付款提出质疑。

案例 12

淘宝网（www.taobao.com）

1．基本情况

淘宝网（www.taobao.com）是国内首选购物网站，亚洲最大购物网站，由全球最佳 BtoB 平台阿里巴巴公司投资 4.5 亿创办，致力于成就全球首选购物网站。

顾名思义，淘宝网——没有淘不到的宝贝，没有卖不出的宝贝。自 2003 年 5 月 10 日成立以来，淘宝网基于诚信为本的准则，从零做起，在短短的 2 年时间内，迅速成为国内网络购物市场的第一名，占据了中国网络购物 70%左右的市场份额，创造了互联网企业发展的奇迹。

淘宝网的用户数在 2007 年已经达到 5 300 万人，与 2006 年的 3 000 万相比，增幅达 76.7%。而淘宝网的在线商品已达 1.16 亿件，每日访问用户数突破 900 万。根据 Alexa 的评测，淘宝网为中国访问量最大的电子商务网站，居全世界网站访问量排名的第 22 位，中国第 7 位。

淘宝网倡导诚信、活泼、高效的网络交易文化。"宝可不淘，信不能弃。"（金庸）

在为淘宝会员打造更安全高效的网络交易平台的同时，淘宝网也全心营造和倡导互帮互助、轻松活泼的家庭式氛围。每位在淘宝网进行交易的人，不但交易更迅速高效，而且在交易的同时，可以交到更多朋友。

目前，淘宝网已经成为越来越多网民网上创业和以商会友的最先选择。

2．淘宝大事记

2008-04-10 淘宝网推出 B2C 业务。

2007-11-28 淘宝网获得 2007 年中国优秀企业公民大奖。

2005-05-26 MSN 携手淘宝共拓网络购物市场。

2005-04-13 淘宝冠名 Moto GP 赛事第一家互联网赞助商。

2005-01-20 香港街新首页火热出炉。

2004-05-16 北京国际广播电视周，影视经典道具兼明星见面会活动。

2004-04-10 大侠金庸造访淘宝。

2004-04-05 淘宝网、21cn 缔结盟约联手打造 e 购物豪门。

2004-04-03 淘宝网与杭州日报报业集团下属的《e 时代周报》召开新闻发布会。

2004-04-02 淘宝网宣布与 2005 年贺岁片《天下无贼》的全面合作。

2004-01-18 首批黄马褂终于颁发了，奖励为淘宝发展做出杰出贡献的淘宝人。

2004-01-12 淘宝网获选财经时报首届"十佳 IT 市场策划"。

2003-12-04 杭州市市长视察淘宝网。

2003-12-01 淘宝乔迁：湖畔时代正式结束，淘宝进入华星时代。

2003-10-11 财神叔叔信息化论坛演讲——淘宝网是大学生实践的最佳平台。

2003-09-23 《排球女将》女主角小鹿纯子的扮演者荒木由美子女士一行，对淘宝进行了访问。

3．产品与服务

淘宝网是 CtoC 网上交易平台，是国内较大的拍卖网站。

（1）商品

淘宝的商品数目在近几年内有了明显的增加，从汽车、计算机到服饰、家居用品，分类齐全，设置了网络游戏装备交易区，网游迷们值得来看一看。

作为拍卖网站，淘宝突出的一点是，如果商品的剩余时间在 1 小时以内，时间的显示是动态的，并且准确显示到秒。

（2）特色服务

与易趣不同的是，会员在交易过程中能够感受到轻松活泼的家庭式文化氛围。其中一个例子是会员及时沟通工具——"淘宝旺旺"。会员注册之后淘宝网和"淘宝旺旺"的会员名将通用，如果用户进入某一店铺，正好店主也在线的话，会出现"掌柜在线"的图标，可与店主及时地发送、接收消息。"淘宝旺旺"具备了查看交易历史、了解对方信用情况等个人信息、头像、多方聊天等一般及时聊天工具所具备的功能。

（3）安全制度

淘宝网注重诚信安全方面的建设，引入了实名认证制，并区分了个人用户与商家用户认证，两种认证需要提交的资料不一样，个人用户认证只需提供身份证明，商家认证还需提供营业执照。同时规定，一个人不能同时申请两种认证，从这方面可以看出淘宝在规范商家方面所做出的努力。

淘宝引入了信用评价体系，单击信用显示部分还可查看该卖家以往所得到的信用评价。

对于买卖双方在支付环节上的交易安全问题，淘宝推出了名为支付宝的付款发货方式，以此来降低交易的风险。支付宝特别适用于计算机、手机、首饰及其他单价较高的物品交易或者一切希望对安全更有保障的交易。在淘宝使用支付宝目前是免费的。当用户支付商品货款的时候，通过淘宝的银行接口付款，用户不用负担汇费。

购物尤其在购买大件商品的时候，注意看卖家是否同意使用支付宝，如果同意使用支付宝，那么保险系数更大一些。如果卖家在商品上没有同意使用支付宝的承诺，买家可以和卖家联系，当卖家不同意使用支付宝的时候，就不要与他进行交易。

4．未来威胁

中国工商银行行长与马云的会面，除了谈及工商银行与阿里巴巴公司的合作，还谈到了将来有可能面临的竞争关系。因为自今年 3 月 20 日起，支付宝公司的"网汇 e"邮政网上支付汇款业务正式在全国邮政汇兑联网网点陆续上线。

此前，支付宝的用户主要是依赖银行卡与银行进行汇款充值。就汇款收费而言，银行与邮政局均按汇款的 1%收取。

"第三方支付公司目前所给出的可能的定义是非银行类金融机构。但我们很多业务将来做大后有可能与银行产生竞争，比如个人汇款。假如支付宝有一天做到个人汇款 1 000 个亿，这意味着银行可能要损失近 10 亿的手续费收入。一旦到了那一天，银行是不会愿意的。"因为结算端是银行，这意味着银行的收费政策完全可能影响支付宝的生存，因此，银行与第三方支付公司必须找到一种新的双赢的合作模式。

不过，尽管各种新业务都在开展，新设想也层出不穷，但管理部门并未对第三方支付公司的业务开展出台相关管理政策。"比如人民银行要求我们有自己的硬件和系统，包括独立的机房，这些我们都可以做也正在做。但其他的，比如第三方支付公司到底能做什么业务，政策并没有明确。"支付宝公司风险管理部总监说。

2007 年 9 月，淘宝网办公地址从华星科技大厦搬到了西湖国际大厦。阿里巴巴董事局主席马云在搬迁仪式上说：以后淘宝会有自己独立的淘宝城，而且不仅在杭州有，在上海会有，在香港会有，在纽约也会有，在全世界都会有。希望淘宝城能成为所有淘友的乐土。

5．在淘宝网上开店的过程

（1）实名认证

进入淘宝网（http://www.taobao.com），其主页如图 5-1 所示，会员登录后，单击网页顶部的"我的淘宝"，然后单击"我是卖家"模块中的"免费开店"，进入如图 5-2 所示的会员管理界面。再单击"到我的淘宝申请实名认证"。

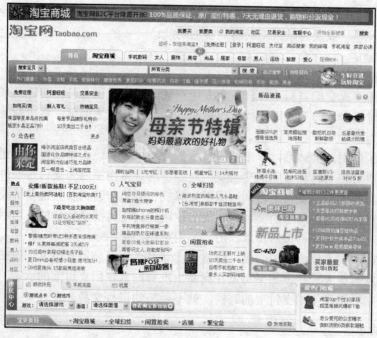

图 5-1　淘宝的主页

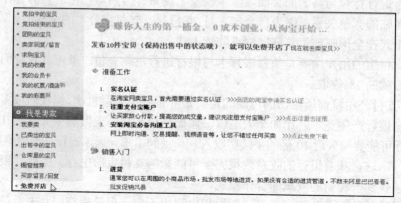

图 5-2　申请实名认证 1

按照如图 5-3 所示提示"想卖宝贝先进行支付宝认证，请单击这里"字样操作。登录支付宝账户，实现与支付宝账户的绑定，完成实名认证，如图 5-4 所示。

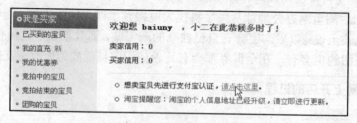

图 5-3　申请实名认证 2

（2）发布产品

单击"发布 10 件宝贝（保持出售中的状态哦），就可以免费开店了现在就去卖宝贝"进入如图 5-5 所示页面，选择"一口价发布"，发布 10 件以上的产品后，自动生成店铺。

图 5-4　与支付宝账户

图 5-5　一口价发布

（3）管理店铺

单击如图 5-6 所示"我是卖家"模块中的"管理我的店铺"，进入店铺管理界面。

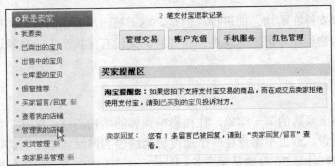

图 5-6　店铺管理

在如图 5-7 所示的店铺管理界面中，完成基本设置、全部宝贝、宝贝分类、推荐宝贝、友情链接、店铺留言、店铺风格、店铺介绍。

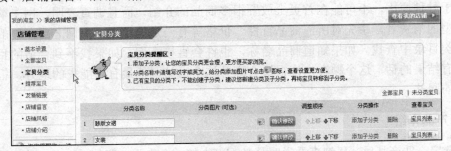

图 5-7　店铺管理基本设置

5.3 在线销售成功的关键

5.3.1 网上商店日常运营管理

1．订单管理

商店设置完成后，商家可以通过此模块管理顾客生成的商品订单，主要是验证订单的真实性。同时也可以察看已经成交的订单。

2．销售统计

商家可以对商店的经营情况进行统计，统计内容包括产品、用户、支付方式等。

3．客户查询

商家可以对顾客的信息进行查询。

4．商家信用值

信用度是由站点根据顾客对商家的投诉情况进行动态设置的。商家可以查询这个信用值，以确认顾客对自身的满意程度。

5.3.2 在线销售应该注意的问题

1．用户注册

会员注册可以安排在购物之前进行，但是，对于第一次购物的顾客，往往是要付款时才知道必须注册，购物程序才可以继续进行。并且如果没有保护个人信息承诺的话，购物者还是会走掉的。

2．网站速度

这是顾客对网上商店的第一印象，往往影响顾客的购物心理。这其实也是所有网站应该具备的最基本的要素，谁也不愿意在一个速度极为缓慢的网站体验网上购物的折磨。正常情况下完成一个订单往往要 30 分钟甚至更长，因此，网站的蜗牛速度是促使顾客走开的最好理由。在第一个关键时刻留住顾客是非常重要的。

3．产品查询

由于种种原因，不可能在首页上放置很多商品的介绍，而且调查表明，网上购物者多为理智型的消费者，事先对所需商品特性、价格等有一定的计划，上网之后，一般会到合适的分类目录中查找。如果知道商品名称，也许会直接查询，如果找不到合适的目录或者查询没有结果的话，这个顾客也许很快会离开这个网站，他最有可能去的地方，很可能是竞争者的网站。

4．产品介绍

当选定一件产品后，仔细查看说明是必不可少的一个步骤。即使一本书，购物者也会看一下内容提要、作者简介、目录之类的介绍，如果是一件价值较高的产品，想必更希望了解详细的资料：外观、功能、体积、重量、品质等。并非每个网站都能满足消费者的要求，如果得不到详细的信息，这次购物也许不会成交。

5．价格优惠

许多消费者利用网络购物的重要动机是其价格便宜。对产品的功能、外观等挑选完成之后，下一个要考虑的因素应该是产品价格了。网上购物这种形式一经出现，给人们的感觉就是比在传统商店购买商品更为便宜，能否获得一定折扣是顾客是否将该产品放入购物车的重要因素之一，消费者也许早已查看过其他网站同样产品的价格。

6．送货服务

顾客希望能以最短的时间收到货物，这是一个合情合理的愿望，没有人会在订货之后不期盼货物准时到来。所以网站上的配送信息一点也马虎不得，没有按时送到的货物很有可能被拒收，尤其对于货到付款的订单。对于小额订单来说，运货/送货费用的多少也是影响顾客购买决策的主要因素之一，为了买一本 20 元的书，大概很少有人愿意为此支付 15元的邮寄费。

7．银行划账

如果不能完成付款，订单仍然没有意义。不要以为链接到银行的支付系统就和网站没有关系了，在网上支付阶段仍然有很多意外问题造成网上购物的失败。例如，一些银行的支付系统只弹出一个小窗口，出现意外之后竟然无法刷新网页，连返回到购物网站的页面也不可能，只能关闭窗口，订单是否最终完成也无法确认。

8．订单跟踪

付款之后，查询和跟踪订单的处理结果是顾客唯一可以让自己放心的办法，如果订单反应迟钝有可能导致购物者取消订单。

9．售后服务

售后服务阶段包括用户服务和对于用户意见、退货和产品缺陷的解决，售后服务对于企业获利有着重要意义，它直接影响着用户的满意度和企业数年的收益。一旦发生退款，争执和其他服务问题，就会影响零售商的管理费用、运输费用、用户关系。

5.3.3　影响在线销售的因素

影响在线零售的因素很多，最主要的有如下几个。

1．树立品牌

在线零售与传统零售一样，知名的品牌是销售成功的关键。在 Internet 领域里有许许多多的知名品牌，这些品牌的市场份额都非常高，如搜索引擎领域的雅虎、Internet 软件领域的微软、图书领域的亚马逊等。调查显示，与传统的零售相比，用户更容易建立对网络品牌的忠诚度。

2．减少库存，降低成本

由于 Internet 拥有方便的信息交流渠道，因此对存货的要求大大降低，这不但减少了成本，而且加快了存货周转率。在线零售不需要实际的零售网点，高度自动化，人员效率高，网络广告比传统媒体便宜，维护费用也低得多。

3．定制化营销

在线商店可以经济有效地以电子化方式来传送定制的服务。因此在线零售商应该充分了解顾客的需求，向顾客提供量身定做的产品和服务，以此来满足个性化消费者的需求。

4．正确定价

消费者可以在虚拟市场上方便快捷地比较多个网站上的产品和价格，而且能够更多地了解产品和服务的情况。因此消费者希望用更便宜的价格获得更多的价值，在线零售商必须充分认识这一点，为消费者提供足值甚至超值的商品。

总之，在线零售必须随时把握市场变化的机会，建立卓著的网站品牌，不断提高自身的竞争力，在低成本中获利。

5.3.4 WTO 对于中国国内在线销售的影响

WTO 将对未来中国社会、经济、文化、科技发生结构性冲击和整体性挑战，其中影响最深远、冲击最隐蔽、对比最悬殊的领域之一就是电子商务领域。

1．全球各类在线零售业入主中国

由于 WTO 允许全球网络公司直接拥有 49%～100%的中国网络公司股份，并允许银行、运输、保险等大范围的开放，将极大地刺激全球各类在线零售业涌入中国。同时长期困扰中国电子商务网上商店发展的网上支付、网下运输、网中平台、网络成本将迅速融入世界的标准化。同时大批具有全球战略眼光的中国企业也将利用网上商店进行促销，因此在线零售业将会出现百花齐放，中西争妍的局面。

2．网上购物人数大幅度增加

由于 WTO 允许外国银行开展本币业务，也允许中国百姓将人民币兑换美元，加之一大批持巨额资金、先进技术、全球用户的网络公司的低成本甚至亏本促销，网上购物在中国将掀起"百万人头齐簇动，网上争相购物忙"的局面。

3．全球的 ISP 厂家将会蜂拥而至

由于 WTO 中 ISP 接入服务属于半开放到开放领域，全球最大的 ISP 厂家将会蜂拥而至。AOL 参股"中华网"，在 WTO 美中签约的当天，每股暴涨 74 美元，超过日平均成交额 15 倍，创下美国 NASDAQ 涨幅最大的个股之一，已经看出世界级 ISP 出击前的信号。

4．国外网络公司将大批进入中国

由于 WTO 对中国 13 亿人口巨大市场的突然对外打开，使一大批国外网络公司将以 M&T

（收购与兼并）或直接投资的方式进入中国，他们将对中国市场最饥渴的行业——信息技术和网络行业展开进攻。

综上所述，在加入 WTO 后，国内本土的在线零售业将面临着国外大型在线零售商的强大竞争压力。这就要求在市场营销策略上立足长远，认真考虑如何与竞争对手扬长避短，以长久保持在市场中应拿到的份额。

案例 13

易趣（www.eachnet.com）

1．基本情况

易趣是由邵亦波、谭海音两人于 1999 年 8 月在中国上海创建的网上交易平台，其主页如图 5-8 所示。经过两年多的发展，已拥有 350 万注册用户，累计成交 235 万件商品，累计成交额达 7.8 亿元人民币。易趣网上以竞价、一口价及定价形式，为个人及大、小商家提供了低成本高流量的销售渠道，为买家提供了价廉物美的各式商品，包括计算机、手机、服饰、房产等。目前，易趣网上交易活跃，每 30 秒有新登商品，每 10 秒有人出价，每 60 秒有商品成交。

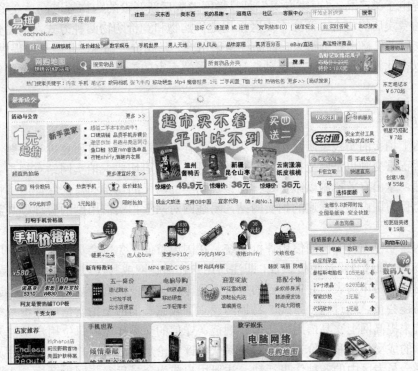

图 5-8 易趣的主页

易趣网能够在短时间内取得成功，得益于其高素质的员工、出色的商业计划、成功的融资、合理的经营战略、高水平的服务及有力的推广等因素，其中的服务措施、经营战略、推广手段 3 项因素尤其突出。

2．交易设计

易趣网目前已开展了3种交易方式，即个人物品竞标、网上直销和商家专卖。这3种交易方式的关系是：以消费者对消费者（CtoC）的个人物品免费竞标方式为主，以企业对消费者（BtoC）的网上直销和商家专卖两种方式为辅。

CtoC个人竞标采用卖方登录物品信息、买方出价竞价的交易形式，即买卖双方在易趣网上注册，卖方免费在易趣网上陈列欲出售的物品，买方免费在网上各自出价，最后卖方选择买方，与其联系完成交易。值得注意的是，易趣网采用"网上竞拍，网下成交"的交易形式，也就是网上交换买卖信息、网下银货两讫的方式，这就轻松绕开了始终困扰中国电子商务从业者的两大难题——网上支付和货物配送。于是，大到汽车、房产，小到手机、邮票，都可以借助易趣网这一虚拟交易平台轻松实现交易。

易趣网认为，在中国这个电子商务还不十分发达的国家，一方面需要在网上加强网民之间的沟通，开设网友论坛十分必要；另一方面，只通过虚拟社会交往来达到商业目的目前还有局限性，为此易趣通过定期举办网友见面会，让网上买卖的网友有网下面对面交流的机会，从而促进网民上网竞拍和拍卖自己的物品。易趣用网下交流来弥补网上交易的不足，用充满人情味的联谊会来取得宝贵的建设性意见，或许会让网友和网站建设者各得其所。

易趣网的BtoC网上直销目前主要集中于计算机及其配件、外设、移动计算机及附件、热点商品等电子类产品。"商家专卖"是易趣网改版后新开设的购物频道，是众多品牌卓越、服务上佳的专卖店的集合。商家专卖区采用定价购物和竞价购物两种方式，前者价格固定，不能讲价；后者价格由竞价得来，商品经常采用"一元底价"竞标，并由易趣提供送货保障。商家也可以在此开展促销等主题活动，让网民了解商家的最新货物情况、网上报价、公司品牌形象等。

3．信用管理

当前网上拍卖的实践表明，拍卖过程中可能存在恶意竞拍、串通竞价等问题，网上交易完成后能否正常交割也是网上拍卖要面对的难题。这就迫切要求拍卖网站重视拍卖过程中的信用度管理，拿出有效措施以维护每一位参加拍卖的网民的切身利益，保证网上拍卖的正常开展。作为目前国内最受欢迎的拍卖网站，易趣网对网上拍卖信用度的管理颇具新意，也颇有成效。

易趣网建立了一套专门的信用评价系统，在国内首创了免费会员认证。注册用户需提供部分真实资料，通过身份证免费认证，即注册用户在易趣网或其代理点注册成为易趣会员后，再向易趣提交会员申请表，并把自己的身份证复印件邮寄或传真给易趣，经易趣认证后才能免费成为易趣会员。通过这一方式，易趣网建立了较完善的网上拍卖信用评价系统。通过信用评价系统来提高网上交易信用度，倡导规范、守信的交易作风，每位用户都能方便地浏览到交易对象的成交历史和评价记录，对交易伙伴评头论足。注册用户只有成为会员以后，才能充分享受会员专区中的各种优惠活动。注册用户成为会员后参与网上竞标，注册名后将紧跟一个可爱的会员标志，以示区别。通常情况下，愿意提供真实身份的网友不会捣乱，所以更值得信赖，无论买还是卖都变得更加顺利。会员制能在很大程度上杜绝网上胡乱竞价、冲动出价的行为，提高网上竞标的信用度。事实上，易趣网在实施免费会员制后，胡乱竞价、故意捣乱的情况绝少发生。

另外，易趣网还启动了会员的自发性监督系统——"克克伯调查局"，对网上拍卖进行监督。据介绍，2000 年 3 月，一个略带黑色幽默的页面——"克克伯调查局"出现在易趣网上，专门用来"检举"在线竞标交易中的不平事，这是国内第一个由网民自发成立的消费者权益保护组织。易趣网特别为他们开设了专属页面，"网上王海"正式亮相。

4. 服务设计

网上拍卖与传统拍卖不同，买卖双方不是面对面地交易，而是互不相识，在不同时段、不同地点进行交易。面对这一情况，网站开展有效的服务，维护拍卖的正常进行，帮助竞标双方顺利实现交易就显得尤其重要。

（1）重视客户服务队伍

易趣建有目前国内网站中最强大的客户服务队伍，客户服务人员每天 24 小时监控网站新登物品、解答用户问题、记录用户建议，并跟踪成交情况以保证交易顺利进行。

（2）解决网民实际困难

为了解决会员的上网困难，易趣代用户上传所卖商品的图片，用户所要做的只是把所卖商品的图片、照片及商品编号寄到易趣公司。此外，易趣还开设了独特的代理服务，让那些暂时没有上网的社区居民同样享受到网上拍卖的便利服务。目前这一服务已在上海开通，易趣代理员已经覆盖上海市各区，为会员提供物品登记、信息整理、图片数码拍摄和上传、跟踪、促进最后成交等由始至终的"全包"服务，而且"交易不成功，不收一分钱"。

（3）开设免费服务电话

从 2000 年 2 月 12 日起，易趣开设了提供全天 24 小时服务的免费电话 800-820-5217，易趣客户服务人员全天守候在计算机终端前，及时解答用户的提问，删除不良信息，接受用户建议并帮助用户成交。由于浏览易趣的用户越来越多，易趣增加了 800 电话热线的接听者以满足用户的需求。

（4）组织网友网下交流

易趣在北京、上海等地设立了网友交流点，定期组织网友见面会，开展活动，聆听建议，加强易趣和会员之间以及会员与会员之间的沟通，培养网站与网友之间的感情，为网下成交提供便利。此外，免费交流点还是面对面交易的场所，这不仅为网上成交的用户提供了当面验货、当场交易、轻松交流的场所，提高了易趣用户网下交易成功率，为广大用户营造一个良好的交易环境；而且易趣还在每个交易地点配备计算机、数码相机和扫描仪，免费提供现场注册、物品登录、物品拍照、图片上传等服务。

5. 合作战略

eBay 是全球目前最受瞩目的互联网企业之一，成立于 1995 年。其目标为"帮助地球上任何人完成任意商品的买卖交易"。每天，eBay 上有 700 多万件各种类别的商品，包括照相机、计算机、珠宝、汽车、个人收藏品等。2001 年，eBay 的商品销售额超过 90 亿美金，盈利 9 000 万美元。如今，eBay 已进入了 18 个国家和地区，成为一个真正全球性的网上交易市场。

2002 年 3 月 18 日在上海，易趣网络信息服务（上海）有限公司与美国 eBay 公司宣布，结成战略合作伙伴关系，共同打造中国电子商务的未来。根据双方达成的协议，eBay 将投资 3 000 万美元现金，获得易趣 33%的股份，并借此进入了中国高速发展的互联网市场，而易趣也可借助 eBay 的资金与丰富的经验，进一步加强其在中国电子商务领域的领先地位。 这项合作无疑是中国互联网产业发展的一个里程碑。

6．平台整合

eBay 于 2003 年 7 月 1 日在上海成立了它的第一个海外研发中心，其核心力量就是易趣现有的研发团队。他们将使 eBay 的平台功能更符合中国用户的需求。这也充分体现了 eBay 对中国市场的重视程度。整合后的易趣域名更改为 http://www.ebay.com.cn。

为实现两个平台及数据库的对接，易趣 2003 年对网站的部分功能和工具进行调整。例如，现有的"个人店铺"将会更名为"自我介绍"，在整合期内其个性化装修功能将有所简化，但在整合完成后，它的功能及个性化设置将会比目前有很大的提升。

为使用户充分了解平台发生的改变，易趣用各种形式与用户沟通。在整合期间，易趣开展多种优惠活动帮助用户进行调整。

整合后的平台保留了易趣 5 年来根据中国用户的交易习惯开发的特色工具和功能（例如，实名认证，买卖双方网上的留言与回复），同时有选择地吸收了 eBay 平台上的由几千名研发人员历经 9 年开发，在全球 27 个国家成功运营的功能和工具（例如，功能强大的商品登录及管理工具）。eBay 先进的预警、监控系统更会提高网上交易的诚信与安全。同时，易趣用户将可以轻松突破国界的限制，买家可以在全球范围内搜索自己心仪的物品，卖家更是有机会将自己的物品销售到世界上任何一个角落。随着全球贸易的一体化发展，eBay 拥有的 1 亿多用户将为中国的卖家提供无限商机。

对于此次合作，易趣前任首席执行官邵亦波指出："易趣与 eBay 的战略合作，不仅仅是对易趣的市场领先地位的肯定，更是对中国电子商务未来巨大潜力的肯定。易趣在国内的成功运作经验与 eBay 丰富的国际经验会促使我们的业务更快地发展，从而给易趣网上的买家、卖家带来更多、更好的交易机会。易趣已经给许多人的交易和生活带来了巨大的变化，我们相信，更多的人今后会拥有并享受这个变革！"

7．新易趣 3 步走图谋本地化新生

2007 年 8 月 30 日，易趣网 CEO 王雷雷在上海宣布，一个整合 eBay 和 TOM 在线双方优势资源、专为国内用户打造的本土化易趣新平台正式启用。

在接手易趣的几周前，王雷雷每天在易趣社区泡到凌晨，与卖家直接交流，搜集意见和建议，并分析易趣广告投放到各个网站的营销效率。合作刚宣布，他就在社区开辟了"对话王雷雷" CEO 专区，倾听用户意见，全力安抚老卖家。新平台最终定名为"易趣"，就是王雷雷泡论坛的结果。王雷雷说："这是顺应民意。我们在社区中做的调查显示，大多数用户都喜欢易趣这个名字。"

王雷雷认为，易趣的本地化需要完成 3 大任务。

① 需要一个服务器，即在国内、符合本地用户需求的交易平台，提高平台的访问速度和稳定性对于数据交互性要求很高的电子商务平台来说至关重要，也是大大改善本地用户交易体验的关键性因素。

② 新平台必须有适合本地用户的交易工具，才能帮助卖家更好地管理店铺、拓展业务。

③ 最重要的一点，就是新易趣平台必须由最熟悉本地市场的团队来运营，及时倾听用户和市场的需求，并用最快的速度来应对。

不过，新易趣的"本地化"并不是对过去的全盘否定和简单抛弃。比如，对于易趣最早在国内建立起来的诚信体系、保障买家权益的安付通安全支付体系等，易趣坚持"继承和发扬"策略，努力将这些体系建设得更好。对于新易趣的未来，王雷雷充满信心："依靠严格的卖家认证体系、安付通安全交易体系以及人性化的导购服务，新易趣将被打造成一个提倡品牌文化和拥有品质保障的网上购物中心。"

思考与练习

1. 什么是在线销售？
2. 与传统零售业相比，在线销售有什么潜力？
3. 简述在线销售商店的种类有哪些？
4. 运用在线商店销售模型的知识分析一下搜狐公司的销售模型。
5. 简述在线销售成功的关键是什么？
6. 谈谈 WTO 给我国国内的在线销售带来了哪些影响？
7. 建立网店之前要进行哪些准备工作？
8. 如何选择网店的建立平台？
9. 网店要具备哪些基本功能？
10. 网店的推广有哪些方式？

第6章 移动电子商务

本章概要：本章首先介绍移动通信技术的发展简况、移动设备上网以及移动电子商务的兴起和发展；接着介绍移动电子商务的基础知识，包括移动电子商务的定义、特点、应用范围及系统框架等；最后介绍了移动电子商务中的主要技术，包括 WAP 协议、移动 IP、"蓝牙"技术、GPRS、移动定位系统、第三代（3G）移动通信系统。

学习目标：学习本章要了解移动电子商务的兴起及发展过程，理解移动电子商务的定义、特征、应用范围及系统框架，掌握移动电子商务中所用到的主要技术。

学习指导：本章重点是掌握移动电子商务的定义、特征等基础知识；难点是移动电子商务的主要技术，要对这些技术深入理解。

电子商务从以前的基于 EDI 的电子商务发展到了目前的基于 Internet 的电子商务。随着电子商务的进一步普及和深入的发展、移动通信技术的发展，又出现了以手机等移动通信设备来做电子商务的新一类电子商务。由此还出现了一个专门名词叫"移动电子商务"，或者叫"移动商务"（M-commerce），以区别于 Internet 上通过 PC 进行的"电子商务"（E-commerce）。

Internet、移动通信技术和其他技术的完美结合创造了移动电子商务，移动电子商务以其灵活、简单、方便的特点开始受到消费者的欢迎。通过移动电子商务，用户可随时随地获取所需的服务、应用、信息和娱乐。服务付费可通过多种方式进行，可直接转入银行、用户电话账单或者实时在专用预付账户上借记，以满足不同需求。

在未来的全球数字经济中，移动电子商务将随时随地为消费者提供安全的电子商务服务，因此必将带来电子商务领域的一场革命。

6.1 移动电子商务的产生与发展

6.1.1 移动通信技术的发展

移动通信系统的发展已经历了两代，第一代（1G）移动通信技术是采用模拟技术的语音移动通信，第二代（2G）移动通信技术是数字技术语音移动通信。目前，世界上的移动通信技术处于第二代，并正在进行系统的改进，改进后的系统称为 2.5 代（2.5G），并将继续朝着第三代（3G）和第四代的方向发展。

1．第一代移动通信技术

第一代移动通信系统是以美国的高级移动电话系统（Advanced Mobile Phone System，AMPS）（IS-54）、英国设计的类似 AMPS 的移动通信系统（Total Access Communications System，TACS）和北欧国家联合开发的移动通信系统（Nordic Mobile Telephone，NMT）450/900为代表的模拟移动通信技术，在 20 世纪 70 年代末、80 年代初发展起来并已大量投入商用，其特点是以模拟电话为主，为频分多址（Frequency Division Multiple Access，FDMA）制式，采用频率复用技术和多信道共用技术。

第一代移动通信系统是模拟移动通信系统，它以模拟电路单元为基本模块实现话音通信，并采用了蜂窝结构，频带可重复利用，实现了大区域覆盖和移动环境下的不间断通信。但模拟移动通信具有很多不足之处，比如频谱利用率低、通信容量有限、通话质量一般、保密性差、制式太多、标准不统一、互不兼容、不能提供自动漫游、不能提供非话数据业务等，已经逐渐被各国所淘汰。

2．第二代移动通信技术

第二代移动通信系统主要采用数字技术，多址方式由 FDMA 转向时分多址（Time Division Multiple Access，TDMA）、码分多址（Code Division Multiple Access，CDMA）等技术，实现移动通信的数字化。目前采用的 TDMA 体制的主要有 3 种，即欧洲的全球移动通信系统（Global System for Mobile communication，GSM）、美国的数字式现代移动电话系统（Digital-Advanced Mobile Phone System，D-AMPS）和日本的个人数字蜂窝通信系统（Personal Digital Cellular，PDC），采用 CDMA 技术体制的主要为美国的 CDMA（IS-95）。

第二代移动通信系统是目前广泛使用的数字移动通信系统，成为当今通信发展的主流，特别是通信市场发展的主流。它克服了模拟移动通信系统的弱点，语音质量、保密性能得到了很大提高，并可进行省内、省际自动漫游。但由于第二代数字移动通信系统带宽有限，限制了数据业务的应用，也无法实现移动的多媒体业务。同时，由于各国第二代数字移动通信标准不统一，因而无法进行全球漫游。

3．第三代移动通信技术的研究和发展

随着移动通信与信息家电、消费性电子产品的结合成为未来的发展趋势，第三代移动通信系统将实现宽带和综合多种业务需求，不仅能提供高质量的语音业务，而且能提供高速率的数据传输业务。第三代移动通信系统正在成为世界各国全力投入开发的系统。

第三代移动通信系统采用智能信号处理技术，实现基于话音业务为主的多媒体数据通信，并将具有更强的多媒体业务服务能力和极大的通信容量，将会为人类带来巨大的转变，成为覆盖全球的多媒体移动通信。一般来说，3G 的主要特性有 3 个。

① 全球统一频段、统一制式，全球无缝漫游。

② 高频谱效率。

③ 支持移动多媒体业务，即室内环境支持 2Mbit/s、步行/室外到室内支持 384kbit/s、车速环境支持 144kbit/s 等。

在 1999 年 11 月由国际电信联盟（International Telecommunication Union，ITU）举行的 ITU-R TG8/1 会议上，通过了 IMT-2000（International Mobile Telecommunication-2000）的无线接口技术规范，包括 CDMA 和 TDMA 两大类共 5 种技术；并在 2000 年 5 月的 ITU-R 全会上正式通过，标志着第三代移动通信技术的格局最终确定。

目前，国际上最具代表性的 3G 技术标准有 3 种，它们分别是时分-同步码分多址（Time Division-Synchronous Code Division Multiple Access，TD-SCDMA）、宽带码分多址（Wideband Code Division Multiple Access，WCDMA）和 CDMA2000。其中 TD-SCDMA 属于时分双工（Time Division Duplex，TDD）模式，是由中国提出的 3G 技术标准；而 WCDMA 和 CDMA2000

属于频分双工（Frequency Division Duplex，FDD）模式。

国际上，TD-SCDMA、WCDMA 和 CDMA2000 的具体标准化工作主要是由两个第三代移动通信合作伙伴组织：第三代伙伴组织计划（Third Generation Partnership Projects，3GPP）、3GPP2 负责的。其中 TD-SCDMA、WCDMA 由 3GPP 负责具体标准化工作；而 CDMA2000 由 3GPP2 负责具体标准化工作。

在中国，由前信息产业部领导的中国无线通信标准研究组（China Wireless Telecommunication Standard，CWTS）以及后来的中国通信标准化协会（China Communications Standards Association，CCSA），积极参与 ITU 及 3GPP、3GPP2 等组织的标准化活动，推动 TD-SCDMA 标准的不断完善与发展。

TD-SCDMA 是中国第一个拥有自主知识产权的国际标准，开创了中国参与国际电信标准化的先河。TD-SCDMA 标准的提出，是中国通信业技术创新的典范，也是中国对第三代移动通信发展所做出的重要贡献。

4．第二代向第三代的过渡

制造业和运营业都面对第三代移动通信系统即将面市的挑战，正在考虑并做出努力来延长第二代移动通信的生存时间和解决平滑过渡到第三代移动通信的问题，主要是增加第二代新的服务功能、网络容量和增强其无线数据传输能力，既能满足当前市场的需求，又能适应向未来发展的平稳过渡。

第二代向第三代演进的策略是把国际电信联盟定义的 IMT-2000 的部分服务引入到第二代系统中。然后，在增加频谱有效性和灵活性的基础上演进或更新到 3G 宽带，接入以提供全部 IMT-2000 的服务。目前，主要演进的趋势如下。

① 基于 CDMA 的演进。CDMA 网络通过第一阶段无线传输标准（1x Radio Transmission Technology，1xRTT）过渡到第二阶段无线传输标准（3xRTT），从而实现 2G 向 3G 的平滑过渡。IS-95B 即 CDMA-One，利用码聚集（Aggregation）技术，在一个突发中将 8 个码道分配给一个高速信包移动台，构成一基本码信道。系统的数据速率改进到 IS-95B 规定的中等数据速率（Middle Data Rate，MDR），即到 115.2kbit/s，可以集中使用（最多）8 个业务信道来传输信包数据。IS-95 采用的软切换和移动台辅助的频率间硬切换（MAHO）的改进措施也可增加系统容量、向前发展到 IS-95C（CDMA-2000 1xRTT）将达到 IMT-2000 的 MDR，是 CDMA-One 系统容量的两倍，并可增加守候时间。

② 基于 GSM 的演进。GSM 网的数据传输速率为 9.6kbit/s，向 3G 演进的第一步是增强数据传输能力，现在，已有两种高速移动数据规范：高速电路交换数据业务（High Speed Circuit Switched Data，HSCSD）和通用分组无线交换业务（General Packet Radio Service，GPRS）。高速电路交换数据业务技术可以同时利用 4 个 14.4kbit/s 的时隙以电路交换方式提供 57.6kbit/s 的信息传输速率，其业务实现较简单，不用对核心网进行改造。HSCSD 已于 1998 年在香港首次投入商用。

GPRS 是一种基于 GSM 系统的无线分组交换技术，提供端到端的、广域的无线网际协议（Internet Protocol，IP）连接。通俗地讲，GPRS 是一项高速数据处理的科技，方法是以"分组"的形式传送资料到用户手上，对 GSM 来说是重要的服务。欧洲电信标准协会（European Telecommunications Standards Institution，ETSI）建议将 GSM 分为两个发展阶段，即 Phase 1+ 和 Phase 2+。

GPRS 是 GSM Phase 1+技术，它将信包交换模式引入到 GSM 网络中，从而提高了资源利用率。GPRS 可以使多个用户共享某些固定的信道资源，并将每个时隙的传输速率从 9.6kbit/s 提高到 14.4kbit/s。使用 8 个时隙传送数据，在全速移动和大范围覆盖时的数据速率可以达到 115.2kbit/s，并能支持 Internet 的 IP 及 X.25 协议。实现 GPRS 网络需要在 GSM 网中引入新的网络接口和通信协议。GPRS 于 1999 年在新加坡投入使用。

对 GSM 的 Phase 2+。ETSI 决定发展增强数据率的全球演进 EDGE（Enhanced Data rates for GSM Evolution）技术，作为 GSM 未来的演进。EDGE 技术在不改变 GSM 200kHz 带宽载波、TDMA 框架结构及通道的情况下，其帧结构与 GSM 相同，采用 8PSK 调制，使每时隙可传 48kbit/s 甚至 69.2kbit/s。如集中 8 个时隙，数据速率可达到 384kbit/s，从而提供无线多媒体服务。利用 EDGE 技术，电信运营公司可以在现有的 900MHz、1 800MHz、1 900MHz 的 GSM 系统中，以最经济的方式提供第三代移动通信业务。

③ 基于 D-AMPS 的演进。对于 D-AMPS（IS-136）的改进分为两个阶段，第一阶段为 IS-136+，它利用新的频率调制技术，使数据传输速率达到 64kbit/s；第二阶段为 136HS（High Speed），采用 EDGE 技术，使数据传输速率达到 384kbit/s，在室内或低速运动时，提供 2Mbit/s 的传输速率，同时，在系统容量、覆盖范围及通信质量方面都有改善。

5．对第四代移动通信系统的展望

随着第三代移动通信系统标准化工作的进展，第四代移动通信系统的研究也开始走上舞台。第四代移动通信系统在业务上、功能上、频带上都将不同于第三代系统，第四代移动通信的概念可称为宽带（Broadband）接入和分布网络，具有非对称的超过 2Mbit/s 的数据传输能力。它包括宽带无线固定接入、宽带无线局域网、移动宽带系统和互操作的广播网络（基于地面和卫星系统）。

另外，第四代移动通信将在不同的固定和无线平台及跨越不同频带的网络运行中提供无线服务，可以在任何地方宽带接入互联网，包含卫星通信，能提供信息通信之外的定位定时、数据采集、远程控制等综合功能。同时，第四代移动通信系统将是多功能集成的宽带移动通信系统，是宽带接入 IP 系统。

作为第四代移动通信技术，其主要的要求如下。

① 数据速率要超过通用移动通信系统（Universal Mobile Telecommunications System，UMTS），即从 2Mbit/s 提高到 100Mbit/s，移动速度上要从步行到车速。

② 满足第三代移动通信尚不能达到的在覆盖、质量、造价上支持的高速数据和高分辨率多媒体服务的需要。宽带无线局域网（Broadband-Wireless Local Area Network，B-WLAN）应能与宽带综合业务数字网（Broadband-Integrated Services Digital Network，B-ISDN）和异步传输模式（Asynchronous Translation Mode，ATM）兼容，实现宽带多媒体通信，并形成综合宽带通信网（Integrated Broadband Communication Network，IBCN）。

③ 对全速移动用户能提供 150Mbit/s 的高质量的影像服务。

据有关专家预测：这种以宽带接入因特网、具有多种综合功能的第四代移动通信系统，很可能到 2010 年就会出现相关的实验系统和手机模型。

6.1.2　移动上网

由于笔记本电脑、手机、个人数字助理（Personal Digital Assistant，PDA）等各种各样的移动终端的大量出现，为移动电子商务的发展打下了良好的基础。到目前为止，中国的移动用户全球第一，庞大的用户基础使这种新型的领域拥有了很多新的商业机会。其实，固网运营商的用户数一直在减少，而移动运营商的用户数却在不断地增加，这种发展趋势并没有改变，更何况电信行业的重组以及 3G 牌照的发放都会进一步刺激移动用户数的增加，而当用户基数达到一个异常庞大的水准后，它产生的衍生效益或许要超乎人们的想象。据《第 24 次中国互联网络发展状况统计报告》统计，截至 2009 年 6 月，中国手机网民规模为 1.55 亿人，占整体网民的 45.9%，半年内手机网民增长超过 3 700 万。目前的手机网民中，28% 的人表示未来半年有使用 3G 手机上网的意愿；目前尚没有使用手机上网的手机用户中，7.25% 的人表示未来半年可能使用 3G 手机上网的意愿。

随着移动通信技术的发展，各种各样的移动上网方式，为移动电子商务的发展提供了存在的和可能的上网模式。

1. 无线应用协议手机上网

GSM 移动用户通过使用无线应用协议（Wireless Application Protocol，WAP）手机，可直接操作接入互联网，获取在线信息和电子邮件等 Internet 服务；WAP 支持 GSM 漫游用户上网。用户登录后进入的默认站点是中国移动 Internet 门户网站（wap.chnmobile.net），用户可以通过友情链接等方式进入其他 Internet WAP 网站。

2. GPRS 手机上网

只要 GSM 移动用户的手机支持 GPRS 功能，并且 GSM 客户的手机号码申请开通了 GPRS 功能，且处在 GPRS 网络覆盖范围内，就可通过 GPRS 使用手机 WAP 服务（如移动梦网 http://www.monternet.com/moneditor/cs/2005web/wap/）；使用一些 GPRS 手机内置的服务，如通过 GPRS 收发电子邮件；用手机通过 GPRS 直接与 Internet 进行聊天、会议等即时信息沟通；通过 GPRS 轻松下载图片、图书、游戏、动画等全新娱乐服务。

3. 手机+笔记本电脑上网

（1）一些移动公司推出诸如"随 e 卡"之类的捆绑产品

客户只要购买一套"随 e 卡+AirCard 750"捆绑产品，插入笔记本电脑即可使用 GPRS 访问互联网，浏览网页、收发 E-mail、收发短信。

（2）手机与笔记本电脑相连

GSM 移动用户将手机与笔记本电脑连接，拨打 CMNET 的接入号，即可通过 IWF 功能模块以 9.6kbit/s 的数据传输速率接入到 CMNET，进行网上浏览、获取信息等服务。这种方式支持 GSM 用户漫游上网，面向中国移动"全球通"GSM 用户。

6.1.3 移动电子商务的兴起及市场前景

1. 移动电子商务的兴起

移动电子商务的兴起是从 2001 年开始的。

1997 年 5 月，通信国际（Communications International）研究无线接入 Internet 的前景时，人们不知道无线接入 Internet 在未来潜在的应用价值。唯一提出并实际运作了的业务是应用一种设备将伦敦地图下载到诺基亚 9000 手机上。

1998 年，绝大多数无线数据应用还是局限在少数专门网络中进行。不过，从 1998 年开始就有迹象显示移动电子商务的可能性了，一些在 Web 上进行的商务应用实现了以简化了的形式移植到移动通信网络上。移动用户能够用手机下载缩小了的文本形式的 Web 页面，查看股票价格。英国 Dresdner 银行当时还试验了一种让移动用户查看其银行账户的系统。

1999 年，诸如看股票价格、比赛成绩、天气预报信息等各种手机上网服务就风风火火地开展起来了，主要是在欧洲。而最为人们看好的就是手机银行服务，两家芬兰银行 MeritaNord 和 Leonia 就开展了手机银行服务，它们早就提供了因特网银行服务，现在正竞争着吸引更多的用户接受手机银行服务。

MeritaNord 是芬兰的一家大银行，比较早地提供了网上银行服务，现在这项服务已经扩展到利用 WAP 的手机上。用户只需输入如同坐在 PC 前上网一样的接入密码，就可进入到此种服务中。在导入期，这种服务是免费的，随后也只需一种名义上的付费，MeritaNord 的手机银行服务现在每天都有成百上千的用户访问。另外，据 MeritaNord 银行集团执行副总裁 Bo Harald 说，他们只向那些早已习惯于网络银行服务的客户提供手机银行服务，这种策略也是其手机银行服务能够取得成功的重要原因。MeritaNord 打算将手机银行服务发展为一个完整的移动电子商务解决方案，还希望这有助于扩展银行内部的内联网。

另一家芬兰大银行 Leonia 也热衷于打进这个市场。1999 年 11 月，Leonia 宣称是第一个能够向 WAP 手机用户提供安全移动银行服务的银行。Leonia 移动银行服务中的安全模式涉及数字证书的管理。数字证书配置在手机用户的用户身份识别卡（Subscriber Identity Module，SIM）中，可以安全地辨别每一个用户。据称，利用这种数字证书，就可以保证交易的合法性。用户在做移动电子商务时，不需额外的操作，只需记得他们的 PIN 代码就行。如果连接中断，那么当用户再次接通后任务会重新启动。当用户的手机接入网络时，为防止别人远程窃取用户手机号 PIN 代码，在每次交易时都要单独输入。

芬兰的这两家银行表明移动用户是有兴趣以数据方式接入其银行账户的。对移动通信运营商来说，这很有吸引力，因为数据服务和增值服务可以产生大笔收入。

2．移动电子商务的市场前景

移动电子商务因其快捷方便、无所不在的特点，已经成为电子商务发展的新方向。美国旧金山负责跟踪移动通信产业发展状况的特利菲亚公司的总裁约翰·狄菲尔说："移动商务市场从长远看具有超越传统电子商务规模的潜力。"无线电子商务具有超过传统有线因特网电子商务的能力，是因为移动电子商务具有一些无可匹敌的优势。美国冠群电脑公司移动电子商务产品管理总监谢涛玲认为："只有移动电子商务能在任何地方、任何时间，真正解决做生意的问题"。

各种新技术如高速宽带无线网络、移动上网协议 WAP、SIM、双制式移动电话和各种界面友好的掌上设备将大大推动移动购物的发展。欧洲一家市场分析公司也认为，欧洲移动电子商务的营业额每年将成倍增长。移动电子商务对许多人来说，已经不是一种时髦，而是一种生活和职业需求。

6.1.4　中国移动电子商务的发展

1．中国移动通信服务业的发展情况

随着全球化的信息技术革命，移动电话成为中国电信服务中来势最迅猛、发展最活跃的

新秀，移动通信能力进一步加强，中国已成为世界移动电话第一大国。

回顾中国移动电话发展史（详细数据如表 6-1 所示），大致经历了 4 个阶段。

第一阶段（1987～1993 年）为起步阶段，主要是满足用户急需。

第二阶段（1994～1995 年上半年）为发展阶段，中国 90MHz 模拟蜂窝移动电话成为世界上联网区最大、覆盖面最广的一个移动电话网。

第三阶段（1995 年下半年—2007 年）为迅速提高阶段。中国引进世界上技术先进的 GSM 数字移动电话系统，它标志着中国移动通信由单一的模拟制进入模拟数字并存时代，可以称得上是一步到位，后来者居上。

第四阶段（2008 年至今）中国开启 3G 时代。2008 年 5 月底在中国电信业重组"六合三"方案中，中国电信成功并购中国联通 CDMA。随着中国电信业最终重组方案的尘埃落定，2009 年 1 月 1 日国务院通过 3G 牌照发放工作启动决议，3G 牌照的发放为运营商提供了更大的发展空间，同时强化了移动互联网概念。此后中国移动下调 GPRS 数据流量资费；中国电信调低无线上网套餐费用；中国联通推出多样化 GPRS 套餐等。主要运营商纷纷采取行动吸引和扩大用户规模，促进市场发展。

同时中国移动电话的发展也经历了一个由东到西、由城市到农村的过程，移动电话使用率与经济发展程度呈正比关系。由于国家的支持和人们生活水平的提高，中国移动电话发展速度非常快，随着移动电话价格的下降和移动通信费用制度的调整，这一市场增长将更为迅速。

表 6-1　　　　　　　　　中国移动电话发展速度比较（1993～2008 年）

年度	1993	1994	1995	1996	1997	1998
移动电话（万户）	63.8	157	363	685	1 997	3 010
年增长率（%）	260.5	146.1	131.2	80.7	93.1	50.7
年度	1999	2000	2001	2002	2003	2004
移动电话（万户）	4 320	8 546	14 481	20 726.5	26 995.3	33 482.4
年增长率（%）	43.5	97.8	69.8	38.3	30.2	24.0
年度	2005	2006	2007	2008	2009（截至 5 月底）	
移动电话（万户）	39 340.5	46 105.8	54 728.6	62 124	68 000	
年增长率（%）	17.5	17.2	18.7	14.2	9.5	

2．中国移动电子商务的发展现状

目前中国移动互联网发展势头迅猛，使得移动电子商务在中国已经开始有实际应用。中国移动通信集团公司在上海、北京、天津、广州、杭州、深圳 6 大城市同时推出"全球通"WAP 商用试验网，WAP 手机用户可在这 6 大城市中使用漫游业务。上海移动通信公司还同步推出了 WAP 门户站点（wap.sh.chnmobile.net），并成功地为梅林正广和、华印科技等电子商务企业建立了移动电子商务系统。电商网、toecom.com.cn、搜狐、阿里巴巴等都已经或准备推出移动电子商务服务，搜狐和诺基亚公司宣布联手推出无线互联网服务。

移动梦网（Mobile+Internet，Monternet）是中国移动向客户提供的移动数据业务的统一品牌。移动梦网就像一个大超市，囊括了短信、彩信、手机上网（WAP），百宝箱（手机游戏）等各种多元化信息服务。目前，移动梦网 WAP 类业务根据订购方式可分为点播类业务和定制类业务，如果定制的是点播类业务，可以点播喜欢的内容，点播一次收一次费用；如果定制的是定制类业务，那么将按月收取相应的信息费。中国移动推出的移动梦网计划将有助于中国移动电子商务的进一步发展。它借鉴日本移动运营商 NTT DoCoMo 的经验，为国内的因特网内容提供商（Internet Content Provider，ICP）开放短消息系统（Short Message System，SMS）及移动应用 WAP 平台，共同开发移动互联网服务，实行收益共享的合作方式。这样，一方面为收入模式单一的 ICP 扩大了收入来源，中国移动通过它庞大的收费系统，帮助 ICP 收取费用（中国移动同 ICP 收取 15%的佣金）；另一方面也会促进移动互联网服务水平的提高。资费政策的明确和服务内容的丰富，无疑将会进一步推动移动电子商务的发展。

3．中国移动电子商务迅速发展的原因

① 社会化大生产和市场经济以及全球经济一体化的发展，需要电子商务，尤其是不受地点和时间、不受气候和环境限制的移动电子商务。

② 中国经济持续稳定增长，人民收入水平提高，使用手机开发电子商务有了一定的物质基础。

③ 国家政策扶植，使移动电子商务迅速发展成为可能。2007 年 6 月，由国家发展改革委员会和国务院信息办发布的《电子商务发展"十一五"规划》对建立移动电子商务试点工程指明了方向。鼓励基础电信运营商、电信增值业务服务商、内容服务提供商和金融服务机构相互协作，建设移动电子商务服务平台。广泛应用手机、个人数字助理和掌上电脑等智能移动终端，面向公共事业、交通旅游、就业家政、休闲娱乐、市场商情等领域，发展小额支付服务、便民服务和商务信息服务，探索面向不同层次消费者的新型服务模式。

④ 手机上网和时尚理念结合。随着具有上网功能手机的普及以及手机上网平台的便利，手机不仅是更便利的上网工具，同时也成为时尚潮流和流行文化的代表符号。手机上网的时尚色彩吸引年轻用户使用，从而带来了移动互联网网民规模的快速增长。

⑤ 手机上网内容的数量和质量逐步提升，手机博客、手机视频，乃至手机电视都发展迅猛，给用户提供了更为丰富的选择，促进了手机上网用户数的扩张。

此外，蜂窝移动技术的不断进步以及手机功能和风格的不断多样化、有线电子商务面临的困难都是促进中国移动电子商务发展的原因。

4．中国移动电子商务存在的问题与对策

① 带宽不足以支持移动电子商务所需的网络环境。移动通信数据传输目前是借助于手机或个人无绳电话系统（Personal Handy-phone System，PHS）来实现的。在前者的情况下，可以提供的速度上限为 90kbit/s 或 28.8kbit/s；而在后者的情况下为 32kbit/s 或 64kbit/s，难以满足大量非文本信息的传输。

中国移动通信集团第一个省级宽带互联网 2001 年 3 月 28 日在江西开通。这是中国第一个使用多协议标签交换（Multiple Protocol Label Switching，MPLS）技术的省级宽带互联网，同时也是江西省内开通的第一个宽带互联网。核心技术采用先进的 IP-over-SDH 技术，总带宽超过 2.5Gbit/s，总容量超过 10 万用户，并可以灵活升级。该网的覆盖范围通达江西全省，建有南昌、九江、上饶等 11 个地市节点和一个管理全网的省中心，可同时提供话音、数据、图像、多媒体等高品质通信服务，是新一代开放的宽带通信基础网络。

随着移动电话与 Internet 的结合，无线上网的新趋势正在形成，第三代移动通信的标准更使得移动终端可以应用最高 2Mbit/s 的带宽进行通信。IDC 最新研究表明，2002 年全球无线互联网用户将超过有线互联网用户。

② 网络支付、安全认证、线下配送等系统和电子商务的立法有待完善。中国的环境很特殊，移动电子商务除了存在传统电子商务未能解决的障碍，如支付、配送等问题外，由于移动电子商务的特殊性，移动电子商务的安全问题尤其显得重要。中国可以自主推出一些解决方案，也可以采用国际上的已经比较成熟的解决方案。如爱立信公司的移动电子商务解决方案（Mobile e-Pay），它将移动通信网络、Internet、在线支付和安全技术有机地结合起来，为移动电子商务提供了一个完整的解决方案，它的推出将大大推动移动电子商务市场的发展。HP 为企业提供了全系列的移动 E-services 解决方案。HP WAP Server 基于工业标准 WAP 1.1，提供无线接入 Internet/Intranet 服务，HP Virtual Vault 提供端到端的加密数据传送、基于证书的认证、军用级的安全性；HP e-speak 和 OpenMail 提供代理和沟通平台功能等。另外还有 IBM 公司的 WebSphere Transcoding Publisher，无线设备厂商 Mobilize 的 Mobilize Commerce 商品，Dallas-based JP Systems 推出的 Sure Wave 平台等。

③ 电信市场的对外开放使中国移动电子商务的发展面临更多的问题。中国已加入世界贸易组织（World Trade Organization，WTO），WTO 有诸多法律规则，其中服务贸易法律规则主要是通过《服务贸易总协定》确定的。《服务贸易总协定》由两大部分组成：框架协定和各成员方按协定第 20 条提交的具体义务承诺表。框架协定由条款部分和附录部分组成，电信服务附录是其中之一。

电信服务附录对有关的目标、范围、定义、透明度、公共电信传送网及其服务的进入和使用、技术合作以及有关国际组织和协议等做了规定。其中，"公共电信传送网及其服务的准入和使用"是该附录的核心条款。它规定了成员方在公共电信传送网及其服务的准入和使用方面的义务，核心内容是："各成员方应按合理和非歧视性（指最惠国待遇和国民待遇）条件，允许其成员方的服务提供者为提供其承诺表中所列服务而进入和使用其公共电信传送网及其服务。"根据这些条款，中国要承担开放电信市场的义务，其中包括移动通信市场。

专家认为，中国 WAP 的发展进程之所以没有日本 I-mode 迅猛，主要原因还是没有找准突破口，没有把 WAP 无可替代的特性突出出来。被誉为无线互联产业创始人的王维嘉博士认为：无线互联的移动化特性肯定会在不久的将来给企业带来巨大的利润和翻天覆地的巨变，一旦有真正实用和有价值的无线网络应用服务商出现，将会形成一个比目前连网用户发展更为迅速的用户市场，这些用户的潜在商业价值将是难以估量的。中国有机会创造自己的模式，有机会在 Internet 领域赶超世界。业界普遍认为，BtoB 的电子商务模式双子无线网络最具有率先的发展机会。企业要想从中受益，就要把移动电子商务看成是产生新利润、创造新价值和维系更多客户的有效手段。

案例 14

移动电子商务在身边

移动电子商务就是利用手机、PDA 等无线设备进行 BtoB 或 BtoC 的电子商务。以前这些业务一贯是在有线的 Web 系统上进行的。

1. 移动加油系统有助节省开支

N.Y 食品公司卡车运输队的经理 Gary Willis 先生一直为不能控制持续上升的油料费用感

到头痛，自从海湾战争以来油价已经创本年度新高。他不得不感谢 Grenley-Stewart 能源公司发明的移动加油系统替他解决了困难，现在 Gary Willis 先生可以随时监视油费的开支，而且司机不会像在普通加油站那样为了等待加油而花费时间了。因为 Grenley-Stewart 能源公司利用开发的无线设备让它的加油车在夜间为客户加油。

那些需要加油的车配备了一种称为"灵巧标签"的无线设备，它们是综合计费系统的关键所在。当 Grenley-Stewart 能源公司的加油车准备加油时会向客户的手持无线设备（手机、PDA）发送请求验证码，用户同意后加油开始自动进行，综合计费系统自动记录每辆车的加油量和费用。这样既为客户节省了时间，又让客户能够及时监视油料的开支。

2．无线订购鲜花

移动电子商务的另一个比较典型的例子是 FTD.com 公司（如图 6-1 所示）。FTD.com 公司在 2001 年母亲节的时候开展了无线订购鲜花的服务，他们决定在无线 Web 网络上占有一席之地。FTD.com 公司的总裁不愿透露有关无线订购业务所占比例以及无线 Web 业务收入的细节。

图 6-1　FTD.com 无线订购鲜花

得克萨斯大学的副教授 Antesh Barua 说，移动电子商务只占全球化电子商务的很小一部分。2001 年，世界范围内的电子商务业务量达到了 8 千亿美元，而它与全世界总的商务交易量 36 万亿美元相比显得过于渺小，移动电子商务就更加微不足道了。"但是它们是潜力巨大的"，Barua 先生补充说。

3．五万移动用户轻松买彩

一位全球通用户使用手机投注，随机选号中得500万元大奖！记者2002年5月从广东移动深圳公司了解到，该公司2001年6月29日提供手机投注服务以来，已有5万多"全球通"和"神州行"用户申请开通此项服务，用手机购买深圳福彩。

据统计，手机投注中奖者不断，深圳福彩从第49期至76期，手机投注累计中出一等奖1个、二等奖2个、三等奖47个、四等奖165个、五等奖1 680个、六等奖2 914个、七等奖22 664个。

据介绍，手机投注是广东移动利用移动通信技术在全国范围内首开彩票交易电子化的先河，也是广东移动在全国乃至世界同行发展移动电子商务的创新之举。手机投注将先进的移动通信技术和传统的彩票交易系统相结合，广大彩民不用排队，只需简单操作手机，就可以随时随地轻松购买彩票。

4．全球通自动售货机

全球通自动售货机是在中国移动全球通手机购物支付平台基础上建立的一个具体应用。

① 业务概念："全球通"手机用户只需通过中国移动GSM手机拨打售货机上的免费购物号码，自动售货机就会自动识别用户、出货、记录交易、上传交易数据。

② 种类：饮料机、饮料食品综合机、大灯箱饮料机。

③ 操作方式：用手机拨通售货机上的号码，根据提示音购买货物，购货的费用从用户当月的手机话费中收取。

④ 可销售商品：食品、日用品、药品、玩具、纪念品、饮料（支装、罐装）等。

5．全球通自动售票机

全球通自动售票机是在中国移动全球通手机购物支付平台基础上建立的又一个具体应用。全球通客户可通过自己的手机在地铁站台自动购票，票面金额由手机支付。其工作方式与自动售货机相同。

6．足球彩票手机投注

① 业务概念：基于移动小额支付系统的一项手机投注应用服务，它为中国移动用户提供了一个全新的彩票投注模式。该业务不仅促进了彩票事业的发展，又为中国移动开辟了一个新的数据增值业务服务空间。

② 业务特点：足球彩票中心负责向手机投注中奖用户的彩金派发，获小奖的投注用户由中国移动直接将彩金转入用户的支付账户，按照足球彩票中心的业务规则，中国移动不受理获大奖的手机投注用户，足球彩票中心直接负责用户奖金派奖处理。

7．会易通

拿起手机，可以同时给最多150个人打电话——这是浙江移动推出的"会易通"业务。现在开会可以不用会议室，会议召集人只要在电话中输入一个会议成员的手机号码，就可与多方召开电话会议，也可以群发短信等。非典时期，"会易通"的非接触开会方式得到了浙江很多大企业的认同和欢迎。

8. 随 e 行

"随 e 行"实现了无线上网。只需在笔记本电脑或 PDA 中插入 GPRS 网卡和专用的数据 SIM 卡，不依靠任何其他外部设备，即可实现无线上网，让互联网随身而行，没有线路接来接去的麻烦。平时只要把"随 e 行"的 SIM 卡一直放置在笔记本电脑的 GPRS 网卡中就可以了，不用每次使用前都安装，实在很方便。

6.2 移动电子商务基础

6.2.1 移动电子商务的定义

所谓移动电子商务，是指通过移动电话（手机）、PDA（个人数字助理）或者掌上电脑等移动终端依托无线互联网进行的电子商务活动。移动电话和互联网是当前信息产业发展的两大热点，二者融合产生的新增长点即移动无线互联网。作为对传统互联网和电信网的增强及补充，它不受信息源和用户地理位置的限制，以统一标准提供无处不在的语音、文本及图像信息网络服务，并作为企业内外部信息沟通、营销以及客户关系管理等其他商业的应用。相对于目前"有线"的电子商务来说，移动电子商务通过无线联网的方式进行商务交易、网上支付、客户服务和娱乐活动等，没有了连线的羁绊，方便和个性化的商业服务将吸引越来越多的最终用户加入到网上的商务活动中来。

6.2.2 移动电子商务的特点

移动电子商务具有以下主要特点。

1. 方便

移动用户使用的移动终端既是一个移动通信工具，又是一个移动电子收款机系统（Point Of Sells，POS）、一个移动的银行 ATM 机。用户在需要时能够随时访问金融服务，因此能够在任何时间、任何地点进行电子商务交易和办理银行业务（包括支付）。

2. 安全

由于移动运营商将为使用手机银行服务的客户更换大容量的 SIM 卡，使用银行可靠的密钥，对信息源进行加密，传输全过程全部采用密文，因此确保了操作过程的安全可靠。客户在使用手机银行服务时，依照 SIM 卡提供的智能菜单由个人进行操作，不会受到其他干扰。

3. 迅速

手机银行服务的有关信息通过移动电话网的短消息系统进行发送和接收，银行采用了专用服务器处理，一般一项业务在用户发送后几秒钟内即可完成，这是其他方式不可与之相比的。

4. 灵活

用户可以根据他们的个人需要灵活地选择访问和支付方法，并且可以根据用户的爱好设置个性化的信息格式。

6.2.3 移动电子商务提供的服务

Internet、移动通信技术和其他技术的完善组合创造了移动电子商务，但真正推动市场发展的却是多样的服务。移动电子商务能提供以下服务。

1. 银行业务

移动电子商务使用户能随时随地在网上安全地进行个人财务管理，进一步完善 Internet 银行体系。用户可以使用移动终端核查其账户、支付账单、进转账、接收付款通知等。

2. 交易

移动电子商务具有即时性，因此非常适用于股票等交易应用。移动设备可用于接收实时财务新闻和信息，也可确认订单并安全地在线管理股票交易。

3. 订票

通过 Internet 预订机票、车票或入场券已经发展成为一项主要业务，其规模还在继续扩大。从 Internet 上可方便地核查票证的有无，并进行购票和确认。移动电子商务使用户能在票价优惠或航班取消时立即得到通知，也可支付票费或在旅行途中临时更改航班或车次。借助移动设备，用户可以浏览电影剪辑、阅读评论，然后订购邻近电影院的电影票。

4. 购物

借助移动电子商务技术，用户能够通过其移动通信设备进行网上购物。即兴购物会是一大增长点，如订购鲜花、礼物、食品或快餐等。传统购物也可通过移动电子商务得到改进。例如，用户可以使用"无线电子钱包"等具有安全支付功能的移动设备，在商店里或自动售货机上进行购物。

5. 娱乐

移动电子商务将带来一系列娱乐服务。用户不仅可以从他们的移动设备上收听音乐，还可以订购、下载特定曲目，支付其费用，并且可以在网上与朋友们玩交互式游戏，还可以为游戏付费。

6. 无线医疗

这种服务是在时间紧迫的情形下，向专业医务人员提供关键的医疗信息。医疗产业十分适合移动电子商务的开展。在紧急情况下，救护车可以作为治疗的场所，而借助无线技术，救护车可以在行驶中同医疗中心和病人家属建立快速、实时的数据交换，这对每一秒钟都很宝贵的紧急情况来说至关重要。无线医疗使病人、医生、保险公司都可以获益，也会愿意为这项服务付费。

7. 移动应用服务

一些行业需要经常派遣工程师或工人到现场作业。在这些行业中，移动应用服务提供商

（MASP）将有开展业务的巨大空间。移动应用服务提供商结合定位服务技术、短消息服务、无线应用协议（WAP）技术以及呼叫中心技术，为用户提供及时的服务，提高用户的工作效率。过去，现场工作人员在完成一项任务后，需要回到总部等待下一项任务。现在，现场工作人员直接用他们的手持通信设备接受工作任务，并根据所在的位置、交通的状况以及任务的紧急程度，自动安排各项工作，使用户得到更加满意的服务。

6.2.4　移动电子商务的系统框架

尽管不同厂商提供的移动电子商务系统解决方案有所不同，但它们在基本结构上是一致的，即从下到上包括了移动网络设施、移动中间件、移动用户设施和移动商务应用系统 4 个功能层。下面进行具体介绍。

1．移动网络设施

移动网络设施是支持移动商务的网络和设备，其主体就是蜂窝移动通信网。基于电路交换的 GSM 网络能提供的最高接入速率为 9.6kbit/s，制约了基于 WAP 技术的移动商务的开展。而 2.5Gbit/s 的 GPRS 和 CDMA1x 络支持分组数据交换，最高接入速率的理论值都在 150kbit/s 以上，推动了移动电子商务的发展。此外，移动网络设施还包括无线局域网和蓝牙、卫星通信网络技术等。

2．移动中间件

移动中间件是连接电子商务与不同的移动网络和操作系统的软件实现层，如 ExpressQ、WAP 等。

ExpressQ 是一种移动消息收发中间件，可将非 IP 应用程序提供给移动用户，完成用户脱离服务区时的信息存储和用户处于服务区时的信息转发。WAP（无线应用协议）已将 Internet 上的应用和服务引入移动终端，由于传统的 HTML、Web 内容难以在小尺寸的移动终端屏幕上有效地显示，因此 WAP 采用无线标记语言（Wireless Markup Language，WML）作为信息标记语言。

由于未来的 Web 内容要求能在任何时间、任何地点以任何方式实现接入，Internet 协议组织（World Wide Web Consortium，W3C）制定了几个扩展现有 Internet 标准的规范，来使无线装置完全能够接入 Web 及其信息库。这些规范包括使用对语义更加丰富的可扩展标记语言（Extensible Markup Language，XML）；应用改进型层叠样式表和扩展样式表语言进一步将内容与图片分离；定义独立于语言的应用编程接口（Application Programming Interface，API）文档对象模型，仅应用程序能够访问和改进文档的结构、内容和覆盖范围。

3．移动用户设施

移动用户设施就是支持电子商务的移动终端，包括便携式电脑、手机、PDA 等。

4．移动电子商务应用系统

移动电子商务不仅提供电子购物环境，还提供一种全新的销售和信息发布渠道。从信息流向的角度，移动电子商务提供的业务可分为以下 3 个方面。

① "推（Push）"业务。主要用于公共信息发布。应用领域包括时事新闻、天气预报、股票行情、彩票中奖公布、交通路况信息、招聘信息、广告等。

② "拉（Pull）"业务。主要用于信息的个人定制接收。应用领域包括服务账单、电话号码、旅游信息、航班信息、影院节目安排、列车时刻表、行业产品信息等。

③ "交互式（Interactive）"业务。包括电子购物、博彩、游戏、证券交易、在线竞拍等。

6.2.5 移动电子商务的冲击和影响

移动电子商务的开展，为移动用户、移动运营商、Internet 服务提供商（Internet Service Provider，ISP）、Internet 支付提供商（Internet Payment Provider，IPP）、ICP 和其他服务提供商都带来了新的冲击和影响，同时也带来了新的发展机遇，这将给他们带来新的市场和利润。因此，移动电子商务必将成为各商家下一步竞争的焦点。进入这一领域越早，便越有可能尽早确定自己的竞争优势。

1．对移动用户

移动电话为 Internet 电子商务增加了两大好处：移动性和终端的多样性。无线系统允许用户访问移动网络覆盖范围内任何地方的服务。由于移动电话的广泛使用，小的手持设备（如小键盘、显示器、具有 SIM 卡阅读功能的 GSM 电话等）将比 PC 具有更广泛的用户基础。因此，用户可以从移动电子商务中享受到随时随地进行贸易活动和处理银行业务的好处。

2．对移动网络运营商

面临网络竞争威胁的移动运营商不仅可以使用移动电子商务方案来保留重要的老用户，而且可以使用这些方案来吸引具有复杂需求的新用户，未来移动电子商务市场的竞争将日趋激烈。现在不仅许多厂商纷纷推出移动电子商务解决方案，而且有些国家的运营商已经开始提供许多增值服务。随着竞争的加剧，移动网络运营商市场将重新洗牌，新用户群将成为各运营商争夺的焦点。

对移动运营商拓展新应用。除了传统的移动话音服务功能外，移动电子商务为无线市场增加了一类新的应用，因此提高了运营商的移动网络和终端的利用价值。新的应用领域将扩展无线运营商的通信资源和收入来源。移动电子商务将大大促进 WAP 和通用分组无线服务在现有移动网络中的广泛应用，它将有助于运营商提供用户的满意度和忠诚度。移动电子商务还允许运营商充当电子商务服务代理，因此也为移动网络运营商提供了新的机遇和挑战。运营商和服务提供商需要提供灵活的计费方案，要允许用户通过移动电话为任何服务进行任何数量的支付。

3．对 ISP/IPP

移动电子商务的发展会增加 ISP/IPP 的业务交易量，因而可以增加 ISP/IPP 的总收入。IPP 的潜在用户对象不仅包括 ISP 现有的用户，而且也将包括一些新的用户群，如经常使用移动电话的用户随着用户数量和交易数量的增加，移动电子商务每笔交易的成本将大大下降，因此可以进一步提高 ISP/IPP 的盈利水平。

4．对 ICP

内容提供商（ICP）也可以从移动电子商务的发展中得到与移动网络运营商类似的好处，移动电子商务不仅可以帮助他们拓展服务范围，而且有助于提高自己的竞争力。ICP 可以通过参与移动电子商务来吸引新的用户群。每个能够访问移动网络的人都是 ICP 未来的潜在客户，ICP 提供移动电子商务交易服务的成本会减少，因为交易是以电子方式而不是以手工方式完成的。移动电子商务方案允许 ICP 为用户提供个性化的区别服务，因而可以进一步地吸引更多的用户。

除此之外，部署移动电子商务的 ICP 可以通过与其他的移动电子商务参与机构（如发放信用卡的银行）合作直接获得大量新用户（如使用某个银行卡的所有用户）。因为银行可以利用其自身的优势和网络，将移动电子商务终端向一些重要的大用户推广，如旅行社、铁路、航空等领域。ICP 还可以与银行和运营商合作，以便通过手机提供个性化的内容服务，并且进行在线电子支付。

案例 15

手 机 支 付

1．概述

Internet、移动通信技术和计算机等技术的完美结合创造了移动电子商务，移动电子商务以其灵活、简单、方便的特点将受到消费者的欢迎。移动电子商务的发展将使普通的消费者在预定门票、支付费用、股票交易以及财务办理上受益。

手机支付作为新兴的费用结算方式，由于其方便性而日益受到移动运营商、网上商家和消费者的青睐。手机支付尽管只是最近几年才发展起来的支付方式，但因其有着与信用卡同样的方便性，同时又避免了在交易过程中使用多种信用卡以及商家是否支持这些信用卡结算的麻烦，消费者只需一部手机，就可以完成整个交易，深受消费者，尤其是年轻人的推崇，因此，全球采用手机支付的消费者不断增长。

手机支付作为一种崭新的支付方式，具有方便、快捷、安全、低廉等优点，将会有非常大的商业前景，而且将会引领移动电子商务和无线金融的发展。手机付费是移动电子商务发展的一种趋势，它包括手机小额支付和手机钱包两大内容。手机钱包就像银行卡，可以满足大额支付，它是中国移动近期的主打数据业务品牌。通过把用户银行账户和手机号码进行绑定，用户就可以通过短信息、语音、GPRS 等多种方式对自己的银行账户进行操作，实现查询、转账、缴费、消费等功能，并可以通过短信等方式得到交易结果、通知和账户变化通知。因此，有理由相信手机支付必将成为移动电子商务一个新亮点。

2．手机支付的工作原理

（1）手机支付系统

从消费者购买行为来看，消费者在商场、超市等零售卖场进行购物时使用手机支付也应是符合市场发展规律和现代人生活方式的一种未来趋势。从手机支付工作原理来看，手机支付系统主要涉及3个方面：消费者、商家及无线运营商，所以手机支付系统大致可分3个部分，如图6-2所示。

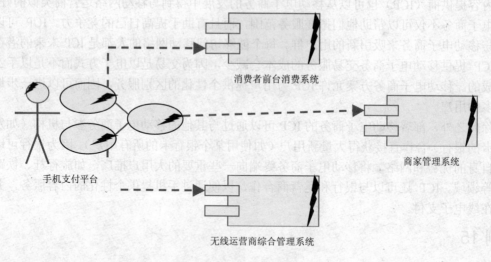

图6-2　手机支付系统

① 消费者前台消费系统。保证消费者顺利地购买到所需的产品和服务，并可随时观察消费明细账、余额等信息。

② 商家管理系统。可以随时查看销售数据以及利润分成情况。

③ 无线运营商综合管理系统。它是本系统中最复杂的部分，又包括两个重要子系统，即鉴权系统与计费系统。它既要对消费者的权限、账户进行审核，又要对商家提供的服务和产品进行监督，看是否符合所在国家的法律规定，此外，最重要的是它为利润分成的最终实现提供了技术保证。

无线运营商综合管理系统主要包括两个子系统，如图6-3所示。

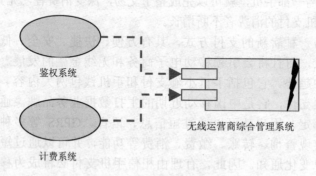

图6-3　无线运营商综合管理系统

（2）流行的手机支付流程

当消费者从网上商家选择好产品或服务后，发出购买指令，执行购买操作，商家去无线运营商处取得消费者信息，进行确认，由无线运营商代收取费用并告知商家可以交付服务或产品，形成完整的手机支付过程，如图6-4所示。

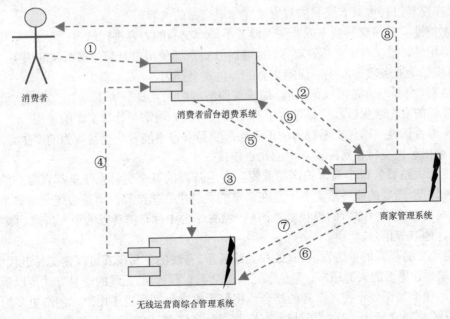

图 6-4　手机支付流程

具体流程如下。

① 消费者通过 Internet 进入消费者前台消者系统选择商品。

② 将购买指令发送到商家管理系统。

③ 商家管理系统将购买指令发送到无线运营商综合管理系统。

④ 无线运营商综合管理系统将确认购买信息指令发送到消费者前台消费系统或消费者手机上请求确认，如果没有得到确认信息，则拒绝交易，购买过程到此终止。

⑤ 消费者通过消费者前台消费系统或手机将确认购买指令发送到商家管理系统。

⑥ 商家管理系统将消费者确认购买指令转交给无线运营商综合管理系统，请求缴费操作。

⑦ 无线运营商综合管理系统缴费后，告知商家管理系统可以交付产品或服务，并保留交易记录。

⑧ 商家管理系统交付产品或服务，并保留交易记录。

⑨ 将交易明细写入消费者前台消费系统，以便消费者查询。

至此完成交易过程。

3. 手机支付的安全

当消费者选择好一个商品，确认购买后，发出购买指令，系统首先连接到无线运营商综合管理系统，从中取出消费者的权限信息及账户金额信息，与其购买的商品的金额及所需的购买权限进行实时比对，如有不符之处则拒绝交易。这样，可避免传统背靠背的交易方式被欺骗的可能性。同时，由于消费者的个人资料及其他个人信息不是放在网上商家管理系统中的，可充分考虑消费者的隐私权，保护了消费者的利益。

手机支付中的安全应确保交易双方的合法权益所涉及的内容不受非法入侵者的侵害。通常，主要涉及以下几个方面的内容。

① 数据的机密性。防止合法或隐私数据被非法用户获得，通常使用加密的手段来实现，

从而确保在交易过程中只有交易的双方才能知道交易的内容。

② 完整性。确保交易他方或非法入侵者不能对交易的内容进行修改。

③ 可用性。授权者（交易的双方）能随时且安全地使用信息和信息系统的服务，可用性是在大面积拒绝服务攻击发生后保障交易的一项安全行为。

④ 鉴别。交易双方是可以信任的，即确保服务间的相互身份认证，防止欺诈行为的产生。

⑤ 授权的安全。保证在交易过程中对无线（有线）网络与计算资源的使用。

⑥ 不可否认性。确保交易行为的正确性，交易双方不能否认交易行为的产生。

下面给出手机支付在实际操作中的几点建议。

① 统一大结算。每个商家的产品或服务在运营商的整个交易系统里都有唯一的交易号码，当选择好所需要的服务后，并不是在商家的系统里直接结算，而是去统一结算平台，避免运营商与商家交易背靠背的现状。这个统一结算平台中存有消费者的个人信息、账户余额、消费权限、地域等信息。

② 避免交易模式的单边发展，有线和无线并重。有线的交易模式可以使交易过程更清晰，步骤更简单，让更多的人群适应，避免了冗杂的交易过程；而无线的交易方式可以解决空间上的不足，使交易无处不在，二者的结合，将使手机支付拥有更多用户，创造更多的价值。

③ 资源共同分享。无线运营商与商家应共同分享资源，如在技术及消费者信用记录方面。充分的资源共享有利于商家与无线运营商保持长期合作。

④ 快速预警通道。手机支付系统一旦发生技术或管理上的漏洞，消费者及商家可以在第一时间与无线运营商及时交流，将损失减少到最低。

⑤ 法律的保障和约束。目前，还没有一个国家对手机支付出台相关的法律法规，所以一旦产生纠纷和侵权，很难在法律上有准确的定义和判断，当务之急是国家出台相关的法律法规，给手机支付这种新生模式予以保障和约束。

4．国内外手机支付业务的应用

其实，在中国移动宣布手机小额购物服务计划前，国外移动运营商就早已推出了手机小额支付服务。

① 英国的赫尔市。爱立信公司开发的手机支付服务允许汽车驾驶员使用手机支付停车费。用户把汽车停在停车场之后，即可用手机接通收费系统。用户可以同应用语音识别技术的计算机对话，也可以用手机发一条短信。用户只需说明停车的位置、注册的号码和需要购买的停车时间即可，负责收取停车费的计算机将把这些资料登记下来。

② 芬兰南部城市科特卡。顾客通过芬兰一家公司研制的"移动支付系统"，使用手机支付货款简单易行，顾客只需通过研制这一系统的公司开一个"移动户头"，即可通过手机将有关付款数额和付款时间的文字信息发送到商家的户头上履行付款手续。如果顾客将手机遗失，可通过发送文字信息或打电话给这家公司终止自己的移动账号。

③ 瑞典的 Paybox 公司。在德国、瑞典、奥地利、西班牙等国成功推出了手机支付系统之后，又宣称将首次在英国推出这种无线支付系统。Paybox 无线支付以手机为工具，取代了传统的信用卡。使用该服务的用户，只要到服务商那里进行注册取得账号，在购买商品或需要支付某项服务费时，直接向商家提供手机号码即可。

④ 澳大利亚的悉尼。澳大利亚的悉尼推出了一项名为"拨号得饮料"的计划，新型的饮料售货机上标有特定号码，用户只要用手机拨通这个号码，清凉的饮料就算到手了。除了在

用户每月的手机费账单上增加一项饮料开支外，用户不必为此额外付费。

　　⑤ 国内。中国移动较早地开展了手机支付业务的试点。2001 年 6 月，深圳移动与深圳福利彩票发行中心合作建设了手机投注系统，开通了深圳风采手机投注业务。2001 年 10 月，中国移动与 51CP（中彩通网站）合作，尝试推出世界杯手机投注足球彩票业务。2002 年 5 月，中国移动开始在浙江、上海、广东、福建等地进行小额支付试点。浙江移动在嘉兴地区试行开通小额支付业务，提供网上支付、话费充值、自动售货机等服务。广东移动、福建移动和江苏移动也搭建了本省的小额支付平台，提供足球彩票和福利彩票投注等服务。

　　目前，中国移动已经和广东发展银行签约，用户只申请一次，以后不管在本地还是漫游到外地，都可以通过手机进行移动支付。在北京地区，北京移动刚刚宣布开通"手机钱包"业务。将用户银行账户和手机号码进行绑定，北京移动的手机用户就可通过短信息、语音、GPRS 等方式，实现手机支付。目前国内支持手机支付的银行有广东发展银行、农村信用合作社、招商银行、中国银行、建设银行、交通银行、商业银行、福建兴业银行、深圳发展银行、中信银行等。在业务发展之初，中国移动将手机支付的主要应用放在小额支付上，如交纳电子信箱费、QQ 会员费、网络游戏月费、从自动售货机上买饮料食品、购买地铁票以及足球彩票投注等业务。

　　在搜狐网，需要手机点歌、Sohu 校友录等服务，虽然形式上像普通的短信服务，但实际上是经由特殊的系统直接通过电话网发送给接收者的，也就是说，在这个过程中，移动梦网只是起到了一个付费的作用，而手机才是这个系统支付平台的承担者。在新浪网，用手机支付收费电子邮箱非常方便，仅需 10s 就可以通过手机获得一个收费电子信箱。在购买成功后，服务费用在每月交纳手机话费时由联通公司代收。当然，如果想暂停服务，可以登录盟卡商城，单击"暂停邮箱服务"后按要求填写正确信息即可；在其他网站上，也不难发现，用手机进行视频点播，用手机支付网络游戏等也都已不再是新鲜的事了。

　　可以大胆预料：只要手机支付在信用安全、手续费用、快捷程度以及和零售企业方的合作问题得到有效的解决，消费者在传统购物时使用手机支付这一新方式的可能性就会大大提高。通过国内、国外的手机支付实践，完全有理由相信手机支付将在未来大有作为，并成为传统支付手段的一种有利补充。无论如何，手机支付具备了现金支付和银行卡支付的各种优势，会随着手机用户稳步增长的速度而日益发展；手机支付必将成为人们生活购物方式的一种潮流。

6.3　移动电子商务实现技术

6.3.1　无线应用协议

　　WAP 是开展移动电子商务的核心技术之一。通过 WAP，手机可以随时随地、方便快捷地接入 Internet，真正实现不受时间和地域约束的移动电子商务。WAP 是一种通信协议，它的提出和发展是基于在移动中接入 Internet 的需要。WAP 提供了一套开放、统一的技术平台，用户使用移动设备很容易访问和获取以统一的内容格式表示的 Internet 或企业内部网信息和各种服务。它定义了一套软硬件的接口，可以使人们像使用 PC 一样使用移动电话收发电子邮件以及浏览 Internet。同时，WAP 提供了一种应用开发和运行环境，能够支持当前最流行的嵌入式操作系统。WAP 可以支持目前使用的绝大多数无线设备，包括移动电话、高速寻呼编码体制寻呼机、双向无线电通信设备等。在传输网络上，WAP也可以支持目前的各种移动网络，如GSM、CDMA、个人无绳电话系统（Personal Handy-phone System，PHS）等，它也可以支持未来的第三代移动通信系统。目前，许多电信公司已经推出了多种WAP产品，包括WAP网关、应用开发工具和WAP手机，向用户提供网上资讯、机票订购、流动银行、游戏、购物等服务。WAP最主要的局限在于应用产品所依赖的无线通信线路带宽。对于GSM，目前简短消息服务的数据传输速率局限在9.6kbit/s。

6.3.2 移动IP

移动IP通过在网络层改变IP，从而实现移动计算机在Internet中的无缝漫游。移动IP技术使节点在从一条链路切换到另一条链路上时无须改变它的IP地址，也不必中断正在进行的通信。移动IP技术在一定程度上能够很好地支持移动电子商务的应用。但是目前它也面临一些问题，比如移动IP运行时的三角形路径问题，移动主机的安全性和功耗问题等。

6.3.3 "蓝牙"技术

"蓝牙"（Bluetooth）是由爱立信、IBM、诺基亚、英特尔和东芝共同推出的一种短程无线连接标准，旨在取代有线连接，实现数字设备间的无线互连，以便确保大多数常见的计算机和通信设备之间可方便地进行通信。"蓝牙"作为一种低成本、低功率、小范围的无线通信技术，可以使移动电话、个人电脑、个人数字助理（PDA）、便携式电脑、打印机及其他计算机设备在短距离内无须线缆即可进行通信。例如，使用移动电话在自动售货机处进行支付，这是实现无线电子钱包的一项关键技术。"蓝牙"支持64kbit/s实时话音传输和数据传输，传输距离为10～100m，其组网原则采用主从网络。

6.3.4 通用分组无线业务

1. 什么是GPRS

通用分组无线业务（GPRS）是在现有GSM网络上开通的一种新型的分组数据传输技术。GPRS突破了GSM网只能提供电路交换的思维定式，将分组交换模式引入到GSM网络中。它通过仅仅增加相应的功能实体和对现有的基站系统进行部分改造来实现分组交换，从而提高资源的利用率。

GPRS属于2.5代数字移动通信技术，它是GSM向第三代移动通信发展的必经阶段。GPRS的应用，将客户带入移动信息高速公路，满足广大客户对数据业务日益增长的需求。

2. GPRS业务的优势

① 永远在线。只要激活GPRS应用后，将一直保持在线，类似于无线专线网络服务。
② 按量计费。GPRS服务虽然保持一直在线。但不必担心费用问题，只有产生通信流量时才计费。
③ 自如切换。话音和数据业务可以切换、交替使用。
④ 高速传输。目前GPRS可支持53.6kbit/s的峰值传输速率。理论峰值传输可达100kbit/s（传统的GSM网中，用户除通话以外，最高只能以9.6kbit/s的传输速率进行数据通信，如Fax、E-mail、FTP等，这种速率只能用于传送文本和静态图像，但无法满足传送活动视像的需求）。
⑤ 快速登录。全新的分组服务，无须以往长时间的拨号建立连接过程。适用于频繁传送

小数据量业务或非频繁传送大数据量业务。

3．GPRS 提供的服务种类

① GPRS 承载 WAP。通过 GPRS 网络接入 WAP，通过手机浏览 WAP 站点的服务（如移动梦网，wap.monternet.com），可享受新闻浏览、股票查询、邮件收发、在线游戏、聊天等多种应用服务；通过 GPRS 网络接入 WAP，可充分发挥接入时延短（2 秒接入）、速率高、永远在线、切换方便等优点。

② 电子邮件（E-mail）。电子邮件又分为移动梦网电子邮件和手机内置的第三代邮局协议（Post Office Protocol 3，POP3）电子邮件。移动梦网电子邮件只需通过 GPRS 进入移动梦网门户网站（wap.monternet.com），选择电子邮件服务，就可接入任一个熟悉的邮箱，如 sina、263、163、21cn 等；手机内置的 POP3 电子邮件通过 GPRS 接入预设的邮箱收发 E-mail。

③ GPRS 手机+笔记本，以无线方式接入 Internet。利用 GPRS 手机与笔记本连接，通过无线方式接入 Internet，进行 Internet 浏览、上传下载文件等操作，具备随时随地无线接入、永远在线、无线快速传输等优点。

④ 支持行业应用。GPRS 提供的无线接入手段可以扩充公安、水利、交通、证券、海关等丰富的行业应用。可以为任意的企业集团客户建立虚拟专网，提供无线接入企业内部局域网，真正实现移动办公。

6.3.5　移动定位系统

1．什么是移动定位

手机定位服务是在无线状态下基于通信位置的定位服务。开通这项服务，手机用户可以方便地获知自己目前所处的准确位置，并用手机查询或收取附近各种场所的资讯。手机定位服务的巨大魅力正是在于能在正确的时间、正确的地点把正确的信息发送给正确的人。

同时它还可以对手机用户进行定位，并对手机用户的位置进行实时监测和跟踪，使所有被控对象都显示在监控中心的电子地图上。因此，手机定位服务在无线移动的领域内具有广泛的应用前景。

2．移动定位服务的组成

手机定位服务系统主要由 4 部分组成：用户手机、GSM 网络、短消息服务中心和应用服务器。

3．移动定位服务工作原理

用户手机发送一个需求信息经 GSM 网络传送到短消息服务中心，再由短消息服务中心将用户信息发送到应用服务器进行用户手机位置和需求信息查询，查询结果通过短消息服务中心经 GSM 网络反馈到用户手机上。

4．移动定位服务应用领域

无线定位系统建立在移动跟踪和通信处理软件之上，它具备强大的数据处理能力，并以丰富翔实的地理信息数据和完备的信息搜索引擎为基础，集跟踪、监控、定位以及报警于一体，可以广泛应用于政府车辆管理、交通管理、公安、银行、铁路、邮政、出租货运等众多行业。这项技术还可为旅游业、零售业、娱乐业和餐饮业的发展带来巨大商机，它能够向旅游者和外出办公的公司员工提供当地新闻、天气及旅馆等信息。由于借助 Internet 为载体，可以支持大容量的用户同时使用，同时提供多级别的用户保密协议。具体应用举例如下。

（1）车辆调度和监控。可以根据需要实时查询该公司车辆的位置，从中选择合适的车辆进行调度。例如，调度中心收到许多客户在中国大酒店等待打车的信息，立即查询在中国大酒店附近该公司出租车的情况，调度空闲车辆到中国大酒店载客，货运车辆外出时可自动向监控中心发送车辆当前位置和行车线路信息，便于监控中心管理和就近派遣。

（2）人员调度和监控。可以根据需要，随时掌握外出人员的当前位置，便于加强人员管理和更合理的调配。

6.3.6　第三代移动通信系统

经过 2.5G 发展到 3G 之后，无线通信产品将为人们提供速率高达 2Mbit/s 的宽带多媒体业务，支持高质量的话音、分组数据、多媒体业务和多用户速率通信，这将彻底改变人们的通信和生活方式。3G 作为宽带移动通信，将手机变为集语音、图像、数据传输等诸多应用于一体的未来通信终端。这将进一步促进全方位的移动电子商务得以实现和广泛地开展。

案例 16

手　机　银　行

1. 关于手机银行

（1）手机银行的定义

手机银行将无线通信技术与银行业务相结合，以为客户提供在线的、实时的服务为目标，将银行业务中的某些业务转移到手机上，以银行服务器作为虚拟的金融服务柜台，客户利用移动支付终端，通过移动通信网络与银行建立连接，在银行提供的交互界面上进行操作，从而完成各种金融交易。

（2）手机银行的特点

手机银行具有以下特点。

① 安全。采用了高技术的加密措施对手机银行信息的传输过程全程加密，解密的密钥不在通信网络中，而保留在银行的主机中，解密的过程全部在银行主机中进行，切实保证了客户资金的安全。

② 简便。能为客户提供一年 365 天、一天 24 小时的不间断服务，客户可根据自身需要随时办理银行业务。业务提示均通过移动电话网络的中文短消息系统。客户可以直观、清楚地看到自己在业务处理中的各项文字提示，比普通电话银行业务的语音提示更直观、更方便。

③ 低廉。客户成功完成一笔业务（发送消息→银行接收→处理→传回信息）只需短信息的收费，不成功不收费，一般一项业务在用户发送后几秒钟内即可完成。

2. 中国建设银行手机银行

（1）功能

中国建设银行手机银行（见图 6-5）是基于移动通信数据业务平台的新一代银行服务，

依靠将无线通信技术的 3A（Anytime 任何时间、Anywhere 任何地点、Anyway 任何方式）优势应用到金融业务中，将银行柜台延伸至客户手机。只需将手机号与建行账户绑定，就可以享受查询、转账汇款、缴费、支付、外汇买卖、银证业务、手机股市、信用卡、公积金、基金查询、本地服务和万易通商城 12 大类，近百种在线的、实时的金融服务。不论客户是乐于求新尝鲜的新新人类，热衷投资的股民、基民，还是经常办理转账汇款的普通客户，都可以感受到手机银行的便捷性、实时性和优惠性。

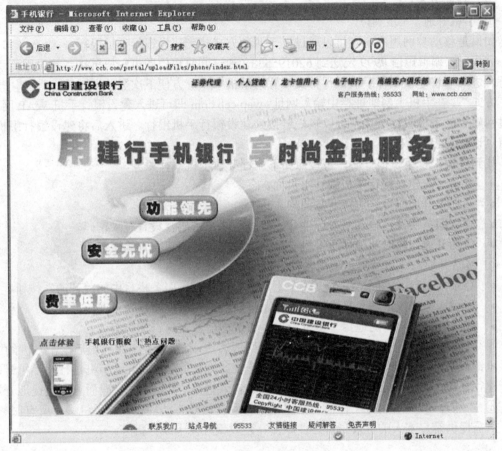

图 6-5　中国建设银行手机银行

① 体贴入微的查询服务，包括余额查询、来账查询、公积金明细、交易查询，客户可以对自己的财务状况了如指掌。

② 功能齐全的转账汇款，同城或异地，个人或企业，随时随地实现资金划转；手机到手机转账，客户只需输入对方手机号码和金额即可方便地实现手机银行客户间的转账；约定账户转账能准确快速实现资金划转；汇款手续费低至 3 折。

③ 简单便捷的手机缴费，包括手机费、市话费、水电费、交通罚款、Q 币充值……能够满足用户多种多样的缴费需求，不用再排队。

④ 方便快捷的信用卡业务，无论身处何地，信用卡账单信息随手掌控，让用户不再错过还款时间。

⑤ 内容丰富的投资理财，手机股市、基金查询、银证转账、CTS 转账、外汇买卖，让

财富在用户手中积聚。

⑥ 琳琅满目的万易通商城，电子机票、福利彩票等，让用户享受贴身的购物乐趣。

建设银行手机银行以领先的技术水平、功能强大的服务系统、丰富的手机客户资源和统一的网络规划处于国内优势地位。其业务量在国内占有绝对领先水平，业务种类也超前于国内其他银行，即使和西方发达国家相比，建设银行的手机银行功能也领先于包括美国银行、花旗银行在内的美国银行业巨头。

（2）开通方式

① 手机开通，4 步到位。

如果是移动梦网用户，则可以通过以下两种方式找到建设银行手机银行。

方式一：编辑短信 9999 发送到 620195533，通过回复短信即可轻松链接到建设银行手机银行，进入后将建设银行手机银行首页设置为手机书签，方便下次登录。

方式二：在手机上网地址栏中输入网址：wap.ccb.com 即可进入建设银行手机 WAP 网站，通过网站中的手机银行链接，可以轻松链接到建设银行手机银行。进入后将建设银行手机银行首页设置为手机书签，方便下次登录。

找到建设银行手机银行后，可按照如下流程开通手机银行服务。

- 登录进入建设银行手机银行主页面。
- 选择"开通服务"进入服务向导。
- 同意服务协议，输入身份证件号、账号、账户密码，设置登录密码。
- 成功开通！随时随地尽享手机股市、缴费支付、账户查询等服务。

② 网站开通，一目了然。使用各种手机都可以：

- 登录 www.ccb.com，单击页面左上角"手机银行"服务栏目中的"开通"按钮。
- 同意服务协议，输入身份证件号、账号、账户密码，设置登录密码。
- 成功开通！随时随地尽享手机股市、缴费支付、账户查询等服务。

③ 网银开通，方便快捷。只要是建设银行网银客户，都可以在登录网银后单击右侧的"开通手机银行服务"链接（红蓝闪烁字体），接受服务协议，输入欲开通手机银行的手机号码、选择建行账户、设置手机银行登录密码即可免去输入姓名、身份证件号码而方便快捷地开通。

④ 网点开通，更多精彩。任何一家建设银行营业网点都能轻松开通手机银行所有服务功能。只需提供客户本人的有效身份证件原件、建设银行龙卡或存折等。

3. 中国工商银行手机银行

（1）功能

中国工商银行手机银行（见图 6-6）为个人客户提供的服务主要包括账户查询、账户转账、缴费付款、账户挂失、申请新业务、呼叫 95588、用户设置等服务。随着业务的发展，该行还将陆续推出缴费付款、单位账户的查询以及银证转账、外汇买卖等服务。

① 账户查询。该功能为用户提供指定的本地牡丹信用卡、牡丹灵通卡、牡丹专用卡、活期存折账户余额及最近 3 笔交易明细的查询服务。

② 账户转账。该功能为用户提供牡丹信用卡、牡丹灵通卡、牡丹专用卡和其他注册账户之间的资金转账服务，以及向非注册的同城卡账户的转账服务，账户转账的单笔最高限额为 5 万元。

③ 缴费付款。该功能为用户提供与中国工商银行有代收费协议的收费部门各项费用的查

询、缴费服务。

④ 账户挂失。为客户提供牡丹信用卡、牡丹灵通卡、牡丹专用卡的电话挂失服务。为保险起见，用户在电话挂失后，还需尽快到银行进行书面挂失。

⑤ 新增服务。为客户提供牡丹卡新业务的申请服务，客户可根据该行提供的新业务开办情况和业务代码，通过手机银行申请牡丹卡的新业务服务。

⑥ 呼叫 95588。该功能为客户提供客户在使用中国工商银行手机银行服务时，可直接使用呼叫 95588 功能，转入中国工商银行电话银行中心，享受当地电话银行 95588 拥有的各项服务。

⑦ 用户设置。该功能为客户提供客户所需要的账户、缴费、密码等功能的设置。

⑧ 特色服务。可向客户提供银证转账、外汇买卖、代缴费等特色服务。

图 6-6　中国工商银行手机银行

（2）开户方式

开户方式包含如下内容。

① 开户条件。申请人必须是本地全球通移动电话用户；申请人必须拥有牡丹信用卡、牡丹灵通卡、牡丹专用卡之一。

② 开户时应准备的资料。申请全球通手机银行需携带身份证件及复印件、更换后的开发工具包（SIM Tool Kit，STK）卡、本人的牡丹信用卡、牡丹灵通卡或牡丹专用卡之一。

③ 开户手续。客户申请使用手机银行服务，涉及银行和移动通信两方，先要取得移动通信公司的 STK 卡，并在工商银行牡丹卡发卡机构或指定的储蓄营业网点办理登记手续。

因此客户办理手机银行开户的方式主要有：第一，混合方式。客户首先应到移动通信营业厅办理 STK 卡的换领手续。已经是全球通的手机客户，可将 SIM 卡更换 STK 卡，新用户可直接购买带有银行菜单和密钥的 STK 卡。客户携带更换后的 STK 卡、身份证件及复印件、本人的牡丹信用卡、牡丹灵通卡或牡丹专用卡之一，到牡丹卡发卡机构或指定的储蓄营业网点办理开户和账户登记手续。第二，利用移动通信公司的方式。目前，该行部分分行已在移动通信公司营业厅设立办理手机银行开户柜台。客户在移动通信营业厅可以同时办理手机银行 STK 卡的换领和手机银行的开户登记手续。第三，利用中国工商银行手机银行机构、网点的方式。目前，中国工商银行手机银行部分分行已和移动通信公司签订协议，在中国工商银行手机银行牡丹卡发卡机构或指定的储蓄营业网点代售移动通信 STK 卡。客户可在中国工商银行手机银行营业网点同时办理手机银行 STK 卡的换领和手机银行的开户登记手续。

6.4　移动电子商务商业模型分析

与传统电子商务相比，移动电子商务具有更广阔的发展空间，因为它能利用最新的移动通信技术派生出更有价值的商业模型。移动商务的概念衍生自传统电子商务，但不能简单地将移动电子商务认为是传统电子商务的扩展。移动电子商务与传统电子商务的区别在于其服务对象的移动性、服务要求的即时性、服务终端的私人性和服务方式的方便性。

移动电子商务商业模型涉及移动网络运营商、网络设备提供商、移动终端提供商、内容提供商等，这些参与者以移动用户为中心，以移动网络运营商为主导，在一定的政府管制政策限定下开展各种活动，以实现自己的商业价值。

1．商业模型的参与者

移动电子商务商业模型的参与者有：提供操作系统和浏览器技术的平台供应商，提供网络基础设施的设备供应商，提供中间件及标准的应用平台供应商，提供移动平台应用程序的应用程序开发商、内容提供商、内容整合商，提供应用整合的移动门户提供商、移动运营商、移动服务提供商等。

移动电子商务交易中的参与者取决于其底层的商业模型。一般来说，移动电子商务交易的主要参与者如下。

① 移动用户：其最大特点是经常变换自己的位置，用户接收的商品或服务可能因为时间、地点以及其使用移动终端情境的不同而不同。

② 内容提供商：通过 WAP 网关等向移动用户提供特定的内容，如新闻、音乐等。

③ 最大程度地减少移动门户：向移动用户提供个性化和本地化的服务，最大程度地减少用户的导航操作。

④ 移动网络运营商：在移动电子商务中扮演着重要角色，既可能是移动网络提供商，又可能是一个中介、一个门户或者一个可信任的第三方，这取决于其在移动电子商务价值链中所起的作用。

2．主要商业模型

传统电子商务的商业模型发展到今天已经逐渐成熟，如网上商店、网上拍卖等；移动电子商务在网络经济泡沫破灭以后得到了迅速发展，并形成了初具规模的商业模型。

移动电子商务商业模型是由移动电子商务交易的参与者相互联系而形成的。因此，大多数移动电子商务商业模型可以与移动电子商务交易的参与者使用相同的名称，如内容提供商模型、移动商业门户模型等。

① 内容提供商模型：采用这种商业模型的企业通过向移动用户提供交通信息、股票交易信息等内容达到盈利的目的，企业可能通过移动门户或直接向移动用户提供内容服务。较小的公司或个人在开发适合移动终端设备使用的内容时，可能采用这种商业模型。

② 移动门户模型：即企业向移动用户提供个性化的基于位置的服务。该模型的显著特征是企业提供个性化和本地化的信息服务。本地化意味着移动门户向移动用户提供的信息服务应该与用户的当前位置直接相关，如宾馆预订、最近的加油站位置查询等；个性化则要求移动门户考虑包括移动用户当前位置在内的所有与用户相关的信息，如用户简介、兴趣爱好、过去的消费行为等。

③ WAP 网关提供商模型：该模型可以看作 Internet 电子商务中应用程序服务提供商（ASP）模型的一个特例。在该模型中，企业向不想在 WAP 网关方面投资的企业提供 WAP 网关服务，其收益取决于双方所签订的服务协议。

④ 服务提供商模型：企业直接或通过其他渠道向移动用户提供服务，其他渠道可能是移动门户、WAP 网关提供商或移动网络运营商。而企业所能提供的服务取决于其从内容提供商处可以获得的内容。

上述参与者和商业模型加上 Internet 电子商务中的参与者和商业模型（如支付服务提供商、金融机构）结合起来，构成了复杂的移动电子商务商业模型。每个参与者为了采用收益率最高的商业模型，必须考虑商业模型的核心竞争力以及移动电子商务环境的特征等因素。好的商业模型所提供的服务，应该使用户、商家和服务提供商均能够通过移动电子商务活动增加自身的价值。只有这样，他们才能获得大量稳定的客户，移动电子商务才能够真正发展起来。

3. 移动电子商务价值链

① 移动电子商务价值链的产生。价值链理论认为，现代企业可以看作是为了满足客户需求而建立起来的一系列有序作业的集合体。各种作业之间实际上形成了一个始于供应商，经过企业内部，最后为客户提供产品的作业链。而这些作业又伴随着价值的产生和成本的消耗，从而形成了一个价值链。公司内部的价值链通过采购又与供货商的价值链发生联系，直到最初的原材料供应商；同时通过销售以及售后服务作业与客户价值链发生联系，直到最终客户，由此形成了产业价值链。

通过对电子商务参与者及移动电子商务商业模型的分析，可以看出，移动电子商务领域已经形成了比较成熟的产业价值链。

每个移动电子商务价值链的参与者都想在整个移动电子商务中起主导作用，从而控制整个价值链，使自己在竞争中处于有利地位。其中，移动网络运营商凭借其客户资源、品牌优势、网络实力成为主导地位竞争的最终胜利者。

移动电子商务价值链与传统 Internet 电子商务价值链不同。在 Internet 电子商务环境中，电信运营商的作用是提供网络接入能力，电信网络仅仅作为一种接入手段，为客户、应用服务提供商、商业机构、银行之间的通信提供了桥梁。电子商务网站提供的商务业务不受运营商控制，运营商得到的仅仅是用来完成整个业务流程的上网费用，而服务费用全部被应用服务提供商获取。因此，在 Internet 电子商务价值链中占主导地位的是应用服务提供商，而非电信运营商。

② 移动网络运营商的角色分析。移动网络运营商在移动电子商务商业模型中起着战略性作用，下面着重对其在模型中扮演的角色进行分析。

在移动电子商务的各个参与者中，移动网络运营商维护着移动用户的个人数据，能很方便地得到用户的位置信息，同时也为用户建立了各种计费手段。其拥有的客户资源使他拥有用户的所有权和连接权，其他环节的企业不得不通过移动网络运营商向用户提供服务。因此，移动网络运营商在模型中自然处于主导地位。

移动运营商可以只提供网络基础设施并让消费者直接联系各种内容、服务提供商或门户，此时移动运营商的收入来自其向消费者提供的无线连接。在此基础上，移动网络运营商可以提供 WAP 网关服务，还可以作为移动门户、中介或可信任的第三方为企业或个人提供服务。

移动网络运营商扮演门户的角色，可以引导用户定位合适的服务提供商，同时可以让内容提供商找到用户。因为拥有丰富的客户资源，移动网络运营商比其他门户拥有更多的优势，因此向用户提供移动门户服务是非常自然的。换句话说，运营商可以作为提供商的前台终端直接向用户提供内容和服务。在这种情况下，移动用户可以从服务质量和资费的角度选择提供商。运营商与内容或服务提供商达成一定的协议并获得盈利。

目前，移动门户商业模型已经成为移动网络运营商的一个重要选择，移动门户将移动网络运营商定位成用户与内容及服务提供商的中介，实现对第三方信息和服务的聚集、分类整理和再出售。

移动网络运营商还可以在移动电子商务中扮演更积极的角色，不仅提供移动门户提供的所有服务，而且提供如下附加服务：一是提供捆绑服务，即以折扣的形式向用户提供由不同供应商提供的商品或服务的组合。二是扮演银行前台终端的角色，用户直接向运营商支付；同时，运营商在用户对商品或服务不满意时也有义务向其退还支付。三是向提供商提供安全和支付服务。四是扮演可信任的第三方。用户可能希望从不同的提供商处购买多种商品，移动网络运营商可以帮助他们完成这种操作。在这种情况下，需要在运营商和用户之间建立一种信任关系。如果商品在交付用户时已经损坏，或交付得太晚，甚至根本没有交付，显然用户的权益没有得到保证。

案例 17

NTT DoCoMo 移动支付业务运作模式分析

从下面一系列事件可以看出，日本 NTT DoCoMo 的移动支付业务在日本正在稳步推进。

① 2004 年 8 月，NTT DoCoMo 推出采用索尼公司 FeliCaIC 技术的移动支付业务——"Csaifu-Keitai"。

② 2005 年 4 月，NTT DoCoMo 注资 1 000 亿日元（9.45 亿美元），获得三井住友信用卡公司 34%的股份，双方合作推出 "ID" 子品牌的移动支付业务。

③ 2006 年 3 月，NTT DoCoMo 又注资 10 亿日元，获得瑞穗金融集团关联企业 UCCard 18%的股权。

④ 2006 年 4 月，NTT DoCoMo 宣布推出 DCMX 子品牌的移动信用卡，可透支消费，将移动支付渗透到消费信贷领域。

⑤ 2007 年 4 月，NTT DoCoMo 移动支付业务用户 2 150 万户，占其 FOMA 用户的 44%。

1. NTT DoCoMo 移动支付业务——"Osaifu-Keitai"介绍

NTT DoCoMo 采用 FeliCaIC 技术的移动支付业务品牌为"Osaifu-Keitai"，在"Osaifu-Keitai"总移动支付业务下又分 3 类子业务。

① "Osaifu-Keitai"手机钱包业务。该业务是最普通的手机钱包业务，没有银行的介入。用户在 NTT DoCoMo 申请一个手机钱包账号，并预存一部分金额就可以使用。用户使用该服务购买商品所付的款项直接从在手机钱包预存的账号中扣除。使用"Osaifu-Keitai"手机钱包业务无须输入密码。

② ID 借记卡业务。该业务是 NTT DoCoMo 和三井住友银行合作推出的移动支付业务。双方合作推出 ID 借记卡，借记卡信息将储存在 FeliCa 芯片中。用户需要事先在 ID 借记卡中预存一些金额，才能使用 ID 借记卡业务消费。ID 借记卡能和三井住友银行的普通信用卡相连，用户可以从三井住友的普通信用卡向 ID 借记卡转账。一般情况下，使用 ID 借记卡业务无须输入密码，但如果用户购买商品金额超过 ID 借记卡中的余额，则需要输入密码。NTT DoCoMo 通过 ID 借记卡业务搭建了一个移动信用卡平台，以吸引金融机构加入，目前加入到此移动信用卡平台的金融机构有三井住友银行和瑞穗银行。

③ DCMX 信用卡业务。DCMX 信用卡业务真正将移动支付业务渗透到消费信贷领域。用户使用 DCMX 业务无须在信用卡中预存金额就可以透支消费。DCMX 分两种透支额度：一种是 DCMXmini，可透支 1 万日元，用户消费时无须输入验证密码；另一种是 DCMX，透支额度为 20 万日元，单笔消费 1 万日元以上需要输入验证密码。与 NTT DoCoMo 合作推出此项业务的同样是三井住友银行。

2. 日本移动支付产业竞争博弈分析

日本移动支付产业竞争特殊的博弈状况使得以 NTT DoCoMo 为代表的移动运营商能够在移动支付产业链中占据主导地位。

第一，日本的金融管制政策宽松，降低了移动运营商进入金融领域的壁垒。日本金融厅于 2000 年 5 月在《异业种加入银行经营及网络专业银行等新型态银行执照的审查指针方案》中明确提出允许其他行业参与银行业的方针。

第二，信用卡和移动支付业务存在一定的替代关系，日本消费者对信用卡的使用频率不高，为移动支付业务的发展提供了契机。日本的信用卡最先由零售商于 20 世纪 60 年代引入，零售商通过个人金融公司向消费者提供分期付款信贷。为保护零售商的利益，日本政府对日本银行提供信用卡业务采取了严格的管制政策。直到 1982 年才允许日本银行通过成立全资信用卡附属公司间接介入信用卡业务，并且该信用卡不具备循环信用功能，只能采取每月清偿的延期还款方式。直至 2004 年 4 月允许日本银行直接发行信用卡，日本银行业进入信用卡市场的限制被完全取消。日本信用卡产业的特殊发展历程导致了日本的信用卡产业受理市场规模小，规模效应很难产生，从而致使交易成本高，加之前面提到的缺乏循环信用功能，使得消费者对信用卡的使用频率不高。

第三，日本银行业对开展移动支付等新业务的兴趣不浓，减少了对移动运营商的威胁。

日本银行业近几年一直忙于合并后的重组，并且面临着诸如"存款限额保护政策"的重创以及主银行制度带来的巨额不良资产等困境，使得他们无暇顾及移动支付等新业务的开展。

第四，日本的移动运营商庞大的用户基础也是保证移动支付市场不断壮大的因素之一。

3. NTT DoCoMo 移动支付业务商业模式分析

NTT DoCoMo 移动支付业务产业链如图 6-7 所示。

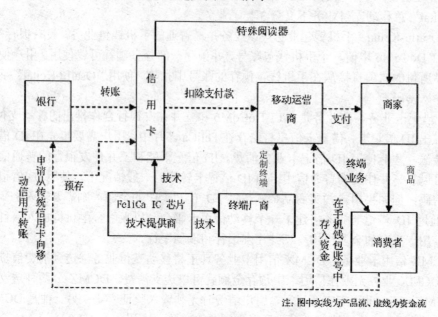

图 6-7　NTT DoCoMo 移动支付业务产业链

NTT DoCoMo 提供的这种 NFC 移动支付业务最大的优点就是极大地简化了使用移动支付业务操作的烦琐性，方便了用户的使用。但要成功开展移动支付业务，NTT DoCoMo 需要银行和商家的支持。为调动银行和商家的积极性，NTT DoCoMo 采取了如下策略。

（1）选择在日本已有广泛基础的 FeiliCaIC 技术作为移动支付技术

FeliCaIC 技术是日本索尼公司研制开发的非接触智能芯片技术。FeliCaIC 技术不仅在技术上具有先进性，而且在日本被广泛应用。截止到 2005 年 10 月，已售出 1 亿枚 FeliCa 芯片。

从技术上来讲，FeliCaIC 技术适用于移动支付技术。首先，FeliCaIC 卡具有很高的安全性，适合存储安全要求很高的用户个人信息；其次，FeliCaIC 技术传输速率非常高，操作简单，用户只需在特殊的读卡器前晃动安装有 FeliCa 芯片的手机就可完成支付，极大地方便了用户的使用，能够增强用户使用移动支付业务的体验。

从 FeliCa 芯片在日本的发展来看，在众多领域都有应用，并且已经应用于电子支付领域，在日本具有一定的基础。采用 FeliCaIC 技术一来可以省去许多安装特殊读卡器的费用，从而更容易调动商家对开展移动支付业务的积极性；二来在用户中进行宣传比较容易。

鉴于上述两方面的原因，NTT DoCoMo 选择了 FeliCaIC 技术作为移动支付的实现技术。

（2）商家选择和激励策略

如何调动商家开展移动支付业务的积极性是移动支付业务成功开展的关键因素之一。在移动支付业务发展初期使用业务的用户还不多的情况下，商家要想开展此项业务一方面要投入巨资安装特殊阅读器，需要很大的成本；另一方面用户使用不多，收益就会很少，极有可能会出现入不敷出的现象，那么商家的积极性就很难调动起来。鉴于此，NTT DoCoMo 在选择合作商家的时候，首先选择了已经通过 FeliCaIC 技术提供电子支付业务的商家。例如，日本 am/pm 零售连锁店早在 NTT DoCoMo 开通 FeliCa 手机钱包之前就已经采用了 Bitwallet 开发的 Edy 电子支付系统，该系统同样采用了 FeliCaIC 技术。另外，am/pm 在日本的 1 000 多家连锁店主要集中在人口密集的大城市。因此，NTT DoCoMo 首批选择了 am/pm 作为合作商家之一。

为鼓励商家采纳移动支付方式，NTT DoCoMo 在业务开展初期承诺为商家承担安装特殊读卡器的费用（以每月向商家收取租金的方式收回投资），向商家收取的交易佣金也比银行低。NTT DoCoMo 之所以能够向商家收取比银行低的交易佣金，是因为 NTT DoCoMo 在整个移动支付产业链中充当着运营商和银行的"双重"角色，使交易处理环节简化，从而能够降低交易处理成本。另外，提供移动支付业务，向商家收取交易佣金不是 NTT DoCoMo 的主要收入来源，降低交易佣金比例对 NTT DoCoMo 的收入不会造成太大影响。而银行就不同了，向商家收取交易佣金是银行的主要收入来源之一，降低交易佣金比例会对银行造成非常大的影响，这也是银行收取交易佣金高的主要原因之一。

（3）通过注资的方式掌控产业链

在 NTT DoCoMo 之前就有通过控股的方式保持和业务提供商紧密合作关系的先例。NTT DoCoMo 在开展移动支付业务上同样采取了此种方法。银行是移动支付业务产业链上的关键一环，银行积极性的调动对移动支付业务的开展具有很大的推动作用。但在运营商主导的产业链中，银行处于被动地位，又是在移动支付业务开展初期，能够看到的好处有限，因此，多数银行处于观望状态，开展移动支付业务的积极性不高。因此，NTT DoCoMo 先后注资三井住友信用卡公司和瑞穗金融集团的关联企业 UC Card 公司。从实际的发展来看，NTT DoCoMo 的这一举措得到了不小的回报。三井住友银行和 NTT DoCoMo 联合推出的 ID 借记卡业务使得 NTT DoCoMo 的移动支付业务突破了小额支付的界限。DCMX 信用卡业务使 NTT DoCoMo 的移动支付业务渗透到消费信贷领域。

另外，NTT DoCoMo 在确保移动支付业务安全性上也采取了一些措施。

① NTT DoCoMo 规定消费额超过预存款和 DCMX 移动信用卡业务每笔消费超过 1 万日元都需要输入 4 位验证密码。

② 用户可以通过已注册电话或者公用电话告知 NTT DoCoMo 锁定移动支付业务，阻止其他人使用。

③ 针对 DCMX 信用卡业务推出的定制手机中有指纹和面部识别功能，使安全性更高一层。

6.5 移动电子商务安全问题

移动电子商务不仅具备电子商务快速、灵活、方便等特点，更是以其随时随地接入互联网进行商务活动的随时性、可移动性，使其成为信息时代的宠儿。但是，电子商务本身存在的安全问题以及移动设施引发的新的商务安全隐患，使得安全问题成为移动电子商务迅速发展的绊脚石，直接关系到移动电子商务模式的运行前景。

6.5.1　移动电子商务存在的安全问题

移动电子商务虽然诞生于电子商务，但是通过移动终端上网的特性决定了它存在和普通电子商务不同的安全性。在探讨移动安全的特性时，首先要考虑的是移动终端本身的安全性。只有当移动电子商务赖以依存的移动终端安全了，才可能进一步谈其他的移动安全问题。如今用于上网的移动终端主要有手提电脑、手机、PDA 等，保障这些设备本身的安全，以及在使用时遵循安全操作规范，是移动电子商务安全保障的前提。当设备安全的前提得以保证后，就需要保证移动电子商务在应用中的安全，通常需要保障以下安全问题。

①　无线应用软件效能监控与系统效能管理。

②　审核和检测针对移动电子商务的存取是否合法或授权。

③　网页做到安全性认证的整合，以确保资料安全以及人员存取合法与保密。

④　数字证书或加密管理，实现不可否认性与完整性。

⑤　wireless LAN 是否有入侵以及数据包中是否隐藏病毒。

⑥　wireless 网络的效能以及预测失败或错误预警事件。

⑦　PDA 等设备在与电脑连接存取时的安全（包括 WAP、wireless 等存取方式）。

⑧　Gateway 主机以及所提供的服务加以监控。

⑨　在网络环境中加强防火墙、入侵侦测和弱点扫描，使企业交易内部的主机得到完全的保护。

6.5.2　移动电子商务安全技术

针对移动电子商务的安全漏洞提出的两个主要解决方案：一个是开发端到端移动电子商务解决方案，另一个是以流程、技术和组织模式的方案来降低移动电子商务的风险与易受攻击性。

1．端到端战略

考虑到上述的安全性问题及威胁，公司必须开始规划并实施相应战略，以便降低这些风险并开发端到端移动电子商务解决方案。此类战略的设计要综合考虑每家公司及其每位客户以及具体移动应用的要求。然而，应用结构化方法来降低移动电子商务中的安全风险，将使所有公司受益。从大的范围看，公司能否在移动电子商务领域取得成功，取决于它能否管理安全方面的风险和挑战，用户信心、品牌资产、投资回报、市场份额和价值都与这一问题相关。应对这些挑战的关键是拥有端到端的移动电子商务应用方法。

端到端在移动电子商务中意味着保护每个薄弱环节，确保数据从传输点到最后目的地之间完全的安全性，包括传输过程中的每个阶段，即找出每一个薄弱环节并采取适当的安全性和私密性措施，以确保整个传输过程中的安全性并保护每条信道。移动电子商务带来了许多设备，它们运行不同的操作系统且采用不同标准，因此安全性已经成为更加复杂的问题。公司需要实用的安全解决方案，这些解决方案应能够被快速简便地修改，以便满足所有设备的要求。除此之外还要考虑全局。安全战略将对一系列商业问题产生影响，单独考虑安全性是远远不够的。实施 128 位鉴权码也非理想选择，因为程序太长会影响到用户使用的方便。同样，性能、个性化、可扩展性及系统管理等问题都会对安全性产生影响，它们全是制订安全战略时必须考虑的因素。

2．技术防护方案

目前，市场上提供了许多安全性解决方案（以流程、技术和组织模式的方式）来降低移动电子商务的风险及易受攻击性。首先，无线电子商务解决方案要求的安全控制，与用来保护有线电子商务环境中使用的企业网络外围设备，以及 Web 应用的安全控制完全相同。这些控制方法将包括防火墙、内容 / 电子邮件过滤、防病毒、用户验证和鉴权、授权、策略管理、入侵检测、强化平台、安全的设备管理等技术。除了这些控制方法外，还需要其他技术在所有无线电子商务信道提供安全性。在这些移动电子商务安全性技术中，有许多正处在开发或演进阶段。然而，公司考虑的一些主要发展趋势和选项一般包括下列内容。

（1）加密技术

现在有许多加密解决方案可降低数据在无线网络上传输时遭到拦截的风险。由于 GSM 和 GPRS 网络采用的加密技术存在许多弱点，所以这一点是必要的。这些解决方案运行在无线网络运营商提供的现有系统之上，但可以由公司控制并使用经过验证的标准化协议。提供的选项包括 IPSec、WTLS 和 TPKDP。

（2）个人防火墙

与"一直在线"网络相连接的设备需要更高的安全性来防止非法接入。可以在通过 GPRS 连接与互联网一直连接的膝上型电脑上安装个人防火墙，这可以保护膝上型电脑本地保存的企业数据和个人数据。这项技术目前尚不能用于电话或 PDA 等低功率设备。

（3）严格的用户鉴权

金融交易等活动，要求有严格的用户鉴权。为了确保移动环境中的安全性，强烈要求应用"双钥"鉴权（基于用户所拥有的和用户所知道的事物的鉴权）。TAN（交易序号）码等传统的双钥技术也可用在无线环境中，可替代的解决方案包括手持设备一次性密码生成器（基于时间）或智能卡（挑战 / 反应）。

（4）单一登入

鉴权支持可实现单一登入功能，因此用户可以使用该环境中的所有服务和应用，无需进行进一步的用户可视鉴权。这要求将用户证明从门户网站安全地传输到提供内容服务和应用的其他系统中，包括第三方。

（5）无线 PKI 技术

可通过部署无线公共密钥基础设施（WPKI）技术来实现数据传输路径的真正的端到端安全性、安全的用户鉴权及可信交易。WPKI 使用公共密钥加密及开放标准技术来构建可信的安全性架构，该架构可促使公共无线网络上的交易和安全通信鉴权。可信的 PIG 不仅能够安全鉴权用户、保护数据在传输中的完整性和保密性，而且能够帮助企业实施非复制功能，使得交易参与各方无法抵赖。

（6）授权

授权解决方案用来管理和集成用户接入控制及授权信息，并在必要时对用户接入加以限制。授权包括两种方式：基于功能的授权（根据能使用订购信息接入的资源对每位用户进行授权）和基于 ACL（接入控制表）的授权（定义用户可以接入的资源）。简单的授权检查可在无线环境中的各种位置完成。

（7）安全流程

了解风险、构建正确的结构以及部署适当的安全控制是件大事，且必须通过结构化流程加以管理。安全性不仅是技术问题也是一个明显的事实。健全的端到端安全性还要求适当的策略、流程和组织。此类流程通常包括风险管理流程、意外事故管理流程、安全性验证保证流程、安全性监控流程、变化管理流程、企业安全性策略、安全性结构、技术标准和策略、专用策略、用户规则、企业安全部门、意外事件响应小组等部分。

思考与练习

1. 什么是移动电子商务？
2. 移动电子商务的主要特点有哪些？
3. 谈谈移动电子商务的应用范围。
4. 什么是手机银行？它的特点是什么？
5. 目前实现移动电子商务的技术有哪些？
6. 简述移动电子商务安全包含的内容。
7. 实践操作题：申请一个手机银行账号，并用其进行网上购物。

第 7 章　电子商务与现代企业管理

本章概要：本章从电子商务与现代企业管理的关系出发，介绍了现代企业信息化管理的全新模式——企业资源计划（ERP）、供应链管理（SCM）、客户关系管理（CRM）的基本理念，并通过对 3 个典型案例的分析，进一步理解基于电子商务平台的现代企业信息化管理。

学习目标：掌握现代企业信息化管理的全新模式——企业资源计划（ERP）、供应链管理（SCM）、客户关系管理（CRM）的基本理念、基本技术、基本方法；了解利用基于电子商务平台的现代企业信息化管理实现的办法。

学习指导：本章重点是掌握企业资源计划（ERP）、供应链管理（SCM）、客户关系管理（CRM）的基本理念、基本技术、基本方法；难点是如何将 3 者融会贯通于现代企业的信息化管理过程；通过案例分析，找到解决现代企业的信息化管理过程存在的关键问题的办法。

电子商务是对传统企业管理观念的冲击。以商务活动为生存命脉的企业，在网络的冲击下，也必然经历一场深刻的变革。企业及产品在网络中的信息沟通与连接打破了传统商务活动中固定的客户关系，促进了一种全新的供应链的形成。从服务成本上讲，电子商务降低了企业传统营销中在售后服务上需要投入的大量人力及财力资源。贸易洽谈实时进行、单据交换电子化、电子支付的实现都有助于形成较低的商品流通成本和快速的资金流动方式，这使企业最大限度、最快地获取产品市场利润。从这个意义上说，电子商务不仅是一种技术变革，也是一种通过技术的辅助、引导、支持而实现的商务活动本身的变革，一种因此而带来的企业经营和管理方式的革命。

7.1　企业资源计划

7.1.1　ERP 的含义

企业资源计划（Enterprise Resource Planning，ERP）系统是一组将企业的制造、库存、财务、销售、配销及其他相关功能达成平衡的应用软件程序，是目前较为成熟的现代企业管理模式。不但可以为整个企业资源做最有效的全面性整合规划，并且可以通过网络的及时反应性，有效缩减企业自身内部的作业时间，为多元化和以客户为中心的生产模式提供了优化的系统平台。

整个 ERP 系统的运作过程如下：当接收到客户的价格咨询后，ERP 系统就会开始针对供应商的价格进行比较，选择出价格最优惠的供应商。在客户下订单之后，ERP 就会进行对信用的控管，让信用管制部门对一些已经超过信用额度但是又下了订单的客户一目了然，如果客户的信用问题仍未解决，就会进行暂时冻结订单执行的操作。接下订单之后，在不缺乏生产原料的情形下，ERP 系统里的生产计划系统，就会自动控制生产流程生产品质优良的货物，以供交货之用。完成出货的操作后，ERP 会打印出发票并将数据汇入"应收账款"与"销售收入"等各项数据中，等待会计人员检查并确认无误后，就自动将账转到"应收账款"或"销售收入"账户中，以便财务人员收款及打印出财务报表等所需要的数据。

ERP 系统整合规划了企业的所有资源，达到了资源分配最佳化的目标。这里所谓的资源包括生产计划、人力资源、财务、会计等。因此也有人说，ERP 是一个会计导向的信息系统，从客户订单、制造到出货，对整体企业资源的需求，做有效的整合和规划。

7.1.2　ERP 的发展历程

早在 20 世纪 60 年代～70 年代，就有物料需求计划（Material Requirement Planning，MRP）、制造资源计划（Manufacturing Resources Planning，MRP II）等重要的系统。而这些 ERP 的前身与 ERP 之间有何差异呢？ERP 与传统 MRP II 的不同在于使用了创新的信息科技，如图形用户接口、关系型数据库、第四代语言等。当然，除了这些技术层的明显差异外，ERP 还有更深入的含义。

由于 MRP II 最早的时候是物料需求计划（MRP）系统，其主要目的在于进行生产计划存货控制，企业可通过 MRP 来决定何时制造、用什么物料、需要多大数重的物料来制造产品，并通过采购订单来控制物料存货。当企业已经能够决定生产计划的顺序、计划产能需求、预计供应商交货调度时，就发现其实 MRP 还可以和财务系统相结合，把整体制造环节的相关信息都纳入系统里，这时就形成了 MRP II。MRP 只应用在计算材料的需求上，MRP II 应用在所有与制造相关的资源上，ERP 除了制造以外，还包含了其他企业功能，诸如财务、营销、人事、研发等，其整合企业资源的能力在此发挥得淋漓尽致。

所以，ERP 系统的实质就是一个组织的整体性管理信息系统，它能够满足组织在面对全球化竞争时的需求，因而具备了快速响应的经营管理能力。传统 ERP 的核心功能是连接后台作业而成为单一系统；今日先进的 ERP，则又加上了原本为一些供应链管理软件所单独提供的供应链管理功能，进一步成为 ERP II，或者有人称为 EERP（Extended ERP）。

综合上述介绍，将 ERP 系统的发展历程列于表 7-1 中，其中提到的一些相关名词说明如下。

MRP：物料需求计划，Material Requirement Planning。

MRP II：制造资源计划，Manufacturing Resources Planning。

JIT：即时服务，Just In Time。

ERP：企业资源计划，Enterprise Resource Planning。

ERP II：第二代企业资源计划，Enterprise Resource Planning II。

就表 7-1 上的 MRP 和 JIT 再做一点补充说明：MRP 是从 20 世纪 60 年代开始发展的，而在那一时期以前，各企业对于物料的控制一直都是以所谓的"订购点法"（Order Point）为主，这种方法是一种以预测法来控制独立性的需求，也就是通常先预测好需求量，把货品生产出来后再等待客户下订单，进而销售到市场上，这样会有很大的库存和成本压力。

表 7-1　　　　　　　　　　　　　　　　ERP 系统的发展历程

管理系统	MRP	MRP II	JIT	ERP	ERP II
年份	1960	1970	1980	1990	2000
管理重点	生产与物料计划	销售、生产、物料、财务管理和制造资源的整合计划与执行	成本、品质、效率与供料的及时性	生产、配销、财务、销售、研发、服务、内部资源整合与最佳运用	结合内外部顾客与厂商的全球运筹管理模式
需求重点	功能	成本	品质	弹性	时效
组织	集中组织	分散组织	分散组织	分散组织	虚拟组织
应用区域	小区域	大区域	大区域	全球	全球
运营周期	定期	定期	定期	定期/实时	实时

1965 年时，IBM 计算机公司的 Dr. Joseph 提出了"相互需求"的概念，于是新的物料管理方式便产生了，也就是以正确的方法计算和控制相关性的材料，以生产计划决定何时订购，这就是 MRP 最早的雏形。在 MRP 的定义方面，美国生产与存货管理协会（APICS）所做的解释是："物料需求计划系统是利用主生产调度（Master Production Schedule，MPS）、物料清单（Bill Of Material ，BOM）、存货（Inventory）及未交订单（Open Order）等各种数据通过计算而得到各种相依材料的需求状况，同时提出各种补充新订单的建议，以及修正各种已开出订单的一种实用技术。"简单来说，MRP 概念就是把"半成品、库存货物都当作零件的一部分"，这样可以减少浪费。

JIT 则是 1953 年日本丰田公司的副总裁大野耐一首创的。1973 年第一次石油危机后，丰田生产系统的杰出表现受到全世界制造商的瞩目，1975 年前后日本、中国台湾地区厂商开始实施类似的生产系统改善活动，JIT 采购的观念逐渐受到重视，到了 20 世纪 80 年代初期，欧美厂商也陆续开始实施 JIT。

7.1.3　ERP 的基本介绍

所谓管理活动，包含"决策"与"执行"，如图 7-1 所示。"决策"部分主要是通过人的思维来达成，而 ERP 系统的功能，则在于协助图 7-1 右半边的"执行"部分，其包含了"计划"与"控制"两大方面。

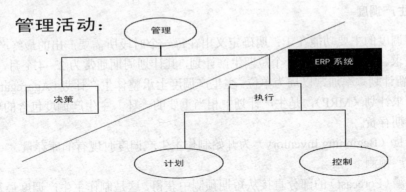

图 7-1　ERP 系统于管理活动中所扮演的角色

因此，对于 ERP 的两大工作层而言，分别产生了控制体系与计划体系。ERP 系统有一个核心数据库，如图 7-2 所示。ERP 核心数据库具有各种维护、统计、订阅（查询报表）功能，并包含了下列 3 种数据。

① 基本数据：构成 ERP 系统的基础。

② 状态数据：呈现 ERP 系统在各时点的状态。

③ 控制数据：反映各种事件或交易并更新系统的状态。

核心控制体系指的是每个产业都有的各项关键企业流程。例如，从接订单一直到出货与产生财务报表的流程。企业流程可以利用工作流程管理（Workflow Control）定义需要的流程及控制精细度。ERP 系统能主动把要做的事情，送到负责人的桌面上以提醒他，并控制整个工作流程。

在核心计划体系部分，ERP 系统的计划分为两大类，即优先次序计划和产能计划。ERP 的规划机制如图 7-3 所示。

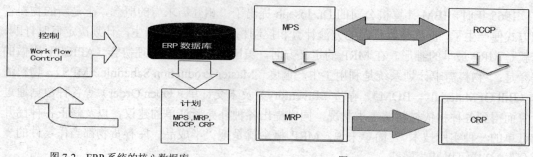

图 7-2　ERP 系统的核心数据库　　　　　图 7-3　ERP 的规划机制

① 独立性需求。

- 优先次序计划：主生产调度。
- 产能计划：粗略产能计划（Rough Cut Capacity Planning，RCCP）。

② 依赖性需求。

- 优先次序计划：材料需求计划。
- 产能计划：产能需求计划（Capacity Requirement Planning，CRP）。

MPS 驱动包含 ERP 在内的各项计划。MRP 建议何时需要进行何种"采购"或"制造"作业。MPS 和 MRP 是"想做的事"，RCCP 和 CRP 是"能不能做到"。

1．主生产调度

主生产调度的主要功能在于：明确定义出在每一个时段所需要产出的最终产品数量，以适应市场需求。主生产调度为一个短期生产计划，其计划周期通常为 2～4 个月，且定期更新计划，其更新计划频率通常以周为单位。主生产调度上承整体生产计划（Aggregate Planning），下接物料需求计划（MRP），是生产计划中相当重要的一环。主生产调度包含的项目如下。

（1）初期存货

初期存货（Beginning Inventory）为开始制作主生产调度时现有的库存量。

（2）生产预测

生产预测（Forecast）的部分直接从短期预测中获得，这是制作主生产调度最基本的数据。这部分的预测值有时来自于对整体生产计划的分解（Disaggregate）。

（3）顾客已订订单量

顾客已订订单量（Committed Customer Orders）表示在某一特定时期顾客已实际订购的数量。通常将它与生产预测做对比。

（4）预计库存量

预计库存量（Projected On-Hand Inventory）表示在某一特定时间内的实际库存数。在决定本期需求量时，倘若顾客已订订单量大于生产预测，本期需求量就以顾客已订订单量为主；倘若顾客已订订单量小于生产预测，本期需求量就以生产预测为主。因此，预计库存量计算方式如下。

① 对主生产调度中第一期的计算：初期存货+本期产量-Max {生产预测，顾客已订订单量}。

② 对之后各期的计算：前一期预计库存量+本期产量-Max {生产预测，顾客已订订单量}。

（5）计划生产量

计划生产量（MPS Quantity）为针对此产品，每次生产或订购的批量。这个数值通常通过存货系统来决定。是否生产与库存量有直接关系，也就是当预计库存量降到 0 以下时（假设无安全库存量的设定），就应该从事生产。例如，该系统使用经济订货批量（Economic Ordering Quantity，EOQ）模式，这个 EOQ 值为 70，那么每次在需要生产时，计划生产量就为 70。

（6）可订购数量

可订购数量（Available to Promise Inventory）表示在下一次 MPS Quantity 之前还能允许顾客订购的数量。

2．产能需求计划

产能需求计划（CRP）用来制定、测量和调整产能的标准，以决定投入多少的人力和机器来完成生产。将现场的订单和计划中的订单输入 CRP 中，这些订单将转换成在每一时期、每一个工作站的工作时数。

以有限产能为导向，主要控制产能和时间，检验在规划的范围内，确定是否有足够的产能来处理所有的订单；而在确定之后，会建立一个可接受的 MPS，而后 CRP 会决定每一期间、每一个工作站的工作量，让生产管理人员可以按照这些数据调整、增加或减少产能和负荷，以使产能和负荷一致。

3．粗略产能计划

产能管理技术通常分为 4 类：资源需求计划（RRP）、粗略产能规划（RCCP）、产能需求计划（CRP）以及输入/输出控制（I/O）。在 MRP 系统中，典型的顺序是建立主生产调度，使用 RCCP 来确认 MPS 是否可行，把展开后的 MRP 表现出来，并且把已计划订单的数据送到 CRP 中。RCCP 技术能确认在每个工作站中的适合产能，并得出机器负载报告，以决定所需产能，若产能不适当，可以改变使用的产能决定并采取对策。

ERP 系统中，一般而言最常见的有下列模块。

① 生产管理模块。
② 库存管理模块。
③ 销货、配销与收款模块。
④ 应收应付账款模块。
⑤ 会计总账模块。

7.1.4　ERP 的管理思想

ERP 的核心管理思想就是实现对整个供应链的有效管理，主要体现在以下 3 个方面。

1．整合供应链资源

在知识经济时代企业仅靠自身的资源不可能有效地参与市场竞争，还必须把经营过程中的有关各方面，如供应商、制造工厂、分销网络、用户等纳入一个紧密的供应链中，才能有效地安排企业的产、供、销活动，满足企业利用全社会一切市场资源快速高效地进行生产经营的需求，以期进一步提高效率和在市场上获得竞争优势。现代企业竞争不是单一企业与单一企业之间的竞争，而是一个企业供应链与另一个供应链之间的竞争。ERP 系统实现了对整个供应链的管理，突破了 MRPII 仅对企业内部资源管理的局限性，适应了企业在知识经济时代市场竞争的需要。

2. 精益生产、同步工程和敏捷制造

ERP 系统支持对混合型生产方式的管理，其管理思想表现在两个方面：其一是"精益生产"的思想，它是由美国麻省理工学院（MIT）提出的一种企业经营战略体系。即企业按大批量生产方式组织生产时，把客户、销售代理商、供应商、协作单位纳入生产体系，企业同其销售代理、客户和供应商的关系，已不再是简单的业务往来关系，而是利益共享的合作伙伴关系，这种合作伙伴关系组成了一个企业的供应链，这即是"精益生产"的核心思想。其二是"敏捷制造"的思想。当市场发生变化，企业遇到特定的市场和产品需求时。企业的基本合作伙伴不一定能满足新产品开发生产的要求。这时，企业会组织一个由特定的供应商和销售渠道组成的短期或一次性供应链，形成"虚拟工厂"，把供应和协作单位看成是企业的一个组成部分，运用"同步工程"组织生产，用最短的时间将新产品打入市场，时刻保持产品的高质量、多样化和灵活性，这即是"敏捷制造"的核心思想。

3. 事先计划与事中控制

ERP 系统中的计划体系主要包括：主生产计划、物料需求计划、能力需求计划、采购计划、销售执行计划、利润计划、财务预算和人力资源计划等，而且这些计划功能与价值功能已完全集成到整个供应链系统中。同时，ERP 系统通过定义与事务处理（Transaction）相关的会计核算科目与核算公式，以便在事务处理发生的同时自动生成会计核算分录，保证了资金流与物流的同步记录和数据的一致性，从而实现了根据财务资金现状，追溯资金的来龙去脉，并进一步追溯所发生的相关业务活动，改变了资金信息滞后于物料信息的状况，便于实现事中控制和实时做出决策。

此外，计划、事务处理、控制与决策功能都在整个供应链的业务处理流程中实现，要求在每个流程业务处理过程中最大限度地发挥每个人的工作潜能与责任心。流程与流程之间则强调人与人之间的合作精神，以便在有机组织中充分发挥每个人的主观能动性与潜能，实现企业管理从"高耸式"组织结构向"扁平式"组织结构的转变，提高企业对市场动态变化的响应速度。

总之，ERP 所包含的管理思想是非常广泛和深刻的，这些先进的管理思想之所以能够实现，又同信息技术的发展和应用分不开。借助 IT 技术的飞速发展与应用，ERP 系统可以将很多先进的管理思想变成现实中可实施应用的计算机软件系统。

7.1.5 ERP 系统的功能模块

1. ERP 的生产管理模块

生产循环可以为企业创造价值，从原料投入、人员加工到生产制造费用，经过这样的流程，原料转为半成品、再转为产成品，然后包装出售。所以，生产流程的计划，是生产成功的要素。在 ERP 系统中，BOM 是生产模块最重要的主文件数据。

（1）计划层

其目的在于求取供给面与需求面之间数量与时间的调和，以满足需求，对公司因资源短缺而可能发生产能不足的问题进行产能分析，以便将公司各种资源的利用达到最大化。

（2）控制层

其目的在于确保计划的结果能被完善地执行。ERP 系统将上述计划阶段所得到的结果记载在各种文件和表单中，然后通过这些文件及表单的交流，进行实际生产活动，以减少一般公司部门间因信息不顺畅所引发的问题，达到控制全公司操作的目的。

对制造业而言，生产循环是很重要的主角。接下来，简单介绍一下生产循环的程序。

① 生产计划。

● 建立相关数据主文件。

● 销售与作业规划。

● 需求管理。

● 主生产计划。

● 物料需求计划。

② 生产调度。

● 业务单位送来估价单和销售数量。

● 计算库存量。

● 编制生产计划表。

● 填写制造单。

● 自动产生各种表单。

③ 领料。

● 仓管部门收到生产制造单后，依单发料。

● 将领料单交给会计部门、制造部门、生产部门。

④ 制造和品质检验。

生产进度和调度记录都会自动产生。

⑤ 入库。

● 产品完工及品质检验通过。

● 生产入库。

● 成本会计自动计算。

● 产生入库单。

⑥ 委外加工。

● 产生一笔委外记录。

● 委外拨料。

● 委外入库。

● 产生委外入库单。

⑦ 盘点。

● 包装组与库管部门负责填写库存表单。

● 会计人员负责盘点存货。

● 会计人员将盘点情况和物料仓库存货日报表、库存统计表、存货簿互相核对。

⑧ 计算生产成本。

● 通过领料出库、生产入库的作业，自动计算出实际成本来。

● 自动产生相关的会计单据。

ERP 的生产管理可分为正调度和逆调度。所谓正调度，就是从接获订单的那一刻开始往后安排物料采购和生产调度，适用于交货期较短的订单，这种方法可以决定最早交货期；而逆调度则是从交货期往前排，适用于交货期较长的订单。

制造自动化的流程如图7-4所示。

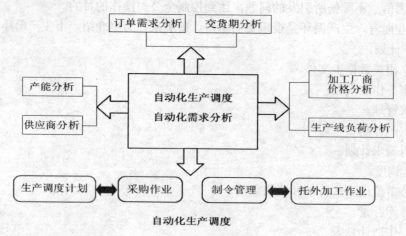

图7-4　制造自动化的流程

2．ERP 的库存管理模块

库存管理中最重要的就是在降低库存成本的情况下，却能提高供货率，又能满足顾客订单需求。任何企业均需要备有存货以辅助企业达成产销资源系统整合的目标。甚至有些企业的正常库存成本，居然高达公司总资产的一半以上。一般而言，存货成本包括了下列几项。

① 各项物料成本。

② 制造成本。

③ 外加工成本。

④ 人工成本。

⑤ 运输成本。

⑥ 库存管理成本。

⑦ 保险费用。

⑧ 过时淘汰成本。

库存管理模块主要分为存货管理系统与库存操作系统两大部分。存货管理系统决定一些库存的重要设定；库存操作系统则对库存产品进行实际操作。所谓存货项目，可分为原材料、零部件、备用零件、半制成品、成品。

（1）库存管理系统

① 存货编号。为存货项目与物料进行编号。最好是以简单性、一致性、弹性、易记性为编制原则。

② 存货管理。决定安全存货水准、订购量、订购时机。

（2）库存操作系统

① 收料作业。

② 发料作业。

③ 废料处理。

④ 盘点作业。

一个成功的 ERP 库存管理模块，应该具有下列特性。

- 满足预期需求。
- 使生产需求平顺。
- 使生产与营销系统之间的依赖度降低。
- 预防缺货。
- 获得周期订购的好处。
- 避免价格上升。
- 为生产活动提供便利条件。

在进行库存管理之前，应先设定发票管理。一开始，先进行物料起始库存的统计，而以后各种库存数量和平均成本会根据各种相关单据自动计算出来，并且每次物料入库后会重新计算出这种物料的平均成本。计算公式如下。

该物料的平均成本=该物料的库存成本/该物料的库存数量

在库存模块中，与入库有关的单据有进货单、借入货物单、借出还货单、生产入库单、生产退料单、委外入库单、零星退料单、盘点调整单。

在库存模块中，与出库有关的单据有发货单、借出货物单、借入退货单、生产领料单、委外加工领料单、零星领料单、盘点调整单、报废单、采购退料单。

3. ERP 的销货、配销与收款模块

ERP 的销货、配销与收款循环中，包含下列几项。

① 执行促销活动。

② 执行销售活动。

- 顾客潜力分析。
- 销售信息系统分析。

③ 建立要项协议。

- 建立顾客契约。
- 形成出货协议。

④ 建立顾客询价单。

⑤ 建立顾客报价单。

⑥ 接收客户订单。

⑦ 执行可用量查核与出货调度。

⑧ 出货（或出口国外）。

- 建立交货文件。
- 挑料。

⑨ 运输计划。

⑩ 包装。

⑪ 装载。

⑫ 打印交货清单和出货通知单。

⑬ 催款。

- 开立售货发票。

- 产生应收账款。
- 开出账单及处理现金收入。
- 核销应收账款。

⑭ 处理售出的退货和折价。

⑮ 注销未能收回款项的处理。

一般商业交易，多采用赊销方式。若赊销控制不当，则损失的应收账款就无法避免。采用 ERP 系统，就是通过系统设定的控制点将人为流失降到最低。成功地引进 ERP 系统的销货、配销与收款模块，可以为企业带来下列收益。

- 缩短订单完成时间，减少订单处理时间。
- 减少订单处理成本，减少运输与物流成本。
- 加强顾客服务，增强市场渗透力。
- 改善实时交货效率，增加企业数据的能见度。
- 整合企业流程，整合信息流、物资流与资金流。

接下来，针对 ERP 的销货、配销与收款循环中的控制重点，说明如下。

（1）销货审核

① 如果是新客户，则建立新客户的计算机基本数据。

② 审查订单上的项目和数量。

③ 业务人员可催交业务 BOM 表，以决定是否能如期交货。

④ 出货管理。

（2）出货

① 仓库管理接到发货单，并经过品质检查。

② 再一次确定产品。

③ 安排货运。

④ 确定发货单上的相关人员签名。

⑤ 定期和仓库管理员的出货明细表核对。

（3）产生应收账款与发票。

① 由会计部门负责。

② 核对已核准的发货单、客户订单、货运公司的收据；开制发票；自动产生会计传票、总分类账、应收账款明细账。

（4）收款

① 核对出货单的出货金额。

② 将应收账款对账单传送给顾客。

（5）账款注销。

应收账款如经判定无法收回，则应核销并转成特定凭证。

4．ERP 的应收应付账款模块

在企业所有投入的资源中，财经资源常常是取得其他资源的基础，可以将它视为企业最重要的投入资源。由于 ERP 的财会操作系统汇整了 ERP 系统其他模块的流程，因此常被认为是 ERP 的核心模块，所以大多被选为首先引进的第一批模块之一。并且由于参与引进的管理信息系统工程人员，多半不熟悉财会流程与细节，所以对于财会模块的使用，也需要投入较多精力。

应付账款是企业的一项流动负债，组织应付账款绩效对组织财务流通能力影响很大，任何应付账款到期时，若公司没有足够的现金来偿还，公司就可能面临举债付息来偿还账款或逾期未付账款等影响公司信用的困境。此处所指"应付账款绩效"具有两项含义。

① "应付账款付款"的能力。

② "延长实现应付账款的期限"的能力。

应收账款是企业的一项流动资产，有时候，应收账款管理不当时，甚至会成为无法收回的呆账。应收账款与应付账款管理流程最大的差异在于后者的处理流程主控权在自己，而前者通常受制于人，由客户主动决定何时以哪种付款方式偿还多少金额的款项。

ERP 系统中应收应付账是由别的作业系统自动转移过来的，不可手动新增。产生的应收账款、应付账款单据分类如下。

（1）产生应收账款的单据

① 发货单。

② 货物借出单。

③ 借出还货单。

④ 进货退回单。

⑤ 委外加工退回单。

⑥ 其他收入。

⑦ 资产售出单。

⑧ 维修还货。

（2）产生应付账款的单据

① 进货单。

② 进口进货单。

③ 进货折让。

④ 销货退回单。

⑤ 信用管理（付款记录）支付银行借款部分。

⑥ 佣金支出。

⑦ 出口费用。

⑧ 货物借入单。

⑨ 借入还货单。

⑩ 委外加工入库单。

⑪ 送修还货。

⑫ 进口费用。

⑬ 资产送修还货。

⑭ 制造费用。

⑮ 借款单。

⑯ 营业费用。

⑰ 信用管理（付款记录）的利息支出部分。

5．ERP 的会计总账模块

财会人员在公司运作时，应担负下列职责。

① 处理交易。

② 核算与监督。

③ 提供运营决策。

在会计基本数据建立完成后，各资产、负债及所有者权益的会计总账项目都有期初余额。组织在会计期间经营的交易活动，会依照其发生时间的先后顺序与对相关会计项目的影响记录在会计总账项目和明细分类账项目之下。会计期间终结时，为了能够理清各会计期间的销货收益与费用及成本等经营绩效和责任，则必须调整已发生的费用以反映真实状况，将各项收入、费用项目结清，并将资产、负债以及所有者权益等项目的本期期末余额结转为下期的期初余额。整个财会流程，大抵可分为确认、记录分录、过账、试算、调整、结账、编表等阶段。在 ERP 系统中，各种与会计总账模块相关的循环有下列几项。

（1）与销售收款循环有关的会计项目

① 资产负债表项目。

- 应收账款。

- 应收票据。

- 现金。

- 银行存款。

- 存货。

- 备抵呆账。

② 损益表项目。

- 营业收入。

- 销售退回与折让。

- 产品销售成本。

- 呆账费用。

（2）与采购付款循环有关的会计项目

① 资产负债表项目。

- 应付账款。

- 应付票据。

- 现金。

- 银行存款。

- 存货。

② 损益表项目。

- 进货。

- 退回。

- 折让。

（3）与生产管理循环有关的会计项目

① 资产负债表项目。

- 应付账款。

- 应付票据。

- 现金。

- 银行存款。

- 存货。

② 损益表项目。

- 制造费用。
- 人工费用。

（4）与固定资产循环有关的会计项目

① 资产负债表项目。

- 应付账款。
- 应付票据。
- 材料采购。
- 现金。
- 银行存款。
- 固定资产。
- 累积折旧。

② 损益科目表。

- 折旧费用。
- 固定资产出售损益。

7.1.6　ERP 系统的发展与反思

1. 引进 ERP 的反思

ERP 的引进绝对不是让企业起死回生的仙丹，但却有其必要性。究其原因，企业引进 ERP 的目的，不外乎追求数据整合与缩短周期，以求在全球（或区域）布局及运营的潮流下发挥核心竞争力，继续为公司创造利润。但为何与 ERP 相关的项目，其成功率（或许称"满意度"较适合）如此之低呢？在 ERP 成功失败的因素中（已有许多文献探讨），人的因素非常重要。以下列出在项目执行因素中与"人"相关的讨论，供读者参考。

（1）谁能驾驭公司各部门

ERP 项目通常由公司内各部门（如生产管理、物资管理、库存管理、财务管理、业务管理等）相关人员组成，并指派项目经理进行项目的调度、成本、品质等的掌控。但公司内，谁有这个能力同时指挥、协调如此多的部门呢？那就是总经理了，但项目经理通常不可能是总经理，所以，如此大规模的项目，其难度一定是非常高的。称职的项目经理难觅、适时的权力把持尤其重要。

（2）谁对项目的成败负责

只有项目经理该对成败负责吗？答案当然是否定的。必须将各部门主管包括进去（称为 Module Owner），不仅如此，各部门（Module）的负责窗口（Module Key User）必须肩负沟通、协调、教育训练及流程/作业（Process/Operation）的裁决权等责任，而最终用户则必须熟悉软件，彼此环环相扣，缺一不可。因此，负责项目成败者的认定，必须清楚界定并充分把信息传送给相关人员，否则 ERP 项目的引进在公司内部常常会演变成权力斗争。

（3）高层主管不支持

如果高层主管不支持，为何会愿意花几百万甚至几千万引进 ERP 呢？因此，在项目引进过程中，如何将项目进度或遇到的困难，以高层主管能够理解的词汇或方式充分让其了解（高层主管并不想一直听到：某某某不配合、某单位坚持现在的流程、最终用户反抗心理等），使他能充分参与并将支持 ERP 管理视为责任，显得极为重要。

（4）用户满意度低

一套内部核查、内部控制流畅的 ERP 软件，是按照企业生产流程开发的，因此在使用的方便性上绝对比不上 Excel、Word。在引进 ERP 软件时，最常从用户口中反映出来的意见是："以前的系统有，为什么现在没有？"、"在我们的产业中，应该要有这个功能（或字段）"、"操作上不是很方便"等，所以用户当面对个人习惯及方便性上的改变时，初期的满意度通常不高。

（5）部门事务与项目工作的关系

引进 ERP 的项目成员通常为兼职性质，平时除日常工作外，项目经理所交付的工作也必须如期完成。但当两方事务同时出现时谁先谁后，问题就出现了。通常会以部门主管的工作优先（因为绩效由部门主管考评），项目交付的工作因层面较广、效果不易即时显现，因此常被延时。所以，一套适合 ERP 项目的绩效考评方式对人的影响不小。

（6）项目目标是否清楚

ERP 项目的持续时间少则数月、多则数年，若没有清楚的目标（比方说，引进成功的定义、欲达到的目标等），项目成员的热情会随时间的延长而消失，项目经理对项目控制能力也会随之减弱，再加上人员时有异动（顾问或 Project Team Members），所以设定一个清楚的目标（例如，财务结账时间缩短几天），让项目依据目标有节奏地进行，会对项目成员的士气产生正面的影响。

2．ERP 的发展方向

企业信息化达到一定的程度时，会往两个方向发展。

① 增加其他应用系统，从后端 ERP 系统延伸到前端客户关系管理。

② 从作业层着手，增加信息分析体系，提高整体信息价值。

未来企业引进各种管理平台后，整合软件将是未来的明星产品。无论是自有品牌或代人加工。中国东部地区过去是许多产业的生产制造基地，创造出了一套工作管理流程，科技产业接受 e 化观念比较快；而西部地区传统产业或中小企业仍凭着弹性的应变模式生存，他们也逐渐意识到信息整合的重要性，但对于信息系统的投资采取保守态度。WTO 打破了传统企业或中小企业和 IT 厂商之间的僵局。加入 WTO 敞开了中国市场的大门，为企业的发展提供了无限商机。国外许多地区和企业凭借文化和管理经验的优势，将他们的先进做法移植到我国是一种明智的选择。

3．ERP 的扩充——EERP

ERP 的发展有着不同的方向。不过，一般常把 ERP 的观念扩充为 EERP（Extended ERP）。EERP 扩充后包含下列项目。

① 企业智能（Business Intelligence，BI）：是帮助企业在 ERP 系统中将数据最佳化的一种分析应用，是 1998 年开始的趋势。ERP 软件供应商大多会加入 BI 应用程序以扩充他们的软件。企业各部门资源整合就绪，老板为了让企业在不稳定的环境中收集更精确的数据，商业智能应该会是老板最迫切需要的决策工具。

② 先进计划及调度（Advanced Planning and Scheduling，APS）：是由 ERP 系统计划功能发展而来的。APS 除了计划物料需求外，同时也评估劳力及生产机器的产能，假如有任何非预期的事件发生，APS 规划的调度可以立即重新计算。在 APS 之前，生产计划需要经过长时

间、循环地开始、测试及重新开始等步骤。

③ 客户关系管理（Customer Relationship Management，CRM）。

④ 供应链管理（Supply Chain Management，SCM）。

其中有关 CRM、SCM 的定义，在前面已经做了介绍。最近又有个新名词，把具有 SCM 功能、并且达到垂直产业整合的 EERP 称为 ERP Ⅱ。

案例 18

红塔集团 ERP 应用（www.hongta.com）

1．应用背景

红塔集团是中国最大的国有烟草企业，从 2000 年开始，红塔集团与 SAP 公司合作，开始了国内规模最大、涉及面最广的 ERP 项目的实施。从 2002 年上线到目前，这套管理软件已经发挥出重要作用，在红塔集团的经营管理活动中产生效益。

红塔集团是一家以玉溪红塔烟草（集团）有限责任公司为核心企业的大型企业集团，其前身是 1956 年成立的玉溪卷烟厂。1995 年，以当时的玉烟为主体，组成了跨行业、跨地区经营的云南红塔集团。目前，红塔集团已经成为中国最大的烟草企业。红塔集团网站主页如图 7-5 所示。

图 7-5 红塔集团网站主页

从 1998 年开始，在 ERP 立项之前，红塔集团董事会对项目进行了多次调研和筹备。2001

年，红塔集团组织了一个小组到相关企业进行考察。并派信息化的负责人深入国内已经实施ERP工程的企业，如海尔、康佳、联想等30多家企业进行调研考察，同时对烟草行业内的上海、长沙、颐中、昆明等烟厂进行全面考察和交流，为红塔ERP立项做了充分的前期调研工作。

对于红塔这样庞大的"烟草帝国"而言，实施ERP最大的难点还是转变观念。ERP实施前，员工对ERP充满期待，认为实施后会减少工作量，实施后却发现工作更忙。这其中有两个原因：一是ERP实施后工作更规范、更细致，工作量增加；二是员工在接受新的模式和方法时，还没有完全适应。在国内企业中，红塔是实施ERP模块最多的企业，投资却不是最大。从规模看，红塔是中等偏上的水平，但实施效果却一直被合作方德国SAP公司认为是中国应用最好的企业之一，被列为该公司的经典案例。

2. ERP核心

作为制造为主的企业，红塔集团的信息化包含3个层面，即生产设备自动化控制系统、生产执行系统、管理信息系统。ERP项目是红塔集团信息化建设中的一个关键点，统领管理信息系统。

红塔集团ERP系统的组织结构采用面向业务流程的方式，而非面向职能的方式。整个系统沿着业务流程横向展开，并整合优化业务流程。纵向则按业务管理进行分类设定。从而，不管企业的实际组织结构和人员怎么变化都能适应，或者不论业务流程怎么变化，只要重新确定好ERP系统中的业务流程控制点和角色即可，这实际为企业不断的管理变革建立起长期的IT支撑平台。

红塔ERP系统分别从计划控制流、物流和价值流3条线展开，运用集成思想，以集成计划和预算来指导和控制业务运作，强调以财务为核心，以及物流计划的相互衔接和配合，使销售、生产和采购供应紧密地联系在一起，也使企业内部的物流链高效协调地运作。同时，把企业物流同步映射到价值流，使价值流和业务流的有机集成，从不同的角度审视企业的各项业务，并最终以价值的形式表达出来，使企业的各项业务运作情况实时、准确地反应到各级管理层，从而规避经营风险，完成企业管理目标。

红塔集团实施ERP的过程中，对所有业务数据进行全面的整理，并进行了规范化和标准化编码工作。这包括对原料、烤片、辅料、半成品、成品等物料进行了统一编码和描述，对10 000余条固定资产数据进行了核对和规范，并对所有设备、质量、项目、人力资源主数据，进行了彻底的重新整理、规范和编码工作。所有信息只有一个入口，所有业务和人员共用统一的信息和数据，从而提高信息共享程度。

红塔集团在历时两年的实施中，对500多个现有流程进行了彻底的分析，在此基础上，吸取国内外先进的管理经验以及国际规范的标准业务流程，结合自身的特点进行优化和合并，最后确定200多个业务流程，并在计算机系统中成功地实现。

3. 全面信息化

红塔集团ERP工程从2001年开始实施，2002年初正式上线。

在2001年实施了ERP系统中的生产计划与控制、物料管理、销售与分销、财务会计和管理会计5个模块。在2002年实施了设备管理、质量管理、项目管理、基金管理和人力资源管理等模块，覆盖了玉溪红塔集团的工业、商业及物资公司3家公司的所有业务范围。

在实施红塔集团管理软件的同时，红塔也搭建了自己的硬件平台。这包括建成以 622Mbit/s 网为骨干，100Mbit/s 交换到桌面的网络。这张网络遍及企业各大厂区、各主要车间和办公建筑的统一的企业计算机网络系统，连接网络布线点达 6000 多个，建设了卫星地面接收站 9 座，形成了从局域网到广域网的红塔计算机网络系统。

红塔集团内部建立企业内部网，拥有自己的服务器，开通了电子邮件服务，并实施了红塔办公自动化系统。在加工信息化建设方面，红塔集团采用 AutoCAD 网络版，实现了机械零件自动测绘，自动在计算机中形成三维实体模型，从而驱动加工中心加工出零件的现代化机械加工模式。在制造加工方面，从卷烟生产的打叶复烤生产线、制丝生产线、膨胀烟丝生产线，到滤嘴棒生产线、卷接包生产线的所有生产环节，全部实现了计算机自动控制系统。红塔集团建立了中国最大规模的自动化物流系统，货位超过 2 万个，自动导引运输车 52 台；建成了能源监控系统、电量采集和控制系统、火灾自动报警系统、空调监控系统、锅炉自动控制系统等计算机自动化监控系统。

2003 年红塔集团进行了大规模的组织结构改革、全员竞争上岗和工商企业拆分，彻底变更了组织架构，调整了业务流程。伴随着这一系列改革，整个 ERP 平台只做了少量改动，在很短的时间内完成前后业务做到了无缝衔接。实际证明红塔集团的 ERP 系统在整个信息化建设中处于核心模块，并且能发挥核心作用。

此案例的核心：企业在信息化建设的前期，如何把握住自我需求，合理地分析流程变化，从而做到细致实施信息化工程。

7.2　供应链管理

7.2.1　SCM 的含义

所谓供应链，指的是产品从制造开始，通过配送、销售，然后送到消费者手上的过程中，所包含的上下游厂商，以及所涉及的相关活动。中国流通企业数量迅速扩张，销售点密集且庞大，已有企业实行联盟与渠道整合的策略，形成关系紧密的供应链。因此，所谓价值链（Value Chain）的串联，则是指企业与其上下游的相关业者（如制造商、原材料供应商、运输业者）所构成的复杂网络。而所谓供应链关系，指当企业与其顾客及供应商形成供应链合作关系时，即形成了所谓的完全途径。所以，所谓供应链管理是通过有效的信息系统或其他体系，为顾客适时、适地、适量地提供适当产品；其主要效益，除了可以使企业增加收入、最佳化资产使用率、强化存货控制外，重要的是能掌握产品推出的时效。

中国的产业目前具有下列特性。

① 产销之间订价竞争激烈。

② 接获的订单不易处理。

③ 库存高。

④ 周转率低。

由此，产业面临着下列挑战。

① 需求预测不准。

② 成品存货太高。

③ 因缺料而导致生产线停工待料。

④ 产品生命周期越来越短。

⑤ 企业间策略联盟频繁。

⑥ 客户服务水准不足。

供应链是目前沟通形式中密合强度最高的一种形式，因为企业间已形成了所谓链的关系，是相互依赖很深的一种商业上的互动合作模式。企业间若形成供应链，则供应链的竞争力远高于一般渠道，因此可以提高这些企业的竞争力，包括市场、效率、成本、利润、客户服务等。而供应链的竞争力大小，主要取决于下列因素。

① 效率大幅改善。

② 消除浪费及重复性工作。

③ 风险降低。

总而言之，基于商业竞争与企业国际化的因素，有效划分顾客群体，进而针对其需求特性开发商品及渠道，建立强而有力的供应系统，迅速满足顾客的需求，已成为企业掌握市场与顾客的关键策略。

7.2.2　SCM 的分类

SCM 可分为 3 个层次：企业内部 SCM、企业间 SCM 和延伸 SCM。

1. 企业内部 SCM

在这个层次中，重点在于企业内部资源与流程上的改善。例如，丰田汽车，待有需要时才生产，因此可以达到零库存。这样的概念，符合及时响应（Just in Time，JIT）的及时化生产系统。而公司内部资源管理从 MRP、MRPII、一直到 ERP，都是为了改善公司内部基础建设，以备公司内部各单位间都能达到 JIT 的境界。企业内部的 SCM 如图 7-6 所示。

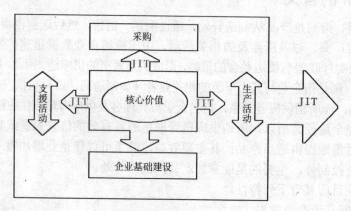

图 7-6　企业内部 SCM

2. 企业间 SCM

这是一般所指的 SCM，也是价值链与价值链的整合。当客户对某企业下单，该企业随即也会对其供应链上所有的合作厂商，通过 Internet，从上游到下游，全部都下订单，如图 7-7 所示。

在企业间 SCM 的观念里，是将其他合作厂商视为公司的一个部门。因此，自己的企业则可以专注于自身专长。例如，WaI-Mart 将销售终端（Point of Sale，POS）系统里的尿布数据交给 P&G 分享，空出货架让 P&G 直接管理存货和进货，这就是一种协同式的供应链管理与合作。

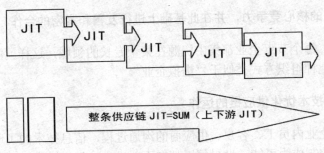

图 7-7　企业间 SCM

3．延伸性 SCM

最近关于 SCM 的讨论趋势，多半属于这个层次。所谓延伸性 SCM（Extended SCM，ESCM），简单地说，就是"SCM＋ERP"。这和 EERP 刚好是一体两面，ESCM 是以 SCM 的角度，加上 ERP 的功能，而 EERP 则是以 ERP 的角度，扩充加上 SCM。

因此，ESCM 是以 ERP 为核心，配合 SCM 的软件，加上供应商管理库存系统、产品数据管理等，超越以往以 EDI 为接口的供应链连接，使企业间的信息交流宛如一张大网一样，使不只一条供应链能够更精准地达到 JIT（如图 7-8 所示）。比方说，当顾客对某企业下单 100 个单位，则该企业的每一条供应链均被下单，将每一条供应链的生产能力均列入计算，计算要如何在多条供应链中相互配合，才能完成任务。通过 ESCM 的管理，可以将整个供应链伙伴企业视为协同单位，而形成一家全球性的虚拟企业。

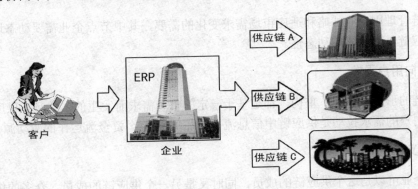

图 7-8　延伸性 SCM 的示意图

7.2.3　SCM 的理念

SCM 主要包括计划、合作、控制从供应商到用户的物料（零部件和成品等）和信息，其目标在于提高用户服务水平和降低总的交易成本，并且寻求两个目标之间的平衡（这两个目标往往有冲突）。从总体上来看，SCM 包括以下几个主要理念。

1．以顾客为中心，以市场需求为原动力

以往的供应链是一种"推式系统"，先制造出产品，再推出市场，直到消费者购买才可能知道此商品的销售效果。这样，企业就必须承担销售不佳或是存货不足所带来的风险。而现在这种"拉式系统"的供应链是以客户的需求为原动力的，因此更能够增强市场竞争力，减少风险。

2．强调企业的核心竞争力，并在此基础上进行友善和紧密的合作

在供应链中，每个节点企业都集中资源在某个专长的领域，这样就能各展所长，取得整体最大的效益，此种组织方式类似于"虚拟企业"。

3．运用信息技术优化供应链的运作

信息流程是企业内员工、客户、供应商的沟通过程，信息技术的飞速发展使得信息共享和流程的自动化控制成为可能。世界每天都在不断进步，供应链也必须随着社会的发展不断优化更新，因此供应链管理的过程实际上也是一个不断改进供应链的过程。

7.2.4　SCM 的特点

SCM 是在企业资源计划的基础上发展起来的，它把公司的制造过程、库存系统和供应商产生的数据合并在一起，从一个统一的视角展示产品制造过程中的各种影响因素，把企业活动与合作伙伴整合在一起，成为一个严密的有机体。相比传统的管理模式，SCM 具有如下特点。

1．复杂性

因为供应链节点企业组成的跨度（层次）不同，供应链往往由多个、多类型甚至多国企业构成，所以供应链结构模式比一般单个企业的结构模式更为复杂。

2．动态性

供应链管理因企业战略和适应市场需求变化的需要，其中节点企业需要动态地更新，这就使得供应链具有明显的动态性。

3．面向用户需求

供应链的形成、存在、重构，都是基于一定的市场需求而发生的，并且在供应链的运作过程中，用户的需求拉动是供应链中信息流、产品/服务流、资金流运作的驱动源。

4．交叉性

节点企业可以是这个供应链的成员，同时又是另一个供应链的成员，众多的供应链形成交叉结构，增加了协调管理的难度。

7.2.5　SCM 系统的结构

供应链管理涉及 4 个主要领域：供应（Supply）、生产计划（Schedule Plan）、物流（Logistics）、需求（Demand），所对应的分别是分销计划模块、生产计划模块、运输计划模块和需求计划模块。在这 4 个领域的基础上，可以将供应链管理细分为职能领域和辅助领域。职能领域主要包括产品工程、产品技术保证、采购、生产控制、库存控制、仓储管理、分销管理。而辅助领域主要包括客户服务、制造、设计工程、会计核算、人力资源、市场营销。

面向电子商务的供应链管理系统就是要在应用供应链管理思想、实施供应链管理主要原则的基础上实现电子商务的总体目标，它主要包括以下功能模块。

1．问题分析与处理模块

作为系统的核心部分，它首先形成一个电子商务中的决策问题，并对该问题进行分解，然后求解由原问题分解产生的一系列具体任务，最后通过完成各个任务来解决这个电子商务中的决策问题。

2．电子通信模块

用于系统内供应方与需求方进行信息交互，从而使得企业及时方便地得到客户信息，减少企业的销售成本，方便企业打入市场。

3．电子会议模块

本模块提供企业内部或企业之间的在线双向交流的功能，并为交易双方进行网上商务谈判提供方便。

4．信息管理模块

本模块包括用户管理、系统配置管理和数据库管理等。

5．人—机交互模块

利用 Web 技术，提供友好易用的人—机交互界面，并提供联机帮助功能。

面向电子商务的供应链管理系统是一种网络化的管理信息系统，因此必须采用 Web 技术和组件对象模型（Component Object Model，COM）/分布式组件对象模型（Distributed Component Object Model，DCOM）标准实现跨平台异构系统之间的信息共享。系统中采用组件对象模型（COM）使组件间可通过一致的程序界面完成彼此的沟通，它不限制采用何种程序语言开发组件。DCOM 为分布在网络不同节点的 COM 构件提供了互操作的基础结构，进一步使 COM 具有分布式、跨平台的能力。

7.2.6　SCM 的实施

21 世纪的竞争不是企业和企业之间的竞争，而是供应链与供应链之间的竞争。一份涉及供应链实施后效果的调查显示，通过实施供应链管理，企业取得的效益包括：总供应链成本占销售成本的比重下降 10%以上；中型企业的准时交货率提高 15%；增值生产率提高 10%；绩优企业的资产运营业绩提高 15%～20%；中型企业的库存降低 3%。然而，实施供应链管理需要耗费大量的时间和财力，在美国也只有少量的企业实施了供应链管理。但是供应链可能耗费整个公司高达 25%的运营成本，而对于一个利润率只有 3%的企业来讲，哪怕降低 5%的供应链费用，也足以使企业的利润翻番。

SCM 的实施与 ERP 的实施不一样，实施 SCM 的难度比较高。ERP 的实施只涉及一个企业，而 SCM 的实施涉及整个供应链上的若干个企业，因此，建立一个具有较高集成度又切实可行的实施方案就是一项必不可少的工作了。一般情况下，SCM 的实施包括以下几个步骤。

1．分析核心企业现状，确定战略目标

在建立 SCM 之前，首先要确定实施 SCM 的目标是什么，当然，这个目标也是链上所有

单个企业共同的目标。要确定战略目标，就必须对核心企业的现状进行分析，它可以分为两个方面。

（1）分析市场竞争环境

通过对市场竞争环境的分析，可以知道现在市场需求的产品是什么，它的特征和类型有什么特别的属性，市场对它的服务要求是什么，哪些产品的供应链需要开发等。与此同时，还要通过市场调查，了解供应商、分销商、客户及竞争对手的基本情况。这一环节的目的在于对市场不确定性进行分析评价并预测未来的发展趋势。

（2）对核心企业及现有供应链状况的分析

这个阶段的工作主要侧重于对核心企业的供应、需求管理现状进行分析和总结。如果核心企业已经有了自己的供应链管理体系，则对现有的供应链管理现状进行分析，以完善现有供应链运行过程中的不足。这一个步骤的目的不在于评价供应链设计策略的重要性和合适性，而是着重于研究供应链开发的方向，分析、找到、总结企业存在的问题及影响供应链设计的阻力等因素。

2. 选择合作伙伴，组建供应链

供应链上各企业之间是为了共同的利益而建立一种战略合作关系，实施供应链合作关系就意味着新产品/技术的共同开发、数据和信息的交换、市场机会共享和风险共担，因此战略合作关系必然要求强调合作和信任。在供应链合作关系环境下，制造商选择供应商不再是只考虑价格，而是更注重选择能在优质服务、技术革新、产品设计等方面进行良好合作的上游供应商和下游经销商。一个良好的战略合作关系可以实现供应链节点企业的财务状况、质量、产量、交货期、用户满意度和业绩的改善和提高，产生更大的竞争优势。但同时战略合作关系也存在着许多潜在的风险。企业可能过高估计供应链战略合作关系的利益而忽视了潜在的缺陷，所以企业必须对传统合作关系和战略合作关系策略做出正确对比，再做出最后的决策。

当供应链各伙伴统一了认识，愿意建立合作关系之后，建立供应链的条件也就成熟了，接下来可以组织正式组建供应链的各方签订协议。协议中要强调目标一致，信息共享和利益分享。

3. 供应链的设计与实施

在经过前两步的分析和准备之后，就可以开始着手设计供应链。供应链的设计是一个复杂的系统工程，要考虑的因素非常多，包括物流系统的设计、合作伙伴的关系、生产模式、信息技术支撑以及运行环境等。供应链设计具体可以分为 4 步。

（1）对存在问题提出供应链设计项目，分析其必要性，并确定供应链设计的目标

供应链设计的主要目标在于获得高品质的产品、快速有效的服务及低成本等几个目标间的平衡。同时还有一些基本目标，如进入新市场、拓展老市场、开发分销渠道、提高用户满意度、降低库存等，这些目标的实现级次和重要程度随不同企业的现状而有所区别。这一阶段的任务就是分清主次目标，最大可能地实现它们之间的平衡。

（2）分析组成供应链的各类资源要素，提出供应链的设计框架

供应链上的资源包括供应商、用户、合作伙伴、原材料、产品、市场等，应对链上的物流、资金流、作业流、信息流等各种流程进行设计，在这一过程中确定供应链上主要的业务流程和管理流程，描绘出各种流的基本流向，组成供应链的基本框架。在这个框架中，供应链中各成员，

如生产制造商、设备、工艺、供应商、运输商、分销商、零售商及用户的选择和定位分析是这个步骤必须解决的问题，另外组成成员的选择标准和评价标准指标应逐步得到完善。

（3）评价设计方案的可行性

供应链设计框架建立之后，需要对供应链设计的技术可行性、功能可行性、运营可行性、管理可行性进行分析和评价。这一步为开发供应链提供技术、方法、工具的选择和支持。如果分析认为方案可行，就可继续进行下一步的设计工作；如果不可行，就需要重新进行设计。

（4）设计供应链

根据供应链中成员的情况及相互关系、地理位置分布，运用供应链软件提供的功能可以建立供应链网络。SCM 的运作主要是通过建立信息系统来实现的，SCM 信息系统需要完成以下工作。

① 以产品为主线，采集供应链上所有各点提供的数据。

② 以供应链上各个节点为单位，读取信息系统中的数据，以保证得到信息，且此信息要具有唯一性。

③ 利用分析数据，运行 SCM，也可以进行供应链上成员企业之间的单位转换及报表转换，寻找 SCM 运行的最佳状态。

采集数据、读取数据和分析数据的功能是通过 SCM 信息系统的集成来达到的。而这种集成又是建立在供应链高级计划排程应用软件、应用接口程序、数据库、通信设备、接口设备、图像设备、因特网等信息技术基础之上的。

此外，对 SCM 来说，还必须在供应链各成员之间建立一套运行的规程，如报表标准化、产品编码标准化、接口软件标准化等。

4．检验并运行供应链

供应链设计完成以后，需要对设计好的供应链进行检测。通过模拟一定的供应链运行环境，借助一些方法、技术对供应链进行测试、检验或试运行。如果模拟测试结果不理想，就返回第二步重新设计，使 SCM 系统不断完善，最终投入正式运行。实施供应链管理可导致的直接效果是缩短接单及交货周期，降低原物料及成品库存，从而提高对市场的应变速度、增加销售量、提高产品及服务的品质，改善公司与顾客及供应商之间的关系。

案例 19

高露洁 SCM 应用（colgate.51job.com）

在国际消费品市场竞争日益激烈的今天，如何通过供应链管理整合企业资源实现供应链各个环节的协同作业，降低成本，以提高企业的运营效率，从而在价格战、业务拓展和市场推广中更具优势是中外企业共同关注的。作为国际知名的跨国企业高露洁公司，原有的 SAP 系统对它的发展起着重要的推动作用，但是它并不满足，"高露洁全球供应链系统"正在指引着这个知名的跨国公司在信息化建设的道路上高速前进着。

1．公司简介

总部位于美国纽约的高露洁公司（其主页如图 7-9 所示）是一家资产达 310 亿美元的全球日用消费品公司，在全球范围内制造销售的消费类产品繁多，包括牙膏、肥皂、洗涤用品和宠物用品等。为综合管理其供应链，该公司于 1999 年 11 月建立了高露洁全球供应链管理系统。高露洁希望充分利用其核心 SAP R/3 解决方案，进一步完善全球供应链管理，从而改善对零售商和客户的服务、减少库存和增加营利。

图 7-9　广州高露洁棕榄有限公司主页

2．聚焦供应链

为解决上述问题，高露洁建立了"高露洁全球供应链系统"。在该系统中，高露洁确定了3 个主要的供应链战略。首先，推出供应商控制库存（Vendor Managed Inventory，VMI）项目，大幅削减渠道的库存和循环时间。其次，高露洁实施了一个跨边界资源计划，将地域性模式拓展为全球性模式。这种模式转型可以提高企业的预测能力，减少非营利股份，凝聚资产，平衡公司全球业务。最后，高露洁还将实施一个与下游企业的协同计划系统，用来管理供应链中的市场需求和协调各项活动。

在高露洁内部，公司将根据 VMI 提供的每日消费需求与库存信息对各消费者中心进行补充。VMI 的重点主要在北美，在那里 VMI 管理着来自 5 个工厂 40%的集装箱，涵盖 40 个分销中心、12 个消费区，包括了高露洁所有的产品。mySAP SCM 使高露洁能更加准确地契合供给与需求，最终降低了成品库存，提高了在产订单和已完成订单的达成率，缩短了补充循环的时间。

VMI 商业程序每天将来自消费分销中心的库存量和需求信息传递到 mySAP SCM，对需要补充的订单数进行统计。mySAP SCM 能够对企业生产能力信息进行综合，以确定生产需求和供应短缺情况。随后，补充订单通过 EDI 传回给消费者以确认，从而处理顾客的要求。随着在北美和其他地域 VMI 的实施，高露洁所获得的上述收益还将成倍增长。

3．全球化资源利用

高露洁的跨地域资源利用系统（Cross Boundary System，CBS）将需求和全球资源信息整合在一起，使以前的月度预测发展成为每周的定货补充。高露洁的投入迅速见效，其中包括出货率的上升、集装箱整箱率的上升、补充订单的循环次数下降、库存下降等。在新商业模型中，供应商直接负责对高露洁分销中心的资源补充。新的补给制度是由客户订单流量来驱动的，通过高露洁在世界各地的分销中心直接传递给供应商。

CBS 商业控制程序也由 mySAP SCM 支持，根据每日需求信号和库存量对补货订单进行计算，使供需更加吻合，更加适应特殊订单的要求。同时减少了不准确预测产生的影响，进而降低了成品库存、减少了补充订单的循环次数、大幅提高了企业内部补充和用户订单中的在产订单和已完成订单的达成率。此外，通过使用功能强大的补货系统，高露洁还提高了订单的实现率和资本的使用效率。

4．绩效确认

高露洁供应链战略的 3 个主要组成部分由 mySAP 实时集成模式进行支持，股票、订单和其他市场指数都能实时地在顾客、企业内部、ERP 系统和 mySAP SCM 之间更新，确保迅速得到各种能够影响计划的指数。这对计划的推广尤为重要。高露洁希望在 VMI、CBS 和协同引擎应用到所有的品牌和商场以后，SCM 的效益能成倍增长。供应链信息可见度的提高，意味着可以得到准确、及时、一致的数据信息来支持各种规划决策。高露洁还将使用 mySAP 商业智能系统，以更快速地获得一致和精细的数据信息，以支持整个企业集团的决策。

通过采用供应链管理系统，高露洁提高了市场竞争力，同时进一步加强了它在价格战、全球业务拓展和市场推广中的强大优势。这些商业优势使高露洁的业务成本逐渐降低。此外，高露洁通过电子商务还进一步加强了企业内部整合，密切了合作伙伴和客户之间的关系。

mySAP SCM 利用互联网将供应链技术拓展到企业之外，使类似高露洁这样的企业及其合作伙伴、消费者能够快速、实时地掌控订单，预测生产计划以及库存、订单完成比率等重要指标，完全掌握各项关键商业数据。它还帮助企业提高服务质量、减少库存投资，进而提高企业的市场竞争力。

高露洁全球信息技术总监 Esat Sezer 先生说："对高露洁来说，mySAP SCM 所具有的强大功能对全球供应链改进过程采取的措施十分关键。mySAP SCM 在 3 个最重要的前沿领域均有相应的解决方案。它使高露洁能够掌握公司全球范围内的后勤数据，使我们能够通过高级数理规划函数优化业务运营，并为我们和我们的顾客、合作者进行协作提供了一个平台。mySAP SCM 使我们在全球运作的供应链管理中真正走向完美。"

5．可持续性发展

面对今天的成功，高露洁仍在不断提高其供应链的系统研究与应用。除在全球范围内使用 VMI、CBS 和协同引擎外，高露洁还与 SAP 一起在 mySAP SCM 内开发可重复制造功能和各种进度细分功能。这将实现仅用一张物料订单就可以完成整个生产过程的来回运作，使原料需求更加灵活。

由于在以推广为主的商业环境中，供需随时会发生变化，第三方供应商在高露洁业务中的地位日渐重要，高露洁希望使用 mySAP SCM 的协同引擎促进与这些供应商的联系。此外，高露洁还计划采用 mySAP SCM 的运输规划和进度规划功能来优化运输网，更加减少运输成本。在加速实现各个目标的同时，高露洁已经通过 mySAP 供应链管理系统实现了很多目标，如提高可视供应链、规划循环速度，通过全球化资源利用、成本降低、改善客户服务等实现更为有效的资本利用。

7.3　客户关系管理

在服务至上、客户第一的经营年代里，大家都在寻求可以提供给客户最佳的服务，以促进良好客户关系的系统管理模式。因此，近来客户关系管理（CRM）逐渐成为众所瞩目的焦点。尤其在网络概念泡沫化的时代里，企业也体会到，客户关系的提高已成为电子商务时代商战中的制胜关键。

客户关系管理可以定义为整合的业务、营销与服务策略。通过了解与改变客户的行为，达到吸引新客户、巩固旧客户的目标。所以，通过 CRM，企业不但可以利用已有客户来创造营业额，并且也能够赢得新客户，同时增进客户利润贡献度。CRM 可以根据客户个别的购买行为，给客户提供量身定做的服务以满足客户需求。

7.3.1　CRM 的含义

可以通过两种定义来解释 CRM。

① 企业为获得新客户、保留旧客户，以及增进客户利润贡献度，而通过不断地沟通，以了解并影响客户行为的方法。

② 通过 IT 将营销、客户服务等工作项目加以整合，以更精确且实时的方式预测与响应客户，给客户提供量身定做的服务，增加客户满意度与忠诚度，提升客户的服务品质，达到企业经营绩效的目标。

其中第一种定义泛指广义的 CRM，第二种定义则强调 IT 所扮演的角色。

建立客户信息是客户关系管理的第一步。假如客户打电话进公司时，客户服务中心可以根据电话号码，立刻判别是哪位客户，并在屏幕上同步显示该客户的数据，在电话接通时，客户服务人员询问客户对最近购买商品的满意度，并进一步询问这次是否要进行不同的服务。很显然，这样的举动可以拉近与客户的关系；对于客户而言，可以减少许多重复询问基本数据的烦人状况，并且可以缩短客户的等待时间。

从建立客户知识开始，企业必须维系与客户间的长期关系。此外，大企业客户众多，往往很难得知客户真正需求所在，反而小公司能比较详细地了解客户需求。所以大型企业必须建立相关管理制度及体系，才能维系与客户间的良好关系。

7.3.2　CRM 的作用

今天，尽管许多企业已经认识到以客户为中心是当今市场竞争的必由之路，然而由于传统企业的销售、市场、客户服务及技术支持等部门的工作都是独立和垂直进行的，各部门间的沟通存在障碍，以至于不同的业务功能往往很难协调一致地集中到客户身上。而 CRM 的实施则恰好解决了这些问题，它的作用如下。

1．提高市场营销效果

通过实施 CRM 系统，企业更大范围地开拓了市场，吸引了更多的客户，集成的系统又减少了销售环节，降低了销售成本，提高了企业的运行效率，使得员工工作的有效性也进一步提高了。

2．为生产研发、财务金融策略提供了决策支持

CRM 的成功在于数据仓库和数据挖掘。企业通过 CRM 软件所收集的资料了解企业客户，

发现具有普遍意义的客户需求，经过合理分析客户的个性需求之后，从而开发具有市场需求而企业未提供的产品，因此 CRM 为企业的生产研发提供了决策支持。另一方面，企业可通过中介机构和其他途径获得客户的信用状况，经过本企业 CRM 系统的检验和修正，反馈出企业对不同客户提供不同财务政策的决定，企业销售人员据此就可在与客户的前期洽谈、合同签订、货款回收等过程中采取相应的对策。

3．优化企业业务流程

CRM 要成功实施，就必须对企业内一些不合理的体制及业务流程进行优化。CRM 的应用直接关系到一个企业的销售业绩，其实施成果经得起销售额、用户满意度、用户忠诚度、市场份额等"硬指标"的检测，它为企业新增的价值是看得见、摸得着的。企业通过 CRM 系统的反馈信息可以检验企业已有内部管理体系及业务流程的科学性和合理性，以便及时进行调整。

4．加强了各部门间的协调

许多企业中的市场营销、销售、客户服务与支持部门都是作为独立的实体工作的，由于部门界限的原因，造成不同的业务功能往往难以交流和协调。因此，不能将注意力集中在客户方面，这样，就会降低客户的满意度和忠诚度。通过实施 CRM，可实现各部门间及企业与客户间信息的有效共享，不同部门能从建立客户关系的共同目标出发，做到相互配合、相互支援，提高为客户服务的效率。

7.3.3　CRM 技术

企业与客户之间的互动方式已有了转变。做成一笔生意，并不意味着同一个客户的下一笔生意也能做成。因此，企业发现必须更了解客户，并尽快对客户需求做出响应，而且要在客户掉头离去之前就响应。换句话说，公司必须能预测客户需求，并立刻行动。不幸的是，与过去相比，今日企业面临的是更加复杂的情况，更多的客户、产品、竞争者，但响应时间却必须更短，这表示想要了解客户的困难度提高了许多。因此，很好地利用 CRM，有效掌握 CRM 技术，是成功的关键。

在执行 CRM 时，共有 4 大步骤。

① 信息搜集（Data Collection）。

② 信息存储（Data Storage）。

③ 信息分析（Data Analysis）。

④ 信息应用和呈现（Data Application and Visualization）。

在这 4 大步骤中，都使用到许多不同的技术，如表 7-2 所示。

表 7-2　　　　　　　　　　　　　　CRM 所使用到的技术

CMR 的步骤	CMR 技术
信息收集（Data Collection）	企业资源计划（ERP） 客户电话服务中心（Call Center） 计算机电话整合系统（Computer Telephone Integration，CTI） 销售点管理系统（POS） 电子数据交换（EDI） 电子订货系统（EOS） 增值型网络（VAN） 市场调查分析（MRA） 柜台机（Counter Machine，CM）

续表

CMR 的步骤	CMR 技术
信息存储（Data Storage）	数据库（Database） 数据仓库（Data Warehouse） 知识库（Knowledge Base） 模式库（Model Base）
信息分析（Data Analysis）	数据挖掘（Data Mining） 统计方法（Statistics） 智能型自动学习（Machine Learning）
信息应用与呈现 （Data Application and Visualization）	主管信息系统 （Executive Information System，EIS） 决策支持系统（Decision Support System，DSS） 网上实时分析处理 （Online Analytical Processing，OLAP） 报表产生系统（Report System）

第 1 步：通过企业资源计划（ERP）、客户电话服务中心（Call Center）、计算机电话整合系统（CTI）、销售点管理系统（POS）、电子数据交换（EDI）、电子订货系统（EOS）、增值型网络（VAN）、市场调查分析（MRA）、柜台机（CM）等体系和技术，可以收集并获取数据。

第 2 步：将收集到的数据存储起来，存储方式则有数据库、数据仓库、知识库、模式库等。

第 3 步：是关键，因为对数据进行分析，所运用到的技术，最重要的就是数据挖掘，其他常用的技术还有统计方法和智能型自动学习等。

第 4 步：当数据分析完毕时，根据不同应用情况表现出不同的信息呈现方式，可能有主管信息系统（EIS）、决策支持系统（DSS）、网上实时分析处理（OLAP）、报表产生系统（Report System）等不同方式。

7.3.4 CRM 系统的类型

按照目前公认的功能分类方法，CRM 应用系统可分为运营型 CRM、分析型 CRM 和协同型 CRM 3 类。

1．运营型 CRM

运营型 CRM 建立在这样一种概念上，客户管理在企业成功方面起着很重要的作用，它要求所有业务流程的流线化和自动化，包括经由多渠道的客户"接触点"的整合、前台和后台运营之间平滑的相互连接和整合。它主要有 5 个方面的应用：CRM 销售套件、CRM 营销套件、CRM 服务套件、CRM 电子商务套件及 CRM 商务平台套件。

2．分析型 CRM

分析型 CRM 主要是分析从运营型 CRM 系统和原有系统中获得的各种数据，进而为企业的经营和决策提供可靠的量化依据。分析型 CRM 一般需要用到一些数据管理和数据分析工具，如数据仓库、OLAP 和数据挖掘等，它的主要功能如下。

① 客户分析。旨在让营销人员可以完整、方便地了解客户的概貌信息，为营销活动的展

开提供方向性的指导。

② 客户建模。主要依据客户的历史资料和交易模式等影响未来购买倾向的信息来构造预测模型。

③ 客户沟通。集成来自企业各个层次的各种信息，包括客户分析和客户建模的结果，针对不同部门的不同产品，帮助企业规划和实施高度整合的营销活动。

④ 个性化。帮助企业根据不同客户的不同消费模型建立相应的沟通方式和促销内容，以非常低的成本实现真正的一对一营销。

⑤ 优化：帮助企业建立营销最优的处理模式。

⑥ 接触管理。帮助企业有效地实现客户联络并记录客户对促销活动的反应态度，将客户所发生的交易与互动事件转化为有意义、高获利的营销商机。

3．协同型 CRM

协同型 CRM 就是能够让企业客户服务人员同客户一起完成某项活动，它将市场、销售和服务 3 个部门紧密地结合在一起，使企业内各部门之间协同一致。协同型 CRM 目前主要由呼叫中心、客户多渠道联络中心、帮助台以及自助服务帮助导航，向员工解释特定网页的内容等。具有多媒体多渠道整合能力的客户联络中心是今后协同型 CRM 的主要发展趋势。

7.3.5 CRM 系统的功能模块

不同的企业对客户关系管理系统有不同的要求，不同的开发商所提供的客户关系管理系统的功能也有所不同。从大的方面划分，客户关系管理系统的功能主要包括销售、营销、客户服务与支持、呼叫中心、电子商务以及辅助决策等。

1．销售功能

强大的销售能力是任何企业获得收益的关键。对此，CRM 系统专门提供了销售自动化系统，用以增强企业的销售能力。销售自动化（Sales Automation，SA），也称销售团队自动化（Sales Force Automation，SFA），主要用来提高专业销售人员业务活动的自动化程度。其基本功能，企业可以从以下几个方面考虑。

① 客户管理。主要功能包括：客户基本信息的收集；与客户相关的基本活动和活动历史；联系人的选择；销售合同的生成等。

② 联系人管理。主要功能包括：识别并评价客户的联系人；联系人概况的记录、存储和检索；跟踪同联系人的联系，如时间、类型、任务描述等。

③ 潜在客户管理。主要功能包括：业务线索的记录、升级和分配；销售机会的升级和分配；潜在客户的跟踪。

④ 销售管理。主要功能包括：组织和浏览销售信息；产生各销售业务的阶段报告；对销售业务给出战术、策略上的支持；根据利润、领域、优先级、时间、状态等标准，辅助用户制定关于将要进行的活动、业务等方面的报告；销售费用管理；销售佣金管理；销售技巧查询。

⑤ 产品管理。主要功能包括：产品批号管理；产品序列号管理；产品有效期管理；产品规模和型号管理；客户组合产品配置管理；产品组合分析。

⑥ 订单管理。主要功能包括：订单的处理；订单的确认；订单状态管理（包括取消、付

款、发货等多种状态）以及订单出库和订单查询等。

⑦ 移动销售。也称现场销售，在前面诸多功能的支持下，辅助专业销售人员连接到企业的客户数据库中，完成销售现场的工作。同时，它还使用大量的同步技术，全面支撑掌上型计算设备的使用。

⑧ 电话销售。主要功能包括：电话本；生成电话列表；把电话号码分配到销售员；记录电话细节，并安排回电；电话录音，同时给出书写器，用户可作记录；电话统计和报告；自动拨号。

⑨ 销售伙伴。也称扩展型销售企业，主要提供销售技术和应用系统，支持企业同第三方销售渠道伙伴（中间商、代理商、分销商和增值业务销售商）的业务联系。

2. 营销功能

营销自动化模块是 CRM 的最新成果，作为对 SFA 的补充，它为企业营销提供了独特的能力。客户关系管理系统的营销功能主要是通过营销自动化系统（Marketing Automation，MA）来实现的。企业在开发与应用 MA 系统时，应当从以下 3 个方面着手考虑。

① 营销活动管理（Marketing Campaign Management）。一般而言，具体的市场营销活动包括市场研究、市场细分、市场需求预测、产品定价、组合、分销、促销等。营销活动管理系统应当能够有效地支持企业的营销活动，辅助营销人员完成市场研究、市场细分、市场需求预测以及营销策略的制定等活动。如"营销百科全书"（关于产品、定价、竞争信息等方面的知识，如 4P 理论、4C 理论）、营销资料管理、市场分析模型、市场预测模型、产品和价格配置器、渠道管理系统等。

② 营销内容管理（Marketing Content Management）。主要是用来记录营销活动的具体内容，检查营销活动的执行情况，评估营销活动收益。

③ 营销分析（Marketing Analysis）。主要是用来分析营销的活动和方式方法，支持营销数据库的整理、控制和筛选，就结果及特别问题及时做出报告和分析，以便进一步改进营销策略。

营销自动化模块与 SFA 模块提供的功能不同，这些功能的目标也不同。销售自动化系统的目标是提高销售人员活动的自动化程度，而营销自动化模块的目标定位是为营销及其相关活动的设计、执行和评估提供详细的支持框架。在很多情况下，营销自动化和 SFA 模块是互为补充的。例如，成功的营销活动可能得知很多有需求的客户，为了使得营销活动真正有效，应该及时地将销售机会提供给专业销售人员。

3. 客户服务与支持功能

客户服务与支持系统主要是用来帮助企业以更快的速度和更高的效率为客户提供个性化的服务以满足其独特的需求，以进一步保持客户关系。其主要功能如下。

① 客户合同管理。用来创建和管理客户服务合同，主要目的是保证客户服务的水平和质量，并可使企业跟踪保修单和合同的续订日期，安排预防性的维护活动。

② 客户服务管理。主要用来对客户意见、问题或投诉以及售后服务等信息进行管理，记录客户的所有意见、问题或投诉情况，对每项意见、问题或投诉的全过程进行处理跟踪，对售后服务的全过程进行记录，包括上门服务、电话支持等，并将一些标准的解决方案存入数据库，并予以共享。

③ 客户关怀管理。主要用来记载客户关怀的基本情况（方法、效果），并能提醒业务人员按时实施客户关怀，另外还能提供相关的参考意见。

④ 现场服务管理。主要包含现场服务派遣、现有客户管理、客户产品生命周期管理、服务工程师档案和地域管理等功能。

⑤ 移动现场服务管理。这一功能提供了一个移动的服务解决方案，以支持移动计算、网络计算和数据信息同步。利用无线设备可实现现场服务分配，保证服务工程师能实时地获得关于服务、产品和客户的信息，并可与派遣总部保持密切联系。

4．呼叫中心功能

从某种意义上讲，呼叫中心是对销售自动化系统、营销自动化系统和客户服务与支持系统的进一步完善。它通过将销售、营销与服务集成为一个单独的应用，使业务代表或计算机系统能够向客户提供实时的销售和服务支持。当然，呼叫中心功能的重心仍然是提供企业与客户沟通的平台。

一个完整的呼叫中心解决方案通常由以下几个功能组件组成：智能网络、自动呼叫分配系统、交互式语音应答系统、计算机电信集成系统、来话呼叫管理系统、去话呼叫管理系统、数据库管理系统以及呼叫管理系统等。其中，智能网络是呼叫中心依托的通信基础设施，它可以根据企业的需要制定不同的路由策略、提供 800 免费呼叫服务、支持虚拟专用网等。自动呼叫分配系统主要用来成批处理来话呼叫，并将这些来话按规定路由传送给具有类似职责或技能的各组业务代表。交互式语音应答系统实质上就是一个自动回复的业务代表。计算机电信集成系统主要用来支持电话语音处理以及包括传真、电子邮件等其他形式在内的信息处理。来话呼叫管理系统主要用来管理来话呼叫。去话呼叫管理系统主要负责去话呼叫。数据库管理系统主要为呼叫中心的业务运作提供支撑作用。呼叫管理系统主要用来帮助呼叫中心对有关中继线、业务代表、队列、路由选择方案和应用等信息进行综合管理。如在 ORACLE 公司开发的 CRM 系统中，其呼叫中心的具体功能如下。

① 电话管理员。主要包括呼入呼出电话处理、互联网回呼、呼叫中心运营管理、图形用户界面软件电话、应用系统弹出屏幕、友好电话转移、路由选择等。

② 语音集成服务。支持大部分交互式语音应答系统。

③ 报表统计分析。提供了很多图形化分析报表，可进行呼叫时长分析、等候时长分析、呼入呼出汇总分析、坐席负载率分析、呼叫接失率分析、呼叫传送率分析、坐席绩效对比分析等。

④ 管理分析工具。进行实时的性能指数和趋势分析，将呼叫中心和坐席的实际表现与设定的目标相比较，确定需要改进的区域。

⑤ 代理执行服务。支持传真、打印机、电话和电子邮件等，自动将客户所需的信息和资料将发给客户。可选用不同配置使发给客户的资料有针对性。

⑥ 自动拨号服务。管理所有的预拨电话，仅接通的电话才转到坐席人员那里。

⑦ 市场活动支持服务。管理电话营销、电话销售、电话服务等。

⑧ 呼入呼出调度管理。根据来电的数量和坐席的服务水平为坐席分配不同的呼入呼出电话，提高了客户服务水平和坐席人员的生产率。

⑨ 多渠道接入服务。提供与 Internet 和其他渠道的连接服务，充分利用话务员的工作间隙，收看 E-mail、回信等。

5．电子商务功能

电子商务系统（狭义）也是 CRM 的最新成果，目的是实现 CRM 系统与电子商务系统（广义）的整合。主要功能如下。

① 电子商店。此部件使得企业能建立和维护网上商店，从而在网络上销售产品和提供服务。

② 电子营销。此部件使得企业能建立和维护营销网站，实施基于 Internet 的营销方案。

③ 电子支付。支持企业和客户实现在线支付环节。

④ 电子支持。允许客户通过网络提出服务请求、查询常见问题、检查订单状态，实现网上的自助服务。

6．辅助决策功能

（1）一般统计分析功能

CRM 系统的一般统计分析功能只需要利用前面 5 个功能模块即可实现，主要包括以下 3 个方面。

① 销售管理统计。包括：客户销售合同统计，统计某一客户全部或一段时期内的购买情况；人员或部门销售统计，按人员或部门进行的统计一段或全部时期内的销售信息；产品销售统计，统计某一产品在一段时期内的销售情况。

② 营销管理统计。包括：营销市场状况统计，统计某一营销市场的规模、购买力等信息，以及某一区域或产品的客户的基本情况；营销市场统计，按人员、部门、地域等统计所进行的市场推广活动的次数、规模、资料数量、结果等。

③ 客户服务与支持管理统计。包括：客户服务合同统计，统计客户服务合同的数量、期限、付款情况等；客户服务情况统计，统计客户服务合同的履行情况以及每次客户服务类型；人员或部门客户支持统计，按人员或部门统计客户问题处理情况；产品信息统计，主要是统计客户反映的产品质量情况；人员或部门客户关怀统计，按人员或部门统计对客户的关怀情况。

（2）决策支持系统

CRM 中的决策支持系统是建立在数据仓库技术、数据挖掘技术以及联机分析处理技术基础之上的。作为客户关系管理系统中的决策支持系统具有高度的灵活性和良好的交互性。适用于非结构化决策的客户关系管理系统，将决策者与决策支持系统密切联系在一起，并通过 3 大分析技术，为其决策提供特定的支持功能。客户关系管理中的决策支持系统并不能够替代决策者本身，它的主要功能是提高决策者的决策效率，帮助企业的决策者强化洞察力。

此外，在 CRM 的解决方案中，用计算机模仿人的思考和行为来进行商业活动即商业智能的应用非常普遍。它实质上是一种帮助企业进行自动化集成管理的决策支持软件。它可以把企业的销售数据、财务数据、客户数据和库存数据等所有数据包容到一起，利用专家系统、神经网络、遗传算法以及智能代理等工具进行不同层次的数据挖掘来提取决策支持信息。

案例 20

江苏双良 CRM 应用（www.shuangliang.com.cn）

1．应用背景

江苏双良有限公司（其主页如图 7-10 所示）是中国机械制造领域杰出的代表之一，主要致力于中央空调系统系列产品、智能环保锅炉系列产品、自动化立体停车设备的研发、制造和销售。双良在全国已经设立了 18 个分公司，并在 85 个城市设有销售服务网络，拥有 400 多人的高素质销售服务群体。

图 7-10   江苏双良有限公司主页

随着集团的不断发展，分公司和人员不断增加，双良集团负责销售的副总裁马福林先生以犀利的眼光认识到：客户是关键，做好客户关系要从集团内部销售管理入手，销售管理要实现自动化，现有销售流程要优化。只有这样，才有足够的能力加强与老客户的关系，并开发新的客户，使集团在未来竞争中处于不败之地。

2．跨区域、快速实施的 CRM

双良原有的客户信息分散在销售人员个人手中，客户的跟踪信息等记录在 MS Access 和 MS Excel 中，每到月初和月底的时候，销售人员要上交所有的销售预报和销售情况表格，再由专门的人员花一两个星期将全国各地区的销售报表统一整理，这样当分公司和销售人员增加时，相应的报表工作也随之剧增。当销售队伍增加至 400 多人，遍及 85 个城市的时候，对销售的管理、销售过程的控制是一个亟待解决的问题。

双良花了一年半的时间考察了 CRM 产品，其中包括 Siebel、Pivotal、TurboCRM、SellWell 等。本着快速实施、跨区域、满足本企业需求的原则，双良最终选择了 SalesLogix 作为 CRM 战略伙伴。SalesLogix 提供给双良一个全国准确、快速的传递数据方案，项目第一期：总部用 Client/Server，10 个工作组用户，通过 LAN 访问数据库；分公司用 Browser/Server，30 个远程用户，用 IE 通过 Internet 访问数据库。

3．容易客户化、满足个性化需要的 CRM

作为 SalesLogix 在中国的合作伙伴，天网科技集团成功地完成了双良集团 CRM 项目的实施。整个实施过程仅用了 40 天，并且，在充分了解双良业务流程的基础之上，天网仅用 10 天的时间完成了客户化部分，即双良标书、客户接待、合同执行部分。双良 IT 负责人魏怡君很高兴地说："SalesLogix 的 Architect 是我用过的最容易使用的客户化工具，我很方便做出我想要的界面。"

4．实施效益明显

经过 3 个培训班，为期 6 天的培训，销售人员很快就掌握了联系人、客户与项目管理各个模块的应用；管理人员很方便使用报表，销售预报功能，从过去繁杂的书面工作中解放出来，真正实现"鼠标一点便知天下"。双良无锡分公司销售经理翁继香说："这样，我们以后就把各种信息随时随地录入系统，不用再写这小结那总结了。"

5．效益

① 现有的 400 万条数据轻松导入 SalesLogix 数据库。
② 异地用户每天都可通过 Internet 更新数据。
③ 销售知识与信息实现共享。
④ 科学的接待流程，使各部门在用户交互和事务处理中实现流畅的协同工作。
⑤ 标书的准备只需要原来的四分之一的时间，工作效率显著提高。
⑥ 减少了为订单和客户抱怨而浪费在向其他部门查询与往返协调的时间。
⑦ 管理部门只需要按几个按钮就可以得到他们想要的各式报表。
⑧ 丰富的报表功能使管理部门更容易进行数据分析，及时发现并解决问题。

思考与练习

1．名词解释：CRM、CRM 管理、CRM 的特征、SCM、SCM 管理、延伸性 SCM、企业内部 SCM、CPFR；ERP、MRP、MRP Ⅱ、ERP Ⅱ、JIT。
2．ERP 的功能包括哪两大部分？
3．简述 SCM 的生产方式。
4．ERP 系统中常包含哪些模块？
5．简述 ERP 系统的引进流程。
6．试说明 CRM 的成功要素。
7．何谓 SCM 的最佳模式？

第 8 章　电 子 政 务

本章概要： 本章从电子政务的内容出发，全面阐述了当今电子政务的发展、电子政务的概念、电子政务系统的组成及内容、电子政务的功能、电子政务的应用内容及类型、国外电子政务的经验对中国发展电子政务的启示等内容。

学习目标： 掌握电子政务的作用、电子政务的服务内容、电子政务的内容范畴及电子政务的模式，明确电子政务发展的重要性与紧迫性，树立通过电子手段服务公众的意识。

学习指导： 本章重点是全面了解电子政务的发展、服务内容及中国电子政务发展的紧迫性，难点是理解电子政务的内容范畴及其模式。通过案例分析，全面了解电子政务的发展及不同电子政务的服务方式，分析国外电子政务的经验及对中国的借鉴。

8.1　电子政务的内涵

8.1.1　电子政务的产生

电子政务的概念产生于 20 世纪 90 年代末，是继电子商务之后产生的互联网技术在政务领域中的广泛应用。电子政务是互联网技术与政府现代化职能改造相结合的产物。

工业发达国家在 20 世纪 70 年代末掀起了一场声势浩大的改革浪潮。持续 20 多年的政府改革，实际成为后来发达工业国家推动电子政务发展的巨大原动力。国外政府改革主要表现在 3 个方面。

① 把政府的职能优化作为改革的首要内容。

② 政府改进管理，大力推进公共服务市场化，改善公共服务质量，提高公共服务的水平。

③ 改革政府内部的管理体制和运行机制，实现政府自身的组织机构、人员的优化。

电子政务最早是在工业发达国家率先发展起来的。电子政务的发展又是与 20 世纪 80 年代以来工业发达国家的政府改革及信息高速公路的发展紧密相连的。在 20 世纪 80 年代，全球各国政府都在实行政治改革，其重点是政府改革。电子政务最早是在工业发达的国家政府改革中逐步产生出来的。工业发达国家的政府改革最早是从 1979 年英国撒切尔政府开始的。当时英国政府财政赤字巨大，面临着社会压力、财政压力、经济一体化压力。对此，英国政府开展了大规模的政府改革，运用网络和计算机手段等，改变政府运作方式，提高政府的办事效率。

20 世纪 80 年代，由于美国政府预算赤字很大，国会和选民都要求政府削减预算、提高效率。在这种情况下，美国政府成立了一个全国绩效评估委员会（National Performance Review，NPR）。NPR 开展了大量的调查研究，访问了第一线的联邦雇员，直接收集了多达 1 200 项具体意见和建议。NPR 在 1993 年提出《创建经济高效的政府》和《运用信息技术改造政府》两份报告。1994 年 12 月，美国政府信息技术服务小组提出了《政府信息技术服务的前景》

报告，用技术的力量彻底重塑政府对民众的服务形象，利用信息技术解决政府与客户间的互动，建立以顾客为导向的电子政务，为民众提供更多获得政府服务的机会与更有效率的途径。

工业发达国家的政府改革又将信息高速公路的发展与电子政务的发展紧密结合。美国在20 世纪 90 年代初期提出"建设信息高速公路"计划，核心就是扩充普遍服务，"不论他收入多少，不论他身在何处，不论他健康还是残疾，都能够以负担得起的价格享受到先进的电信与信息服务。"要实现这个计划，最主要的办法是建立电信的普遍服务基金，目标是使电信大众化。在过去的长期垄断期间，主要靠政府来强制实现。而随着电信市场的逐步开放、电信竞争格局的形成，普遍服务基金作为社会基金，可以更为公平合理地补贴农村、贫困地区用户，改变有些地区用户少而成本高的情况。

真正的网络技术普及是以 1994 年因特网商用为标志。互联网的发展，为人们提供了新的无国界的沟通方式，从技术上实现了地理分割的突破，作为经济全球化的助推器，必然模糊了国与国之间的市场边界，促进资本市场的全球化。据统计，当时全球网民数量呈几何级数增长，一路高速攀升；同时，网上信息每 4 个月就翻一番。网民数量的增加和网络信息量的扩张，向人们传达着一个不可阻挡的信息：互联网已经浩浩荡荡地介入人类主流社会，正在悄悄地改变着人们的生产规模和生活方式。

电子政务的概念产生于 20 世纪 90 年代末，在此之前的办公自动化系统（Office Automation，OA）、管理信息系统（Management Information Systems，MIS）只能被称为准电子政务。电子政务的发展主要是以互联网技术为基础，电子政务应用又极大地推进了政府改革传统模式，创造出前所未有的政府工作形态。

政府机构对社会公众的服务可以通过互联网来进行社会管理，这两者有机地结合到一起能够产生极大的实效，形成政府工作对社会管理职能的调整和改革创新的新模式。如北京市对中关村科技园的投资体制进行经费部分自筹的改革，中关村海淀园管理委员会积极地推进园区的电子政务，以良好的服务促进招商工作开展。园区对所辖企业全面实施了网上办公，通过电子政务来改善三资企业的服务环境，吸引更多的投资商到园区洽谈、签订合作合同，海淀园区由此获得更快的发展。

电子政务的产生和发展是政府的改革因素在起主导作用，政府的改革、转型导致了新形态的电子政务的产生。因此，人们需要从比较广泛的领域来认识电子政务这个现象。电子政务应是结合政府职能转变而实行政务公开，发布服务信息的政府网站，实现与公众 24 小时的联系。互联网为政府改革搭建了快速推进平台，而下属改革需要互联网的通信技术和信息技术发展电子政务。所以说，政府改革的理念早于互联网，政府改革催生了电子政务。

面对知识经济和经济全球化的挑战，基础设施已不完全是决定一个城市或地区国际效力的主要因素。有关学者指出，竞争在极大程度上集中到政府管理职能和效率方面，互联网为政府提供了一种提高工作效率的有效手段。社会信息网作为政府公共行政改革的措施之一，政府必须把社会公众服务作为网络建设的根本宗旨，即通过社会信息网将政府公共服务职能电子化，逐步实现全面的电子政务。

8.1.2　政府在电子商务发展中的作用

在电子商务蓬勃发展的今天，政府如何定位自己在电子商务中的角色是摆在政府面前一个重要的课题。政府首先应有所不为，让企业成为电子商务舞台上的主角，让市场自发调节电子商务发展中的各种矛盾。但政府又不能完全的置身事外，作为市场经济的宏观管理者，而应和企业形成互动的关系，成为协同作战的集团军。此外，在以电子政务促进电子商务、立法、标准化、人才培养方面，政府大有作为，政府在电子商务发展方面的作用不可替代。

1．政府和企业应形成互动关系，协同作战

新经济的主要战场在信息领域，单个企业在互联网浩瀚的信息海洋中处于被动地位。这需要政府组织人力、物力对信息进行整理、分析。政府应积极主动地向企业提供社会公共信息服务，对企业开放政府的数据库，供企业查询。电子商务是信息流、物流和资金流的有机结合，其中信息流是重中之重。一方面，政府向企业提供有效的经济、科技、法规和市场信息，这对企业搞好、搞活电子商务大有裨益；另一方面，企业可以为政府提出建议、反馈市场变化的信息，为政府决策提供依据。中国首次完全由企业提出的立法建议提案就是由中国电子商务协会、中国电子商务法律网、易趣公司、信用在线等单位提出，充分反映了中国与国际惯例接轨的新型政企关系。

在处理政企关系方面，美国和日本的经验值得借鉴。20 世纪 90 年代，美国电子商务迅猛发展得益于政府采取适当的宏观调控政策，积极鼓励企业进行技术创新，利用企业孵化器等手段扶植有潜力的中小企业发展。日本信息产业的管理现代化程度高，为电子商务的不断发展奠定了基础。日本通商产业省是联系政府和企业的纽带，一直通过立法、引进技术等方式帮助企业发展电子商务。美日两国的企业积极配合政府电子商务发展的产业政策，许多电子商务的行业标准是由企业提出后政府以法律、法规形式固定下来的。

伴随着电子商务的迅猛发展，电子政务工作取得了巨大的进展。这同时推动了电子商务向前发展，成为电子商务前进的一个巨大的发动机。也就是说，电子政务的开展是信息化建设的重要领域，它需要电子商务的支持，反过来它又促进了电子商务的发展。例如，网上办公、政府网上采购等都需要企业参与，需要企业发展自己的信息化建设，需要企业内部网与政府网的信息对接等。这些电子政务工程对电子商务发展起到了巨大的推动作用。

2．政府为电子商务立法

各级政府都有责任制定和维护一定的政策和法律框架，为电子商务发展创造良好的环境，保护所有参与者的合法权益。比较而言，中央政府应当侧重于建立健全有关网络安全、认证、税收、知识产权保护、预防和打击网上犯罪、ISP 和 ICP 责任及义务等基本法律规章，而地方政府在保证法律法规在本地区得到执行的同时，可能更关心调控本地区的电子商务发展目标，并制定一定鼓励和引导政策。

在中国，电子商务的立法得到了一定的发展。广东省已经制定颁布了《广东省电子交易条例》，上海市也出台了《上海市电子商务管理办法》等一系列电子商务管理措施，使电子商务有法可依。据悉，工业和信息化部正在制定有关电子商务的管理办法，指导全国的电子商务。但是，这些措施与适应电子商务快速发展尚有一段距离。网络经济是新生事物，其中有良性发展一面，也有不规范的地方。目前非法传销利用网络来欺骗不明真相的群众，骗取不义之财，国家应下大力气整治。从世界各国经济发展规律来看，要使电子商务健康有序发展就必须运用强有力的法律手段来规范市场。另外，中国应就涉外电子商务交易与世界各国谈判，争取签订符合中国利益的税收、交易规范的条约以适应电子商务全球化的发展趋势。

3．政府为电子商务的开展进行标准化工作

电子商务最重要的环节之一是安全交易，各种数字签名认证体系之间如果没有统一的标准，就会造成管理混乱。这必然使企业、消费者无所适从，从而不利于电子商务的长期发展。为此政府需要围绕电子商务基本标准体系结构、电子商务用商品编码及相关代码标识、安全认证、电子商务中的电子支付系统、电子商务产品（系统）的安全测评与认证、信息标准等制定一整套的技术标准。

电子商务的标准化工作在国外发展非常迅速。如美国，从 1977 年公布的数据加密标准DES 开始，就由美国国家标准技术研究院制定了一系列有关密码技术的联邦信息处理标准，在技术规范的前提下对密码产品进行严格的检验。1998 年 7 月 1 日，在美国政府发布的美国电子商务纲要中，明确提出要建立一些共同的标准，以确保网上购物的消费者与在商店购物的消费者享有同等权利。

4．政府为电子商务培养人才

电子商务是新兴产业，人才匮乏是制约电子商务发展的一个瓶颈。中国在发展电子商务所面对的诸多问题中，解决人才培养问题应当是最根本、最紧迫的。电子商务发展需要两种人才：专门学习电子商务理论的人才和在工作中接触电子商务的人才。各类高等院校已开设了相关课程，培养既懂计算机又懂经济的复合型人才。但是，电子商务不是纯理论研究，它需要在市场经济中不断检验和发展，这就需要对大批的政府官员、企业家、销售人员、网民等进行培训，使之熟悉电子商务，使用电子手段，以加速商务现代化的过程。目前上述人士了解电子商务主要是通过报刊、杂志的宣传，这些还远远满足不了电子商务发展的需求，应该强化电子商务的教育，使人们了解电子商务的前景，使之自觉加入到电子商务的行列中来。

电子商务人才的短缺表现在人们获取和认识信息能力的不足上，即所谓的人们之间的数字鸿沟。数字鸿沟是指社会群体之间、个人之间由于获取信息的能力不同而产生的差距。这方面在中国显得尤为明显。目前，中国有两条巨大的数字鸿沟制约着中国未来的发展，一条是中国内部的鸿沟，包括东西鸿沟和南北鸿沟，另一条是中国和西方发达国家之间的鸿沟。可以说，这两条数字鸿沟不缩小，中国就不可能成为真正的世界强国，在未来的信息经济大战中始终处于被动挨打的地位。根据 2008 年 1 月发布的"第 21 次中国互联网络发展状况统计报告"显示，互联网区域基础资源的发展与地区经济发展水平存在相关性，无论是从 IP 地址，还是从域名、网站上看，北京、上海、广东、浙江和江苏的拥有量都居于前列，比其他省份的拥有量要多。因此，中国政府必须加大对经济欠发达省份的信息化投资，对广大未接触互联网的人士进行基础知识培训，创造有利的获取信息方式，才能有效地缩小数字鸿沟、为中国经济的长远发展铺平道路。

8.1.3　电子政务的概念

电子政务，目前有很多种说法。例如，电子政府、网络政府、数字政府、政府信息化管理等。真正的电子政务绝不是简单的"政府上网工程"，更不是为数不多的网页型网站系统。

严格地说，所谓电子政务（E-government），就是政府机构应用现代信息和通信技术，将管理和服务通过网络技术进行集成，在互联网上实现政府组织结构和工作流程的优化重组，超越时间和空间及部门之间的分隔限制，向社会提供优质和全方位的、规范而透明的、符合

国际水准的管理和服务。

1. 电子政务包括 3 方面的含义

首先，电子政务必须借助现代信息技术、数字网络技术和办公自动化技术，同时也离不开信息基础设施和相关软件技术的发展；其次，电子政务处理的是与公共权力行使相关的公共事务，或者为了提供高效的公共服务而快速处理公共部门内部的事务，这决定了电子政务有着广泛的内容；最后，电子政务并不是将传统的政府管理和运行简单地搬上互联网，而是要对现有的政府组织结构、运行方式、行政流程进行重组和再造，使其更有利于信息技术、网络技术的应用。

2. 电子政务是一个系统工程，应该符合 3 个基本条件

① 电子政务是必须借助于电子信息化硬件系统、数字网络技术和相关软件技术的综合服务系统。

硬件部分：包括内部局域网、外部互联网、通信系统和专用线路等。

软件部分：大型数据库管理系统、信息传输平台、权限管理平台、文件形成和审批上传系统、新闻发布系统、服务管理系统、政策法规发布系统、用户服务和管理系统、人事及档案管理系统、福利及住房公积金管理系统等数十个系统。

② 电子政务是处理与政府有关的公开事务、内部事务的综合系统。除政府机关内部的行政事务以外，还包括立法、司法部门以及其他一些公共组织的管理事务，如检务、审务、社区事务等。

③ 电子政务是新型的、先进的、革命性的政务管理系统。电子政务并不是简单地将传统的政府管理事务原封不动地搬到互联网上，而是要对其进行组织结构的重组和业务流程的再造。因此，电子政务在管理方面与传统政府管理之间有显著的区别。

3. 电子政务与相关概念辨析

（1）电子政务与政府信息化

政府信息化强调的是一个过程，政府作为社会公共管理部门，在整个信息化的过程中，其本身就是一个重要的领域，并要率先实现信息化，那么，电子政务则是实行政府信息化的具体途径。政府信息化的过程就是不断推进具体政务工作电子化的过程，也可以说，电子政务是实现政府信息化的一种手段。建设电子政务是推动政府信息化水平的一个重要举措，电子政务实际上是政府信息化发展的一个阶段。

（2）电子政务与办公自动化

办公自动化是利用现代化的办公设备、计算机技术和通信技术来代替办公人员的手工作业，从而大幅度地提高办公效率的一种管理手段。它强调的是政府内部在各类政务工作的处理方面要运用先进的设备，向无纸化、数字化的方向发展。而电子政务不仅强调政府的内部要实现信息化，更重要的是政府向社会、企业乃至公众提供的各种公共服务，也要实行信息化。因此，电子政务可以看做是办公自动化系统在范围和功能上的对外延伸，是面向社会的政府办公自动化。

（3）电子政务与政府上网

政府上网是 1999 年中国推动的"政府上网工程"形成的概念。政府上网是指政府及其相

关部门利用因特网，建立自己的门户网站，向公众发布信息，实现与企业、公众的信息沟通、交流，并提供一站式"在线服务"，实现公共服务事项的网上办理。政府上网的重点在于通过政府网站来推动政府部门与民众之间的电子政务活动。而完整意义上的电子政务则是一个更为广泛的概念，它还包括了政府内部以及部门之间的电子政务活动。

不管是电子政务还是政府上网，都是政府信息化的重要内容，某些电子化的公共服务项目，通过政府网站才能进行，离开政府网站，政府就不可能向社会提供一个单一的窗口。而电子政务的含义要宽泛的多。除了政府向社会提供的公共服务事项外，政府与政府之间、政府部门与部门之间的交流、信息传递等，也都属于电子政务的范畴。

8.1.4　电子政务与电子商务

政府与市场是当今社会发展的两大动力，电子政务与电子商务一起，成为政府与企业推动社会前行的重要工具。自电子商务发展以来，作为国家管理部门的政府为了适应电子商务的发展和对电子商务的有效管理，不得不加快电子政务的建设。电子商务促进了电子政务的发展，二者相辅相成，互相促进。下面从几个方面对两者之间的区别与联系进行说明。

1．电子政务与电子商务的实施主体和其服务的用户不同

开展电子政务的前提是政府实现信息化；开展电子商务的前提是企业实现信息化。因而，电子政务的实施主体是政府机构；而电子商务的实施主体是发起交易的经济实体。电子政务是政府对政府部门内部、其他政府部门、企业与公众进行管理和服务的电子化、网络化政务活动，所以电子政务的用户群体主要是政府工作人员和社会公众；电子商务是企业对企业内部、其他相关企业、政府机构以及普通消费者（公众）进行管理和服务的电子化、网络化商务活动，所以电子商务的用户主要是对企业商务活动感兴趣的用户。

2．电子政务与电子商务的应用目的不同

电子政务是政府机构信息化的产物，它主要强调信息技术和政府管理体制变革的有机结合，意在借助信息技术对传统的政府模式进行根本性变革，改善管理机制和管理模式，提高政府管理效率；电子商务是企业等经济实体信息化的产物，它强调信息技术和企业经营模式的有机结合，旨在通过信息技术拉近交易双方的距离，拓宽买卖双方的交易通道，创造良好的经营交易环境。

3．电子商务的结构模式引导电于政务结构模式的划分

从电子政务与电子商务的组成结构来看，按照活动双方的主体对象来划分，电子商务可分为 BtoB、BtoG、BtoC 和 CtoC 4 种类型。按照类似的划分原则，电子政务可分为 GtoG、GtoE、GtoB 和 GtoC 4 种类型。

4．电子政务与电子商务是相辅相成的

电子商务自发展以来，已有不少成熟的技术可以应用在电子政务的建设上，节省了电子政务在技术上的探索和开发时间，加快了电子政务的建设。电子政务与电子商务的交集就是政府与企业的信息接口。电子政务的开展离不开电子商务的支持，反过来，电子商务的开展也离不开电子政务的支持。因此，电子政务与电子商务是相辅相成的。

5．电子政务为电子商务提供有效的管理与服务

电子政务拓宽了政府部门和企业之间的交流渠道，加速了关键信息的反馈。借助强大的网络技术，把更多的时间和精力投入到社会公众服务中去。如果政府使用电子政务手段开展管理和服务，那么这种管理和服务就会变得简单而易于操作，可以减少政府行政的成本费用。从这个角度来说，电子政务为政府与企业和公众的信息交流打开了方便之门。

电子政务把政府的管理职能和服务功能整合在一起，系统、有效地管理和服务于电子商务。首先，是为电子商务创造一个开放、宽松的政策环境。例如，富于竞争的电信市场、安全的数字签名系统、较轻的赋税、保护网上个人隐私以及网上购物的消费者保护措施等。其次，是为政府部门存储大量宝贵的信息资源。虽然企业包括银行和保险公司可能会对它们的客户了解较深，但唯有政府机构大范围地掌握着企业和公民的详细资料，当这些资料能安全完整地在网上得以保证时，政府通过实施电子政务又大规模地对互联网加以应用，这无疑会对电子商务的发展提供安全和信任的基石。最后，是政府部门服务质量的改善。有了电子政务，以消费者为本和人性化的优质公共服务不但会让人们的生活更加轻松，而且还能从根本上推动电子商务的发展。

案例 21

中华人民共和国中央人民政府门户网站

（www.gov.cn）

1．中央人民政府门户网站简介

2006 年 1 月 1 日，备受瞩目的中华人民共和国中央人民政府门户网站（简称"中国政府网"，www.gov.cn）正式开通，填补了中国政府网站顶层级体系中国家门户网站的空白，成为中国电子政务建设中的里程碑。

2．网站开发背景

政府门户网站，是政府用以在网络上展示形象、发布信息、受理事务、提供服务的总入口网站。随着信息化的发展，政府门户网站已经成为电子政务发展的一种基本形式，其优点在于通过这个门户网站可以进入到政府的所有部门，或者可以得到政府向用户提供的任何一项服务。政府门户网站对用户来说极为便利，因为在这里政府纵横交错的组织结构是"看不见的"，或者说是"不存在的"。对于需要几个政府部门同时介入才能完成的事务处理，用户只需要在网上完成他所需要与政府互动的事务处理，根本不需要知道在这件事情完成的过程中，他与哪些政府部门、哪些政府官员打过交道。这种通过门户网站实现用户与政府互动的形式，为政府形态由工业社会向信息社会的转变提供了一个过渡的机会。

政府门户网站的发展是电子政务发展的一个缩影，政府门户网站几乎成了电子政务的代名词。作为政府面向社会提供电子化管理和服务的窗口，一个政府门户网站建设、运行的好坏，直接关系到政府的形象，也影响着政府管理、服务的质量和水平。因此，在电子政务建设的过程中，注重政府门户网站建设，提高政府门户网站设计、运营以及管理水平至关重要，建设国家中央政府门户网站尤其重要。

中国从 1999 年启动政府上网工程以来，各级政府部门纷纷建立自己的门户网站。中国信息化发展报告 2007 数据表明，2006 年中国各级政府网站的总体拥有率达 85.6%；而《第 21 次中国互联网络发展状况统计报告》显示，截至 2007 年底，中国以 gov.cn 命名的站点数达到了 3.5 万个，这对中国政府创新管理方式起到了重要的推动作用。但是，各地政务信息分散，缺乏有效的管理分类组织和整合等问题，却影响了政府的政务决策水平和政务信息公开效率的进一步提升。

3．网站的内容与功能

中央人民政府门户网站是中国各级政府在互联网上发布政务信息和提供在线服务的综合平台。网站设置了静态信息区、动态信息区、政务服务区、政务互动区和功能管理区 5 个区域。

① 静态信息区。此区域介绍国家政策法规及机构等静态信息。开设"中国概况"、"国家机构"、"政府机构"栏目。

② 动态信息区。此区域发布动态信息，如政府采购、公务员招考、工作动态等内容。设有"今日中国"、"执法监管"、"网上直播"、"公文公报"、"政府建设"、"政务要闻"、"应急管理"、"人事任免"、"法律法规"、"服务信息"、"热点专题"、"经济贸易"等栏目。"应急管理"栏目，包括"突发事件"、"典型事故案例"、"应急预案"和"应急演练"等子栏目。

③ 政务服务区。在此区整合了各地区、各部门网上办事服务项目，面向公民、企业和外籍人士提供网上办事服务。开设有"服务大厅"、"公民"、"企业"、"外国人"、"网上服务"、"网站导航"、"公益信息"等栏目。"服务大厅"栏目链接了 48 个政府部门，整合了各大政府部门网站的信息资源，为网站"导航"。打开"服务大厅"时犹如站在各大政府部门的入口处，网民可以找到每个部门的地址、电话、网址，并即刻办理部分"网上业务"。

在"服务大厅"公民可以享受生育、户籍、教育、就业、婚姻咨询等各种便民服务。不论办理护照还是新生儿登记，只要登录中央政府门户网站，按照服务主题，点击三四次就能找到办事指南或在线服务"站点"。市民若要办理婚姻登记，只要按提示点击 3 次就能找到户籍所在地婚姻登记处介绍，包括办公时间、地点、联系电话、监督电话等。商人办企业、搞投资以及外国人在华生活、旅游都可以在此网站上寻求咨询。

④ 政务互动区。在此区建立了政府与公众之间方便的交流渠道，方便公众建言献策，便于政府直接了解社情民意。开设有"政务互动"和"在线访谈"两个栏目，在"政务互动"栏目中，"政策法规解读"、"在线访谈"、"建言议政"、"意见征集"、"网上调查"5 个子栏目配合国家政策的颁布，利用政府网站的政府文件、公报首发优势，当重大决策、国务院公报和政府白皮书出台时，立即与其他媒体合作，及时发布解读性报道。

⑤ 功能管理区。此区包括网站搜索、网站信箱、网站声明辅助功能。

8.2　电子政务系统的组成及内容

8.2.1　电子政务系统的基本组成

电子政务系统包括 4 个部分。

1. 网上信息发布系统

通过政府部门在互联网上建立政府网站，把要公布的信息通过网络发布给社会公众，这样一方面可为广大群众提供信息服务，另一方面也加强了与人民的沟通和联系。网上信息发布是电子政务的一项重要功能。网上信息发布系统相当于政府的"窗口"，通过该系统公众可以查询政府机构构成、公共服务性业务信息、办事程序、政策法规、相关文件及公告等，以"政府上网工程"为标志，中国绝大多数政府部门都建立了自己的网站，并将政务信息通过网络向公众发布。

2. 政府部门内部办公自动化系统

部门内部办公自动化就是要建立办公业务流程的自动化系统，将公文、报表制作及管理等业务实现计算机处理，并通过内部局域网进行数据交换，实现用户内部信息的网上共享和交流，协同完成工作事务，从而达到办公业务运转的科学化、系统化、自动化，提高部门内部的办公效率和质量。内部办公自动化是电子政务的基础，主要包括政府内部的公文流转、审核、处理系统，政府内部的各类专项业务管理系统，如日程安排、会议管理、机关事务管理等，政府内部面向不同管理层的统计、分析系统等。政府部门内部网是政府网站的主要信息来源，只有把内部网、局域网建设好，政府网站才能够获得源源不断的信息，提高对外发布信息的质量。

3. 网上交互式办公系统

网上交互式办公是指面向社会公众实现在线登记、申请、申报、备案、意见征集等的交互式办公，同时还应包括政府电子化采购、招标、审批以及网上报税和纳税等内容。网上交互式办公要以安全认证等技术作为保证，这样才具有可靠性、保密性和不可抵赖性。实现网上办公，将大大提高政府办事的速度，节约时间和成本，从而大大提高行政效率。不过，此时各部门仍是独立进行网上办公，即各办各的事，当事人为办一件事还是要访问多个部门。

4. 部门协同工作系统

部门间协同工作是指多个政府部门利用共同的网络平台，对同一事项进行协同工作。一是在各部门资源共享的基础上，实现多部门网上联合办公，在企业和居民看来，整个政府是一个高效、便捷的大部门，办事程序统一入口、统一出口；二是支持政府的宏观决策和运行控制；三是实现政府信息资源的共享，实现各级政府间的公文信息审核、传递，利用政府间的多媒体信息应用平台，召开视频会议、实现多媒体数据交换等。比如企业登记，可能涉及工商、税务、公安、卫生、文化等不同的政府职能部门，如果按照传统的办事模式，申请人要依次向各部门提出申请并等待批复，时间成本和经济成本都非常高。通过互联网的协同政务服务，由于相关职能部门的网络后台互联互通、资源共享，申请者只要在某一个入口登录之后，网络就会自动将申请材料送达所有需要审批的职能部门，并在完成后自动通知申请人，实现在虚拟空间下的"一站式"服务。当然，协同服务是最难的一种公共服务，国外也在探索，这不仅是技术问题，关键是政务的整合、业务流程的优化等。中国最近建设完成的"三金"工程和电子口岸执法系统都属于这一范畴。

一个完整的电子政务系统，应当是上述 4 类系统的有机结合。

8.2.2　电子政务的功能

电子政务的功能将主要体现在以下方面。

1．电子采购与招标

在以电子签章（CA）及公开密钥等技术构建的信息安全环境下，推动政府机关之间、政府与企业之间以电子资料交换（EDI）技术进行通信及交易处理。

2．电子福利支付

运用电子资料交换（EDI）、磁卡、智能卡等技术处理政府各种社会福利作业，直接将政府的各种社会福利支付交付受益人。

3．电子邮递

建立政府整体性的电子邮递系统，并提供电子目录服务，以增进政府部门之间及政府与社会各部门之间的沟通效率。

4．电子资料库

政府部门的许多资料档案对公众都是很有用处的。长期以来，中国政府部门掌握社会信息资源80%的有价值的信息，拥有数以千计的数据库，但是大多数是"死库"。究其原因，一方面是政府部门的部门利益意识太重；另一方面是缺乏必要的机制和手段。政府通过在互联网上建立各种电子资料库，以多种方式为企业、公众提供与政府相关的政策、新闻等信息资料，并提供方便的工具供社会公众查询。服务于政府部门和科研教育部门的各种资料、档案、数据库也应上网。通过内容管理，可对电子政务站点上的各项内容进行有效、方便的管理。

5．电子化公文

电子化公文就是公文制作及管理的计算机化作业，并通过网络进行公文交换，随时随地取得政府资料。在保证信息安全的前提下，在政府上下级、部门之间传递有关的政府公文，如报告、请示、批复、公告、通知、通报等，使政务信息快捷、方便地在政府部门之间和部门内流转，提高政府公文的处理速度。

6．电子监督

通过政府公务的电子化，将政府办公事务流程向社会公开，让公众迅速了解政府机构的组成、职能和办事章程以及各项政策法规，增加办事的透明度，并自觉接受公众的监督。在网上建立起政府与公众之间相互交流的桥梁，并为公众与政府部门沟通提供方便，公众可直接从网上行使对政府的民主监督权利。

7．电子税务

在网络上或其他渠道上提供电子化表格，使人们足不出户在网络上报税。

8. 电子身份认证

以一张智能卡集合个人的医疗资料、个人身份证、工作状况、个人信用、个人经历、收入及缴税情况、公积金、养老保险、房产资料、指纹等身份识别等信息，通过网络实现政府部门的各项便民服务。

案例 22

南宁信息政务网（www.nanning.gov.cn）

1. 概况

2003 年，南宁市信息化领导小组办公室（简称"市信息办"）以建设"数字南宁"为总目标，按照《南宁市"十五"信息化发展规划》和《南宁市国家信息化建设试点城市方案》的要求，以统一规划为龙头，以系统及资源整合为纽带，以信息技术的推广、应用、普及为核心，以信息化建设重点项目为突破口，大力推进电子政务、电子商务、企业及社会服务业信息化建设进程。在推进政务领域信息化方面，重点建设 1 网（市政务骨干网络）、1 站（政府门户网站）、4 大重点数据库（统计数据库、经济数据库、人口数据库、项目数据库）；5 大应用系统（审批系统、数据交换系统、办公自动化系统、决策支持系统、公文流转系统）项目。在推进公共服务领域信息化方面，以应急联动系统为指挥平台和主干网络，健全全市安全信息系统；加快卫生应急信息系统建设，以信息化改造现有的灾疫防治体系，建立科学的疫情预警体系，保障市民健康安全；抓好电子商务和信息服务业的发展，推进以信息技术改造传统产业进程。在推动工业领域的信息化方面，充分利用网络信息技术及计算机辅助设计（Computer-Aided Design，CAD）、计算机辅助制造（Computer-Aided Manufacturing，CAM）、计算机辅助工艺规程设计（Computer Aided Process Planning，CAPP）等计算机辅助手段改造生产工艺、降低生产成本、提高产品竞争力。积极发展软件业及电子信息产品制造业，为南宁市经济发展打造新的经济增长点。

2. 实施"1126"工程

按照市委、市政府的规划，2010 年将建成"数字南宁"。为加快具有先进水平的信息化基础平台建设，从 2003 年 4 月起，南宁市重点实施信息化"1126"工程，即建立 1 个企业信息化示范服务中心和中小企业门户网站，重点抓好南宁市科技信息网、南宁市中小企业信息化服务中心网等信息网络建设；重点建设 10 家信息化示范企业，选择 10 家有一定基础、在南宁市各行业具有示范带动作用的企业给予重点支持；重点扶持 20 家"龙头"软件企业，支持南宁软件园建设、扶持南宁软件产业的发展；在用数字技术改造传统产业、加大电子商务、智能化社区等服务业及信息化人才的引进和培训等方面将实施 6 大专项计划，该工程的实施将以重点项目为突破口，以带动全市信息化产业的发展。

3. 电子政务网络平台系统一期工程完成

南宁市电子政务网络平台系统是市电子政务工程的基础，各种应用系统均需要在此平台上运行。2003 年初，启动一期工程网络平台建设。市信息办组织 43 个第一批接入单位、6

家网络运营商和十多家接入设备和服务器供应商进行充分调研，经过近半年的紧张施工，提前完成了电子政务网络平台一期工程的建设任务，主要包括：中心机房建设；政府1号楼、2号楼、3号楼的综合布线系统改造，主干网络数据传输率达到1 000Mbit/s；完成31个政府部门和武鸣、邕宁两县及5个城区的光纤、专线接入及设备安装、调试，以及中心机房网络设备的连接和测试；并在达成原定目标的基础上，新增横县、宾阳、上林、马山、隆安5个县的线路铺设及设备安装。

4．市政府门户网站开通

市政府门户网站，是"数字南宁"建设中实现电子政务和一站式网上为民服务的基础网站平台，也是2003年市委、市政府为民办实事项目之一。按照市委、市政府的要求，要在2003年12月28日前建成开通。2003年，市信息办对《南宁市电子政务工程建设总体方案》中的门户网站体系进行了优化和细化，编写完成《南宁市电子政务一期工程——网站系统初步设计方案》，并通过专家评审，于11月7日起开始试运行，12月15日，面向市民正式开通，网址为 www.nanning.gov.cn。网站具有新闻报道、项目推介、招商引资、政务公开、信息查询、办事指南、领导信箱、便民服务、民意调查、信息反馈、政府采购等电子政务与为民服务的功能。网站开通的各功能模块工作正常，网站总体运行良好，达到了原定的总体目标：建立一个能够突出市政府及其下属行政单位职能，满足政府通过网络迅速发布政策、法规及其他公益性信息和获取社会反馈信息的需要，并逐步实现网上办公。网站具有全文检索功能，可以对在网站发布的信息文章按关键字进行全文检索和定位。另外，对于涉及数据库资源的内容（如工业、农业资源库等）具有按关键字查询、组合查询、模糊查询等功能。

5．城市应急联动中心的建设

为了便于市民报警求助，节约国家频率、特服号码资源，避免不同系统的重复投资建设，实现统一接警、统一处警、资源共享、统一指挥、联合行动，使政府各部门能及时快捷地为市民提供公共应急救助服务，提高市委、市政府处理突发、紧急、特殊、重大事件的快速反应能力和运用高科技管理城市的水平，经国家批准，南宁市人民政府在2001年11月运用数字化、信息化等高科技手段建造了中国第一套城市应急联动系统。

该系统由计算机辅助调度、地理信息子系统、电信子系统、信息技术网络子系统、无线调度通信子系统、语音记录子系统、大屏幕显示系统、车辆定位子系统、卫星现场图像实时传送子系统等子系统组成。将南宁市公安、交警、消防、急救、防震、防洪、人民防空、护林防火、公共事业等部门纳入统一的指挥调度平台，为市委、市政府有效指挥市辖区内公安、交警、消防、急救、防震、防洪、人民防空、护林防火、公共事业（包括市长公开电话、城管投诉、水、电、气及通信线路抢修、工程抢险）等不同部门和警种协同处理特殊、突发、应急、重大事件提供了高科技手段，为保障社会稳定、提高公众生活质量、减少国家和人民财产的损失、改善投资环境，以及南宁的经济建设和社会发展发挥了积极作用。

南宁市城市应急联动中心的建成为南宁市城市数字化、信息化建设提供了一个强大的系统平台，应急联动中心极大地提高了接警、处警和处理特殊、突发、应急、重大事件的快速反应能力，为政府提高处置各种突发性、恶性事件的能力和服务市民的水平提供了高科技的保障；为公安机关打击犯罪、维护社会治安提供了新的有力手段，缩短了市民报警求助时间，给市民带来实实在在的好处。同时整合了多方面的资源，避免了重复建设，可为国家节约号码、频率资源；为下一步扩展城市管理、服务及其他功能打下了良好的基础。使南宁市城市安全管理水平、信息化水平和综合治理水平上了一个新台阶。

6．市政府公共信息服务呼叫中心建成

2003 年 6 月，市政府公共信息服务呼叫中心项目批复立项，项目总投资 860 万元，项目规划建设席位 54 个，一期工程建设 40 个，建设地点设在南宁市应急联动中心，10 月 18 日建成并正式投入使用。该中心全面整合了市政府下属各部门已有的呼叫服务系统，提供"一号码接入，一站式服务"，市民只需要拨一个号就可以接通市长热线、政策、法规、业务咨询、投诉、报修、查询、家政服务、股票等非紧急求助和各类信息服务请求。与南宁市的公共安全管理系统（应急联动）、电子政务系统、电子商务系统共同构成南宁市信息化的基本框架。2003 年内，该中心接入市长热线"12345"，市属各委办局和 7 个县的热线陆续接入，实现市长热线与各委办局之间、各委办局进驻呼叫中心坐席与各委办局现行办公部门网络之间的信息共享。

7．信息资源开发利用

2003 年，南宁市基本建成覆盖经济和社会各领域的信息资源网络。已建成集网站、农业信息采集、农业信息服务为一体的红土地农业信息网，加快了农业专家系统、农产品电子商务系统和农业地理信息系统的开发，充实了农业产品信息、农业地理信息、农产品销售信息等资源库。南宁大华光旅游网与近 50 家著名网站建立链接，有 100 多家旅游企业加盟，充实了旅游线路、旅游产品、交通信息、酒店商场信息等旅游信息资源，并实现了网上结算支付。其他正在运行的网络及网站有：南宁市旅游信息网、南宁市卫生信息网、南宁市统计信息网、南宁市物价信息网、南宁市中小企业信息网、南宁市体育信息网、中国食糖网、南宁市政府采购网等。正在开发的有人口与计划生育信息数据库、地理和空间信息数据库、劳动和社会保障数据库、个人医疗健康数据库、旅游数据库、社会和经济数据库等。

8．信息技术应用

"九五"期间以来，南宁市实施的"金桥"、"金卡"、"金税"、"金关"等"金"字系列工程以及一批重大信息工程，对国民经济和社会信息化建设起到了良好的示范和推动作用。截止到 2003 年，以计算机应用为标志的信息技术正向国民经济的各行业、各领域渗透。在税务方面，税务部门建立了覆盖全市的数据网，实现了税务管理的网络化。在交通方面，交通系统建成了公路桥梁和干线公路路面管理系统、全行业统计信息管理系统，使铁路系统通信、信号向电子化、自动化发展。在经济方面，部分工业企业采用了计算机技术、计算机辅助设计以及企业资源管理系统、计算机仿真等信息技术，使大中型企业产品设计基本实现计算机化，部分产品实现计算机制造。金融、保险、证券等行业，利用数据传输网和国际互联网开展网络金融、网络证券、网络保险业务已初具规模。旅游行业建设了面向社会的旅游咨询、投诉处理系统和建立在地理信息系统（Geographic Information System，GIS）平台基础上的旅游电子导航系统，外贸、气象等部门也在广泛地应用信息技术。在劳动和社会保障方面，建立了医疗保险信息管理系统，完善了养老保险、失业保险、工伤保险、劳动力市场建设等局域网。在医疗卫生保健方面，建设了中心数据库、医疗机构信息交换平台、卫生电子政务系统、临床医疗信息系统、卫生电子商务平台、疾病监控及卫生监督监测系统，市、县、乡 3

级人口与计划生育信息数据库。在教育方面，实施了民族地区教育信息化示范工程，主要建设在线教育专用网络、中小学计算机与网络技术基础知识普及教育项目、校园网，对全市中小学校图书馆进行网上联合编目。

8.3 电子政务应用的内容与类型

作为以网络技术为核心的信息技术在政府管理与服务中的基本应用，电子政务正在世界范围内蓬勃兴起，必将对传统的政府管理活动产生根本性的变革。电子政务所包含的内容极为广泛，几乎可以包括传统政务活动的各个方面。根据近年来国际电子政务的发展和中国电子政务的实践，目前，电子政务的主要模式有 GtoG 模式、GtoE 模式、GtoB 模式和 GtoC 模式 4 种。

8.3.1 GtoG 电子政务模式

GtoG 电子政务（Government to Government）即政府与政府之间的电子政务。它是指政府内部、政府上下级之间、不同地区和不同职能部门之间实现的电子政务活动。GtoG 模式是电子政务的基本模式，具体的实现方式可分为以下几种。

1．政府内部网络办公系统

政府内部网络办公系统是电子政务的基础，它是指政府部门内部利用 OA 系统 Internet/ Intranet 技术完成机关工作人员的许多事务性的工作，实现政府内部办公的自动化和网络化，在实现内部资源充分共享的基础上，提高政府的作业效率和业务水平。

政府内部网络办公系统可分为领导决策服务子系统、内部网站子系统、内部财务管理子系统等，通过不同子系统的应用，使得传统的政府内部管理实现向网络化管理转型。

2．电子法规、政策系统

颁布和实施各项政策法规是各级政府部门的一项重要工作。由于政策法规的牵涉面广、信息量大、时效性强，因此，制定、发布、执行各种政策法规历来是政务活动的重要内容。通过电子化方式传递不同政府部门的各项法律、法规、规章、行政命令和政策规范，使所有政府机关和工作人员真正做到有法可依、有法必依，具有十分明显的速度和管理成本优势，既可做到政务公开，又可实现政府公务人员和老百姓之间的"信息对称"。目前，众多政府机构的网站都开设了不同形式的政策、法规的宣传窗口，起到了较好的作用。

3．电子公文系统

公文处理是政府部门的基本职能，传统的公文处理方式是依靠纸张作为载体，借助盖章、签字等形式实现公文的传递与处理。这种公文处理方式不但浪费资源，而且因为周期长、效率低，常常会出现因公文"长途旅行"而影响政府决策的效率，比如在招商引资过程中，不少地方政府因为公文处理过程复杂漫长而失去吸引外资的机会，不能不令人痛心。

电子公文系统借助网络技术的应用，使传统的政府之间的报告、请示、批复、公告、通知、通报等在保证信息安全的前提下通过数字化的方式在不同的政府部门之间实现瞬时传递，大大提高了公文处理的效率，彻底改变了传统的、司空见惯的"公文长途旅行"现象。

4．电子司法档案系统

长期以来，公安机关破案难、司法机关执法难的问题一直没有得到很好的解决，一方面是因为中国目前还没有建立起全国统一、完整的档案管理系统，如有关公民个人和企业的信用管理系统基本还是一个空白，给执法带来了一定的难度；另一方面，全国不同地区、不同政府机构缺乏实时、有效的信息沟通也是一个重要的原因。

通过电子化的手段，在政府司法机关之间共享司法信息，如公安机关的刑事犯罪记录、审判机关的审判案例、检察机关检察案例等，必将会大大促进司法工作的开展，在提高司法工作效率的同时，对提高司法工作人员的能力和水平也将大有裨益。

5．电子财政管理系统

分配和使用财政资金、实现政府不同部门之间的资金流转以及对财政资金使用的监控是政府管理的重要内容，也是政府财政、审计等部门的基本工作。传统的财务管理系统因为财务信息的封闭和独立给政府的财务管理带来了一定的难度，也为滋生腐败提供了条件。

建立在网络基础上的电子财务管理系统可以向政府主管部门、审计部门和相关机构提供分级、分部门、分时段的政府财政预算及其执行情况报告，包括从明细到汇总的财政收入、开支、拨付款数据以及相关的文字说明和图表，便于有关领导和部门及时掌握和监控财政状况，将使政府的财务管理工作的水平跃上一个新台阶。

6．电子培训系统

加入 WTO 给中国政府管理工作带来了前所未有的挑战，如何尽快提高政府管理水平，实现与国际接轨已成了各级政府领导的一个紧迫问题。提高政府管理水平的关键在于政府公务员水平的提高，而提高公务员水平的根本途径必须通过各种形式的培训来实现。长期以来，中国的各级政府管理部门对员工培训的重视程度明显不足，一方面是因为经费有限，另一方面是因为传统的培训必须要求员工在同一时间、集中在同一地点进行，对日常工作的影响大，组织培训有较大的困难。

应用网络技术实现电子化培训克服了传统培训的缺点，既大大降低了培训的成本，又提高了培训的针对性和灵活性。所以，电子化培训借助网络交互的方式帮助员工通过网络随时随地注册参加各类培训课程、接受培训、参加考试等，将会给政府管理人员的学习与进修提供一条理想的通道。

7．垂直网络化管理系统

垂直网络化管理系统主要适合于一些垂直管理的政府机构，如国家税务系统、海关、铁道等部门通过组建本系统的内部网络，形成垂直型的网络化管理系统，以实现统一决策，信息实时共享，有效提高系统的决策水平和反应速度。

8．横向网络协调管理系统

横向网络协调管理系统通过网络在政府不同部门及不同地区政府部门之间进行横向协调来实现政府的有效管理，它的目的主要是通过网络的应用，使原来分散在不同部门、不同地区的决策信息做到有机集成，为不同决策者所共享，减少部门之间、地区之间的相互扯皮现象，提高决策准确性和作业效率。如中国已经实施的"中国电子口岸执法系统"，这一系统主要是由海关总署牵头，运用 Internet 网络技术，将涉及进出口管理和服务的海关、商检、外贸、外汇、工商、税务、银行等单位联合起来，把这些部门分别管理的进出口业务信息流、资金流、货物流等数据的电子底账集中在统一、安全、高效的公共数据中心物理平台上，建立电子底账，实行联网核查，实现数据共享和数据交换。这不仅使企业可在网上进行进出口贸易，而且还加强了政府对口岸的监管，提升了打击走私，打击骗税、骗汇活动的力度。

9．网络业绩评价系统

在中国，政府部门的业绩考核长期来也一直不被重视，一方面是因为缺乏量化的指标，业绩考核很难实施，另一方面是因为中国的政府管理部门一直以来没有形成合理的激励和约束机制，业绩高低对员工的影响并不显著。入世后，政府工作人员的业绩要求将明显提高，业绩评价指标也将逐步与国际接轨，所以完善业绩考评体系也已成为提高政府管理水平的重要措施。

利用网络技术构筑业绩考评体系，既可以对业绩考评的各项指标进行量化考核，又可通过网络实现远程考评，与此同时还可实现员工之间的横向比较以及不同时期的纵向比较，使得考评方式更加科学、公平与公正。网络业绩考评系统可按照设定的任务目标、工作标准和完成情况对政府各部门以及每一员工的业绩进行科学的测量和公正的评估，以达到良好的激励与约束的效果。

10．城市网络管理系统

GtoG 电子政务还包括城市网络管理系统，主要的应用有以下几个方面。

① 对城市供水、供电、供气、供暖等城市重要部门实行网络化控制与监管。

② 对城市交通、公安、消防、环保等部门实行网络统一化调度与监管，以提高管理的效率与水平。

③ 对各种突发事件和灾难实施网络一体化管理与跟踪，以提高城市的应变能力。

从以上概括的 3 个方面可以看出，传统的政府与政府之间的大部分政务活动都可以网络技术的平台实现高速度、高效率、低成本地运作。

8.3.2　GtoE 电子政务模式

GtoE 电子政务（Government to Employee）是指政府与政府公务员之间的电子政务。GtoE 电子政务是政府机构通过网络技术实现内部电子化管理的重要形式，也是 GtoG、GtoB 和 GtoC 电子政务模式的基础。GtoE 电子政务主要是利用 Intranet 建立起有效的行政办公和员工管理体系，为提高政府工作效率和公务员管理水平服务。具体的应用主要有以下几种。

1．公务员日常管理

利用电子化手段实现政府公务员的日常管理对降低管理成本，提高管理效率具有重要意义。如利用网络进行日常考勤、出差审批、差旅费异地报销等，既可以为公务员带来很多便利，又可以节省领导的时间和精力，还可以有效降低行政成本。

2．电子人事管理

政府公务员的人事管理是政府机构自身管理的重要内容。应用网络技术实现电子化人事管理已成为一种新的形式和趋势，已在不少企业和政府机构实践。电子化人事管理包括电子化的招聘、电子化的学习、电子化的沟通等内容。电子化人事管理的发展将使传统的、以纸面档案管理为中心的人事管理方式产生一场新的革命，对提高政府人事管理的水平和效率，降低管理成本起到极为重要的作用。

GtoE 电子政务的形式不一而足，主要应从不同政府部门需求的实际出发，探索具体可行的电子化管理方式。

8.3.3　GtoB 电子政务模式

GtoB 电子政务（Government to Business）是指政府与企业之间的电子政务。企业是国民经济发展的基本经济细胞，促进企业发展，提高企业的市场适应能力和国际竞争力是各级政府机构的共同责任。对政府来说，GtoB 电子政务的形式主要包括以下几种。

1．政府电子化采购

在世界各国，政府采购的总额通常占到本国 GDP（国内生产总值）的 10%～15%，中国近年来的年政府采购额达到了上万亿元人民币。因此，政府采购项目是本国市场的基本组成部分。对政府而言：政府采购是 GtoB 的电子政务，因为政府机构的采购不具有商业目的；对企业而言：政府采购是 BtoG 的电子商务，是企业电子商务的重要内容。

政府采购是一项牵涉面十分广泛的系统工程，利用电子化采购和电子招投标系统，对提高政府采购的效率和透明度，树立政府公开、公正、公平的形象，促进国民经济的发展起着十分重要的作用。政府电子化采购主要是通过网络面向全球范围发布政府采购商品和服务的各种信息，为国内外企业提供平等的机会，特别是广大中小企业可以借此参与政府的采购，可赢得更多的发展机会。电子化招投标系统在一些政府大型工程的建设方面已有了很多的应用，它对减少徇私舞弊和暗箱操作有重要意义，同时还可以减少政府和企业的招投标成本，缩短招投标的时间。

政府电子化采购对杜绝传统政府采购中的腐败行为同样具有重要的意义，电子化采购使原来由政府代表与厂商代表的直接接触转化为政府代表与网络的互动过程，人—人界面转变成了人—机界面。并且所有过程都有电子记录在案，大大增强了采购工作的透明度，提高了行政效率，显著降低了腐败行为发生的机会。

2．电子税务系统

税收是国家财政收入的主要来源，降低征税成本、杜绝税源流失、方便企业纳税一直是税务部门工作的重要目标。电子税务系统可使企业直接通过网络足不出户地完成税务登记、税务申报、税款划拨等业务，并可查询税收公报、税收政策法规等事宜。中国已经实施的"金税工程"对打击偷逃税行为起到了重要的作用，并逐步建立起了全国范围内的增值税发票稽查系统和电子纳税系统，既方便了企业，又提高了国家税收征管的效率和水平。

电子税务，使企业通过政府税务网络系统，在家里或企业办公室就能完成税务登记、税务申报、税款划拨、查询税收公报、了解税收政策等业务，既方便了企业，也减少了政府的开支。

3．电子工商行政管理系统

工商行政管理部门的主要职能是对市场和企业行为的管理，传统的管理方式由于工作量大、程序复杂，效率低下，常常导致企业的不满。如果把作为工商行政管理工作主要内容的证照管理通过网络来实现，即可以大大缩短证照办理时间，又可以减轻企业人力和经济的负担。电子证照系统可以使企业营业执照的申请、受理、审核、发放、年检、登记项目变更、核销以及其他相关证件，如统计证、土地和房产证、建筑许可证、环境评估报告等的申请和变更均可通过网络实现，电子工商行政管理的实施将使传统的工商行政管理工作产生质的飞跃。

4．电子外经贸管理

进出口业务在一国的国民经济发展中占有重要的比重，中国在加入 WTO 后，进出口业务的发展将进入高速成长期。对中国政府来说，一方面要通过各项符合 WTO 要求的政策鼓励国内企业开展进出口业务，特别是加快出口业务的发展和产品国际竞争力的提高；另一方面，中国的外经贸管理必须有一个新的突破，既要符合国际惯例，又要为广大国内外企业创造一个公平、高效、宽松的进出口环境。电子化外经贸管理已成为一种新的趋势，如进出口配额许可证的网上发放、海关报关手续的网上办理以及网上结汇等已开始在中国外经贸管理中应用。

5．中小企业电子化服务

中小企业在促进就业、活跃市场、增强出口等许多方面发挥着极为重要的作用。一个国家和地区的经济繁荣水平很大程度上决定于中小企业的生存质量。据有关数据显示，2006 年中国中小企业总数超过 3 000 万，占企业总数的 95%以上。入世以后，广大中小企业在得到了更为广阔的市场空间的同时，自身的生存发展也因为技术、人才、市场等资源的局限受到的了严峻的挑战。帮助和促进中小企业的发展是各级政府义不容辞的责任，利用电子化手段是政府为中小企业开展服务的重要形式。政府可利用宏观管理优势，借助网络为提高中小企业国际竞争力和知名度提供各种帮助，如组建专门为中小企业进出口服务的专业网站、为中小企业设立网上求助中心、为中小企业提供软、硬件服务等。

6．综合信息服务系统

"改变政府职能，增强服务意识，提高政府服务水平"是今后政府改革的重要方向。政府各级部门应高度重视利用网络手段为企业提供各种快捷、高效、低成本的信息服务。例如，商标注册管理机构可以提供已注册商标的数据库，供企业查询；科技成果主管部门可以把有待转让的科技成果在网上公开发布；质量监督检查部门可以把假冒伪劣的产品和企业名录在网上公布，以保护有关厂家的利益；政策、法规管理部门可向企业开放法律、法规、规章、政策数据库以及政府经济白皮书等各种重要信息。

GtoB 电子政务活动远不止这些，实际上只要与企业发生直接或间接联系的政府管理部门都可在一定程度上通过电子政务方式代替传统形式的政务活动，以提高效率，降低成本，为企业提供更大的方便。

8.3.4　GtoC 电子政务模式

GtoC 电子政务（Government to Citizen）是指政府与公民之间的电子政务，是政府通过电子网络系统为公民提供各种服务。GtoC 电子政务所包含的内容十分广泛，主要的应用包括以下一些方面。

1．电子身份认证

公民身份认证的电子化、网络化已成为必然趋势。电子身份认证可以记录个人的基本信息，包括姓名、性别、出生时间、出生地、血型、身高、体重及指纹等属于自然状况的信息，也可以记录个人的信用、工作经历、收入及纳税状况、养老保险等信息，使公民的身份能得到随时随地的认证，既有利于人员的流动，又可以方便公安部门的管理。公民电子身份认证还允许公民个人通过电子报税系统申报个人所得税、财产税等个人税务，政府不但可以加强对公民个人的税收管理，而且可方便个人纳税申报。此外，电子身份认证系统还可以使公民通过网络办理结婚证、离婚证、出生证、学历和财产公证等手续。

2．电子社会保障服务

在中国，社会保障事业在近几年得到了很大的发展，并将逐渐成为政府工作的中心内容，因此，电子化社会保障服务必将成为电子政务的重要应用。电子社会保障服务主要是通过网络建立起覆盖本地区乃至全国的社会保障网络，使公民能通过网络及时、全面地了解自己的养老、失业、工伤、医疗等社会保险账户的明细情况；政府也能通过网络把各种社会福利，如困难家庭补助、烈军属抚恤和社会捐助等，运用电子资料交换、磁卡、智能卡等技术，直接支付给受益人。电子社会保障体系一方面可以增加社保工作的透明度，另一方面还可以加快社会保障体系普及的进程。

3．电子民主管理

电子民主管理也是 GtoC 电子政务的重要应用。公民可以通过网络发表对政府有关部门和相关工作的看法，参与相关政策、法规的制定，而且可以直接向政府有关部门的领导发送电子邮件，对某一具体问题提出意见和建议。与此同时，电子民主管理可以提高选举工作的透明度和效率，政府可以把候选人的背景资料在网上公布，方便选举人查阅，选举人可以直接在网上投票，既可以大大提高选举工作的效率，又可以有效地保证选举工作的公正和公平。可以毫不夸张地说，电子政务的实施必将会大大推进中国社会主义民主的进程。

4．电子医疗服务

长期以来，人民群众普遍感到中国的医疗服务不尽如人意，医疗体制的改革还远未到位，而网络技术在改善政府的医疗服务方面也能发挥重要作用。政府医疗主管部门可以通过网络向当地居民提供医疗资源的分布情况，提供医疗保险政策信息、医药信息、执业医生信息，为公民提供全面的医疗服务。公民可通过网络查询自己的医疗保险个人账户余额和当地公共医疗账户的情况；查询国家新审批的药品的成分、功效、试验数据、使用方法及其他详细数据，提高自我保健的能力；查询当地医院的级别和执业医师的资格情况，选择合适的医生和医院等。电子医疗服务既可以使病人能更加方便地享受到优质的医疗服务，又可以有效地促进当地医疗卫生事业的发展。

5. 电子就业服务

提供就业服务是政府的基本职能之一，也是维护社会稳定和促进经济增长的重要条件。政府可充分利用网络这一手段为求职者和用人单位之间架起一座服务的桥梁，使传统的、在特定时间和特定地点举行的人才和劳动力的交流突破时间和空间的限制，做到随时随地都可以使用人单位发布用人信息、调用相关资料，应聘者可以通过网络发送个人资料，接收用人单位的相关信息，并可直接通过网络办妥相关手续。政府网上人才市场还可以在就业管理和劳动部门所在地或其他公共场所建立网站入口，为没有计算机的公民提供接入互联网寻找工作职位的机会，帮助他们分析就业形势，指导就业方向等。

6. 电子教育、培训服务

社会主义市场经济的发展以及科学技术的迅猛发展使得人民群众对教育、培训的需求不断上升，越来越多的人认识到"终身学习"的重要性。但由于受到各种条件的限制，满足人民学习、培训的需求难度很大，对边远地区的群众来说困难尤其显著。利用网络手段为广大老百姓提供灵活、方便、低成本的教育培训服务，不仅是增强中国公民素质的有效途径，也是改善政府服务的重要内容。

在提供电子教育与服务方面，政府可从以下几方面入手。

① 出资建立全国性的教育平台，资助相应的教学、科研机构、图书馆接入互联网和政府教育平台。

② 出资开发高水平的教育资源并且向社会开放。

③ 资助边远、贫困地区信息技术的应用，逐步消除落后地区与发达地区之间业已存在的"数字鸿沟"。

案例 23

南宁政府采购网（www.purchase.gov.cn）

1. 南宁政府采购网发展历程

1998 年 9 月 8 日，中国第一个政府采购国际互联网站——南宁政府采购网建成。南宁政府采购网（如图 8-3 所示）在不断发展的过程中，取得了骄人的成绩和 3 个第一。

① 是中国第一个政府采购网站。

② 1999 年 6 月 20 日，南宁市政府采购实行办公设备网上竞价采购，成为中国第一个在互联网上实现政府采购网上竞价的城市。

③ 中国第一个实现全程在线实时招投标（办公用品和办公用车）。2000 年 1 月 12 日《南宁市政府采购管理办法》以政府令的形式正式发布施行。到 2005 年底，南宁市在"十五"期间市本级纳入政府采购预算累计 62.5 亿元，实际支付（采购规模）49 亿元，采购预算和采购规模占到广西的 30%以上；累计节约采购资金 13.5 亿元，占到广西的 50%，采购规模和节约资金在全广西排第一位。

根据对南宁政府采购网站的统计，从 2003 年 4 月～2008 年 4 月，网上采购已经成交 5 923

宗，共计 251 657 245.82 元，从 2004 年 1 月～2008 年 4 月，一般采购已经成交 3 831 宗，共计 5 620 278 495.27 元，两项合计总共成交 9 754 宗，资金总额达 5 871 935 741.09 元。

2．南宁政府采购网的功能

南宁政府采购网坚持"公开、公平、公正"的基本原则，宣传推广《中华人民共和国政府采购法》和其他法律法规，贯彻执行"政府采购——阳光下的交易"的基本国策，提供一个方便、快捷、全天候的信息传递平台，以准确、及时、权威的信息为参与南宁市政府采购各方提供方便、快捷、高效的优质服务。

南宁政府采购网栏目设置主要有工作平台、政策法规、采购动态、采购预告、招标公告、中标信息、供应商及商品信息等，在开通初期其主要功能是发布政府采购信息公告。随着基础条件的改善和互联网技术的发展，将开发设计标书下载、网上询价、电子投标、网上评标、网上支付等政府采购电子商务（GtoB）系统。

8.4 国内外电子政务的发展概况

电子政务在世界范围内的发展时间虽然不长，但是，在经济和信息全球化加快发展的情况下，电子政务已经成为治国不可或缺的工具之一。近 10 年来，世界各国政府都把电子政务作为改善政府管理和服务，增强国家综合治理竞争力的重要途径，绝大多数的国家都进行了不同程度、不同形式的探索与实践。

8.4.1 国外电子政务发展概况

1．新加坡电子政务

新加坡政府从 1980 年开始实施国家计算机化计划和 e 化政府的民事服务计算机化计划，由政府牵头，总理挂帅，并将计划分成"所有行业实现计算机化、大力发展信息技术、帮助普通民众应用信息技术、建设新的基础设施" 4 个阶段进行实施。

1986 年实行国家 IT 计划，促进经济结构从劳动密集型向资本和科技密集型转换；1989 年开始建设科技岛；1992 年提出 IT2000 计划；2000 年启动 e 化政府的第一次行动计划，成立由服务首长领导的 e 化委员会。3 年之中，成功搭建了政府与雇员，政府与企业，管理与统辖，民众与政府、资讯通信、教育、知识管理及资讯通信基础设施，科技实验、电子服务 6 个战略架构。2003 年 7 月，启动 e 化政府的第二次行动计划，确定了 6 个策略性的优先决议，提出"欣喜的顾客，联网的国民，联网政府"的战略架构，具体目标是在 2006 年取得"多个机构，一个政府"，实现了敏捷，实效及有效率，可靠并反应迅速 3 个主要成果。计划新增 12 个跨机构的整合式电子服务，最终实现 100%的政府服务电子化。所有这些计划都是由政府提出，一环扣一环，逐步深入，由服务首长亲自监督整个 e 化政府计划的进行，由 IDA（资讯与通信发展局）担任首席技术长官与首席信息官组织实施的。

新加坡政府十分重视电子政务人才培训工作，要求各级官员、公务员都具备一定的信息化知识和操作技能。按一般、中层、高层 3 个不同层次进行分类培训，公务员每人每年由政府出资参加各种培训，天数不能少于 15 天。培训工作主要由公务员学院（相当于党校、行政学院）负责完成。对于政府各局所需的资讯科技专门人才，则由专门的业务部门 NCB（相当于政府的信息部门）统一招考聘用后分配到各部门实行计算机管理。此外，新加坡政府还十分注重提高民众的信息化水平和技能。

新加坡政府提出"多个部门，一个政府"的口号。从 2003 年 3 月开始为全国民众办理网上身份证，身份证上有一个 ID 账号和密码，小孩从 15 岁开始就可上网申请 ID。通过 24 小时开放的线上电子公民网站，一个网址就能通达所有的政府电子服务。该网站将政府机构所有能以电子方式提供的服务整合在一起，把不同政府部门的不同服务职能巧妙地联系在一起，使新加坡人民从出生到退休的每个阶段，都可以从网上获得来自政府不同部门的相应服务。例如，从雇佣网站寻找工作，从娱乐网站了解何时何地举行娱乐活动，在政府招聘公务员的网站报考公务员，在提高技能网站寻找继续教育和培训信息，从老人护理、结婚、在新加坡工作以及电子购物指南网站找到所需的信息和帮助，还有从商业、贸易、国防、娱乐、安全、体育运动、交通运输、旅行等具有各类信息的网站获取服务。

2．美国电子政务

（1）美国电子政务发展现状

美国的电子政务起源于 20 世纪 90 年代初。总结美国电子政务十几年的发展历程，可大体归纳为以下 3 个阶段。

① 被动阶段（1993～1998 年）：这一阶段主要是利用互联网实现信息共享。主要体现在许多政府机构设立网站，将大量的文件在网上公布。其特点是被动，主要是由互联网用户自己上网查看所需资料。

② 互动阶段（1998～2001 年）：这一阶段的目的是利用互联网提供在线交易和服务。如税务机关通过互联网收税，交通管理机关通过互联网办理驾照等。其特点是从被动转向互动。

③ 服务阶段（2001 年至今）：在这一阶段，美国电子政务开始增加主动的成分，并进行多种政务应用集成，确定了今后电子政务的目标，即打破部门界限，建立一个以功能为主导、以政府服务对象为中心的网上政府，以达到为公民服务的目的。

（2）目前美国电子政务的类型

① 政府——公民（GtoC），主要目的是建立一站式在线服务，并引入现代管理工具，以改善服务质量和效率，使公民能得到高质量的政府服务。

② 政府——商界（GtoB），主要目的是通过大量削减冗余的数据收集，减轻商界的负担，为商界提供顺畅的一站式支持服务，使用 XML（电子商务语言）与商界建立数字化通信系统。

③ 政府机构之间（GtoG），主要目的是整合和共享联邦、州和地方 3 级政府的数据，以改善对信息系统的应用，为关键的政府行为（如救灾行动等）提供更好的综合服务。

④ 政府内部效率和效能（Internal Efficiency and Effectiveness，IEE），主要目的是借鉴产业界的先进经验（如供应链管理、财务管理和知识管理等），更好地利用现代化技术减少政府支出，改善政府机构的行政管理，使各机构提高工作效率和改进绩效，消除工作拖沓现象，提高雇员的满意度和忠诚度。

（3）美国电子政务建设的经验

美国电子政务建设的基本经验有以下 7 个方面。

① 改变以技术为中心的思想，确立"以民为本"的理念。美国政府的行政理念是政务透明和为民服务。政府提出的口号是：让人们单击鼠标 3 次就能够办事。因此，美国的"电子政务"中的"电子"只是工具，"政务"才是目标，而"服务"则是关键。

② 政府推动与财力支持。在美国，从前任总统克林顿、布什到一般政府工作人员，都对电子政务建设持积极认同和支持的态度。根据《2002 年电子政务法案》，联邦政府设立了电子政务基金，2003 年这一基金被投入 4 500 万美元，到 2006 年增长到 1.5 亿美元。

③ 健全的管理体制和法律保障。

④ 以政府业务流为主线发展电子政务。即在电子政务的发展过程中以政府的业务流为主线，根据轻重缓急，将政府职能中带有不变性的业务流逐个计算机化和网络化。

⑤ 以规范化和标准化的方法发展电子政务，注重规划，分步实施。

⑥ 借鉴电子商务经验，以市场运作模式发展电子政务。许多地方政府采取公开招、投标的方式，将主要的政府信息系统要素分包或统包给合格的企业。

⑦ 动员全社会力量参与。

8.4.2　中国电子政务发展概况

在各级政府的大力推动下，中国电子政务已经有了长足的发展。同时，随着信息化建设的不断深入，已开始触及一些深层次的问题。有主观的因素，也有客观的因素，尤其是体制障碍、管理障碍等因素。

1. 中央对政府信息化的高度重视，推动了电子政务的发展

进入 20 世纪 90 年代以后，中国的政府信息化建设进入快速发展阶段。从 1993 年起，国务院成立了国家信息化联系会议，并开始实施"金桥"、"金关"、"金卡"、"金税"等信息化重大工程。"金桥"工程是直接为国家宏观经济调控和决策服务的，通过建设政府的专用基础通信网，实现政府之间的相互连接。"金关"工程主要是为提高外贸及相关领域的现代化管理和服务水平而建立的信息网络系统，到 1999 年，已实现了银行、外汇管理机构以及海关的计算机联网，在关税管理中发挥了重要作用。"金卡"工程是推动银行卡跨行业的联营工作，现已取得了重要进展。"金税"工程也已基本完成，主要是建立税务系统的增值税专用发票计算机稽核系统及内部办公系统。以及后来的"金盾"、"金财"、"金审"、"金保"等 12 个业务系统，大大加快了中国政务信息化建设的步伐。

在"金"字系列工程取得重大进展的同时，从 1999 年起，在全国普遍推行了政府上网工程。在政府上网工程的推动下，1999 年中国有 40 多个国务院部委和 60%的县以上地方政府先后建立起网站。到 2007 年 12 月，全国在 gov.cn 名下注册的网站已达 3.5 万个，占国内 cn 域名总数的 0.4%（《第 21 次中国互联网络发展状况统计报告》）。目前，全国绝大多数县、市级以上政府都设有站点，通过网站向社会发布信息，有的已经开始提供在线服务。

2. 当前中国电子政务发展中存在的主要问题

① 政府公务员的观念有待提高。电子政务的发展，必然对传统行政权力的行使提出了更高的要求，如使政府工作透明度更高、更加规范等，这势必对公共权力的行使和运用起到一定的限制和监督作用。这是对公务员的权力观、利益观的一个严格考验。

② 传统政府运作机制的障碍。目前中国的政府管理运作体制及机制，多数都是在计划经济体制下形成和确立的。随着市场经济的发展，这方面的问题虽然有了很大改观，但一些深层次的问题并没有解决，如机构设置不合理，政府各部门职能交叉、重叠，审批过多、过滥，办事没有严格的程序，行政流程不合理，透明度低、暗箱操作等。所有这些问题都有

可能成为推动政府信息化的重要障碍，只有这些问题得到有效解决，电子政务的推进才真正具有意义。

③ 缺乏整体规划和统一标准。推动政府信息化和电子政务，关键要搞好整体规划，制定统一的技术标准，这是国外发展电子政务普遍的一条经验。如何在统一的规划和标准下，整合现有资源，防止重复建设和各自为战，成为政府信息化和电子政务发展中的关键所在。

④ 公务人员的信息知识和运用信息工具的水平较低，难以适应电子政务发展的要求。据调查，中国大约有20%的公务员对计算机基本操作几乎处于完全空白的状态，还有很大一部分操作不够熟练。因此，提高公务员的整体素质、特别是计算机应用方面的能力，将是一项艰巨的任务。

⑤ 政务管理本身的复杂性，决定电子政务结构的复杂性。因为电子政务要实现的是"一站式"的办理和不受时间空间限制的"在线服务"，这就需要实现政府各部门之间进行交互式办公和处理大量为公众服务的事项；而每一个部门的管理业务本身又是一个相对独立的系统，业务差别很大，要使这些不同业务部门的政府机构之间实现互通互联，做到"一线式服务"，是一个非常复杂的问题。

⑥ 中国社会整体的信息化水平低，包括电子商务发展也比较缓慢，这在一定程度上制约了电子政务的发展。因为政府信息化很难孤立地进行，离开企业、社会乃至个人信息化，政府信息化将失去基础。

⑦ 信息安全成为当前政府信息化中的关键问题。与电子商务相比，电子政务对信息安全有更高的要求，因为政府所掌握的信息中，有大量信息对国家的安全有着直接的影响。这方面中国与世界发达国家相比还有较大差距。

8.4.3　国外电子政务建设对中国的启示

纵观新加坡、美国等国家电子政务发展的状况，虽然这些国家在电子政务建设的具体做法上有许多差异，但它们有一些共同的特征值得中国借鉴。

1．强调贴心服务，改善对企业和公众的服务

政府的职能主要集中在公共管理上。电子政务的核心价值之一就是要从根本上改善政府的公共服务。西方国家在确定电子政务的目标时，把电子化服务作为衡量指标，把改善政府传统的公共服务放在十分重要的地位。因此中国在发展电子政务时要本着贴心服务的原则，有计划、有步骤地将政府现有的电子服务项目并入政府网，并在统一的平台上，不断开拓新的服务项目，消除信息孤岛，最终实现"多个部门，一个政府"，让网络成为政府联系民众的桥梁，成为政府高效、廉洁、透明、服务的工具。

2．电子政务的发展要与政府改革相结合

政府改革是工业发达国家电子政务发展的原动力。在中国，同样面临着政府改革。如何优化公共行政管理？如何简化政府管理的行政流程？如何优化政府组织结构、裁减机构和人员？如何削减财政开支？如何科学地进行政府的绩效评估？如何提高政府管理的透明度等？这些都需要政府进行信息化建设。因此需要把政府改革与电子政务的发展有机地结合起来。

3．遵循"长远规划、由易到难、分阶段实施"的建设原则

美国等国的电子政务发展状况表明，电子政务不可能一步到位，必须注重技术与使用的渐进性，要由易到难，分阶段实施。

4．制定统一的规划和技术标准，规范电子政务的发展

发达国家电子政务的成功经验表明，电子政务要取得成功必须注重规划，制定统一的电子政务建设规范；必须有相关的方针、政策、法律及技术规范的指引，为电子政务的发展做周密的安排。

5．加强网络安全的防范，保护个人隐私权

政府网络连接全国各地、千家万户，如果疏于防范的话，很可能让黑客得逞，造成无法估量的损失。这需要从技术及法律角度来确保数据传输的准确安全，使公民的隐私得到保护，不被病毒感染，使公民对电子政务系统有高度的信任感和安全感。

6．强化公务员能力培训

人才培训是电子政务的主要任务之一，关系到电子化服务的质量和效率，影响到电子政务的形象。因此要充分发挥干部培训基地、信息中心的职能、专业作用，利用其人力、远程、多媒体和计算机教室等软硬件资源，提高公务员及企事业单位信息主管的信息化知识及网络应用、管理水平。

7．加大计算机普及，提高国民的信息化能力和水平

要实现以电子政务为突破口，推动社会信息化建设的目的，必须加大普及计算机、网络知识及其应用的力度，提高国民的信息化能力和水平。为此，中国应向新加坡学习，充分发挥街道办、居委会、物业管理公司等群众、社区组织的作用，增加公共信息化设施，发展社区网络，组织计算机培训和上网服务，让市民通过网络了解全球、全国、全省乃至全市的经济发展，了解政府的方针政策，主动加强与政府的联系，提高参政议政水平，增强政府的凝聚力与竞争力，为中国社会进步与经济发展做出应有的贡献。

案例 24

2008 年度全球电子政务调查

根据联合国经济和社会事务部近日发布的《2008 年度全球电子政务调查报告》，在全球电子政务发展水平排名中，北欧国家包揽三甲，中国排名第 65 位。

这是联合国自 2002 年以来发布的第四份全球电子政务调查报告，报告全称为《2008 年度全球电子政务调查报告：从电子政务到整体治理》。报告从电子政务状况和公民参与程度两方面对联合国 192 个成员国进行了综合评估和对比。

报告显示，从地区看，全球五大洲电子政务发展水平不一。就电子政务的整体发展水平而言，欧洲居世界首位，其电子政务发达程度明显优于世界其他地区；以下依次为美洲、亚洲、大洋洲和非洲，其中亚洲和大洋洲略低于世界平均水平。

从国家排名看，北欧国家电子政务发展水平较高，瑞典超越美国跃居世界第一，丹麦和挪威分别占据了第二、三位。在 2005 年度全球电子政务调查报告中，美国的电子政务发展水平全球排名第一，现降至第四位。

排在前 35 名的国家中，欧洲国家约占 70%，亚洲国家约占 20%，没有一个国家来自非洲、中美洲、中亚、南美和南亚等发展中国家相对集中的地区。

报告指出，电子政务对基础设施，如宽带建设和开发面向公民服务的电子政务应用的投入要求较高，欧洲国家对此进行了大量投资，因而取得了成功。但很多发展中国家预算紧张，需要把资金用于解决其他更加紧迫的社会问题，如医疗、教育和就业等，因此电子政务建设相对滞后。

报告显示，中国的电子政务状况全球排名第 65 位，在东亚地区排在韩国和日本之后。报告特别介绍了中国政府网（www.gov.cn）一些值得借鉴的做法，如鼓励民众参与、通过网上投票听取民众意见、利用音频和视频等多媒体手段发布信息和政策等。

在电子政务的公民参与程度方面，全球五大洲排名与其电子政务发展状况排名一致，欧洲依然占据明显优势。就国家排名而言，美国凭借在电子信息和电子咨询方面的优势位居世界首位，韩国因在电子咨询方面的突出表现排名第二，中国从 2005 年度报告中的第 32 位跃至第 21 位。

报告还指出，电子政务从 20 世纪 90 年代开始逐步兴起，目前正面临着阶段性转变，即从以开发电子服务为重点的第一阶段向以整体治理为重点的第二阶段的转变。在转变过程中，各个政府部门之间的协调一致越来越重要，因而要求各国政府逐步把电子政务的开发重点从单纯的应用转向政府服务的整合与协调。

报告说，在电子政务的整体治理方面，全球总体进展不大，绝大多数国家仍处于第一阶段的开发和运作，只有少数几个国家在整合电子政务资源方面进行了必要的投资。

（资料来源：http://cio.ccw.com.cn/research/quyu/htm2008/20080201_376813.asp）

思考与练习

1. 简要概括电子政务的含义。
2. 电子政务和电子商务有何关系？
3. 浅谈现代政府在电子商务活动中扮演的角色。
4. 现代政府是服务型的政府，从电子政务的开展的角度看政府如何更好地服务公众？
5. 国外电子政务的成功经验给我国发展电子政务带来哪些启示？
6. 试对当地的电子政务建设进行调查，并谈谈你对此的看法。

第9章 电子商务实验

本章概要： 本章从电子商务的实际应用出发，设计了 8 个基于互联网平台的实验，使学生在完成实验的过程中，了解开展电子商务活动的内容和模式，掌握电子商务的基础知识和操作技能。

学习目标： 通过基于互联网平台的实验，加深对电子商务中涉及的基本知识与基本理论应用的理解，掌握电子商务中 CtoC、BtoC、BtoB 等各种模式的实际操作。并通过全程电子商务平台，了解电子商务的创新模式；通过扮演不同角色的体验，熟练掌握各种业务管理的操作，了解开展电子商务活动的环境和从事电子商务活动所涉及的相关技术，培养学生运用互联网开展电子商务活动的能力。

学习指导： 本章重点是掌握电子商务中 CtoC、BtoC、BtoB 等各种模式的实际操作；难点是掌握移动电子商务的相关操作，以及将经营、贸易、会计、管理、信息技术等知识融于一体，综合应用于电子商务运作的实际操作能力，提高学生的职业技能。

9.1 绪论

电子商务是一门科学性强、知道丰富，涉及国际法律、惯例众多，发展特别快的学科。它所涉及的知识领域极为广泛，是以计算机技术、现代息技术、网络通信技术为支撑和基础，融市场营销学、管理学、国际贸易学、经济法学等多边交叉学科的课程，并且具有很强的实用性和可操作性。随着互联网的广泛普及和企业信息化的发展，电子商务已逐步渗透到经济和社会的各个层面，正逐步走向成熟，成为推动中国经济的一支重要生力军。

9.1.1 实验教学目标与基本要求

目前，各高校都强调应用型人才的培养，而这类人才对实际操作能力有较高要求，要求学生熟悉专业技能和商务环境，熟练掌握相关的经济活动工具，在熟练运用工具和电子商务模式的过程中培养创新能力。然而，目前大多数学校采用的电子商务模拟软件教学方式却无法跟上电子商务的发展步伐。因此，通过本实验构建相对完整的电子商务活动真实环境与场景，让学生从感性上加深对所学电子商务理论知识的理解，使学生理解电子商务是如何实现、运营和管理的。通过实验，学生在"做中学"，掌握电子商务的基础知识和操作技能，并可以为学生毕业走上工作岗位后，缩短"适应期"，为胜任以后的工作打下坚实的基础。

根据教学内容和教学目标，本实验课共设有 8 个实验，总课时 16 节。学生可根据任课教师的要求，完成指定的实验任务，并及时填写实验报告。

9.1.2 电子商务实验的内容和特点

电子商务实验是电子商务教学中的一个重要环节。根据电子商务实验教学目的，强调真实电子商务环境的运用、电子商务模式研究和商务工具掌握，突出对商务流程操作和商务模式的理解，注重对电子商务新理念和新技术的介绍，注重对学生能力的培养，并关注企业电子商务的应用。特别是在 BtoB 电子商务和移动商务的实验中，通过亿禧网（http://www.72ec.com）平台，使学生既了解到电子商务的新模式——全程电子商务模式，又了解到服务为导向（Service Oriented Architecture，SOA）、应用服务软件（Service as a Software，SaaS）的新理念和新技术。通过 SaaS 模式，企业可以根据实际业务需要，在统一的服务平台租用相应的服务，按需订购、按需付费，大大降低了企业在信息化方面的一次性投入风险和对专业人才的要求，解决中小企业信息化瓶颈问题。

根据教学目标的要求，结合多年教学经验，本实验内容共有 8 个实验，内容涉及网络信息的查询与处理、数字证书的申请和使用、网上支付、CtoC 电子商务、BtoC 电子商务、BtoB 电子商务、移动商务、网店建立与网店管理等。

9.1.3 实验报告的有关要求

实验报告是电子商务实验目的、实验环境、实验原理和方法、操作过程、实验数据和实验结果的汇总。学生在完成实验后，必须要写实验报告。

实验报告包括以下内容。

1．实验目的和要求

实验目的是指实验所能达到的预期目标和要解决的问题。

2．实验原理、方法和步骤

实验原理是指实验的理论依据；方法是指实验操作规则；步骤用来说明实验的主要过程。

3．实验内容和数据记录

实验过程得到数据、信息、事件的描述，要据实记录。

4．实验结论和体会

学生要总结对此实验的看法以及实验的收获。对于实验结果要进行分析，给出结论。如果在实验过程中，发现问题，则给出解决方案或提出改进的建议。

9.2 实验

实验 1 网络信息的查询与处理

【实验目的】

1．在 Internet 上找到包含某一关键词的网页。
2．掌握搜索引擎的使用技巧。
3．掌握信息的处理方法。

【实验环境】

1．软件环境：Windows 系列操作系统、Internet Explorer 浏览器。

2．硬件环境：个人计算机。

3．网络环境：要求本地网络连接到 Internet。

【内容与要求】

1．利用百度搜索引擎找到包含某一关键词的网页。

2．掌握搜索语法并正确使用。

3．假设有位顾客想购买一台激光打印机，希望从网上了解各种激光打印机的性能、价格以及本地经销商情况。要求通过百度（www.baidu.com）等搜索引擎网站收集相关信息，并用 Word 写一份所收集信息的总结提供给顾客，以供顾客做购买参考。

【实验步骤】

1．打开 IE 浏览器，在地址栏输入网址"www.baidu.com"，打开搜索引擎主页。

2．在主页搜索栏中输入"激光打印机"或者其他自己确定的关键词，单击"百度一下"按钮，如图 9-1 所示。

图 9-1　在百度主页输入搜索内容

3．在随后出现的搜索结果页面中查看搜索结果，并选择相应的链接单击进入下一页面，查看具体的信息内容。

4．如果用户在当前页面没有发现所需要的信息，可以转到其他检索到的页面；如果发现所需要的信息，可以选择超级链接，直接转入链接页面。

5．也可以通过太平洋电脑网（www.pconline.com.cn）、或通过本地互联网应用平台，例如，南宁时空网（www.nnsky.com）查询相关信息。

6．对获取信息的整理。首先要明确信息来源，其次要对信息进行分类和初步筛选，没有用的信息应及时删除。最后要对信息进行比较、分析、整理，并形成文档。

说明：

1．利用互联网进行信息收集和整理是一项复杂的检索工作。检索前必须有明确的信息收集方向，目标不明确，很难收到好的检索结果。

2．检索前应制定检索计划，选择合理的信息检索途径。

3．检索时注意结合使用多个搜索引擎进行检索，以取长补短，获得最佳的检索效果。

4．通过网络得到的市场信息必须经过整理，注意进行分析，剔除虚假的信息，保证检索信息的准确性。

【思考题】

1．搜索引擎的主要作用是什么？

2．搜索引擎有哪些优点和缺点？

3．对收集到的信息如何进行处理？如何明确信息来源？

实验2 数字证书的申请和使用

【实验目的】

1．了解 CA 证书的用途。

2．掌握网上申请个人数字证书的方法。

3．掌握数字证书的管理和使用方法。

【实验环境】

1．软件环境：Windows 系列操作系统、Internet Explorer 浏览器。

2．硬件环境：个人计算机。

3．网络环境：要求本地网络连接到 Internet。

【内容与要求】

1．熟悉电子商务认证中心的功能。

2．申请并下载个人数字证书。

3．掌握数字证书备份与恢复操作。

4．掌握安全电子邮件证书在 Outlook Express 中的应用，每两位同学互相发送签名邮件和加密邮件。

5．写实验报告。

【实验步骤】

1．申请数字证书。

申请数字证书的一般过程如图 9-2 所示。

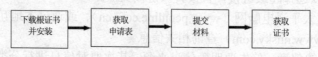

图 9-2 申请数字证书的流程图

下面实验以中国数字认证网为例介绍数字证书的申请方法。

（1）打开"中国数字认证网"主页

打开 IE 浏览器，地址栏输入网址"www.ca365.com"，出现如图 9-3 所示的"中国数字认证网"主页。

（2）申请免费证书

选择申请数字证书的方式，按提示要求填写相关表格，填完相应信息后，单击"提交"按钮（电子邮件地址后面实验还会用到，请务必认真填写）。

2．下载并安装个人证书。

证书成功申请后系统会提示证书的"序列号"，下载并安装个人证书。按提示要求，在客户端安装根证书。

图9-3　中国数字认证网

3．查看证书。

从浏览器的"工具"菜单中选择"Internet 选项"选项，再选择"内容"标签，单击"证书"按钮，然后选择"个人"标签，列表中显示出相应的证书，如图9-4所示。

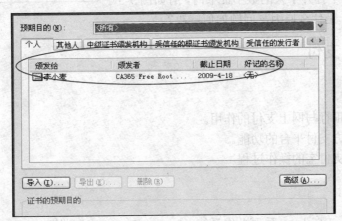

图9-4　查看证书

4．备份证书。

在"查看证书"后，选择需要备份的证书，单击"导出"按钮，选择导出文件的格式和指定导出文件的存放路径，按提示完成操作即可。

5．恢复证书。

"恢复证书"的方法与"备份证书"相似，但单击"导入"按钮进入证书导入界面，选择需要导入的证书的存放路径，输入密钥的保护密码，按提示完成操作。

6．在 OutLook Epress 中设置账户，并设置数据标识。

① 在 Outlook Express 中选择"工具"菜单下的"账户"选项。

② 单击"添加"选项卡下的"邮件"按钮，按提示要求输入电子邮件地址（要使用的电子邮件地址必须与申请证书时填写的电子邮件地址一致），并设置相应的"接收邮件服务器"和"发送邮件服务器"地址。

③ 选取"邮件"选项卡中用于发送安全邮件的邮件账号，然后单击"属性"按钮。

④ 选择"安全"标签，单击签名标识中的"选择"，在弹出的"选择默认账户数字标识ID"对话框中，选择要使用的数字证书，单击"确定"按钮，完成证书设置。

7．各组员互相发送签名邮件。

在 Outlook Express 中，单击"创建邮件"按钮，撰写新邮件。选择"工具"菜单中的"数字签名"选项，则在信的右上角将会出现一个签名的标记，单击"发送"按钮，即成功发送签名邮件。

8．各组员互相发送加密邮件。

各组员收到签名邮件后，在 Outlook Express 中，撰写好新邮件后，单击"工具"菜单中的"加密"选项，信的右上角会出现一个加密标识，单击"发送"按钮，即可成功发送加密邮件。

【实验思考题】

1．数字证书有什么功能？如何安装和查看数字证书？

2．为什么说证书机构是网上的"工商管理部门"？

3．为什么要先发签名邮件，才能发加密邮件？

4．如果在 IE 中打开个人的数字证书时，有如图 9-5
所示的提示信息。是什么原因，问题如何解决？

图 9-5　提示信息

实验 3　网上支付

【实验目的】

1．了解网上银行与网上支付的作用。

2．了解第三方支付平台的功能。

3．掌握申请支付宝的操作过程。

【实验环境】

1．软件环境：Windows 系列操作系统、Internet Explorer 浏览器。

2．硬件环境：个人计算机。

3．网络环境：要求本地网络连接到 Internet。

4．一个有效的网上银行账户。

【内容与要求】

1．注册并激活一个支付宝账户，然后进行支付宝实名认证的申请。

2．登录网上银行，查看支付宝管理界面，了解支付宝的主要业务。

3．掌握通过网上银行给支付宝账户进行充值的流程。

4．掌握通过支付宝实现网上支付的流程。

5．写实验报告。

【实验步骤】

1．注册激活支付宝账户。

（1）进入支付宝网站（https://www.alipay.com），单击"免费注册"按钮，如图 9-6 所示。

（2）选择注册方式，在"手机号码注册"和"E-mail 注册"两者当中选其一。

图 9-6　支付宝注册页面

（3）按提示输入注册信息（请按照页面中的要求如实填写，否则会导致支付宝账户无法正常使用）。

2．支付宝实名认证申请（个人类型）。

（1）登录支付宝账户（账户类型为个人账户），在"我的支付宝"首页，单击"申请认证"。

（2）进入支付宝实名认证的介绍页面，单击"立即申请"按钮。

（3）仔细阅读支付宝实名认证服务协议后，单击"我已阅读并接受协议"按钮，进入支付宝实名认证。

（4）按提示要求如实填写各种信息，确认无误后，单击"确认提交"按钮保存所填写的信息。

（5）认证申请提交成功，等待支付宝公司向自己提交的银行卡上打入一元以下的金额，并在两天后查看银行账户所收到的准确金额，再登录支付宝账户，单击"申请认证"按钮进入输入所收到的金额页面。

（6）两天后登录支付宝账户，单击"申请认证"按钮进入确认汇款金额页面。

说明：

核对支付宝打入金额时，有两次输入的机会，如果两次输入都失败，需要重新提交银行账户进行审核。

（7）输入的金额正确后，即时审核所填写的身份信息，必须耐心等待两秒钟，审核通过，即通过支付宝实名认证。

3．网上银行充值。

（1）登录 www.alipay.com，在"我的支付宝"首页单击"充值"按钮，选择要使用的网上银行。

（2）核对充值金额与所选择的网上银行，单击"下一步"按钮，再单击"去网上银行充值"按钮，页面跳转到银行"客户订单支付服务"。

（3）输入卡号、验证码，单击"提交"按钮。

（4）输入口令密码、网银登录密码、验证码，单击"提交"按钮，充值成功。

4．通过支付宝实现网上支付。

通过支付宝实现网上支付流程如图 9-7 所示。

```
选择并确定购买商品 → 买家付款到支付宝 → 支付宝通知卖家发货
→ 买家确认收货 → 支付宝付款给卖家 → 交易完成
```

图 9-7　支付宝实现网上支付流程

【思考题】

1．用网上银行支付与用第三方支付有何区别？

2．简述网上购物支付的基本流程。

实验 4　CtoC 电子商务

【实验目的】

1．熟悉网上商城用户注册、账户管理流程。

2．掌握网上商城商品搜索流程。

3．掌握网上商城 CtoC 购物流程。

【实验环境】

1．接入互联网的局域网。

2．淘宝（http://www.taobao.com）网上商城环境。

【内容与要求】

1．了解淘宝（或 eBay 易趣）网的架构和功能。

2．了解在淘宝（或 eBay 易趣）网上购物的流程和方法。

3．尝试在淘宝（或 eBay 易趣）网上购买一件物品。

4．写出实验报告。

【实验步骤】

在淘宝网购物的流程有以下 5 个环节，本次实验只完成前面 2 个环节。

确认购买信息→付款到支付宝→确认收货→支付宝付款到卖家→双方互评

1．注册会员。

进入淘宝网主页（http://www.taobao.com），单击"免费注册"，按提示要求填写有关内容，成为淘宝会员。

淘宝网主页如图 9-8 所示。

图 9-8 淘宝网主页

2．用注册所得的会员名登录。

3．搜索商品。

在主页单击"我要买"，即可进入图 9-9。可以在分类的商品中选择所需商品；也可以在在搜索栏中，搜索自己想要的商品，如"打印机"。

图 9-9 淘宝网主页

4．选择所需商品类型。

选择所需商品类型，如"LaserJet P1008"，在显示的页面中选择几个进行对比，如图9-10所示。

5．确认购买商品，在图9-10中，选择价格为"999元"的打印机，并单击"立刻购买"按钮。

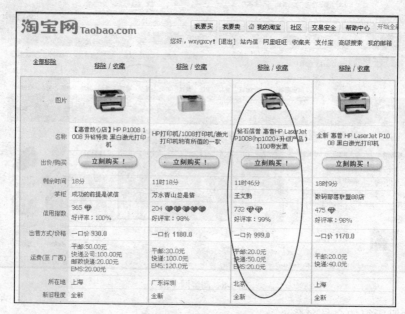

图9-10　对比所选的打印机

6．按提示信息填写有关内容，确认宝贝价格与交易条件无误后，单击"确认无误，购买"按钮，进入下一个页面，按提示要求填写信息，即可付款到支付宝。

【思考题】

1．画出在淘宝网买东西的基本流程。

2．简述淘宝网的信用评价体系，并与易趣网、拍拍网信用评价体系进行对比，并对其进行简单评述。

实验5　BtoC 电子商务

【实验目的】

1．熟悉网上商城用户注册、账户管理流程。

2．掌握网上商城商品搜索流程。

3．掌握网上商城购物流程。

【实验环境】

1．接入互联网的局域网。

2．卓越网（http://www.amazon.cn）提供的购物环境。

【内容与要求】

1．认识卓越网（http://www.amazon.cn）。

2．尝试在网上进行购物操作。

3．写实验报告。

【实验步骤】

1．注册用户。

进入卓越网首页（http://www.amazon.cn），如果不是卓越用户，则先注册，按提示填写完注册信息后，单击"完成"按钮。页面会出现注册成功的提示。

2．登录。

单击页面上的"我的账户"进行登录。输入刚才注册的用户名（邮箱名）和密码。单击登录页面下的"登录"按钮。

3．搜索商品。

单击菜单上的"首页"，回到卓越的首页。选择自己需要的商品，比如需要买一本书，就可以单击"商品分类"中的"图书"，也可以在搜索栏中输入书名或者其他关键字（如作者名字）。

4．选择商品。

选择自己想要的商品，这里选择一本名为《走进经济学》的书，如图 9-11 所示。

5．购买商品。

进入商品详细信息页面后，单击"购买"按钮，如图 9-12 所示。

图 9-11　选择图书页面

图 9-12　购买页面

6．结算。

此时，已经把一本书放进了购物车，如果还要买其他商品可以按照上述步骤购买。放进购物车后买家要到结算中心结算，单击页面右上角的"进入结算中心"按钮（如果用户长时间不操作，系统会提示用户重新输入密码）。

7．填写详细的配送信息。

单击"进入结算中心"按钮后买家就进入了结算中心的页面，在页面上填写详细的配送信息。然后单击"配送到这个地址"按钮，如图 9-13 所示。

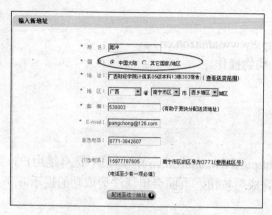

图 9-13　填写详细的配送信息

8．进入收货方式页面，选择一种合适的收货方式。这里选择"快递送货上门"，如图 9-14 所示。单击"完成修改"按钮，至此整个购买流程就结束了，用户只要等商品送到以后付款就行了。

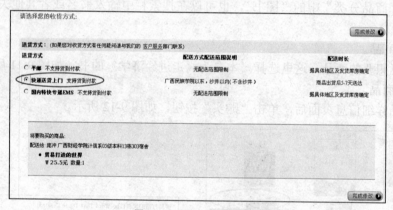

图 9-14　选择收货方式页面

9．如果买家选择"不支持货到付款"方式，还要通过网上银行、汇款等方式付款。选择买家的开户银行（如图 9-15 所示），然后单击"完成修改"按钮进入订单确认页面，单击"订单确认"按钮（如图 9-16 所示）。

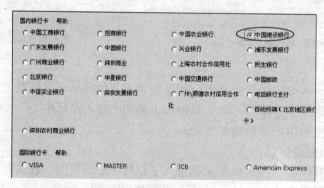

图 9-15　选择开户的银行页面

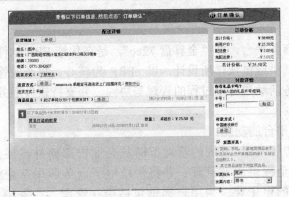

图 9-16　订单确认页面

10．网上银行的支付界面

系统会自动连接到网上银行的支付界面（如图 9-17 所示），这时候输入买家的网上银行账户名和密码按照提示操作即可完成支付。至此，先付款后发货的购买流程已经结束，买家只要等待商品送上门就行了（建议选择"支持货到付款"方式）。

图 9-17　网上银行的支付界面

【思考题】

1．简述卓越网付款方式的种类及其特点。

2．简述卓越网订单管理流程。

3．画出卓越网"购物车"流程。

4．简述卓越网与当当网在商品搜索、购物车以及订单管理方面的差异。

实验 6　BtoB 电子商务

【实验目的】

1．了解 B2B 电子商务的环境。

2．了解 B2B 电子商务的创新模式。

3．熟悉全程电子商务平台。

【实验环境】

1．接入互联网的局域网。

2．全程电子商务平台——亿禧网（http://www.72ec.com）环境。

【内容与要求】

金算盘全程电子商务平台，即"金算盘72ec"，是在传统 ERP 软件和电子商务应用基础上发展，针对企业及其供应链伙伴所设计，以 eERP 为核心，将企业管理、业务协同及电子商务完美融合，对商务活动进行全过程的管理与协同，并支持软件服务化（SaaS）模式的一站式信息化服务平台。

1. 全程电子商务平台的功能。

金算盘 72ec 将传统 ERP 系统的管理范畴从企业内部向外扩展到上游供应商、下游客户和分销商，实现全程供应链管理；并将传统电子商务应用从企业外部延伸至企业内部，实现全商务流程的电子化；为用户提供包括企业管理、业务协同、网上贸易、网络营销等信息化内容在内的一站式服务，帮助用户增强供应链资源的整合能力，提升核心竞争力。

目前，金算盘 72ec 可向企业提供企业门户、网上贸易、业务管理、企业商圈、移动商务、行业资讯 6 大类服务。

金算盘全程电子商务平台与传统电子商务平台最大的差别是，这一平台能够管理好核心业务，并与电子商务融合，实现产业链协同，提高工作效率，降低信息化投入的成本，并实现交易前中后全过程管理。这一平台将 ERP 与电子商务创造性融合，将企业的内部管理系统成功延展到整个外部供应链的管理，创新出针对中小企业的一种全新的经营模式，为广大的中小企业用户提供了全新的应用体验。

2. 全程电子商务平台的组成。

金算盘 72ec 由 eERP、eTools 和 ePortal 3 部分构成。eERP 是一个扩展的、支持电子商务的 ERP 系统，是构建全程电子商务最核心和最基础的组成部分。它不仅继承了传统 ERP 的所有功能和特点，帮助用户实现企业管理信息化，并将管理范围延伸到上游供应商、下游客户（分销商），实现全程的供应链管理；eTools 是一系列帮助用户完成与商业伙伴之间的业务协同，并实现全商务流程电子化的工具；ePortal 是企业进行网上贸易、网络营销、获取商业资讯的网络门户。

3. 全程电子商务平台的业务管理。

金算盘 72ec 业务管理部分为企业提供完整的内部管理信息化和全球化供应链协同服务，包括采购、销售、分销、配送、连锁门店、财务等管理服务，管理范畴从企业内部延伸到供应链的上下游商务伙伴，同时与电子商务完全融合。

4. 全程电子商务平台的业务管理的特点。

全程电子商务平台的业务管理具有以下特点。

① 分角色进行操作，只关注需要的内容，界面清晰、操作方便。

② 各服务模块可自由组合，结合灵活的权限控制帮助企业实现个性化的管理。

③ 支持多组织机构管理，可通过灵活的权限控制保证各机构良好地管理自己的业务和数据。

④ 提供门店管理，帮助总部方便地调配货品，及时掌控各门店进销存情况。

⑤ 产品属性提供良好的扩展机制，能适应不同行业的特殊需求。

⑥ 与电子商务高度融合，完全实现内外数据共享、业务流程相通。

⑦ 可以同外部供应商与客户协同完成从商机发布、询价/报价、订货、收货/发货、收款/付款、退货、退款的全程交易环节，并可跟踪对方的业务执行过程。

⑧ 可以同下属门店、分销商、代理商、加盟商等协同完成要货、配货、发货、收货业务。

⑨ 既可管理网上交易，也可管理传统业务。

由于课时的限制，本实验通过金算盘的全程电子商务平台（即亿禧网（http://www.72ec.com）的体验中心）进行，只涉及"电子商务主管"角色功能这部分的操作。如果学生感兴趣，可以选择"建网站"、"做生意"等功能进行体验。

实验内容与要求如下。

① 了解 72ec 平台的主要功能。

② 了解 72ec 平台中的各种角色的功能。

③ 熟悉 72ec 平台中"电子商务主管"角色的各项操作。

④ 掌握发布商机、商机订阅、商机撮合、网站设计、移动商铺等操作方法。

⑤ 写出实验报告。

【实验步骤】

1．了解 72ec 平台的功能。

打开亿禧网（http://www.72ec.com）主页，如图 9-18 所示。页面的上方①显示 72ec 平台的的一级菜单，即 72ec 平台功能；页面中部②是管理业务的各种角色；右上方③即"更多"则是"新手必读"内容，帮助新手了解 72ec 平台的更多内容；右下角的④则是"移动专家"功能。

2．了解 72ec 平台中的各种角色的功能。

在 72ec 平台主页图 9-18 中，单击"新手必读"部分的"更多"，则打开如图 9-19 所示页面，其中有各个角色的职能介绍。

图 9-18　72ec 平台主页

3．注册并登录。

在首页上单击"免费注册"，在打开的页面中按要求填写相关信息，提交表单。并按提示要求进行身份验证，注册成功，显示图 9-20，在此图中单击"立即登录"按钮，即进入 72ec 体验中心。

图 9-19　72ec 平台"新手上路"

图 9-20　注册成功页面

4．熟悉 72ec 平台的功能。

登录后，选择"电子商务主管"角色。"电子商务主管"角色负责管理企业网站、发布网上商机及进行各种网络营销活动。主要管理公司一切电子商务相关的事宜，如发布供求商机到网上、帮助公司在网上打广告展示产品、设计和管理公司网站、进行移动商铺管理等。

72ec 平台如图 9-21 所示，包括"求购商机"、"供应商机"、"企业网站"、"网站展厅"、"网站设计"、"移动商铺"6 大功能。

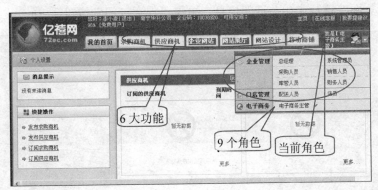

图 9-21　72ec 平台功能

5．商机发布。

用户可以发布企业产品的求购和供应信息，72ec 平台会自动把发布的信息上传到企业网站和全程电子商务平台上，作为供求商机信息显示出来，任何全程电子商务平台的用户都可以看到该商机信息，增加产品的关注度和交易率。

商机发布包括求购商机发布和供应商机发布。

（1）发布供应商机。

① 选择"电子商务主管"角色，在"电子商务主管"角色首页，如图 9-22 所示，单击一级菜单"供应商机"，然后单击"发布供应商机"。填写供应产品的基本资料、上传产品图片和新增产品相关参数。上传产品图片、增加产品参数可以让客户更详细、更全面地了解产品实际情况，以提高成交率。其中带"*"项为必填项。

② 所有信息输入完毕后，单击"保存"按钮，供应信息会自动发布到全程电子商务平台上去。单击"保存并新增"按钮，发布供应信息的同时新增下一条供应信息。选择"返回到列表"可以查看所有已发布的供应商机。

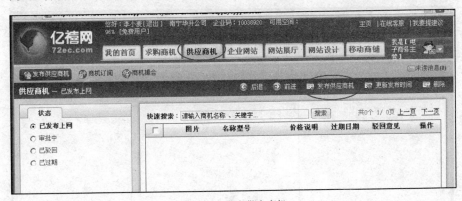

图 9-22　发布供应商机

（2）发布求购商机。

类似"发布供应商机"的步骤，这里不再赘述。

6．商机订阅。

用户可以根据企业实际需要设定合适的产品关注范围，72ec 平台会根据用户设定的范围自动推荐用户需要的商机信息。单击图 9-23 中左边二级菜单"订阅我想要的商机"，则打开如图 9-24 所示页面，填写完相关订阅信息，单击"保存订阅"按钮。

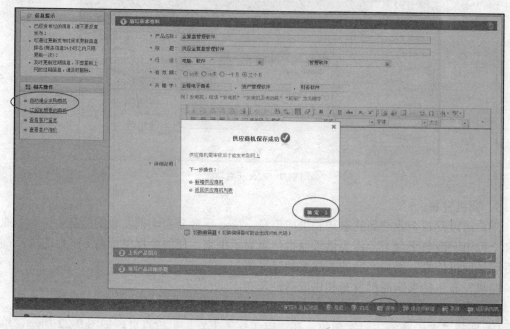

图 9-23　填写发布信息

　　7．商机撮合。

　　对于用户所发布的商机信息，72ec 平台都会自动在网站资源库中为其匹配相应的商机，为用户找到合适的供应商和客户，并按匹配度推荐给客户，帮助用户有效地获取潜在的优质供应商和客户，节约商机搜索时间。单击图 9-24 中"商机撮合"按钮后，在列表中选择用户想撮合的商机，单击"查看撮合的商机"按钮后会显示撮合结果。

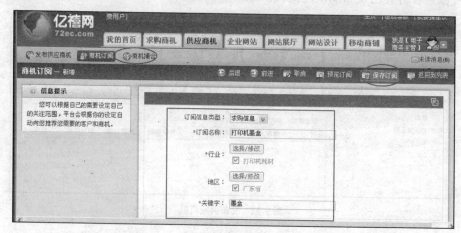

图 9-24　商机订阅

　　8．企业网站。

　　企业网站页面如图 9-25 所示，包括"公司资料"、"企业荣誉"、"招聘信息"、"新闻动态"、

"分销渠道"、"网站留言"的内容。

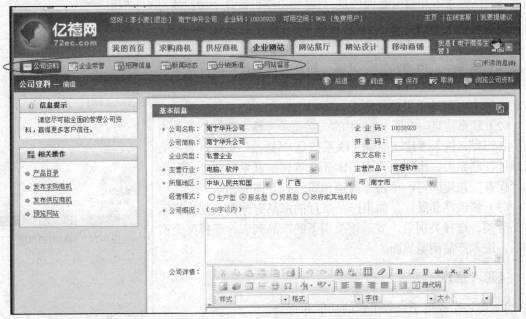

图 9-25　企业网站页面

9．网上展厅。

产品展厅中不能对产品进行修改与删除，这些操作必须切换到产品档案管理中进行。每个产品展厅有 5 个精品推荐位，用户将展厅中的产品推荐为精品后，这些产品将在网站首页中进行展示。若不想展示该产品，单击"取消推荐"按钮即可。

10．网站设计。

选择适合用户产品的商铺外观风格，如想象空间、花都靓影、商务先锋……展现企业独特魅力，如图 9-26 所示。

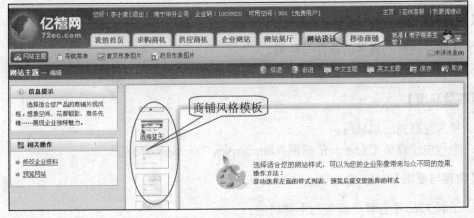

图 9-26　网站设计页面

11．移动商铺。

移动商铺是可以通过手机访问查看的企业商铺展示。用户在手机上登录移动商城就可以搜索到自己和他人的移动商铺。移动商铺不同于普通的网上商铺，它可以随时随地查看和编辑商铺信息，只要掏出手机按几个按钮就可以轻松快捷地实现。移动商铺包括商铺介绍、联系信息、产品展厅。

（1）商铺介绍。单击图 9-26 中的一级菜单"移动商铺"，默认进入二级菜单"商铺介绍"页面，输入公司名称、公司介绍等基本资料。商铺基本介绍录入完毕后，单击"保存"按钮即可。移动商铺主要通过手机进行查看，所以商铺介绍应该简洁明了。

（2）联系信息。在图 9-26 中的一级菜单"移动商铺"下单击"联系信息"，进入"移动商铺（联系信息）-修改"页面，输入公司地址、联系人、电话、传真、E-mail 等详细联系资料，之后单击"保存"按钮即可。单击"商铺预览"打开图 9-27。

（3）修改产品展厅。如果产品展厅的产品有分类，则先显示产品分类。选择类别后，显示该类别下的产品列表。选择某个产品后，进入产品浏览界面。

图 9-27　移动商铺预览

【思考题】

1. 简述全程电子商务平台的功能和特点。
2. 怎样在全程电子商务平台上进行公司宣传和产品推广？
3. 什么是移动商铺？
4. 简述卓越网与当当网在商品搜索、购物车以及订单管理方面的差异。

实验 7　移动商务

金算盘 72ec 为用户提供了移动商务功能，只需要为企业职员开通相应的移动商务使用权限，该用户就可以使用与系统中相同的账号和密码进行移动业务处理。手机业务处理数据与平台中的数据可以实现高度互通、信息共享。

金算盘 72ec 的移动商务分为"移动商务专家"与"移动商城"两大部分。

【实验目的】

1. 了解开展移动商务的条件与环境。
2. 掌握 72ec 移动商务的操作流程方法与操作流程。

【实验环境】

1. 接入互联网的局域网。
2. 全程电子商务平台——亿禧网（http://www.72ec.com）环境。

【内容与要求】

1. 了解 72ec 平台移动商务的主要功能。
2. 掌握 72ec 平台中"移动商务专家"与"移动商城"的操作方法。
3. 掌握移动商城的管理操作方法。
4. 掌握移动进销存的操作方法。

5．写出实验报告。

【实验步骤】

1．开通移动商务。

在亿禧网首页上，登录后单击"业务管理"按钮，如图 9-28 所示，打开如图 9-29 所示页面，单击一级菜单"企业设置"→"开通移动商务"→"开通"，即可开通移动商务。

图 9-28　72ec 首页登录

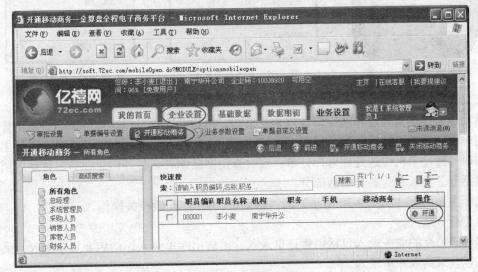

图 9-29　开通移动商务

打开手机的上网功能，通过手机访问网络，输入"移动商务专家"下载地址（http://wap.72ec.com/down/ecm.jad），访问成功后手机会显示是否允许下载的提示，用户根据提示进行允许下载的操作。

说明：使用移动商务功能的手机必须可以 WAP 上网，并且支持 Java。不同型号的手机在接入网络时会有区别，具体操作详见用户自身的手机使用说明书。但是，访问移动商城，不同型号的手机操作是相同的；下载移动商务专家，不同型号的手机也没有本质的区别，登录移动商务专家，在单据录入时，将会在具体细节处（如订单输入的键盘操作等）有细微区别，其余操作同样没有本质上的区别。

2．移动商务专家。

登录成功后将出现该系统的主界面，本系统共分 4 大功能，如图 9-30 所示。

3．移动商城。

通过手机访问网络，输入网址"http://wap.72ec.com"，访问成功后系统自动打开移动商城主页面。移动商城可以进行金算盘 72ec 平台的商铺、产品信息查询，建立移动产品展厅，发布移动供求商机等。移动商城主要包括商铺导航、商铺搜索、明星商铺、精品推荐、最新加盟、我的商铺等功能。图 9-31 为移动商城首页。

移动商城提供按行业和按地区两种导航方式，对金算盘 72ec 的所有商铺信息进行查看，如图 9-32 所示。

图 9-30　移动商务专家

图 9-31　移动商城首页

图 9-32　商铺导航

4．移动进销存。

移动进销存是指通过移动终端处理企业采购、销售、库存及门店业务。当企业主管出差或外出时可通过手机移动监控公司关键业绩指标、主营收入和净利润增长情况；当员工出差或外出时可通过手机快速处理客户订单、实时查询产品库存、处理门店业务。移动进销存的处理包括业务录入和业务查询两部分。

选择主界面上（如图 9-30 所示）的"移动进销存"，开始相关操作。

（1）业务录入。

移动进销存的业务录入包括销售订单录入、销售出库单录入、门店要货单录入、采购订单录入以及采购入库单录入。

① 销售订单录入。

● 进入"销售订单录入"界面（如图 9-33 所示），从客户列表中选择合适的客户，从产品列表中选择合适的产品，录入价格和数量（若销售的产品具备"可展开统计属性"，则需要在不同的属性下将录入数量汇总成总数量），如图 9-34 所示。

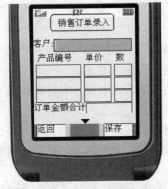

图 9-33 销售订单录入页面 1

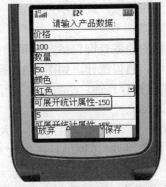

图 9-34 销售订单录入页面 2

● 销售订单录入完毕后，选择"保存"即可。销售订单保存时，单据号自动生成，日期为当前日期，制单人为移动销售订单录入人员，经手人为录入人员，组织机构为录入人员对应的组织机构。

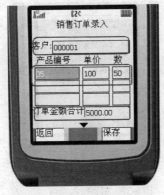

图 9-35 销售订单录入页面 3

图 9-36 销售订单录入页面 4

手机上录入的销售订单，在金算盘全程电子商务平台中同步显示，如图 9-37 所示。

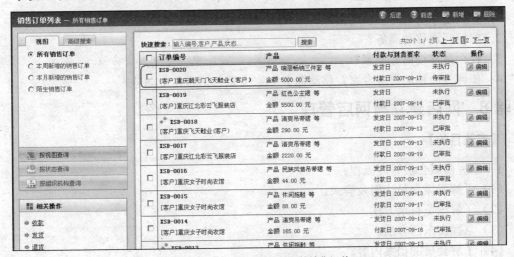

图 9-37 72ec 平台同步显示的销售订单

269

② 销售出库单录入、门店要货单录入、采购订单录入以及采购入库单录入等的操作步骤与销售订单录入相类似，此处不再赘述。

（2）业务查询

移动进销存的业务查询包括产品销量排行查询、产品销售收入查询、产品毛利查询、产品库存查询和门店销售统计。如图9-38所示为"业务查询"页面。

① 产品销售排行查询。产品销量排行查询提供按本日、本周、本月查询及自定义时间的多种查询方式。

② 产品销售收入查询。产品销售收入排行查询提供按本日、本周、本月查询及自定义时间的多种查询方式，同时还提供月销售收入增长趋势查询。如图9-39所示为"销售收入查询"页面。

③ 产品毛利查询。产品毛利查询提供按本日、本周、本月查询及自定义时间的多种查询方式，同时还提供月毛利增长趋势查询。

④ 产品库存查询。产品库存查询包括短缺库存量查询、积压库存量查询、产品库存量查询和库存量按仓库分布查询。

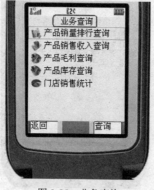

图9-38 业务查询

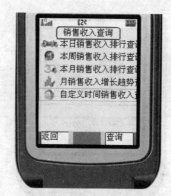

图9-39 销售收入查询

【思考题】

1．什么是移动商务和移动商城？

2．如何开通移动商务？

3．什么是移动商务专家？

4．如何开通移动商务专家？移动商务专家主要包括哪几个部分？

实验8 网店建立与网店管理

【实验目的】

1．掌握商城会员管理流程。

（1）了解商城会员注册及登录。

（2）了解浏览目录方法。

（3）掌握卖东西方法。

（4）了解会员的档案内容。

（5）了解店铺中心流程。

2．掌握 CtoC 平台交易管理员流程。

（1）掌握行业分类管理方法。

（2）了解公告管理流程。

（3）了解商城基本信息管理方法。

【实验环境】

1．实验方式：用户端通过相连的局域网访问因特网。

2．硬件要求：服务器一台，P4 2.06CPU/40GBHD/512MB RAM 以上配置（如规模较大的实验教学网络，建议分设 WWW 服务器、数据库服务器各一台），PC 机 P II 400/4.3GB/64MB RAM 以上配置。

3．服务器操作系统为 MS Windows NT Server 4.0 以上版本，用户操作系统为 Windows 98 以上，Internet Explorer 6.0 以上浏览器，数据库服务器为 SQL Server 2000 以上版本，WWW 服务器为 Internet Information Server 6.0 以上版本。

【内容与要求】

1．选择架设网店的平台。

2．阅读网店建设须知。

3．申请网店。

4．网店管理。

【实验步骤】

1．取一个好的店名。

一般来说，网店的取名要根据经营商品的特点，例如，在网上开一家书店，书店的名字最好就要与书有关，如"XX 书城"、"读者之家"之类的。

2．了解申请网店的注意事项。

以淘宝（http://www.taobao.com）为例，在网店建设之前，先阅读建店注意事项，在"帮助"中选择"店铺"，如图 9-40 所示。

在申请网店之前需要了解的具体内容如下。

（1）店铺的管理功能。

（2）开设店铺所需要的费用。

（3）店铺的后期推广策略。

（4）店铺的日常管理。

3．申请网店流程如下。

（1）阅读淘宝基本要求。

为店铺起个名称、撰写店铺介绍、在各种店铺设计中进行选择或创建自己的店铺设计、选择店铺级别。

（2）选择背景。

淘宝网提供了一些固定模板背景供选择，还可预览大图效果，如图 9-41 所示。

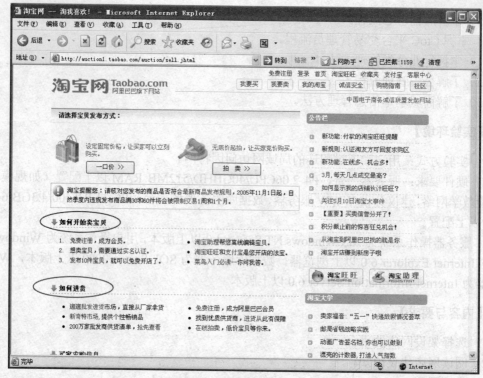

图 9-40　淘宝建店注意事项

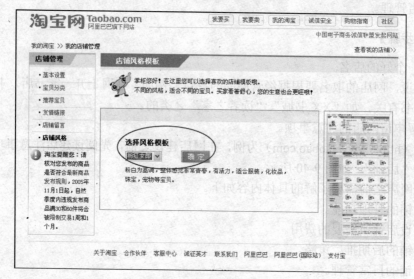

图 9-41　店铺背景模板选择

（3）填写店铺基本资料。

要求填写的内容包括以下 4 个部分。

① 店铺名称：为店铺创建一个名称，不要使用中文字符。此名称必须是唯一的，且不能是其他用户的用户名。卖家可以选择使用自己的用户名。

② 店铺路径的后缀：只能使用英文字母，最多 35 个字母。

③ 店铺介绍：介绍店铺销售的物品及店铺的有关情况。当买家在淘宝上搜索店铺时，将

显示店铺的介绍。也可以优化店铺的描述以使会员的店铺出现在网络搜索引擎中。

④ 店铺标识：有 3 个选项，使用淘宝提供的分类标识、选择自定义标识和不显示标识。

（4）挂 10 件商品即可开店。

当卖家出售的商品到达 10 件时，淘宝就会自动给卖家分配一个店铺地址，卖家的店铺即可在网上开张。另外，卖家还可以继续自定义自己的店铺，功能包括：自己撰写新页面，创建和编辑分类以管理物品，修改物品列表和搜索结果的排列方式，编辑店铺的背景。

4．网店管理。

（1）商品交易。

① 拍摄图片：在准备登录物品之前，第一步应该是拍摄漂亮的图片，然后将图片存放到计算机中。使用淘宝图片服务，就可以在登录过程中轻松地上传图片了。

② 登录物品：按照登录物品页面的说明，就可以完成登录物品的步骤。在这里需要输入物品的重要详情，包括价格、付款方式、运费、退货规则和图片。

③ 跟踪物品状态：使用"我的淘宝"跟踪卖家所有在淘宝网上的活动状态。

④ 付款和运送：在物品成交时，卖家和买家都将收到一封电子邮件通知。根据付款说明，卖家收到的这封电子邮件中的信息将包括买家的送货地址和付款方式。一旦收到货款，卖家即可运送物品。

（2）费用支付。

任何时候如要进行付费或变更付费方式，到"我的淘宝"的卖家账户页面即可进行操作。淘宝提供两种支付卖家费用的方式，分别是银行卡网上付费和邮局汇款付费。

（3）使用淘宝助理。

淘宝助理（如图 9-42 所示）是新一代的基于桌面的离线销售工具，是一个可以从头至尾登录物品的工具，效率达到极致。淘宝助理拥有易学的用户界面、可靠的结构和强大的新功能，可以帮卖家在更短的时间内出售更多物品。

图 9-42　淘宝助理

【思考题】

1. 卖家在建立网店之前要进行哪些准备工作？
2. 卖家如何选择网店的建立平台？
3. 网店要具备哪些基本功能？
4. 如何成功经营一个网店？
5. 简述 CtoC 的整个流程，从 CtoC 的流程认识电子商务链。

参 考 文 献

[1] 宋玲，王小延. 电子商务战略. 北京：中国金融出版社，2000.

[2] 庞大连，张冰新. 电子商务概论. 北京：北京大学出版社，2008.

[3] 姚国章. 电子商务与企业管理. 北京：北京大学出版社，2002.

[4] 李洪心. 电子商务案例. 北京：机械工业出版社，2007.

[5] Ravi Kalakota，Marcia Robinson. 绿廷杰，译. 移动商务. 北京：中国社会科学出版社，2003.

[6] 储节旺，郭春侠. 移动电子商务研究. 现代情报，2002.

[7] 姜志，聂志锋. 移动电子商务及其关键技术. 湖北邮电技术，2002.

[8] 彭欣. 电子商务实用教程. 北京：中国宇航出版社，2003.

[9] Judy Strauss，Raymond Frost. 李欣，译. 电子营销. 北京：社会科学文献出版社，2003.

[10] 陆佩忠，平湖. 无线电子商务安全性的几个关键技术. 北京：中国科学院研究生院学报，2002.

[11] 国通供应链管理研究中心. 供应链管理平台—最佳实现方案. 北京：机械工业出版社，2003.

[12] 第 21 次中国互联网络发展统计报告. http://www.cnnic.cn/.

[13] 汪向东，姜奇平. 电子政务行政生态学. 北京：清华大学出版社，2007.

[14] 徐晓日. 电子政务概论. 天津：天津大学出版社，2006.

[15] 李洪心，刘丽丽. 中外 B2B 电子商务比较. 北京：信息化建设，2005.

[16] 电子商务中国模式及其国际化. http://zz.21tx.com.

[17] 陈祖龙. 拙金搜索引擎—赛迪网发布 2004 中国搜索引擎状况报告. 软件世界，2005（2）.

[18] [美] 埃弗雷姆·特伯恩，戴维·金. 电子商务（第 4 版）. 北京：机械工业出版社，2007.

[19] 刘卫宁，宋伟. 电子商务中在线支付的安全保障. 成都：计算机应用，2005.

[20] 北京市信息化工作办公室. 北京市电子商务发展报告（2005）. 北京：中国发展出版社，2006.

[21] 柯新生. 电子商务. 北京：清华大学出版社，2007.

[22] 梁春晓. 电子商务导论. 北京：电子工业出版社，2001.

[23] 杨坚争. 电子商务案例（第 2 版）. 北京：清华大学出版社，2006.

[24] 杨坚争. 电子商务基础与应用（第 5 版）. 西安：西安电子科技大学出版社，2006.

[25] 李琪. 电子商务概论. 北京：高等教育出版社，2004.